동북공정 이전

중국이 쓴
한국사

중국 24正史에 기록된 '솔직한' 한국사

이기훈 지음

※ 본문의 중국 역사서 내용은 중국 《24사 전역》을 바탕으로 필자가 재해석함.

　단, 6세기~7세기 사서인 《북사》《수서》《구당서》《신당서》 등의 내용은 분량이 방대하여 아래 두 기관의 허가 하에 해석을 참고함.

　(1) 동북아역사재단 동북아역사넷 (http://nahf.or.kr/)

　(2) 국사편찬위원회 한국사데이터베이스(http://db.history.go.kr)

동북공정 이전

중국이 쓴 한국사

중국 24正史에 기록된 '솔직한' 한국사

이기훈 지음

주류성

역사를 의미하는 한자인 '史(사)'는 가운데를 의미하는 중(中)과 오른손을 의미하는 우(又)가 연결되어 만들어진 글자입니다. 가운데에 서서 기울지 않고 객관적인 사실을 손으로 기록한다는 뜻입니다.

고대로부터 중국 역사가들은 중립적인 입장에서 객관적으로 역사를 써야한다는 일종의 사명이 있었습니다. 예를 들면 중국 고대 역사서인 《사기(史記)》에는 중국 고대의 대제국인 한나라의 시조인 고조(유방, 재위 BC202~BC195)에 대해 부끄러운 부분까지 서슴없이 기록하고 있습니다. 한나라를 건국한 시조가 과거에 비겁한 마을 건달처럼 행동한 것을 그대로 기록한 것이지요. 이러한 내용은 이 책이 기록되던 당시 한나라의 왕실뿐 아니라 한나라 백성들에게도 불편한 내용이었겠지만 지금까지도 그 기록이 전해지고 있습니다.

이러한 기록이 담긴 《사기》는 중국 전한(BC202~BC9)시기에 제작된 최초의 기전체 통사로서, 중국에서 지금까지 가장 권위있는 역사서로 인정을 받고 있습니다. 이 책의 저자인 사마천은 지금으로부터 약 2,100년 전 사람입니다. 그런데 놀라운 것은 그가 기록한 내용이 지금으로부터 무려 4,500년 전까지 올라간다는 것입니다. 그래서 어떤 사람들은 그가 쓴 기록을 의심하기도 합니다.

《사기》에는 약 3,600년 전 건국된 상나라(은나라)에 대한 상세한 기록이 있습니다. 중국의 두 번째 왕조로 알려진 상나라는 《사기》의 저자 사마천이 살았던 기원전 1세기보다 1,500여 년 전에 건국된 나라입니다. 1,500년이라는 시간은 우리나라의 현재를 기준으로 한다면 고구려, 백제, 신라 삼국시대에 해당합니다. 사마천이 상나라에 대한 글을 쓴 것은 마치 어느 날 우리나라에 한 역사가가 나타나서 기존에 알려지지 않은 1,500년 전 고구려, 백제, 신라의 상황을 자세히 설명한 것과 같습니다. 그러니 사람들이 그의 기록에 의심을 품지 않을 수 없었습니다.

그런데 근래에 사마천의 기록이 사실로 증명이 되고 있습니다. 《사기》가 기록되고 난 뒤 2,000여 년이 지난 20세기에 상나라 유물들이 대거 발굴됩니다. 상나라 사람들이 사용했던 코끼리 이빨(상아)로 된 컵, 머리핀, 그릇, 무기, 심지어 마차와 사람의 뼈 등, 당시의 모습이 3천년을 넘어 세상에 드러난 것이지요. 유물들 중에는 당시 왕들이 점을 칠 때 사용하던 뼈도 있었습니다. 이 뼈는 왕들이 신에게 자신의 하려는 일이 옳은지를 제사를 통해 묻고 나서 그 내용을 기록하는데 사용했었습니다. 그 뼈에는 당시 왕들의 이름이 적혀 있었는데요, 그 왕들의 이름이 바로 《사기》에 기록된 왕과 일치한 것이죠. 이렇다 보니 중국 사람들은 《사기》를 깊이 신뢰할 뿐 아니라 그 이후에 기록된 역사 기록에 대해서도 의심을 품지 않습니다.

중국 왕실에서 편찬된 역사서들은 대개 왕조가 바뀔 때마다 국가차원에서 정리되고 기록되었습니다. 한 왕조가 끝나면 다음 왕조에서 이전 왕조의 사건과 인물 등을 정리한 것이지요. 이렇게 국가 차원에서 정리한 역사서를 정사(正史)라고 합니다. 중국에서는 역대 대표적인 24개 왕조의 정사를 묶어 24사(史)라고 부릅니다.

중국의 역대 정사에는 부록 식으로 주변 나라들에 대한 정보를 정리한 부분이 있습니다. 그 중 한국과 관련된 역사는 동이전이라는 부분에 기록이 됩니다. 동이란 동쪽의 이민족을 말하는데, 한반도 뿐 아니라 만주, 일본 등에 살았던 사람들을 포괄한 의미입니다. 동이전을 보면 고대 한국인의 역사나 생활풍습 등에 대해 단편적이나마 이해할 수 있습니다. 이 글은 이렇게 고대로부터 이어져 온 중국의 정사 속에 한국인이 어떤 모습으로 기록되어 있는지를 소개하고 있습니다.

옛날에 한국 사람들 중 많은 사람들이 일본으로 이주한 사실을 아시나요? 고대에는 전쟁이 일어나면 사람들이 자신의 나라를 버리고 대거 이웃 나라로 도피했습니다. 전쟁에 지면 그 나라 사람들은 대부분 하층민이

나 노예가 되기 때문이죠. 백제의 계백장군이 신라와의 마지막 전쟁에 참가하면서 부인과 자식들을 모두 죽인 일화는 고대세계에서 국가가 망하면 국민이 어떻게 되는지를 잘 설명하고 있습니다. 그러니 신라가 고구려, 백제를 물리치자 고구려와 백제의 수많은 사람들이 적국인 중국 당나라 대신 일본으로 떠날 수밖에 없었지요. 그래서 지금 일본의 고대 유적지에서는 고구려계 벽화나 백제계 지명 등, 우리나라 삼국시대 사람들이 이주한 증거들을 쉽게 볼 수 있습니다.

그럼 우리는 떠나기만 하고 받아들이진 않았을까요? 중국 역사서 속에는 중국이 정치적으로 혼란할 때마다 수많은 중국 사람들이 한국으로 이주했다고 기록하고 있습니다. 이주민이 세운 대표적인 나라가 어디일까요? 바로 삼국을 통일한 신라였습니다. 신라의 전신은 진한이라는 나라입니다. 진한은 현재 경상도 지역에 있던 고대국가인데요, 그 지역의 노인들은 자신들이 폭군 진시황으로 유명한 진(秦)나라 사람들의 후손이라고 말하고 있습니다.

약 2,200여 년 전, 대규모 건설 사업에 동원되고 끝없이 정복전쟁에 끌려 다니던 불쌍한 진(秦)나라 사람들은 고된 노역에 시달리다 결국 한반도로 도망을 왔습니다. 당시 한반도의 종주국이던 마한 사람들은 그 사람들을 불쌍히 여기고 진나라를 피해 가장 먼 동쪽 땅인 경상도 지역을 떼어 주어 살게 했습니다. 그들은 이후 진한과 신라의 중요한 구성원이 됩니다. 신라에는 진나라 유민 뿐 만 아니라 이후에도 지속적으로 북방에서 이주한 사람들이 모여 살게 됩니다.

전쟁이 많던 고대 세계에서 민족 간 이동은 우리가 상상하는 것 이상으로 빈번하고 광범위했습니다. 실제로 고대 한국에 영향을 주고받은 나라는 멀리 유럽까지 이어져 있음이 현재 박물관의 유물들로 밝혀지고 있습니다. 신라의 무덤에서 유럽(로마)의 유물이 나오거나, 윷놀이 풍습, 어린아이의 머리를 납작하게 누르던 편두풍습, 몽고반점 등을 아메리카 원주민에게서 찾을 수 있는 점은 고대세계 국가 간 교류가 얼마나 광범위했나 알려주는 증거입니다. 따라서 현대 '한국'을 이루는데 영향을 미친 고대나라는 한반도에 있던 '고구려', '백제', '신라' 만으로 한정지을 수 없습니다. 이 글에서는 한국 고대 국가에 대한 이해의 폭을 넓히기 위해 삼국이외에도 우리와 연결된 고대 국가들을 함께 살펴보고자 합니다.

'이것이 한국인'이라는 고정된 관념은 언제든 바뀔 수 있습니다. 이 책에는 지금 보기에는 이상한 고대 한국의 생소한 풍습들이 기록되어 있습니다. 한국인이 자신의 틀을 넘어 세계적으로 인정받는 문명인이 되는 첫

걸음은 바로 자신에 대한 시야를 넓혀 여러 문명을 이해하는 것이라고 생각합니다. 이 글을 통해 한국의 고대 문화가 어떻게 형성되었고, 주변국들과 어떤 교류를 통해 현재에 이르게 되었는지를 알아보고, 나아가 앞으로 어떻게 한국의 문화를 디자인할 수 있을지 같이 고민했으면 합니다.

2019년

이기훈

목차

중국의 역대 정사(正史)

사서명	시기 저자	기록 왕조 역사	저술 시기
사기	전한 사마천	BC22세기-BC2세기 말	BC145?-BC86?
한서	후한 반고	전한(BC206-24)	32-92
후한서	유송 범엽	후한(25-220)	398-445
삼국지	서진 진수	삼국(220-280) 동방 민족에 관한 최고의 기록	233-297 429년 배송지 주
위략[魏略]	위 어환	삼국 위(魏, 220-265)	246-302
진서(晉書)	당 · 방현령 등	서진(265-316), 동진(317-418)	578-648
위서	북제 위수	북위(386-534)	554
송서	양 심약	유송(劉宋, 420-479)	488년
남제서	양 소자현	남조 제나라(479-502)	489-537
양서	당 요사렴	양(梁, 502-557)	629
진서(陳書)	당 요사렴	557-589	636
북제서	당 이백약	동위(534-550), 북제(550-577)	636
주서	당 영호덕분 등	북주(557-581)	636
수서	당 위징 등	581-619	636
남사	당 이연수	남북조 시대(420년-589년)남조 송나라, 제나라, 양나라, 진나라	659
북사	당 이연수	남북조 시대(420년-589년)북조 북위, 서위, 동위, 북제, 수나라	659
구당서	후진 유후 등	당(618-907)	945
신당서	송 구양수 등	당(618-907)	1060

고대 한반도와 주변에 세워졌던 국가들

동이

1

가. 우리가 동이?

한국의 역사는 중국의 역사와 떼어놓을 수 없습니다. 특히 중국 동부에 있던 고대 국가들과 한국과의 역사는 유물이나 기록으로 볼 때 직접적으로 연결되어 있다고 해도 과언이 아니라고 할 수 있습니다.

옛날 중국 황하 유역에는 크게 두 부류의 사람들이 살고 있었습니다. 한 부류는 서쪽에 살던 사람들로 화하족이라고 하고, 다른 한 부류는 동쪽에 살던 사람들로 동이족이라고 불렀습니다. 두 종족은 중국을 동서로 양분하며 오랫동안 다투어 왔습니다. 그런데 서쪽에 있던 사람들이 BC11세기에 동쪽에 있던 동이족 사람들을 물리치고 중국의 중심부를 차지하게 됩니다. 결국 동쪽 사람들은 중국 중부 지역에서 밀려나 중국의 동쪽 바닷가나 남쪽으로 이주하고 일부는 중국 동북지역이나 한반도, 멀리 일본까지 이주를 하게 됩니다. 중국에서는 이렇게 오래전 중국 동쪽에 살던 사람들과 이후 중국 동북지역과 한반도, 일본에 살던 사람들을 동이라고 불렀습니다.

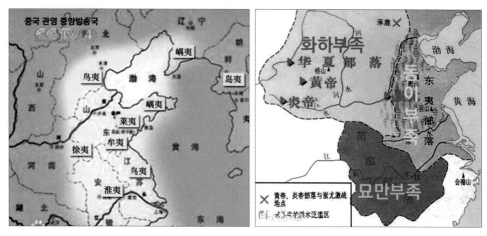

중국에서 밝힌 동이의 영토(중국 바이두 백과사전). 고대 중국의 핵심지역을 중원이라 하는데, 중원은 '가운데 평원'이라는 말로, 중국 황하 중하류 지역의 넓은 평원 대지를 말한다. 중국에서 문명이 가장 발달했던 중원은 대부분 동이족 사람들의 땅이었다. 당시 동이족과 대립하던 화하족은 서쪽에 있었는 데, BC11세기부터 중원에 진출해 점차 동이족을 몰아낸다.

동이 사람들은 현재 중국의 글자인 한자를 만들었고, 농사짓는 법이나 종교, 청동기, 악기 등을 발명하며 중국을 문명화시킨 주인공이었습니다. 비록 그들은 서쪽 화하 사람들에게 패하여 중국의 중심부를 빼앗기긴 하 지만 중국에서 완전히 사라지진 것은 아니었습니다. 중국 중심부에서 동 쪽으로 이주한 그들은 서쪽의 화하 사람들과 대립하며 중국에서 수백 년 간 자신들의 땅을 지키며 살아가게 됩니다. 공자(BC551년~BC479년)가 살던 당시에 구이(九夷)라는 동이족 나라가 있었습니다. 그 나라는 공자가 살던 노나라 동쪽에 있었는데요, 공자는 그곳을 가리켜 '군자가 사는 땅'이라고 칭송하며 가서 살고 싶다고 말하기도 했습니다.

중국 문명을 이끌었던 동이족은 약 2,200년 전 진시황이 중국을 통일 하면서 결국 중국에서 사라지게 됩니다. 진시황에 의해 중국 내륙 사람 들(화하족)과 합쳐진 것입니다. 동이족이 중국에서 사라지자 중국 사람들은 더 동쪽에 살던 한반도나 만주(중국 동북지역)에 흩어져 살던 사람들을 동이라고 부르기 시작합니다. 그래서 고대 중국 역사서에 '동이' 하면 주로 만주와 한반도에 살던 우리의 조상들을 일컫게 됩니다. 그 지역에 살던 사람들을 중국에서 '동이(동쪽 사람)'라는 호칭 말고도 구체적으로 '예맥'이라고도 불렀는데요, 예맥 사람들은 범위가 매우 넓어서 만주에 있던 선비족, 부여족, 고구려족 등과 한반도에 있던 조선(낙랑), 옥저, 삼한, 동예 등을 모두 예맥족이라 불렀습니다. 다만 예맥족에서 제외된 종족이 있는데, 바로 한반도 동북부 연해주 지역에 살던 숙신이나 읍루로, 그들은 풍습과 언어가 주변 예맥족 나라들과 유독 달랐다고 합니다.

나. 공자가 흠모한 군자의 나라

약 3천 년 전쯤에 중국에는 한 현명한 분이 있었습니다. 그는 왕의 숙부(삼촌)이기도 했는데요, 조카인 왕이 정치를 엉망으로 해서 여러 번 왕의 잘못을 지적했지만 왕이 말을 듣지 않았습니다. 결국 철없는 조카 왕에 의해 그의 조국(상나라)이 멸망하고 말았는데, 그때 그는 여러 사람을 이끌고 중국을 떠나 '조선'으로 이주를 하게 됩니다. 그 사람이 바로 '기자'라고 불리는 사람입니다.

(상나라를 물리친) 무왕(?~BC1043?)은 기자를 조선에 봉했으나 (기자를) 신하로 대하지는 않았다. 《사기》

위의 기록에 보이는 무왕은 기자의 모국인 상나라(은나라)를 물리친 주나라 왕입니다. 기자의 모국인 상나라(은나라)가 망하자 기자가 조선으로 망명했는데, 주나라 무왕은 그를 명목상 조선을 다스리는 제후로 삼기는 했지만 신하로 여기지는 않았다는 이야기입니다. 조선으로 망명한 상나라 왕족 기자는 중국에서 아직까지도 대단한 존경을 받고 있습니다. 왜냐하면 상나라를 물리친 무왕이 그에게 정치의 도를 물어볼 정도로 훌륭한 사람이었기 때문입니다.

중국의 현인 '기자'가 망명한 '조선'은 우리나라 최초의 국가인 고조선을 말합니다. 고조선이란 '옛날(古) 조선'이라는 말로 14세기 이씨조선과 구분하기 위해 편의상 쓰는 국호입니다. 원래 '고조선'의 정식 국호는 '조선'이었지요. 중국의 고대 역사서에는 기자가 조선(고조선)에 이주한 뒤 조선의 왕이 되었다고 합니다. 기자는 조선의 왕이 된 뒤 조선 사람들에게 예의와 농사짓는 법, 옷 만드는 기술 등을 전해줬다고 합니다. 비록 한국에서는 일반적으로 그 기록을 믿지 않고 있지만, 중국 사람들은 그로인해 '조선' 하면 '기자가 문명화시킨 문명국'으로 인식하게 됩니다.

그래서 그런지 중국의 고대 역사서인 《후한서》에는 그 땅에 살던 사람들, 즉 '동이'에 대해 매우 호의적으로 기록하고 있습니다.

동쪽 땅을 이(夷)라 부른다. 이(夷)란 근본으로, 인자하고 생명을 즐거워하기 때문에 만물이 이 근본에서 태어난다. 따라서 동쪽 사람들은 천성이 온순하고 도덕으로 다스리기 쉬우며, 이로 인해 군자의 나라, 죽지 않는 나라가 세워진다. 그래서 공자는 '구이(九夷)' 땅에 가서 살고 싶다고 하였다.

'이(夷)'란 말은 동이를 줄여서 부른 말입니다. 현재는 '오랑캐'라는 의미로 사용되고 있지만, 고대에는 황제의 이름으로 사용되던 말로 '온화하다, 평온하다'라는 뜻을 가지고 있습니다. 《후한서》를 기록한 저자는 동이 사람들이 인자하고 생명을 소중히 여기며 온순한 사람들이라고 평가하고 있습니다. 그래서 그들이 사는 나라를 '군자의 나라', '죽지 않는 나라'라고 칭찬을 하며, 중국의 성인인 '공자'마저도 동이(구이)에 가서 살고 싶다고 했다고 기록하고 있습니다.

다. 술과 노래, 춤을 좋아한 사람들

그럼 이렇게 고대로부터 중국 사람들이 칭찬했던 동이 사람들은 어떻게 살았을까요?

동이 사람들은 일반적으로 한 지방에 대대로 머물러 살며, 술 마시는 것을 좋아하고 노래와 춤을 좋아한다. 고깔 모양 모자를 쓰고, 비단 옷을 입는다. 《후한서》

동이 사람들은 농사가 잘 되지 않는 만주 북부지역을 제외하고는 한 곳에 대대로 머물러 살며 서로 어울려 술을 마시고 춤추며 노래하기를 좋아했던 신명 넘치는 사람들이었습니다. 고깔모자는 고구려의 벽화에서 볼 수 있는 작은 모자를 말합니다. 고구려 벽화에는 고깔모자 외에 다양한 색깔의 아름다운 옷을 입은 사람들이 나오는데, 우리나라 사람들이 고대로부터 비단으로 고급스런 옷을 만들어 입었던 것도 벽화를 통해 알 수 있습니다.

식기는 제사용으로 사용되는 발이 높은 그릇과 제사용 도마를 사용하는데, 이는 '중국이 예의를 잃어버리고 사방의 이(夷) 사람들에게서 그것을 구한다.'라고 하는 말을 알 수 있게 한다. 《후한서》

고구려 무용총 벽화(국립중앙박물관). 동이족은 함께 모여 제사를 지낼 때 노래를 부르고 춤을 추고 술을 마심으로 신에 대한 감사를 표했다. 이들은 중국 주변민족들에 비해 신명이 있고 활발하며 예의를 아는 사람들이었다.

이 말을 풀어 쓰면 이렇습니다.

"이런 품위 있는 그릇을 쓰는 것을 보니 역시 예의를 아는 군자의 나라
군. 중국에서는 이런 그릇을 쓰지 않는데, 이곳에서는 여전히 사용하고 있
구나. 중국이 예의를 잃어버리면 주변 나라들로부터 예의를 배운다더니 정
말 그렇군."

우리나라 박물관에 가면 고대에 사용하던 그릇 중에 받침대가 높이 솟
아있는 그릇들을 흔히 볼 수 있습니다. 지금도 우리나라에서 제사지낼 때

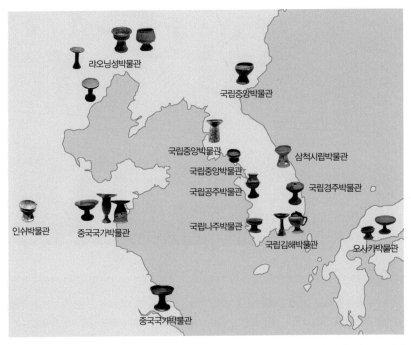

굽다리그릇(고배). 굽이 높은 굽다리그릇은 고대 중국 동부 동이족 지역에서 사용되었는데, 중국에서
는 동이족의 소멸과 함께 사라지고 만주와 한반도, 일본에서는 동이족이 유입된 이후 기존 토기(민무
늬 토기)를 대신하여 광범위하게 사용된다.

동북공정 이전 **중국이 쓴 한국사**

쓰는 그릇은 대부분 받침대가 높이 솟아있지요. 그러한 그릇은 사실 사용하기도 불편하고 잘 쓰러질 것 같은 모습을 하고 있는데, 도대체 이 그릇들은 왜 받침대가 높을까요? 이 그릇이 제사와 관련 있는 것으로 보아 아마도 '신(神)에게 높이 받들어 제물을 바치다'라는 뜻을 표현하기 위해 그렇게 만든 것 같습니다.

고대 한국의 여러 나라 사람들은 명절을 정해 하느님(天)께 제사를 드리고는 술을 마시고 노래를 부르고 춤을 추었습니다. 그렇게 굽이 높은 그릇에 제물을 담고 축제를 열어 먹고 마시던 풍습은 단순히 즐기기 위한 것이 아니라 신을 높이고 자신이 신과 일치가 되고자 한 우리 조상들의 마음에서 비롯된 것이었습니다.

신라시대 사용하던 굽이 높은 그릇들(국립경주박물관). 고대 부여, 고구려, 백제, 신라, 왜(일본) 등 만주와 한반도, 일본에 폭넓게 살고 있던 예맥족들은 모두 굽이 높은 그릇을 사용하여 신에 대한 존중을 표현했다.

현재까지 한국에서 제사 시 널리 사용되고 있는 굽다리 접시(국립춘천박물관)

라. 황하문명의 주인공 '동이'

진시황이 중국을 최초로 통일한 기원전 3세기 이전에는 '동이' 하면 한
반도가 아니라 중국대륙의 동쪽 바다 가까이에 살던 사람들을 일컬었습
니다. 그 사람들과 우리와 어떤 직접적인 관계가 있는지는 아직도 연구
중에 있는데, 고대 중국에 있던 동이 사람들의 유물(점치는 뼈, 무덤양식, 반달모

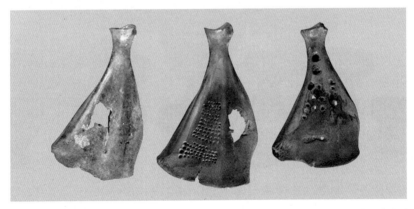

점치는 뼈 복골(卜骨) (국립중앙박물관). 고대 동이족 국가들은 동물의 넓적한 어깨뼈에 여러 개의 점
을 판 뒤 열을 가해 금이 가는 모습을 보며 점을 쳤다.

동북공정 이전 **중국이 쓴 한국사**

복골의 분포. 뼈에 점을 판 뒤 점치는 법은 처음에는 고조선의 기원지로 추정되는 발해만 북부(랴오닝)에서 시작해(BC35세기~30세기) 발해만 남부로 남하한 뒤 중원으로 내려갔다가 다시 한반도와 일본으로 이동한다. 중국은 동이족 국가인 상나라(은나라) 시기(BC16세기~1046년)에 이 점이 성행하였으나 상나라 멸망 이후 점차 중국에서 사라진다. 한반도에는 함경북도 무산에서 청동기시대(BC5세기경) 점뼈가 발견되었고 한반도 남부에는 기원전후인 초기 철기시대(삼한시기) 유물이 발견되었으며, 일본에서는 기원이후 유물들이 발견되고 있다. 이를 통해 상나라를 포함한 중국 동이민족의 한반도 및 일본으로의 이주를 짐작할 수 있다.

양돌칼 등)과 풍습(무릎 꿇고 예의를 표함. 새 숭배, 흰색 숭배 등)이 한국과 일본에서 발견되는 것으로 보아 중국 동부지역의 '동이'가 동쪽으로 이주했음을 짐작할 수 있습니다.

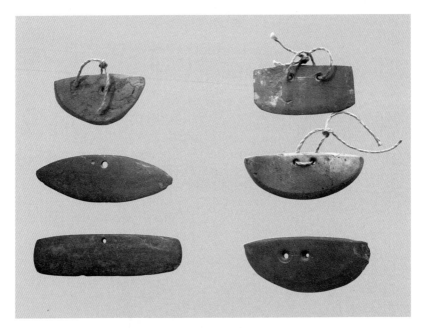

청동기시대 대표적인 유물 반달돌칼(국립경주박물관). 반달 모양으로 갈아 만든 돌칼은 구멍에 끈을 묶어 손에 고정하고 이삭을 자르던 낫과 같은 도구로, 중국 중원에서 시작하여 청동기시대 한반도에 퍼진 뒤 다시 일본으로 전파된다. 한반도에 퍼진 반달 돌칼은 대개 중국의 고대 동이문명인 용산(룽산)문화계 돌칼로서, 고대 중원의 사람들과 한반도 사람들 사이의 관계를 증명하고 있다.

동이 사람들은 중국 황하문명의 주인공이었습니다. '중원'이라고 불리는 황하 중하류 유역에서 세계 4대문명 중 하나인 황하문명이 발생하는데요, 이 황하문명을 최초로 일으킨 주인공이 바로 기원전 2,500년 전 고대 중국의 문화를 획기적으로 발전시킨 동이 사람들이었던 것이죠. 사람들은 당시의 동이 문화를 용산(룽산)문화라고 부릅니다.

중국 동부(저장성)에서 사용되던 반달모양 돌칼(BC3300~BC2200) (중국국가박물관)

동북공정 이전 **중국이 쓴 한국사**

중국 고대 역사서에 기록된 중국 최초의 왕조는 '하나라, 상나라, 주나라' 이렇게 시작합니다. 중국 최초의 나라로 알려진 하(夏)나라는 고조선과 건국시기가 비슷하여 기원전 2,000년 이전에 건국된 나라로 알려져 있고, 하나라를 물리치고 세워진 상(商)나라는 은나라라고도 하는데 기원전 1,600년 경에 세워진 나라입니다. 상나라를 이어 중원을 차지한 주(周)나라는 기원전 1,000년 경에 세워졌는데, 이 주나라는 춘추전국시기의 혼란을 거치며 기원전 221년 진시황이 중국을 통일 할 때까지 근근이 왕조를 이어갑니다.

이 중 중국 최초의 왕조라고 하는 하나라는 실제로 존재했는지에 대한 증거가 아직 충분하지 않습니다. 그래서 국제사회에서 하나라는 실재했던 나라라고는 아직 받아들여지지 않고 있지요. 하지만 하나라를 물리치고 황하문명을 실질적으로 창조한 상나라(은나라)는 유물이 대량으로 발견되어 국제사회에서 실재했던 나라로 인정받고 있습니다. 그런데 이 상나라가 동아시아에서 얼마나 중요한 나라인지 우리나라 사람들은 잘 모르고 있는 것 같습니다. 상나라는 동아시아 최초의 문자인 한자를 만들었을 뿐만 아니라, 종교, 예절, 예술, 철학 등 중국의 원형을 창조한 나라로서 동아시아 문화에 한 획을 그은 대단한 나라였습니다.

이 상나라를 건국한 사람들이 바로 중국 동쪽 사람들인 동이였습니다. 동이 사람들이 공인된 중국 최초 왕조의 주인공이었던 것이지요. 동이 사람들은 황하 중류의 상나라를 비롯하여 중국 동부에 많은 국가를 세웁니다.

(하나라 마지막 왕) 걸 왕이 폭정을 휘두르자 각 지역의 동이 사람들은 또다시 국토를 침범하였고, 상나라의 성탕이 하느님의 명령을 받아 혁명을 일으켜 하 왕조를 평정하게 된다. 동이 사람들은 점차 강성하여져서 회하, 태

산일대에 이주하여 살기 시작하였으며, 점점 중원 내지에서 생활하게 된다. 《후한서》

이 기록은 약 4,000년 전 황하 중류 중원에 있던 하나라가 망할 무렵 중국 동쪽의 동이 사람들이 대거 중국 내륙에 진출을 했다는 내용입니다. 그렇게 중국 내륙에 진입한 대표적인 동이 세력이 바로 상나라를 세운 사람들로, 상나라의 성탕 왕이 중원의 하나라를 정복하게 됩니다.

동아시아 최초의 문명지 홍산문화 지역과 홍산문화를 이은 상나라 지역, 그리고 신석기시대부터 청동기시대까지 고대 중국 동이지역(중국 중부와 동부)과 한반도 사이에 교류가 있었음을 증명하는 갈판과 갈돌(고대 맷돌). 홍산문화 지역은 중국에서 최초의 주거지(중화제일촌)와 중국 최초의 옥기, 용무늬 토기 등이 발견되어 중국 문명의 기원지로 밝혀졌는데, 상나라는 이곳에서 남하하여 중원을 정복하였다가(BC1,600), 주나라에 망하면서 고대 자신들의 기원지인 홍산문화지역(고조선)으로 돌아간다(BC1046).

동북공정 이전 **중국이 쓴 한국사**

상나라가 하나라를 정복할 때는 대의명분이 필요했습니다. 무턱대고 다른 나라를 쳐들어갔다간 주변 나라들이 용납을 하지 않기 때문이지요. 그래서 상나라에서 대의명분을 내세웠는데요, 바로 '하늘의 명령(천명, 天命)'입니다. 고대 동이 사람들은 하늘을 포함한 광활한 우주를 다스리는 크고(大) 유일(一)한 인격적인 신으로 하느님(天)을 섬겼습니다. 하늘을 의미하는 天(하늘 천)은 고대에는 '하느님'이라는 의미였습니다. 이 인격적인 신을 따르는 사람이나 국가는 흥하고 거역하는 사람이나 국가는 망한다는 신앙이 있었기 때문에 상나라는 '하늘의 명령'을 내세웠던 것이지요.

그런데 이 상나라 사람들이 어디에서 왔을까요? 얼마 전까지만 해도 한국과 중국의 역사학자들은 중국의 중심을 흐르는 황하가 중국 문명의 발상지로 알고 있었습니다. 그런데 최근에 황하문명보다 훨씬 앞선 문명이 중국 동북지역에서 발견되면서 동아시아 최초의 문명이 과거 중국 땅이 아니라 옛날 중국 사람들이 야만인의 땅으로 여기던 만리장성 동쪽의 고조선 땅이었다는 것이 밝혀졌습니다. 이 문명을 '홍산(홍산)문명'이라고 부르는데요, 고대 중국의 평원지대를 대부분 장악했던 상나라를 포함한 동이족 사람들은 고고학적으로 볼 때 그 기원이 바로 이 옛날 고조선이 있었던 홍산문화지역(발해만 북부)에서 남하한 것으로 밝혀진 것이지요.

상나라가 중원으로 내려갈 때(BC1,600) 고조선 지역(발해만 북부)에 남아 있던 나라가 있었는데요, 그 나라 이름이 '고죽국'입

신석기시대 갈돌과 갈판(국립춘천박물관). 이러한 유형의 갈판은 멀리 아메리카 대륙과 유럽에서도 발견되고 있어서 고대인들의 광범위한 이동을 추측할 수 있다. 현재 중국에서는 고대 아메리카문화가 유독 상나라 문화와 유사한 점에 대해 이유를 연구하고 있는데, 상나라 문화와 가장 유사한 문명을 유지했던 지역은 고대 고조선 지역이었다.

니다. 상나라의 형제국인 이 고죽국은 의외로 고구려와 관계가 깊은 나라입니다. 중국에서는 중국문화 발상지인 홍산문화 지역과 그곳에서 기원한 상나라, 그리고 상나라의 형제국인 고죽국, 고죽국을 이은 고구려에 대해 다음과 같이 설명하고 있습니다.

약 기원전 1,600년 전, 고죽국의 조상들은 상나라 부족의 일파였다. 상나라 부족이 (만리장성 동쪽에서) 중원으로 남하한 뒤, 고죽국 사람들은 옛 땅에 남아 그들을 지원했는데, 지속적으로 전쟁에 필요한 물자를 중원에 조달하여 상나라가 중원을 점령하고 '은혁하명(은나라가 하나라를 혁명으로 정복함)'을 이루는데 중요한 전략적, 경제적 지지자가 되었다. 고고학적 발견에 의하면 고죽국의 선조들은 홍산(홍산문화) 부족사람들 중 귀족들이 남하하였을 가능성이 있다.

(상나라가 멸망하고 상나라 유민의 대표인) 기자가 동쪽으로 이주할 때(BC11세기) 대부분 고죽국 사람들은 함께 조선(고조선)으로 이주하였다.《중국 바이두 백과사전》

고구려 땅은 본래 고죽국으로서 주나라 때(BC11세기)에 기자에게 봉해진 지역이었다. 한나라 시기(BC2세기)에 세 개의 군으로 분할되었다."《구당서》

위의 내용을 보면 고조선, 상나라, 고죽국, 고구려가 서로 관련이 깊은 나라임을 알 수 있습니다. 이 중 상나라는 중원으로 남하하여 중국의 문명을 일으켰지만, 주변 민족들과 무리한 전쟁으로 기원전 1,046년 멸망하게 되고, 이와 더불어 동이족 사람들은 점차 중원에서 쇠퇴의 길을 걷습니다.

마. 상나라의 멸망과 고조선

중국으로 내려가 중국 문명을 획기적으로 발전시킨 상나라는 중국 내륙에 만족하지 않고 동쪽으로 영토를 넓히기 위해 상나라 동쪽의 동이 사람들과 지속적으로 싸우게 됩니다. 그러자 기회를 틈타 서쪽에 있던 주나라가 상나라를 물리치고 중원을 차지하게 됩니다. 이로 인해 상나라 사람들이 조선(고조선)으로 피난을 가게 된 것이죠.

상나라는 우리에게 의미가 큰 나라입니다. 고구려 시대부터 조선시대까지 우리 선조들은 고조선으로 이주했다는 상나라 유민의 대표인 '기자'를 숭배해 왔습니다. '상나라 유민이 세운 조선(기자조선)'을 인정했던 것이지요. 실제로 상나라가 멸망하던 약 3,000년 전 쯤 한반도 주변에는 많은 문화적 변화가 생깁니다. 고조선 서쪽 지방에 상나라 계통의 청동기가 등장하고, 한반도에는 수천 년간 사용되던 빗살무늬토기 대신 새로운 토기가 사용되기 시작합니다.

《삼국유사》에는 이렇게 고조선으로 이주한 상나라 사람들에 대해 다음과 같이 기록하고 있습니다.

> (고조선왕) 단군왕검은 1,500년 간 나라를 다스리다가 주 무왕이 즉위한 해(상나라가 멸망한 BC1,046년) 기자를 조선에 봉하자 (수도를) 장당경으로 옮겼다.

고조선에서는 왕을 '단군' 임금님이라 했습니다. 단군은 한 사람이 아니라 1,500년 간 대대로 내려오던 조선 왕들의 호칭인데, 약 3,000년 전 주나라가 상나라를 물리치자 상나라 왕의 숙부였던 기자가 상나라 유민을 이끌고 조선으로 와서 단군은 할 수 없이 수도를 옮겼다는 내용

고구려인이 신으로까지 섬겼던 상나라 왕족 기자(중국 바이두 백과사전). 기원전 11세기 상나라 멸망과 더불어 유민들을 이끌고 고조선으로 이주하였다.

입니다.

단군이 다스리던 고조선의 역사는 우화나 야사로 기록되어 실재했던 역사인지에 대해 논란이 있습니다. 그러나 기자가 조선으로 와서 다스렸다는 기록이 중국 측 역사서에 남아 있기 때문에, 중국에서는 한국 역사가 기자로부터 시작됐다고 여기고 있습니다. 반면 한국에서는 비록 일부 상나라 기자세력이 고조선 서부에 왔을 수는 있지만 그 영향력이 크지 않았고 한반도에 발견되는 증거가 없기 때문에 기자조선을 한국의 고대국가로 인정하지 않고 있습니다.

바. 중국 동이족의 소멸

주(周)나라는 상나라를 물리친 중국 서쪽의 화하족 나라입니다. 이 나라는 상나라를 정복하고(BC1,046) 상나라 유민들을 멀리 이주시킵니다. 이렇게 강제 이주당한 상나라 유민의 대표인 기자는 주나라 왕의 신하가 되는 것을 거부하고 유민들을 이끌고 조선(고조선)으로 피신한 것입니다. 주나라는 동이족 국가의 대표인 상나라를 몰아낸 뒤 점차 동쪽으로 세력을 뻗쳐 상나라가 물리치지 못했던 여러 동이족 나라들마저 정복하기 시작합니다.

그러자 중국 동부의 동이 사람들은 주나라의 지배에 반발을 하며 대항을 합니다. 그 중 서이(徐夷) 사람들은 여러 동이 사람들을 이끌고 주나라를 물리치고 다시 황하유역을 차지하기도 합니다. 이렇게 주나라는 동이

동북공정 이전 **중국이 쓴 한국사**

사람들과 때로는 화해하기도 하고 때로는 다투면서 800년 가까이 왕조를 어렵게 유지하게 됩니다.

화하족 나라인 주나라는 동이족과만 다투었던 것이 아닙니다. 주나라 내부 연방국 사이에서도 극심한 혼란이 있었습니다. 중국의 춘추전국시대(BC8세기~BC3세기)는 대표적인 중국의 혼란기로, 주나라를 섬기던 많은 지방 국가들 간의 세력 다툼이 있던 시대입니다. 당시에 살았던 대표적인 인물로 공자가 있는데, 공자는 주나라를 섬기는 나라들 간의 잔인한 세력 다툼에 신물이나 '나는 군자가 사는 구이(동이)의 땅에 가서 살고 싶다.'라고 말을 한 것입니다.

그런데 이렇게 내부적으로 혼란한 주나라를 정복하고 그때까지 중국에 남아있던 동이 사람들마저 통합한 대 군주가 있습니다. 바로 진시황(기원전 259~210)입니다.

> 진(秦)나라가 육국을 병합했을 때, 회(淮) 지역과 사(泗) 지역에 살던 동이
> 사람들은 모두 흩어져 보통 국민이 되었다. 《후한서》

위 기록에 나오는 회 지역과 사 지역은 우리나라와 가까운 중국 산둥성 지역을 말합니다. 진(秦)나라의 진시황이 중국을 통일하기 전에 산둥성 중심지역에는 동이가 세력을 유지했던 것입니다.

진시황의 진나라는 원래 다른 나라들에게 무시당하던 나라였습니다. 중국 서쪽 변두리에 위치해 북방 흉노족과 풍습이 흡사했고, 시조가 새를 숭배한 동이족(소호)이었기 때문입니다. 그런데 점차 세력을 키워 주나라에 속한 여섯 국가를 무너뜨리고 그때까지 중국 동부에 살고 있던 동이 세력마저 병합해 버립니다. 결국 화하족과 동이족은 진시황에 의해 통합이 되었고, 이로써 중국에서 수천 년간 지속된 동이족 세력은 중국에서

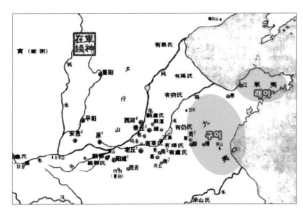

진시황 이전(BC3세기)까지 고대 중국 동부(산둥성)에 강한 세력을 유지하던 동이족 국가들인 '구이(九夷)'와 '래이(萊夷)'. 구이(九夷)는 공자가 흠모한 군자의 나라이고, 래이(萊夷)는 백제 사람들의 조상이라고 양나라 직공도에 기록돼 있다. (중국 바이두 백과사전)

사라지게 됩니다. 그런데 이들은 과연 모두 중국에 흡수되었을까요?

6세기 중국 남쪽에 있던 양나라에 주변국에서 사신을 보냅니다. 그 사신들 중에는 중국 동쪽에 있던 고구려, 백제, 신라, 왜(일본) 뿐 아니라 서쪽으로 멀리는 페르시아(이란)의 사신까지 있었는데요, 그 사신들의 모습을 그린 그림이 아직까지 남아 있습니다. '양직공도'라 불리는 그 그림에는 당시 중국을 방문한 사신의 나라에 대해 간단히 설명을 기록하고 있습니다. 그런데 그 설명을 보면 백제에 대해 다음과 같이 기록하고 있습니다.

　　백제(百濟)는 옛날의 래이(来夷)로 마한(馬韓)에 속한 나라 중 하나였다.

래이(来夷)란 우리나라와 황해를 사이로 마주보는 산둥성에 살던 동이 사람들을 말합니다. 산둥성은 중국 고대 문명, 특히 동이문명의 중심지인데, 백제 사람들이 이곳 동이 사람들의 후손이라는 설명을 하고 있는 것이지요. 이렇게 동이는 중국에서 사라졌지만, 그들의 풍습과 유물은 동쪽의 한반도와 일본열도에 많은 영향을 주었던 것을 알 수 있습니다.

조선

2

가. 다섯 개의 조선

　조선은 중국 동북의 만주와 한반도에서 수천 년 동안 사용되던 국호입니다. 그런데 이 조선은 하나가 아니라 크게 다섯으로 나눌 수 있습니다. 단군신화로 유명한 우리나라 최초의 국가 조선(BC24세기)과 단군을 조선에서 몰아내고 왕이 됐다는 현인 기자의 조선(BC11세기), 그리고 중국에서 조선으로 도망을 와 왕이 된 연나라 사람 위만의 조선(BC194~BC108), 그리고 위만의 조선이 중국에 멸망한 뒤, 중국에서 한반도를 습관적으로 부르던 조선(낙랑, BC108~AD313), 그 후 약 1,500년 뒤 고려를 이어 한반도에 태조 이성계가 건국한 조선이 있습니다(1392). 앞의 세 개의 조선(단군, 기자, 위만)은 오래된 조선이라 하여 편의상 고조선이라고 부릅니다.

　단군조선은 유물로 볼 때 약 8천 년 전 시작되는 신석기문명의 주인공으로 볼 수 있습니다. 하지만 단군조선과 기자조선은 비록 역사서에 단편적으로 등장하기는 하지만 실체가 명확하지 않기 때문에 학계에서 그 정체성에 대해 의견이 분분합니다. 중국 역사서에 그나마 구체적으로 기록이 나오는 조선은 약 2,200년 전 중국 연나라출신 위만이 기자의 후손으

다섯 개의 조선

국호	건국시기	건국과정
조선(단군)	약4,300년 전	외부에서 이주해온 하늘민족인 환웅족과 토착 세력인 웅(곰)족이 연합한 뒤 단군이라는 공동의 왕을 추대하여 나라를 건국한다.
조선(기자)	약3,000년 전	상나라가 멸망하면서 기자를 대표로 한 유민이 조선에 유입되어 세운 나라이다. 이 시기(BC10세기)부터 고조선의 청동기문화가 본격화된다.
조선(위만)	BC194년~BC108년	중국에서 진시황의 진나라가 멸망하고 한나라가 건국되는 혼란한 시기에 중국 연나라 출신 위만이 조선에 망명하여 유민들과 함께 기자조선의 왕권을 빼앗아 세운 왕조이다.
조선(낙랑)	BC108년~AD313년	중국 한나라에 의해 멸망한 위만조선 땅에 중국 군현이 설치되는데, 대표적인 군현이 낙랑이다. 낙랑은 옛 조선 땅에 설치되었기 때문에 중국인들은 그 땅을 계속 '조선'이라고 불렀다.
조선 (이씨왕조)	1,392년~1,910년	고려 말 외적의 침입을 막아내며 중앙정계에 진입한 이성계가 중국을 치라는 왕의 명령이 불합리하다고 판단하여 쿠데타를 일으켜 세운 왕조이다.

낙랑에서 주조한 '조선통보'(국립중앙박물관). 한반도 서북부에 있던 낙랑은 비록 한나라 군현이었지만 고조선을 이었기 때문에 중국인들은 낙랑을 계속 조선이라 불렀다. 중국인 뿐 아니라 낙랑에 살던 사람들 역시 자기들 지역을 '조선'이라고 불렀었던 것을 이 동전을 통해 알 수 있다.

동북공정 이전 **중국이 쓴 한국사**

로 알려진 왕에게서 왕권을 빼앗아 세운 조선, 즉 위만조선부터입니다.

나. 조선은 한반도에 없었다?

단군이 세운 조선은 기원전 2,333년 경에 세워졌다고 알려져 있는데
요, 사실 당시 조선으로 추측할 만한 문명은 한반도 보다는 중국 수도인
베이징에서 발해만(보하이만) 북부의 요녕(랴오닝) 지역에 있었다고 보는 학자
들이 많습니다. 당시 한반도는 아직 빗살무늬토기를 쓰던 신석기시대 사
람들이 살고 있었지요. 일반적으로 신석기시대는 생산성이 낮아 국가를
이루기 어렵다고 봅니다. 그래서
일부 학자들은 처음 조선의 위치
를 발해만(보하이만) 북쪽 지역에 있
었던 발달된 고대문명으로 추정하
고 있기도 합니다.

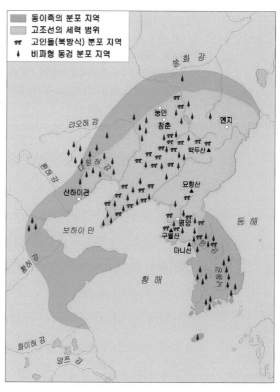

고대 발달된 문명이 꽃피던 이
지역에 약 3,000년 전 중국 동이
족 국가 중 대표적인 국가인 상나
라가 망하면서 유민들이 대거 이
주해 옵니다. 그로인해 그 땅에 살
던 원주민들(단군조선)은 더 동쪽인
한반도나 만주 지역으로 이주하는
데요, 이로인해 조선은 서쪽과 동
쪽에 문화적으로 차이가 있는 두
정치체가 정립하게 됩니다. 상나
라에서 이주해 온 조선(기자조선)과

고교 국사교과서(2002~2008)에 실린 동이족과 고조선의 세력범위.

夏商 疆域概图

夏朝最大的疆域
商朝最大的疆域
目前中国的国界

하나라(夏, 왼쪽)와 상나라(商, 오른쪽) 영토(중국 도우반닷컴). 상나라는 국제적으로 공인받은 중국 최
초 왕조로, 서쪽의 화하족(화족과 하족의 연합)에 의해 멸망한다(BC1,046년). 고대세계 최고 문명인이
었던 상나라 사람들은 국가가 멸망하자 자신들의 기원지인 발해(보하이)만 북부 '조선'으로 이주해 점
차 조선에서의 영향력을 넓혀간다.

이들에 밀려난 동쪽 조선(단군조선)은 유물로 볼 때 요녕성(랴오닝성)에 있는
요하(랴오허)라는 강을 기준으로 대치하고 있었던 것으로 보입니다.

　동과 서 둘로 나뉜 조선은 이후 점차 문화적 교류를 확대하기 시작합
니다. 이러한 사실은 우리나라 청동기시대의 대표적인 유물인 비파형동
검이 서쪽 조선(기자조선) 지역에서 점차 동쪽의 만주와 한반도 전체에 퍼진
것으로 알 수 있습니다.

　그러던 중 기원전 3세기에 충격적인 사건이 일어나게 됩니다. 고조선
이 중국 연나라에 의해 대규모 침략을 받게 된 것이지요. 과거 고조선은
중국에서 인정하는 강국이었는데, 당시 연나라의 침입으로 국토를 2,000
리나 빼앗기게 되며, 그로 인해 국력이 크게 약화됩니다.

2,000리가 어느 정도일까요? 고대 기준과 좀 다르긴 하겠지만, 지금 기준으로 서울에서 부산까지 410km인데, 10리를 4km라고 했을 때 1,000리는 400km이니까, 서울에서 부산까지를 계산하면 대략 1,000리가 좀 넘는군요. 그러니까 당시 연나라가 조선에서 빼앗은 2,000리는 남한의 두 배 정도 되는 큰 땅이라 할 수 있습니다.

중국 연나라의 침입으로 베이징에서 요하(랴오허)까지의 조선 서부지역(기자조선)은 붕괴하고 그 유민들이 대거 만주와 한반도로 피난을 하게 됩니다. 그때부터 한반도는 서로 다른 문화를 가진 사람들이 섞여 살기 시작하는데 이들을 예족과 맥족이라 불렀고, 합해서 예맥족이라 불렀습니다. 예족은 본래부터 만주와 한반도에 살며 고인돌을 세우던 사람들이고, 맥족은 고인돌을 세우지 않던 사람들로 고조선 서쪽에서 이주한 사람들을 말합니다. 대체로 예족은 단군조선을, 맥족은 기자조선을 이었다고 생각됩니다.

다. 한반도로 이주한 조선

기원전 3세기에 서쪽에 있던 조선 사람들(기자조선, 맥족)은 중국 연나라에 밀려 한반도 북서부로 쫓겨 와서 수도를 세우게 됩니다. 학자들은 당시 연나라에 망해 동쪽으로 쫓겨 간 조선(기자조선)의 수도가 어디 있었는지에 대해 여러 견해를 내놓고 있는데요, 일반적으로 현재 북한의 수도인 평양으로 이주했다고 받아들여지고 있습니다. 사실 평양 지역은 그 이전까지 고인돌을 쓰던 조선사람들(단군조선, 예족)이 있었는데, 기원전 3세기에 고인돌이 사라지게 됩니다. 서쪽에서 많은 이주민(기자조선, 맥족)이 대거 유입됐다는 말이지요.

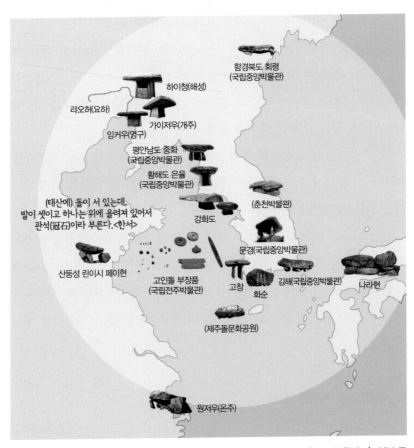

고인돌은 고대 동이지역이었던 중국 동부해안(산둥, 저장) 지역과 고조선 지역(랴오닝, 한반도), 일본 등에서 발견되는데, 그 중 한반도 남부에 가장 많이 분포돼 있다. 고인돌은 기원전 3세기 서북한 지역부터 점차 사라지는데 이유는 고인돌을 만들지 않던 요허(랴오허) 서쪽(요서)에 있던 기자조선(맥족) 세력이 연나라에 멸망하여 한반도 북부로 이주했기 때문으로 추정된다.

    이 당시 한반도로 이주한 조선(기자조선)의 왕은 고대 상나라 이주민의 대표인 '기자'의 후손이라고 역사서에 기록돼 있습니다. '기자'는 누구인가요? 고대 중국에서 망해 조선으로 이주했던 상나라 사람들의 대표이지요? 만일 '기자의 후손'이 정말 한반도 북부까지 이주했다면, 고대 중국문명의 주인공인 상나라와 한국과는 뗄 수 없는 깊은 연관을 가지고 있다고

고인돌 제작 장면 재현(국립나주박물관)

할 수 있습니다. 상나라 후손이 한국 사람의 조상 중 하나라면 한국 사람
들이 고대 중국 문명을 세우는데 일정부분 역할을 했다고 볼 수도 있겠지
요. 사실 필자는 상나라 사람들이 만든 최초의 한자인 갑골문을 보고 깜
짝 놀랐습니다. 고대 한자 한 글자 한 글자가 표현하고 있는 풍습이 중국
보다는 한국의 풍습에 가까웠기 때문입니다. 이렇게 한자 속 풍습이 한국
에 가까운 이유는 고대 한국인이 중국에서 한반도에 이주한 뒤, 중국이
여러 민족의 침입으로 고유의 문화를 잃는 동안 한반도인은 오랫동안 고
대 중원 문화를 보존하고 있었기 때문일 것입니다.

　중국 연나라에 밀려 한반도로 축소된 조선은 내부적으로 혼란에 빠지
게 됩니다. 고고학적 유물로 보면 기원전 3세기에 서쪽에 있던 사람들 세
력이 만주와 한반도로 점차 이주하는 것을 알 수 있습니다. 이는 당시 원
주민 세력을 서쪽에서 이주한 세력이 몰아내는 과정을 설명하고 있습니
다. 이러한 혼란이 조금씩 안정을 찾을 무렵에 한반도에 또 다시 중국 발

광풍이 불어옵니다. 진시황이 촉발한 중국의 대 혼란이 한반도에까지 영향을 미친 것이지요. 이에 대해서는 잠시 옛 조선에 대한 문화를 살펴본 뒤 이어서 설명하겠습니다.

라. 온화하고 성실한 조선 사람들

동이족으로서 중국을 다스리던 상나라가 화하족 주나라에 멸망하고 (BC1,046) 그 유민들이 고조선으로 왔는데, 당시 고조선으로 온 사람들은 현지 사람들과 함께 어울려 살아가게 됩니다. 사실 고고학적으로 볼 때 기자가 한반도까지 왔을 가능성은 매우 낮습니다. 다만, 당시 고조선의 서쪽 일부 지역(베이징에서 요하까지)을 차지하고 다스렸을 가능성은 있습니다. 어쨌든 단군을 몰아내고 고조선 서쪽을 다스리던 '기자'는 얼마나 훌륭한 분이었던지 기자의 나라(상나라)를 멸망시킨 주나라의 왕마저 그에게 '백성을 어떻게 다스려야 합니까?'라고 물어보기까지 했다는군요.

이전에 기자가 상(은)나라의 쇠락한 운명을 떠나 조선으로 피난을 했다. 조선의 처음 풍습에 대하여 들은 바는 없지만, 기자가 8가지 금하는 명령을 내린 이후로 사람들이 법을 알게 되었고, 그로 인해 마을마다 음란하거나 도둑질하는 일이 없었고, 밤에는 문을 닫지 않았으며, 어리석고 얕았던 풍습을 바꾸어 단순하고도 넓은 법률에 맞춰 살아가게 하였다. 수백 수천 년을 그렇게 보내었기 때문에 동이 사람들은 성품이 온화하고 성실하게 되어, 중국의 남쪽, 북쪽, 서쪽에 사는 사람들과는 같지 않았다.《후한서》

중국의 현인인 기자의 덕으로 조선 사람들이 훌륭하게 되었다고 기록하고 있습니다. 과거 중국 사람들은 자신들만이 문명인이고 주변 사람들은 야만인이라고 생각했기 때문에 이런 기록이 남아있다고 생각할 수도 있는데요, 한편으로는 정말 기자가 이끌고 온 상나라 사람들이 원주민(고조선인)에게 선진문물을 전했을 가능성도 열어두어야 할 것 같습니다.

정치가 바르게 실행되면 도덕이 생기기 마련이다. 중니(공자)는 중국의 현실에 의분을 품고 구이(동이)나라가 살만하다고 인정하였는데, 어떤 사람들은 구이 나라가 누추하지 않을까 의심했지만 공자는 '군자가 사는 나라인데, 어떻게 누추함이 있을 수 있겠는가!'라고 말하며 줄곧 그렇게 생각할 뿐이었다. 이 이후로 조선(고조선)의 상인들이 왕래하며 장사를 하면서 점차 중원과 교류가 있게 되었는데, 연나라 사람 위만이 조선의 풍습을 어지럽혀 그로부터 풍습이 얕아지고 서로 다르게 되었다. 노자는 '법령이 복잡할수록 도적이 많아진다.'라고 하였는데, 기자는 단순한 법률을 제정하고 신의로써 다스렸으니 이것이 바로 성현이 제정한 법률의 근본이라 할 수 있지 않은가! 《후한서》

구이(九夷)는 중국 동쪽에 있던 나라인데, 이 글에서는 조선(고조선)과 같은 의미로 사용되고 있습니다. 공자가 흠모한 동쪽 나라 조선은 이후 중국 연나라 사람 위만이 왕이 되면서 풍습이 좋지 않게 바뀌게 됐다고 합니다. 연나라 사람 위만은 약 2,200년 전 중국의 혼란을 피해 조선으로 망명한 사람입니다. 그는 조선 왕의 신임을 받아 중국과 조선의 경계를 지키는 임무를 맡았지만, 왕을 속이고 군사를 동원해 조선의 왕을 내쫓고 스스로 왕이 됩니다(BC194). 그가 왕이 되자 그 동안 법이 많지 않아도 될 만큼 좋았던 풍속이 나쁘게 바뀌어 조선은 어쩔 수 없이 법을 많이 만들 수밖에 없었다는 의미입니다.

고조선(청동기시대) 유물들(국립중앙박물관)

동북공정 이전 **중국이 쓴 한국사**

마. 조선의 왕이 된 위만

　기원전 194년 위만이라는 연나라 사람이 조선의 왕을 몰아내고 스스로 왕이 됩니다. 연나라 사람 위만이 속임수로 조선의 왕이 되기 이전, 당시 조선의 상황에 대해 중국 고대역사서에는 다음과 같이 설명하고 있습니다.

　　오래 전 기자의 후손인 조선의 제후가 당시 황제의 나라인 주(周)나라가 쇠퇴하고 연나라가 스스로 높여 왕이라 부르는 것을 보고, 조선 제후 역시 스스로 왕이라 칭한 뒤, 병사를 일으켜 주(周) 황실을 세우겠다는 명분으로 연나라를 공격하려고 하였다. 그러나 조선의 대부(大夫 조선의 관리) 예가 간하여 그만두게 된다. 조선에서는 예를 서쪽으로 보내 연 나라에 가서 설득하여 연 나라 또한 (조선을) 공격하지 않는다. 《삼국지》

　위의 기록을 보면 기원전 2세기 위만이 다스리기 이전까지는 기자의 후손이 조선(고조선)을 다스리고 있었고, 중국은 조선을 중국의 제후국가로 여기고 있었음을 알 수 있습니다. 당시 중국 제후국들은 주나라를 명목상 종주국으로 섬기면서도 주나라의 간섭 없이 각자 국력을 키우던 시기였습니다. 그런데 주나라가 이렇게 힘을 잃자 주나라 제후국인 연나라의 군주는 스스로 왕이라 자처합니다(기원전 323년). 그러자 연나라와 경쟁관계에 있던 조선(고조선)의 군주 역시 왕을 자처하면서 주나라를 보호한다는 명목으로 연나라를 치려고 했다는군요.

　조선과 연나라가 이렇게 서로 갈등하던 상황을 좀 더 자세히 설명해야 할 것 같습니다. 두 나라가 대립하던 당시(기원전 4세기~기원전 3세기) 중국을

고조선을 물리친 연나라 장군 진개(바이두 백과사전). 진개는 고조선에 인질로 잡혀왔다가 정세를 살핀 후 고국으로 돌아가 세력을 키워 고조선을 2,000리 빼앗는다. 이때부터 고조선은 국력이 약화된다(기원전 300년 경).

다스리던 최고 통치자는 이름만 있고 권력은 없던 주나라의 왕이었습니다. 약 3,000년 전에 상나라를 물리친 주나라가 점차 힘을 잃자 여러 나라가 패권을 잡기 위해 전쟁을 벌였는데, 그 나라들 중 조선과 국경을 접하고 있던 나라가 바로 연나라입니다. 연나라는 베이징 근처에 있던 나라인데요, 기원전 664년에는 조선의 침입으로 나라가 거의 망하기 직전까지 이르렀으나 당시 산동성(산둥성)에 있던 제나라의 도움으로 간신히 살아남기도 합니다. 이렇게 조선과 연나라는 수백 년간 국경을 접하고 갈등했는데, 그러던 중 조선에 인질로 와 있던 진개라는 연나라 사람이 조선을 자세히 관찰하고는 고국으로 돌아가 조선을 공격할 계획을 세웁니다. 결국 방심하던 조선은 연나라에게 서쪽 땅 2,000리를 빼앗기는 참패를 당하고 그때부터 국력이 약해지게 된 것이죠.

그러나 그렇게 조선을 물리친 연나라도 얼마 못가 진시황의 공격으로 무너지게 됩니다(기원전 222년). 이에 놀란 조선은 진시황의 공격을 막기 위해 요동(요하 동쪽)에 긴 성을 쌓게 됩니다. 중국의 쟁쟁하던 나라들이 모두 무너져 진시황의 지배를 받고 있는 사이, 조선은 진(秦)나라의 지배를 거부하고 독립을 유지하기 위해 노력합니다. 당시의 상황은 다음 기록으로 알 수 있습니다.

그 뒤에 조선이 교만해 지자, 연 나라에서는 진개 장군을 보내 서쪽을 공격하게 하여, 그 땅 2천여 리를 취하면서 만번한 땅을 경계로 삼게 되는데, 이에 조선은 국력이 약해지게 된다. 중국 진(秦)나라가 천하를 통일했을 때, 몽염을 시켜 장성을 쌓게 했는데, 쌓은 장성이 요동까지 이르렀다. 이때 조선에서는 부(否)가 왕이 되는데, 진(秦)나라가 공격할 것을 두려워하여 임시로 항복하지만, 진(秦)나라 조정 모임에는 참가하길 거부한다.《삼국지》

이렇게 중국을 점령하고 조선을 위협했던 막강했던 진시황의 진나라 역시 오래 가지는 못했습니다. 당시 중국은 진시황의 폭정에 못 이겨 곳곳에서 반란이 일어나며 진나라가 어려움에 처하는데요, 이러한 혼란을 피해 중국의 동쪽과 북쪽 나라로부터 많은 유민이 조선 서쪽 땅으로 이주하게 됩니다. 이때 조선은 진나라가 요동에 쌓은 장성(만리장성)을 넘어 온 많은 중국 유민을 받아들입니다.

정치를 제대로 하지 못한 진나라는 결국 한(漢)나라에 의해 멸망하게 됩니다(기원전 206년). 당시 진나라에 반항하여 일어선 여러 사람들 중에 유명한 항우라는 장군이 있었습니다. 그의 휘하에 유방이라는 장군이 있었는데요, 그는 진(秦)나라의 수도를 정복하고 마침내 경쟁자인 항우까지 물리치면서 새로운 나라를 건국하게 됩니다. 그 나라가 바로 중국인들이 자랑스러워하는 한(漢)나라입니다. 한나라를 세운 유방(재위 BC202~BC195)에게는 고향 친구이자 함께 나라를 세우는데 큰 공을 세운 노관이라는 사람이 있었습니다. 유방은 고향친구인 그를 과거 연나라 땅의 왕으로 임명하게 됩니다. 그런데 오래지 않아 연나라 왕이 된 노관이 중앙정부와 갈등하다가 반란을 도모하게 되고, 결국 실패해 북쪽 흉노의 땅으로 도망을 갑니다. 이때 노관의 수하에 있던 위만이라는 사람 역시 조선으로 도망을 치는데, 그가 훗날 조선을 전복시키고 왕이 되는 사람입니다.

(진나라와 조선과 갈등한지) 20여 년이 흘러, 진승과 항우가 (진나라에 항거하며) 봉기하여 천하가 어지러웠다. 이때 연 나라, 제 나라, 조 나라 백성들의 고통이 심하여 조금씩 조선 왕 준에게 도망 오게 된다. 준 임금은 이에 그들을 서쪽 땅에 살게 하였다.

한(漢)나라에 이르러 노관을 연 나라 왕으로 임명하는데, 조선과 연의 경계는 패수(浿水)강이었다. 연 나라 왕 노관이 반란을 일으켜 흉노 땅으로 도망가게 되는데, 그 때 연 나라 사람 위만 역시 조선으로 망명을 오게 된다. 그는 호(胡)나라 사람 옷(조선의 전통 복장)을 입고 동쪽으로 와서 패수 강을 건너 준 임금에게 투항하는데, 준 임금에게 서쪽 변경 지역에 거할 수 있도록 요청한다. 이에 그를 받아들여 조선으로 망명하는 중국 사람들을 맡아 조선의 변방을 지키게 한다.

준 임금이 그를 신뢰하고 아끼면서 박사로 삼고, 규(圭 : 권위를 상징하는 기다란 도구)를 하사면서 백 리에 이르는 영토를 내주며 서쪽 변경을 맡겼고, 위만은 중국에서 도망 온 사람들을 규합하여 꽤 많은 사람을 모으게 된다. 그는 사람을 보내 준 임금에게 고하기를 "한(漢)나라 병사들이 사방에서 공격하니 수도를 지킬 수 있도록 성 안에 들어가게 해 주십시오."라고 거짓말을 하고 준 임금을 공격한다. 준 임금이 위만과 전쟁을 하였으나 이기지 못하였다.

이에 준 임금은 궁에 있던 주변 사람들을 이끌고 바다로 나가 한(韓)나라에 거하면서 자칭 한(韓)나라 왕이라 부른다. 《위략》에는 다음과 같이 기록하고 있다. 그 아들과 친척들 중 조선에 남아 있던 사람들은 그로 인해 한(韓)씨 성을 쓰게 된다. 준 임금이 바다로 나간 뒤로 다시는 조선과 서로 왕래하지 않았다. 그의 후손들은 대가 끊어 졌지만, 지금도 한(韓)나라 사람들은 그의 신상을 만들고 그에게 제사를 지내고 있다. 《삼국지》

조선 왕은 연나라에서 도망 온 위만을 불쌍히 여기고 관리로 임명하여 조선 서쪽 땅을 맡겼지만, 위만은 이를 배신하고 조선의 수도를 습격합니다. 위만과의 전쟁에서 패한 조선 왕 준은 결국 배를 타고 한반도 남부에 있었던 한(韓)나라로 도망을 가게 됩니다. 우리나라 국호인 한(韓)국은 이 나라로부터 시작되는데, 한(韓)나라로 이주한 준 왕은 그곳에서 왕이 되어 여러 세대 동안 나라를 유지하게 됩니다. 기자가 망명한 한(韓)국은 그 뒤로도 지속적으로 북쪽에 있던 조선의 유민들을 받아들여 풍습과 언어가 각자 조금씩 다른 삼한(마한, 진한, 변한)을 정립하게 됩니다.

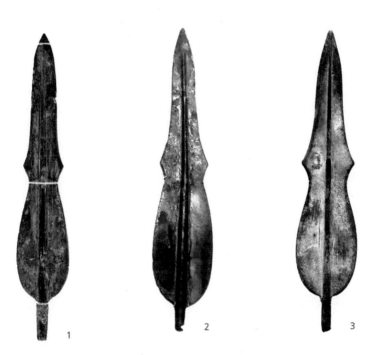

비파형동검(요녕식동검) 1. 랴오닝성박물관 2. 국립공주박물관 3. 국립경주박물관

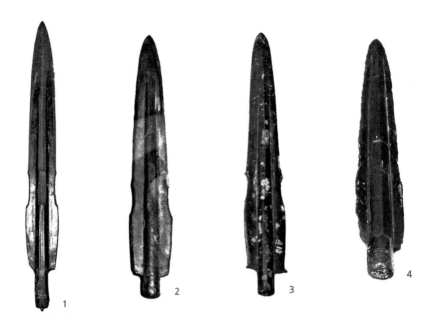

한국식동검(세형동검) 1. 국립공주박물관 2. 국립나주박물관 3. 국립경주박물관 4. 춘천박물관

기자조선, 위만조선의 위치를 설명해 주는 비파형동검(요녕식동검)과 한국식동검(세형동검). 비파형동검은 중국 요녕(랴오닝) 지역에서 처음 제작되고 이후 한반도 서북부지역에서도 많이 사용된다. 이는 기자조선의 초기 중심 위치가 한반도가 아니라 발해만 북부 랴오닝 지역임을 의미한다. 기원전 4세기 말에서 3세기 초가 되면 기존의 비파형동검과 형태가 다른 세형동검이 등장하는데, 이 시기가 바로 기자조선이 중국 연나라에 패해 랴오닝 지역에서 한반도 서북부지역으로 이주한 시기이다. 세형동검은 한반도 청천강 이남에서만 발견되는데, 처음에는 한반도 대동강 지역(후기 기자조선 중심지), 금강 유역(위만에 패한 기자조선의 이주지), 영산강, 낙동강(위만세력의 확장지)으로 퍼져나간다. 이를 통해 후기 기자조선과 위만조선의 세력권을 추정할 수 있다.

바. 조선의 마지막 전쟁

연나라 사람 위만이 기원전 194년에 조선의 준 왕을 몰아내고 차지한 조선은 '위만조선'이라고 부릅니다. 위만조선은 이후 약 100년을 이어가다 기원전 108년 중국 한나라에 의해 멸망하게 됩니다. 조선이 멸망한 뒤 얼마 지나지 않아 중국에서는 현재까지도 중국 최고의 역사서로 인정받는 《사기(史記)》가 완성됩니다(기원전 91년 완성). 이 책은 조선이 망한 지 얼마 되지 않아 완성되었기 때문에 당시 조선과 관련된 내용을 비교적 상세하게 기록하고 있습니다.

조선왕 위만은 원래 연나라 사람이다. 연나라가 가장 번성했을 때, 진번조선(동쪽과 서쪽의 두 조선 연맹을 말함)을 점령하여 복속시키고 관리를 파견하였으며 성곽을 만들어 변경을 방비하였다. 진(秦)나라가 연나라를 멸망시킨 뒤, 그 지역은 요동군 경계 밖에 속하게 된다. 한(漢) 왕조가 세워진 뒤 조선 지역이 멀어 수비하기 어려웠기 때문에 멀리 패수까지 경계를 삼아 요동의 전략상 중요한 지역을 보수하여, 경계선 이내의 지역은 연나라에 복속 시킨다.

위만이 차지한 조선과 진시황의 진나라를 물리친 왕조인 한나라는 '패수(浿水)'를 경계로 하고 있었다고 기록하고 있습니다. 그런데 이 패수의 위치에 대한 논란이 한국과 중국에서 많이 일고 있습니다. 왜냐하면 일반적으로 고대 역사서에 나오는 패수는 북한의 수도 평양을 가로지르는 대동강으로 알려져 있기 때문입니다. 만일 패수가 평양을 가로지르는 대동강이라면 당시 한나라는 평양까지 이미 지배하고 있었다는 이야기인데, 이는 사실이 될 수 없습니다. 왜냐하면 진(秦)나라가 중국 동북지역을 점령하고 장성을 쌓았는데 장성이 중국의 요동에 이르렀었기 때문입니다.

진(秦)나라를 물리친 한나라가 건국되자마자 요동에 있던 국경이 동쪽으로 조선의 수도(평양)까지 밀려날 리는 없겠지요. 한나라는 중국을 통일한 지 얼마 되지 않았기 때문에 멀리까지 다스릴만한 힘이 없었습니다. 그래서 한나라는 위만이 차지한 조선에 지원을 하며 동쪽 변경을 안정시

발해(보하이) 북쪽 지역은 동아시아에서 가장 먼저 문명이 시작된 곳으로, 고조선의 주요 활동지였다. 중원에서 멸망한 상나라(은나라)는 기원전 11세기에 이곳으로 이주해와 단군조선을 동쪽으로 몰아낸다. 요하(랴오허) 서쪽에 위치하여 요서지역이라고 불리는 이 지역에서 기자조선은 수백 년 유지되다가 기원전 3세기에 연나라의 침입으로 요하 동쪽으로 밀려나게 된다. 당시 요하는 혼하(대요하)로 추정된다. 참고로 베이징 아래로 흐르는 영정하는 과거 조선하(조선 강)라 불렸는데, 이는 고대에 이곳에서 쫓겨난 조선(고조선)의 영향인지, 아니면 후대 고구려에 낙랑조선이 멸망하면서(313) 선비족의 도움으로 중국에 다시 세운 낙랑조선이 이곳으로 이주한 영향인지 알 수 없다.

키려 했습니다. 필자가 최근 연구결과를 분석해 본 결과 이 '패수'는 중국 요녕성에 있는 혼하(대요하)를 의미하는 것 같습니다.

위만이 지배하던 조선은 대체로 요동과 한반도 북부 지역을 차지한 것으로 추정하고 있습니다. 당시 조선 남쪽에는 위만에 쫓긴 기자가 남하하여 왕이 되었다는 한(韓)국이 있었습니다. 한국은 그 이전 진(辰)국이라 불렸는데, 이 진국(한국)은 중국의 한(漢)나라와 교역을 원했습니다. 그러나 이 두 나라 사이에 있던 조선(위만조선)은 이를 가로막고 오히려 한반도 지역을 장악하면서 막강한 세력을 갖추게 됩니다. 처음에 조선(위만조선)을 도

왔던 중국 한(漢)나라에서는 이를 문제 삼아 진국(한국)이 자유롭게 한(漢)나라와 교류할 수 있도록 길을 열어줄 것을 요청하였는데, 이 과정에서 서로 갈등이 발생하여 결국 중국 한나라와 조선 사이에 대규모 전쟁이 일어나게 됩니다.

한(漢)나라는 결국 조선의 북쪽과 서쪽에서 육군과 해군을 동원해 공격해 옵니다. 조선은 처음에 효과적으로 방어하며 한나라 군대를 곤경에 빠지게 하지만, 전쟁이 장기화 되면서 점차 내부에서부터 균열이 일어나 마침내 수도를 빼앗기고 멸망하게 됩니다. 조선(고조선)은 이 전쟁을 마지막으로 사라지게 되고 요하(랴오허) 유역부터 한반도 북부에 이르던 조선에 한(漢)나라의 군현이 들어서게 됩니다.

아래는 이렇게 2,100여 년 전 조선과 중국 한나라의 협력과 갈등 관계를 기록한 《사기》의 내용을 번역한 내용입니다.

[고조선의 최후 전쟁]

(1) 위만조선의 성립

연나라 왕 노관이 반란을 일으키고 흉노로 도망간 뒤, 위만 역시 외지로 도망하였다가 천여 명을 모아 상투를 틀고 만이족(동이족) 사람들 복장을 한 뒤 동쪽 변경으로 진출하여 패수를 넘어 원래 진(秦)나라가 점령했던 빈 땅에 살게 되었으며 점차 진번조선의 만이(동이) 부족사람과 연나라, 제나라에서 도망 온 백성들을 점령하여 왕이라 칭하고 왕험을 수도로 삼았다.

(2) 조선과 한나라의 협약

효혜제(BC195~188)와 고후(BC188~180) 시대에 이르러 천하가 막 안정을 찾았을 때, 요동태수는 위만을 신하로 삼을 것을 약속하고, 변경 지방의 만이(동이) 사람들을 막아 쳐들어오지 못하게 하였다. 그러나 만일 만이(동이)족 각 족장들이 황제를 알현하러 갈 때에는 그들을 막지 않도록 하였다. 그러한 계약이 조정에 보고된 뒤, 황제는 이를 허락하였고, 이로 인해 위만은 병력과 재물을 얻게 되었고, 그의 주변에 있던 작은 부락들을 점령하였는데, 진번, 임둔 역시 항복하여 그의 지배를 받게 되어, 그가 다스리는 지역이 사방 수천 리에 이르렀다.

(3) 조선과 한나라 갈등의 시작

위만은 이후에 왕의 자리를 아들에게 물려주게 되고, 다시 그의 손자 우거가 왕이 되어 한(漢)나라 유민들을 많이 끌어들이게 되니, 조선왕은 또 다시 천자에게 알현하지 않게 된다. 진번(조선) 주변의 많은 나라에서 한 왕조에 글을 올리고 황제를 알현하려 했으나 이를 막아 갈 수 없게 만들었다.

원봉 2년(BC109), 한(漢) 왕조는 섭하를 파견하여 우거왕을 회유하려 했지만 그는 천자의 명령을 전혀 받들 생각을 하지 않았다. 섭하가 이에 본국으로 돌아가려고 조선의 변경인 패수에 이르렀을 때 그는 수레를 모는 사람을 시켜 섭하를 배웅하던 조선의 장군 장을 죽이고는, 곧 강(패수)을 넘어 달아나 요새로 들어간다.

섭하가 조정에서 천자에게 "조선의 대장을 죽였습니다."라고 보고하자, 황제는 그가 장군을 죽인 것을 인정하여 조선왕을 회유한 것을 실패한 것에 대한 더 이상의 질책을 하지 않았다. 또한 섭하를 요동동부도위로 임명하였는데, 조선 사람들은 섭하에 대한 복수를 하기 위해 병사를 보내 습격하여 그를 죽이게 된다.

(4) 한나라의 조선 공격

한나라 시기 중국의 일반적인 배(BC206~AD220) (중국 역사박물관)

천자는 이에 죄인들을 모아 조선을 공격한다. 그 해 가을, 누선장군(큰 배
를 이끄는 장군, 해군 대장)인 양복으로 하여금 제 땅(중국 산동성)에서 출병하여 발
해(서해 북쪽 바다)를 건너게 하였는데 병력이 5만 명이었다.

좌장군 순체는 요동에서 출발하였는데, 대군이 우거왕을 정벌하러 오
자 우거왕 역시 군사를 파병하고 험준한 지형을 이용하여 막게 했다. 좌장
군 순체의 부하 중 다(多)라는 사람이 요동군을 이
끌고 먼저 적을 쳤는데, 싸움에 져서 군사는 흩
어지고 자신도 도망을 가다가 군법을 어긴 죄로
처형을 당하게 된다.

중국 고대 전쟁용 선박 누선(바이두 백과). 배
선상에 누각처럼 높은 건물을 세워 누선(樓船)
이라 부른다. 이 배는 중국 수군의 주력 선박으
로 주로 상급 장교가 승선했다.

(5) 한나라 두 대장의 패배

　누선장군(해군대장) 양복은 제(齊) 지역(산동성) 병사 7천 명을 이끌고 먼저 왕험성을 공격하게 되는데, 우거왕은 성에서 방비를 하다 누선장군의 군대 병력이 적은 것을 알고는 성을 나와 누선장군을 공격하였고, 이에 누선장군의 군대는 패하여 사방으로 도망하게 된다. 장군 양복은 자신의 군대를 잃고 산으로 도망하여 열흘 이상 숨어 있다가 차츰 흩어졌던 병사들을 찾아서 다시 집결시킨다. 좌장군 순체가 이끄는 군사들은 조선의 패수 서쪽에 있던 조선군대를 공격하였지만 적을 이길 수 없었다.

　황제는 두 장군(누선장군 양복, 좌장군 순체)이 승리를 얻지 못하였기 때문에 위산을 파견하여 우거왕을 회유하려 하였다. 우거왕이 한나라 사신을 만났을 때 머리를 조아리며 사죄하였다.

　"앞서 두 장군이 속임수로 나를 죽이려 하였기 때문에 그들을 믿지 못하였는데, 이제 진정한 사신을 뵈었기 때문에 항복할 것을 청합니다."

　그는 태자를 사신에게 보내 사죄를 하였고, 말 4, 5천 마리를 바쳤으며, 한나라 군사들에게 군량을 제공하였다. (국경인 패수 근처에) 조선 사람 만여 명이 있었는데, 모두 손에 무기를 잡고 있었기 때문에, 패수를 막 건너려 할 때 한나라 사자(위산)와 좌장군(순체)은 그들이 다시 자신들을 치지 않을까 의심하여 태자에게 말하였다.

　"태자께서 이미 항복을 하셨으니 저 조선 사람들로 하여금 다시 무기를 들지 못하게 해야 할 것입니다."

　태자 역시 한나라 사신(위산)과 좌장군(순체)이 속임수로 자신을 죽이는 줄 알고, 패수를 건너지 않고 사람들을 이끌고 돌아가 버렸다. 위산은 한나라 수도로 돌아가 천자에게 이를 보고했는데, 천자는 그를 사형시킨다.

(6) 한나라 두 대장의 갈등

한편 좌장군은 패수 위쪽에 있던 조선군을 공격하였고, 계속 진군하여 왕험성에 이르러 성의 서북쪽을 포위하였다. 먼저 와 있던 누선장군(양복)의 군대도 역시 합류하여 성의 남쪽에 주둔하였으나, 우거왕이 성을 견고하게 지켜 몇 달 동안 함락시키지 못하였다.

좌장군(순체)은 평소 궁중에서 황제를 모시는데 매우 총애를 받았고, 그가 거느린 연 지역(베이징이 있는 허베이성)과 대 지역(태산이 있는 산둥성) 병사들은 매우 용맹스러웠다. 그들은 이번 승리로 인해 많은 사기를 얻게 되었다.

누선장군(양복)이 거느린 제(齊, 산둥성 서부) 지역 병사들은 바다를 건너 전쟁을 벌였는데, 많은 수가 도망을 가거나 죽거나 다쳤다. 먼저 우거왕과 전쟁을 할 때 많은 고생을 하였고 병력의 손실이 컸기 때문에 병사들은 매우 두려움에 떨었으며 장군은 수치스러워하였다. 따라서 그들이 우거왕을 포위하였을 때, 자주 유화적이고 절제된 전술을 취하였다.

좌장군(순체)은 조선군을 맹렬히 공격하였는데 조선의 대신들은 몰래 사람을 보내 누선장군(양복)에게 투항한다는 약속을 했다. 그러나 말만 오갈 뿐 (조선은) 아직 결정하지 못하고 있었다. 좌장군(순체)은 여러 차례 누선장군(양복)과 함께 전쟁을 시작할 시간을 정했지만, 누선장군은 조선 측과의 몰래 한 약속에 매여 전쟁에 나가지 않았다. 좌장군 역시 사람을 보내 때를 봐서 조선이 항복할 기회를 찾았지만 조선 사람들은 좌장군에게 항복하는 것을 받아들이지 않았고, 오직 누선장군에게 항복하기만을 바랐다. 이로 인해 두 장군은 서로 불화하게 되었다. 좌장군의 마음에는 누선장군이 지난번 많은 병사의 손실로 죄를 얻어 이제 조선과 몰래 친교를 맺었기 때문에 조선이 아직 항복하지 않는 것이 않는 것인가 하는 의심을 품게 되었고, 그가 반란을 일으킬 음모를 가지고 있으나 아직 못하고 있는 것이라고 생각하였다.

이에 천자(한나라 왕)는 다음과 같이 말하였다.

"장수들(양복. 순체)이 무능해서 이전에 위산을 파견하여 우거왕을 항복하도록 권했었다. 우거왕이 이에 응해 태자를 보냈지만, 위산이 혼자 결정하지 못하고 좌장군과 함께 계략을 짜서 실수를 저질렀기 때문에 조선과의 약속이 무산되었다. 이제 두 장군이 왕험성을 포위공격 한다고 하는데, 또다시 서로 뜻이 다르고 협조할 줄 모르니, 오랫동안 이 일을 해결할 수 없구나."

이에 제남태수 공손수를 보내 그들의 잘못을 바로잡고 상황에 맞게 원활히 해결하도록 하였다. 공손수가 군 진영에 도착하자 좌장군(순체)은 다음과 같이 말하였다.

"조선은 오래전에 함락시켰어야 하는데 아직 그렇게 하지 못한 이유가 있기 때문입니다."

그는 누선장군(양복)이 수차례 약속을 해 놓고 군대를 이끌고 오지 않았다고 말하며, 그가 가지고 있던 모든 의심을 공손수에게 고하였다.

"현재 이러한 상황에서 그를 체포하여 조사하지 않으면 앞으로 큰 화가 될 것입니다. 누선장군이 거느린 군대에게 화가 있을 뿐 아니라 누선장군이 조선과 손잡고 우리 군을 멸할 것입니다."

공손수도 그의 말에 동의하고 누선장군의 군대를 소환하여 좌장군 군영
에서 회의를 열었으며, 그 자리에서 좌장군의 부하에게 명령하여 누선장군
을 체포도록 하고, 그의 군대를 병합시킨 후 이러한 일들을 천자에게 보고
하였는데, 천자는 공손수를 사형시켰다. (천자는 좌장군과 누선장군을 화해시키라고
공손수를 보냈는데 공손수는 오히려 누선장군을 체포하여 갈등을 키웠기 때문이다.—필자 주)

고조선(위만조선)을 공격하여 멸망시킨 한나라 무제(武帝, BC156~BC87)의 능(무릉, 茂陵,
바이두 백과). 한무제의 능 근처에는 한무제가 직접 김(金)씨 성을 하사한 흉노왕자 김일제
(BC134~BC86)의 묘가 있는데, 그는 후대 신라 김씨 왕들의 시조가 된다.

(7) 조선 대신들의 항복

좌장군은 두 군대를 합병한 후 급히 조선을 공격하였다. 이에 조선의 재
상인 노인(路人)과 한음, 그리고 행정장관인 참, 장군 왕겹은 함께 상의하여
말하였다.

"처음에 우리는 누선장군에게 투항하려고 했지만, 누선장군이 체포되

었고, 좌장군이 홀로 두 군대를 이끌고 있으니 상황이 급박하게 되었습니다. 더 이상 그들과 싸울 방법이 없을 것 같은데도 대왕께서 항복을 허락하지 않으십니다."

하고는 한음과 왕겹, 그리고 노인은 모두 한나라 진영으로 도망가서 항복하였는데, 노인은 도중에 죽어버렸다.

　원봉 3년(BC108) 여름, 행정장관 참은 사람을 보내 조선왕 우거를 시해하고 한나라에 항복을 하였으나 왕험성은 아직 함락되지 않았다. 죽은 우거왕의 대신인 성사가 다시 반란을 일으켜 다른 관리들을 공격하였다. 이에 좌장군은 우거의 아들 장강을 보내 재상 노인의 아들 최(最)로 하여금 그 백성을 설득하여 성사를 죽이게 하였고, 이로써 결국 조선이 평정되어 그 곳에 네 개의 군을 두었다.

(8) 한나라 두 대장의 비참한 최후

　(조선의 행정장관이었던) 참을 봉하여 훼청후로 삼았고, 한음을 적저후로 삼았으며, 왕겹을 평주후로 삼았고, 장강을 기후로 삼았다. 최는 그의 아버지의 죽음이 큰 공적으로 인정되어 온양후로 임명되었다.

　좌장군(순체)은 수도로 소환되어 공적을 세우기 위해 질투하여 조정의 계획을 거역한 죄로 인해 참수되어 거리에 내걸렸다. 누선장군 역시 병사들이 열구에 도착했을 때 좌장군을 기다려 같이 작전을 수행해야 했는데 멋대로 먼저 진군하여 손실을 입히고, 죽고 다치는 자가 많게 하였으므로 죄를 얻어 사형에 처해지는 것이 마땅하지만 돈을 내어 죄를 면제받고 평민으로 강등 당하였다.

이렇게 조선과 한나라의 전쟁은 조선의 핵심 인물들이 한나라에 항복하면서 한나라의 승리로 마감됩니다(기원전 108년). 그러나 전쟁을 제대로 수행하지 못한 한나라의 두 장군은 사형을 당하거나 평민으로 강등당하는 수모를 겪게 됩니다. 이에 대해 위의 기사를 기록한 《사기》의 저자 사마천은 다음과 같은 평가를 합니다.

(조선의) 우거왕은 성의 험하고 견고한 것을 의지하여 막았으나 결국 나라를 망하게 만들었다. 섭하는 공적을 속여 취함으로 전쟁을 발발하게 하였으며, 누선장군은 마음이 좁아 위기와 재앙을 만났다. 아쉬운 것은 번우에서의 실책이 의심을 낳게 했다는 것이다. 순체는 공적을 다투다 공손수와 함께 죽임을 당하였다. 조선을 정벌하려던 두 군대는 모두 치욕을 당하였으며, 장수들은 모두 땅과 벼슬을 얻지 못하게 되었다.

조선이 멸망한 뒤 조선 땅은 넷으로 나뉘게 되고 한나라에서 파견한 관리들이 다스리기 시작합니다. 이 네 개의 땅을 한나라에서 설치한 네 개의 군이라는 의미로 한사군이라고 부르는데, 그 중 우리나라의 역사와 밀접한 군이 바로 평양 지역에 있었던 낙랑군입니다. 현재 낙랑군이 한반도에 있었는지에 대한 논의가 계속되고 있지만, 필자는 낙랑군이 요하유역에서 한반도 북부에 걸쳐 있던 큰 땅이었고, 그 마지막 중심지는 한반도 북부에 있었던 것으로 판단하고 있습니다. 낙랑군은 이후 북쪽으로부터는 고구려, 남쪽으로부터는 한국(삼한, 백제, 신라) 등과 지속적으로 갈등하게 되며, 마지막에 일부는 중국 요녕지역으로, 일부는 주로 신라로 이주하여(313년) 명맥을 이어가게 됩니다.

부여

3

가. 조선을 이어 들어선 나라들

중국에서 분석한 기원전 1년 한반도와 주변 국가들(바이두 백과)

한나라와 조선의 전쟁이 한나라의 승리로 끝난 뒤 옛날 조선의 영토에는 낙랑군과 현도군이 세워집니다. 중국에서 그린 지도에서 보면 요녕(라오닝) 지역에 현도군이 있고 그 아래 북한의 서쪽이 낙랑군이 있었던 것으로 그려져 있습니다. 두 군은 과거 조선(기자조선)의 핵심지역인데 조선이 멸망한 이후 한나라의 관리가 다스리던 지역입니다. 그 오른쪽으로 부여, 고구려, 옥저, 동예, 마한 등 고대 단군조선 당시부터 살고 있던 사람들이 세운 나라들이 그려져 있습니다. 이 나라들은 조선이 멸

동북공정 이전 **중국이 쓴 한국사**

망한 이후 각자 독립적으로 국가를 유지하고 있었습니다.

부여(夫餘. ?~494년)는 만주의 넓고 비옥한 평지에 있었던 고대 국가입니다. 중국 역사서에 그 나라는 한 번도 망하지 않은 부강한 나라로 묘사되고 있습니다. 한나라가 위만조선을 멸망시킬 때에도(기원전 108년) 부여는 멸망하지 않고 건재했던 것입니다.

나. 예맥족의 나라 부여

부여가 어디에 있었는지에 대한 구체적인 기록을 볼까요?

부여 나라는 현도 북쪽으로 천 리 떨어져 있다. 남쪽으로는 고구려와 접해있고, 동쪽으로는 읍루, 서쪽으로는 선비, 북쪽으로는 약수와 접해 있다. 땅은 사방 2천 리이고, 원래 예 사람들의 땅이었다.《후한서》

부여는 남쪽에 고구려가 있었고, 동쪽에는 읍루(숙신), 서쪽의 선비 등의 나라에 둘러싸여 있었는데, 이 나라들은 부여와 오랫동안 갈등하며 관계를 유지하게 됩니다. 부여의 북쪽은 날씨가 추워서 사람이 살기 어려웠기 때문에 나라라고 할 만한 곳이 없었습니다.

위의 기록에서 부여가 '원래 예 사람들의 땅이었다.'라는 부분에 대해 설명이 필요할 것 같습니다.

부여에는 기원전 3세기에 중국 북쪽(섬서. 하북. 산서)에 있던 맥족 사람들이 유입됩니다. 이 맥족 사람들은 고인돌을 세우던 원주민인 예족 사람들과는 풍습이 달랐는데요, 이들은 점차 중국 북방에서 만주와 한반도 북부로 밀려와 예족과 섞여 살게 됩니다. 그래서 역사서에는 이 두 민족을 합하여 '예맥족'이라 부르게 되었습니다.

중국 역사서를 보면 '조선예맥', '마한예맥', '선비예맥', '옥저예맥', '부여예맥', '예맥왜한' 등의 표현이 있습니다. 여기에 예맥이라는 공통된 호칭은 예족과 맥족을 합한 '민족'을 의미하고, 예맥과 합해진 조선, 마한, 선비, 옥저, 부여, 왜(예), 한 등은 이 예맥족이 만주와 한반도에 세웠던 나라들을 말합니다. 이 예맥족은 중국과 구분되는 문화를 서로 공유하고 있었습니다.

예맥인들의 나라는 우리에게 익숙한 대부분의 고대 국가들로, 고조선, 고구려, 삼한, 옥저, 심지어 멀리 왜(일본)까지 포함됩니다. 왜(倭)나라는 8세기 일본이라는 국호가 있기 전 일본의 공식 국호입니다. 만주(중국 동북지역)와 한반도에 예맥인의 나라가 아닌 곳은 부여 동쪽에 있던 읍루(숙신)나라 하나뿐입니다. 읍루(숙신)은 앞에서 언급했듯이 고대 중국인들이 볼 때 주변 예맥 사람들과 유독 다른 풍습과 언어를 가졌고 문명이 가장 낙후된 사람들로 그려지고 있습니다.

예맥족 나라들 가운데에서도 부여는 고대 중국 사람들이 매우 높이 평가했던 문명국이자, 후대에 고구려, 백제, 신라에 깊은 영향을 미치는 한국 역사의 중요한 나라입니다.

다. 낙랑군과 현도군은 중국역사?

한 가지 생각해 볼 문제가 있습니다. 조선이 멸망하면서 세워진 낙랑군과 현도군에 관한 문제입니다. 이 지역은 기원전 108년 한나라가 조선을 멸망시키고 설치한 중국 군현입니다. 그런데 그 땅에 살던 사람들(예맥족)이 조선의 멸망과 함께 순식간에 사라졌을까요? 아니겠지요. 비록 지배층이 바뀌긴 했지만 그 땅에 살던 사람들은 자신들의 고유한 언어와 풍습을 유지하며 살아갔을 것입니다.

낙랑군이나 현도군은 당시에 정치적으로는 중국 한나라에 묶여 있었지만, 그곳에 살던 사람들은 지배층 일부를 제외하고는 주변 사람들과 큰 차이가 없는 예맥인(예맥조선인)이었습니다. 그들은 고구려나 동예 마한 등 주변 예맥인 나라들과 서로 깊은 영향을 주고받았기 때문에 한국의 역사와 구분해서 보면 안 됩니다. 이는 마치 몽골 제국이 중국을 점령하고 원나라를 세웠지만, 원나라 역사가 몽골 뿐 아니라 중국의 역사의 일부이기도 한 것과 같은 이치입니다. 일본이 강제로 조선을 합병했을 때(1910~1945)에 일부 일본사람들이 조선의 지배층을 이루었지만 그렇다고 일제 강점기 역사를 한국사에서 떼어낼 수는 없지요.

고구려, 백제, 신라는 이 중국 군현인 현도군, 대방군, 낙랑군과 직접적인 관련을 가지고 성장하게 됩니다. 구체적으로 고구려는 만주지역 현도군의 중심지 중 한 부분이었고, 백제는 시조가 경기도 지역에 있던 대방군 출신 사람이며, 신라 사람들은 자신들이 평양지역 낙랑인과 같은 사람들이라고 말하고 있습니다. 따라서 이 지역을 중국역사로 간주하고 한국역사에서 구분하면 안 될 것입니다.

라. 상나라를 이은 부여

부여는 인구가 대략 얼마정도였을까요? 현재 기준으로 볼 때 국가라면 적어도 천만 명은 넘어야 할 것 같은데요, 사실은 고대에 그렇게 인구가 많지 않았습니다. 3세기에 기록된 《삼국지》에는 부여의 인구가 약 8만 가구라고 기록돼 있습니다. 한 가구를 5명으로 계산하면 대략 40만 명 정도가 부여의 인구였을 것으로 추정이 됩니다. 영토는 넓지만 총 인구는 다 합해봐야 현재 우리나라 중소도시 하나 정도밖에 되지 않았던 것이지요.

우리나라 충청남도에는 옛 백제의 수도였던 부여(扶餘)가 있습니다. 그

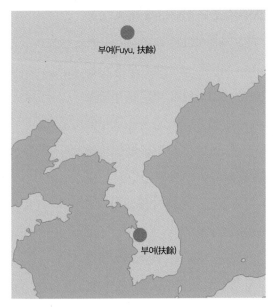

현재 한국과 중국에 있는 같은 이름의 부여(扶餘). 중국은 고대 부여국이 있던 곳에 부여(Fuyu)시가 있고, 한국에는 고대 부여에서 한반도로 이주한 사람들이 세운 남부여, 즉 백제의 수도였던 부여군이 있다.

런데 이 부여라는 지명은 우리나라에만 있는 것이 아니라 한자까지 똑같은 이름으로 중국의 길림성(지린성)에도 있습니다. 왜 그럴까요?

부여는 원래 만주(중국 동북지역)에 오래 전에 있던 나라입니다. 고구려와 백제 사람들은 모두 자신들이 부여에서 내려온 사람들이라고 말하고 있기 때문에, 부여가 우리나라와 직접적인 관련이 있는 나라인 것은 부인할 수 없습니다. 즉, 중국과 한국에 같은 이름의 부여가 있는 이유는 바로 원래 만주 지역에 부여라는 나라가 있었고, 또 그 사람들이 백제로 내려와서 살았기 때문입니다.

그런데 부여는 정말 알 수 없는 나라입니다. 왜냐하면 유물로 볼 때 부여가 있던 만주는 옛 조선(단군조선)의 영토였는데 조선이라는 국호를 사용하지 않았고, 또 그 풍습은 한반도의 마한이나 바로 옆의 읍루(숙신)와 다르고, 오히려 중국 문명을 창조한 황하 유역의 상나라(은나라)와 같았기 때문입니다.

부여가 뜻밖에도 고대 중국문명의 선도자인 상나라(은나라) 사람들과 풍습이 같았다는 말은 부여와 상나라가 그만큼 관계가 깊다는 증거라고 볼 수 있습니다. 그 이유가 무엇일까요? 상나라가 멸망하면서 부여로 이주해 왔기 때문일까요? 아니면 원래 부여의 풍습이 상나라와 같았던 것일까요?

동북공정 이전 **중국이 쓴 한국사**

부여 사람들은 당시 다른 나라에서는 사용하지 않았던 상나라(은나라) 달력을 사용하고 있었습니다. 상나라는 부여보다 1,000여 년이나 앞서 멸망한 나라인데요, 그런데도 부여 사람들은 고대 상나라 달력을 사용한 것입니다. 기록으로 보면 부여는 주변 나라 사람들과 달리 문화적으로 매우 교양이 있고 예절바른 사람들이었던 것을 알 수 있습니다. 중국 최초의 문명국이라 할 수 있는 상나라(은나라)와 부여 두 나라의 공통점을 구체적으로 살펴보면 다음과 같습니다.

(1) 흰색을 숭배함

(2) 두 무릎을 꿇어 겸손을 표현함

(3) 시조가 모두 새의 알에서 태어남

(4) 왕이 죽었을 때 많게는 100명 이상의 살아 있는 사람을 순장함

(5) 소를 잡아 제사 지내고 점을 치며 신의 뜻을 알아봄

(6) 부여에서는 상나라 멸망(BC1046) 이후 1000여년이 지난 뒤 주변국에서는 사용하지 않던 상나라 달력(은력)을 사용함

고대 상나라는 주변국과 달리 흰색을 숭배했는데, 기원전 11세기 상나라를 물리치고 중국을 차지한 주나라는 붉은 색을 숭상했습니다. 상나라와 풍습이 같았던 부여 역시 흰색을 숭상했는데, 부여를 이은 우리나라 역시 예로부터 흰색을 숭상하여 주변 나라들로부터 흰 옷을 입는 민족(백의민족)으로 유명했습니다. 반면에 중국인들은 아직도 고대 주나라와 같이 붉은 색을 좋아하고 있지요.

중국은 3,000년 전 중국 황하 상류에 있던 화하족이 세운 주나라를 중국역사의 주인공으로 여기고 있습니다. 중화인민공화국의 국호에도 들어 있는 '화(華)'자는 주나라를 세운 화하족을 대표하는 글자입니다. 중국인들

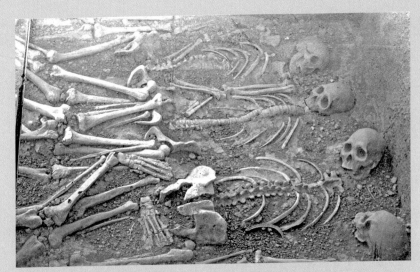

상나라 시기(BC12세기) 살아있는 사람을 죽여 순장한 모습(중국 인쉬박물관)

부여에서 한반도로 남하한 사람들이 조성한 것으로 추정되는 가야무덤의 순장풍습 재현(국립김해박물관). 사후세계를 믿었던 동이족은 귀족이 죽으면 사후세계에서 그를 보필할 사람들을 함께 묻었다. 상나라를 이은 부여의 순장 풍습은 한반도 남부를 거쳐 일본으로 전파된다. 한반도 남부에서 가장 이른 시기의 순장 흔적은 서기 2~3세기 경 부여가 선비족에게 밀려 한반도로 남하한 뒤 남긴 것으로 추정되는 가야 대성동고분에서 볼 수 있다.

은 오래전부터 자신들이 화하족 후예임을 강조하여 스스로를 '화인(華人)'이라 불러왔습니다. 외국에 사는 중국인들 역시 스스로 '화교(華僑)'라고 부르며 화자를 넣어 호칭하지요.

이러한 풍습이 중국 국기에 남아 있습니다. 화하족 주나라를 이은 중국은 국기 색깔이 현재 붉은 색입니다. 물론 붉은 색이 어떤 정치적인 의미를 담고 있을 수 있지만, 중국인의 붉은 색에 대한 애정이 없었다면 국기 색깔로 붉은 색이 우연히 사용되지 않았겠지요? 반면에 흰색을 숭배한 상나라의 영향 때문인지 한국과 일본은 국기의 배경색이 모두 흰색입니다. 흰색은 태양을 숭배한 동이족의 철학이 담긴 색입니다. 태양의 빛을 흰색(밝음)으로 본 것이지요. 이 역시 우연히 결정된 색이 아니라 수천 년 역사적, 민족적 배경이 담긴 결과물이라고 생각됩니다.

우리나라 사람들은 윗분 앞에서 앉을 때 무릎을 꿇어 예의를 표합니다. 그런데 무릎을 꿇고 앉는 풍습이 중국의 풍습이라고 생각하기 쉽지만, 사실은 상나라를 포함한 동이족 고유의 풍습입니다. 상나라에서는 타인 앞에서 무릎 꿇고 앉는 것을 예절로 여겼지만 상나라를 몰아낸 화하족 주나라는 불쾌한 행동으로 여겼습니다. 이와 관련하여 중국 이덕산(리더산) 교수는 자신의 논문 〈동북 고민족의 동이 기원론(1995)〉에 다음과 같이 기술하고 있습니다.

동이의 예절 중에는 중요한 형식이 하나 있었는데, 바로 쭈그려 앉는 것(무릎 꿇고 앉는 것)을 공손하다고 여기는 것이었다. 종족의 계통이 다른 관계로 화하 민족은 쭈그려 앉는 것을 무례하다 여겼다. 《논어》〈헌문〉에는 "원양(공자의 친구)이 동이의 예를 갖추어 기다렸다."라는 문장이 있다. 이 뜻은 공자의 친구 원양이 마치 동이 사람처럼 땅에 무릎을 꿇고 공자를 기다리고 있었다는 의미인데, 이를 본 공자는 그 친구(원양)를 호되게 나무라며 기뻐하지 않게 된다.

아직도 무릎 꿇는 풍습이 남아있는 한국과 일본은 고대 동이족 풍습을 많이 간직하고 있는 나라인데요, 중국에서는 BC11세기 주나라가 들어서면서 이런 풍습이 사라지게 됩니다.

이렇게 고대 상나라와 부여, 한국 사이에는 문화적 유사성이 많은데요, 그만큼 한국은 상나라와 상나라를 이은 부여의 영향을 많이 받은 나라라고 할 수 있습니다.

무릎 꿇고 앉은 상나라 신하(BC12세기) (중국 인쉬박물관). 무릎 꿇는 풍습은 동이족 고유 풍습으로, 중국에서는 화하족이 정권을 잡은 뒤 사라지지만 동이족에 속하는 한국과 일본에서는 여전히 이러한 풍습이 남아 있다.

한편 한국 입장에서 보면 이러한 풍습들이 한반도에 오랫동안 살던 사람들의 고유 풍습이라고 주장할 수도 있습니다. 하지만 한반도에 살던 빗살무늬를 사용하던 원주민들은 농경보다는 주로 해변에서 채집 생활을 영위하며 살았고 그 수가 매우 적었습니다. 이에 비해 국가를 조직하고 청동기, 철기 문명을 이끌 만큼 문명화된 사람들은 중국 동북지역에서 서서히 한반도로 남쪽으로 이동하고 있는 것이 유물로 확인됩니다. 따라서 고대 한국의 발달된 문명은 한반도 원주민 고유의 풍습이라기보다는 청동기와 철기를 일찍부터 개발하고 사용한 발해만 유역 동이문명의 영향이라고 보는 것이 더 옳다고 생각됩니다. 실제로 고대 만주와 한반도의 원주민으로 여겨지는 숙신과 마한 사람들은 주변국과 달리 문화적으로 뒤쳐져 있었던 것을 중국 사서를 통해 알 수 있으며, 주변국과 달리 무릎을 꿇고 예의를 차리는 풍습이 없었습니다.

마. 흰옷 입은 군자의 나라

부여에 관한 중국 역사서의 기록을 보면 당시 부여가 얼마나 멋있는 나라였는지 알 수 있습니다. 그들은 예절바르고 용감하고 덕이 있던 사람들이자, 거리에 노래가 끊이지 않을 정도로 풍류를 즐기던 사람들이었습니다. 흰색은 태양의 흰 빛처럼 '밝음'을 상징하는데, 부여 사람들은 이 흰색을 사모해서 흰 옷을 입었습니다. 이 풍습은 후대에 신라에까지 그대로 전해져 신라인 역시 흰색을 숭배했었고, 그러한 풍습이 조선시대까지 이어진 것이지요. 아래는 부여가 어떠한 나라였는지에 대한 중국 정사《삼국지》의 기록입니다. 3세기에 기록된 다음 기록을 보면서 부여사람들의 생활을 그려 보시기 바랍니다.

사람들은 한 곳에서 태어나 그곳에서 평생을 보낸다. 왕궁과 창고, 감옥이 있다. 언덕과 넓은 들이 많으며 동이 사람들 땅 가운데 가장 평평하고 광활한 땅을 가지고 있다. 토지는 각종 곡식이 자라기에 적당한데, 과일은 생산되지 않는다. 사람들은 키가 크고 건장하며, 성격은 강직하고 용감하며 신중하고 진실하고 후덕하여 다른 나라를 쳐들어가거나 남의 재물을 약탈하지 않는다.

나라 안에는 왕이 있으며, 여섯 가축의 이름으로 관리의 이름을 삼는데, 마가, 우가, 저가, 구가, 대사, 대사자, 사자 등이 있다. 각 고을에는 세력이 있는 백성과 지위가 낮은 백성이 있는데 낮은 백성은 모두 노비로 삼는다. 각 관리들은 사방으로 뻗어 있는 땅을 나누어 관리하는데, 권력이 큰 사람은 몇 천 가문을 다스리고, 작은 자는 수백 가문을 다스린다.

음식은 모두 제사용 그릇(세 칸으로 나누어 제물을 담던 그릇)이나 굽이 높은 그 릇(굽다리 그릇)을 사용하며, 함께 모였을 때에는 주인과 손님이 서로 술을 권 하고, 술잔을 씻은 다음 다시 술을 권하는데, 모두 예의와 겸손함으로 들고 내린다.

5세기(국립김해박물관)

조선시대(전주이씨대동종약원)   천조갑으로 제사드리는 모습(전주이씨대동종약원)

조상에게 제사를 지낼 때 쓰는 세칸으로 나뉜 그릇 俎(도마 조) (전주이씨대동종약원). 소와 양의 장기 인 장, 위, 폐와 돼지껍질을 삶아서 담는 그릇으로 한국에서는 종묘대제 시 여전히 사용하고 있다. 조 상을 의미하는 祖(조상 조)의 기원으로 추정된다. 오른쪽은 조선 왕실의 종묘대제에서 이 그릇(천조갑) 에 제물을 부위별로 나누어 담아 제사를 지내는 모습.

상나라(은나라) 달력으로 1월에 하느님께 제사를 지내는데, 나라 사람들이 모두 한 곳에 모여 연일 음식을 먹고 노래하고 춤을 춘다. 이를 '영고(迎鼓 북 을 치며 맞아들임)'라고 하는데, 이때에는 죄인에게 형을 내리거나 감옥에 보내 는 것을 멈추고, 죄수들을 풀어준다.

그 나라 사람들은 흰색을 숭상하여 흰 옷으로 만든 큰 소매, 겉옷, 바지를 입으며, 나라 밖을 나갈 때는 다양한 색깔로 수놓은 비단과 채색 모피를 입는다. 지위가 높은 사람(대인)은 여우나 살쾡이, 원숭이, 흰색 검은색 담비 등의 가죽 옷을 덧입고, 금과 은으로 장식한 모자를 쓴다.

통역하는 사람이 사신에게 통역할 때에는 모두 무릎을 꿇으며, 땅 바닥을 짚고 조용히 속삭이며 말한다. 형벌은 매우 엄한데 살인한 사람은 사형에 처해지고 그 집안사람들은 노비로 삼으며, 도둑질한 사람은 도둑질한 물건의 열두 배에 해당하는 물건으로 배상한다. 남녀가 간음을 하거나 부녀자가 질투를 하면 모두 죽이는데, 특히 부인이 질투하는 것을 싫어하여 죽인 뒤에도 그 시체를 그 나라 남쪽에 있는 산에 버려서 썩게 놔둔다. 살해당한 부인 집안에서 시체를 가져가려 하면 소나 말을 보내야만 시체를 건네준다. 형이 죽으면 아우가 형수를 취하여 아내로 삼는데, 이는 흉노의 풍습과 같다.

사람들은 가축을 잘 기르며, 훌륭한 말과 붉은 옥, 담비와 원숭이, 아름다운 구슬이 난다. 구슬은 큰 것은 대추처럼 생겼다. 무기로는 활과 화살, 칼과 창을 사용하며, 집집마다 갑옷과 무기가 있다. 그 나라의 노인들은 자신들이 옛날에 망명 온 사람들의 후예라고 말한다.* 성을 쌓고 울타리를 두른 것이 모두 둥그런 모양인데, 감옥과 유사하다. 길을 걸어갈 때에는 밤이나 낮이나 어른이나 아이나 할 것 없이 모두 노래를 부르기 때문에 하루 종일 노래 소리가 끊이질 않는다.

---

* ⋯ 부여 사람들이 어디에서 망명했는지 문헌상에 정확히 기록되어 있지 않지만 고대 중원의 상나라를 이은 동호에서 왔을 가능성이 가장 높다. BC11세기 상나라 멸망 후 랴오허 서쪽지역(요서)에 정착한 상나라 후예들은 산융, 동호 등으로 불리다 흉노와 연나라 세력에 밀려 BC3세기에 부여로 이주했을 것이다.

전쟁이 있을 때에는 하느님께 제사를 지내는데, 소를 죽인 다음 소의 발굽을 관찰하여 점을 치고 길흉을 예측한다. 소 발굽이 갈라지면 흉하게 여기고, 합해지면 길하게 여긴다. 적이 쳐들어오면 모든 장관들(加, 가)이 직접 나가 싸우는데, 그에 속한 낮은 백성들은 양식을 날라 그들에게 먹인다.

사람이 죽으면 여름에도 얼음으로 시체를 보존하고, 살아있는 사람을 죽여 같이 매장하는데, 많게는 백 명이 넘는다. 장사를 후하게 지내는데 바깥 관은 있으나 안에 넣는 관은 없다.

《위략》에는 다음과 같이 기록하고 있다. 그 나라 풍속에 5개월 간 초상을 치르는데, 오래 치를수록 명예로 여긴다. 제사를 지낼 때에는 날 것과 익은 것을 함께 쓴다. 상주는 빨리 장사지내려 하지 않지만 다른 사람이 서두르기 때문에 언제나 실랑이를 벌이는데 이를 예절로 여긴다. 장례 기간 동안 남자와 여자는 모두 새하얀 옷을 입는데, 부인들은 무명으로 된 옷을 입으며, 장신구를 하지 않는데, 대체적으로 중국과 비슷하다.《삼국지》

바. 한 번도 망한 적이 없는 나라

부여는 고조선을 멸망시킨 중국 한나라에서 매우 존중했던 나라입니다. 당시 한나라는 부여의 왕이 죽기 전에 미리 귀한 옥으로 만든 관을 부여 서쪽의 현도군으로 보내서 부여왕의 장례식을 준비하곤 했습니다.

부여 금동가면(국립중앙박물관)

임금을 묻을 때에는 옥으로 된 관을 사용하는데, 한나라 조정에서는 미리 옥으로 된 관을 현도군에 보내며, 임금이 죽었을 때 부여에서는 사람을 보내 옥으로 된 관을 현도군에서 정중히 받아와 임금을 매장한다. 《후한서》

이러한 중국의 태도를 보면 부여가 당시 다른 나라들과 달리 동아시아 사람들이 신성하게 여겼던 나라였음을 짐작할 수 있습니다.

그 나라 사람들은 강하고 용감하며, 모였을 때 상대방을 공경하는 예절이 중국과 비슷하다. 사신으로 파견되면 비단 두루마기를 입으며, 금과 은으로 허리를 장식한다. (중략)
그 나라는 매우 부강하여 선대로부터 전쟁으로 파괴된 적이 없다. 그 왕의 도장에 '예나라 왕의 인'이라 새겨져 있고, 나라에 옛적 '예나라 성'이 있으며, 본래 예맥(濊貊) 사람들의 성읍이었다. 《진서》

사. 네 개의 부여

위에 소개된 부여는 만주 지역의 넓은 평야에 있던 부여입니다. 이 부여는 북쪽에 있었기 때문에 북부여라고도 불립니다. 이 북부여에서 이후 여러 나라들이 파생됐는데, 대표적인 나라가 고구려, 백제, 예(동예)입니다. 고구려와 백제는 자신들이 부여의 후손임을 강조했던 나라들이고, 예라는 나라는 동예라고 불리는 나라인데요, 부여의 일부 세력이 동쪽으로 이동하여 세운 나라인 '동부여'와 같은 나라로 추정됩니다. 예(동예)를 동부여로 추정하는 이유는 동예나 동부여가 있었던 곳이 동해 바닷가에 있었다는 기록과, 예(동예)의 풍습이나 언어 등이 부여계 사람들과 유사했던 점, 중국어로 부여(fuyu)와 예(hui)의 발음이 비슷한 점 등을 들 수 있습니다.

[네 개의 부여]

부여 (북부여, BC2세기~494년)	원래부터 만주에 있던 부여로, 고리국 출신 동명이 세운 나라이다. 부여의 왕 해부루가 해모수(동명)에게 쫓겨나 동쪽으로 이주한 뒤, 이전 부여와 구분하여 북부여라 부르기도 한다.
동부여 (동예, BC1세기(?) 이전~400년)	부여 왕 해부루가 북부여에서 해모수를 피해 동쪽 바닷가로 이주하여 건설한 부여이다. 금와왕이 해부루를 이어 왕이 된다. 동부여가 동쪽 바닷가에 있었다는 기록과, 고대 동해안 주변에 살던 동예 사람들이 고구려, 부여 사람들과 같은 종족이었다는 기록으로 볼 때 동부여는 동예로 추정된다.
졸본부여 (고구려, BC37년~668년)	고구려의 시조 주몽은 원래 북부여 사람으로 북부여 해모수 왕과 하백의 딸(유화) 사이에서 태어났다. 북부여의 혼란으로 인해 주몽은 아들 유리와 아내를 남겨두고 어머니 유화부인과 함께 동부여로 망명하게 된다. 당시 동부여의 왕이었던 금와왕은 아들이 여럿 있었는데 그들은 주몽을 시기하여 제거하려 하였다. 이에 주몽은 이들을 피해 졸본에 있던 부여로 도망가 그곳에서 왕이 되어 국호를 고구려라 정한다.
남부여 (백제, BC18년 ~660년)	주몽이 북부여에 있을 때 낳았던 아들 유리가 졸본부여에서 주몽이 왕이 되었다는 소식을 듣고 주몽을 찾아오자 주몽이 졸본에 와서 낳은 두 아들(비류, 온조)이 태자가 되지 못할 것을 알고 남하하여 나라를 세우는데 국호를 백제라고 정한다. 백제인들은 스스로 부여의 후손임을 강조했는데, 538년(성왕 16년)에 백제가 도읍을 웅진(공주)에서 사비(부여)로 옮길 때 백제라는 국호 대신에 남쪽으로 이주한 부여라는 뜻의 남부여를 국호로 정한다.

아. 중국과의 교류와 갈등

부여는 서기 1세기부터 중국 한나라와 활발히 교류하기 시작합니다. 서로 사신을 보내 토산물을 교환하기도 하고, 때로는 부여가 한나라를 침범하며 위협하기도 합니다.

25년(49) 부여 왕이 사자를 보내 공물을 바쳤고, 광무 임금은 그들에게 후히 보답하였으며, 이후로 매년 서로 사자를 보내 왕래하였다.

안제, 영초 5년(111) 부여 왕이 칠 팔 천인의 보병과 기병을 이끌고 처음으로 (한나라) 낙랑을 침범하여 관리와 백성을 죽이거나 다치게 하였는데 이후에 다시 화해하였다.

영령 첫 해(120)에, 부여 왕이 왕세자 위구이(위구태라고도 함)를 파견하여 조정에 공물을 진상하자, 천자는 위구이에게 관직을 임명하는 도장과 황금, 그리고 채색 옷감을 하사하였다.

순제영원 첫 해(136)에 부여 왕이 수도에 찾아왔는데, 천자는 부여 왕을 위해 노란 문을 만들고 음악과 씨름 놀이를 보여준 뒤 그를 보냈다.

환제 연희 4년(161)에 부여 왕이 사자를 보내 축하를 하고 공물을 바쳤다. 영강 첫 해(167)에, 부여의 부이(부태라고도 함) 임금이 2만여 명을 이끌고 (한나라) 현도를 침범하였으며, 현도군 태수 공손역은 부이를 물리치고 부이의 병사 천여 명을 죽인다.

영제 희평 삼 년(174)에 부여 왕은 다시 글을 올리고 공물을 바쳤다. 부여는 원래 현도군에 속해 있었는데, 헌제 시기에 부여 왕은 요동군에 속할 것을 요청했다고 한다.《후한서》

고대로부터 중국의 주변 나라들은 중국의 위협에 대처하고 왕권의 정통성을 확보하기 위해 형식적으로나마 중국으로부터 작위를 받고 조공을 해 왔습니다. 고구려, 백제, 신라 뿐 아니라 왜(일본)도 중국으로부터 더 높은 작위를 받기 위해 노력했습니다. 부여 역시 때로는 중국과 대립하기도 했지만 상황이 여의치 않을 때는 중국의 지방 행정구역에 소속되기를 원했습니다. 현재 이러한 사실로 인해 중국에서는 한반도 고대국가가 중국의 지방정권이었다는 주장을 하는데, 이는 당시 국제정치에 대한 바른 지식과 역지사지의 이해가 필요한 부분이라고 할 수 있습니다.

자. 오래된 문명국 부여

당시 부여의 왕은 늘 하늘을 보고 살아야 했습니다. 왜냐하면 만약 가뭄이 발생하면 왕 자리에서 쫓겨나거나 죽임을 당했기 때문입니다. 이는 왕이 곧 하느님의 대리인이기 때문에 왕이 정치를 잘못하면 하느님이 그 나라에 재앙을 내린다는 생각 때문이었습니다.

옛날 부여의 풍습에 만일 물난리가 나거나 가뭄이 일어나 곡식이 익지 않으면, 그 죄를 왕에게 돌렸는데, 누구는 왕을 바꿨다고 하고, 누구는 왕을 죽였다고 한다. 마여 임금이 죽자, 그 아들 의려를 왕으로 세웠는데 나이가 여섯 살이었다.

한(漢)나라 당시에는 부여에서 임금이 죽으면 옥으로 만든 상자(옥갑)로 장례를 치렀는데, 평소에 현도군에 준비해 두었다가, 왕이 죽으면 옥갑을 가져다가 안장하곤 하였다. (요동태수) 공손연이 살해 당한(238년) 뒤에도 현도군의 창고에는 옥갑이 하나 있었다. 현재 부여의 창고에는 납작하고 둥근 옥(옥벽. 玉璧)과 권위를 상징하는 홀(규. 珪), 제사용으로 쓰이던 옥으로 된 그릇(찬. 瓚) 등의 역대 유물이 많이 있으며, 부여 사람들은 그것들을 보물로 여겨 대대로 전하는데, 노인들 말이 선대 사람들로부터 물려받은 것이라고 한다. 《위서》에 말하기를 그 나라는 매우 부강하여 선대로부터 한 번도 망하지 않았다고 한다.《삼국지》

중국 한나라에서 부여의 왕을 위해 큰 행사를 준비하고 옥으로 된 관을 바칠 정도로 존중한 이유는 부여의 오래된 역사와 문화 때문이 아닌가 합니다. 다른 나라에 비해 문명의 정도가 높고 사람들 역시 품위 있고 정신적으로 고상했기 때문에 부여를 존중했겠지요. 위의 기록에 나오는 부여의 창고에 있었다는 옥으로 된 납작한 장식(옥벽)과 권위를 상징하는 기다란 도끼 모양의 옥홀은 모두 수천 년 전 신석기시대부터 사용되던 왕권을 상징하는 물건들입니다. 부여에 그러한 물건이 대대로 내려왔다는 것은 그만큼 부여의 문화가 오래되었음을 의미합니다. 부여가 한 번도 망하지 않은 부강한 나라였다는 기록에서 알 수 있듯이 부여는 문화적으로나 경제적으로 다른 나라보다 앞서 있던 나라였음을 알 수 있습니다.

(베이징 수도박물관)

(베이징 국가박물관)

낙랑옥벽(국립중앙박물관)

마한옥벽(화순고인돌유적)

옥벽(玉璧). 태양처럼 둥글고 빛이나는 옥벽은 태양의 대리인인 왕이나 제사장의 권위를 상징한다.

1. BC21세기 ~ BC16세기(상하이박물관) 2. 홀을 들고 있는 신하
(국립민속박물관) 3. 신라시대의 홀(국립경주박물관)

권위를 상징하는 홀(笏). 규(圭)로도 불리며 보통 위 끝은 뾰족하고 아래는 네모나다. 왕이 신하를 임명할 때 하사하는 신표로, 주로 옥으로 만들었기 때문에 옥홀이라 불린다. 고대에는 도끼가 권위의 상징이었기 때문에 도끼 모양을 하고 있다. 신하들이 입조할 때 왕 앞에 들고 나아갔다.

차. 부여의 원래 국호는 예?

중국은 외래어를 표기할 때 가장 유사한 한자를 선택하여 조합합니다. 예를 들어 '미국'은 '메이궈'로 발음하는데 '메이'가 '아메리카'의 발음과 비슷하여 '미국'이라고 부릅니다. '영국' 역시 '잉궈'로 발음하는데 '잉'이 '잉글랜드'와 발음이 비슷하여 '영국'이라고 부릅니다. 이러한 발음표기의 한계는 고대 우리나라 발음을 이해하는데 많은 혼동을 유발합니다.

부여 왕의 옥쇄에는 "예 나라 왕의 인"이라 새겨져 있다. 부여 나라 안에 오래 된 성이 있는데 그 성을 "예성"이라 부르는 것으로 봐서 아마 원래 예맥 사람들의 땅이었는데, 부여 사람들은 이곳에서 왕을 세우고 거주한 것으로 보인다. 그들은 스스로를 '망명한 사람들의 후예'라고 하는데 일리가 있어 보인다. 《삼국지》

여기에서 생각해 볼 것은 부여의 정식 국호가 '부여'가 아니라 '예(濊)'일 가능성이 있다는 것입니다. 부여 왕의 도장에 '예 나라 왕의 인'이라 새겨져 있었기 때문입니다. '부여'라는 국호는 부여 사람들이 고유어로 부르던 자신의 국호를 고대 중국인들이 들었을 때 비슷한 발음의 한자를 빌려 쓴 명칭이라는 것이지요. 왕의 도장에 '예'라는 국호를 확인하기 전에 중국에서는 관습적으로 부여라고 불렀는데, 실제로 부여와 보니 왕의 도장에 '예'라는 국호가 적혀있는 것을 처음 확인한 것입니다. '부여'는 한국어로 발음할 때는 '예'와 전혀 다르지만 중국어로 발음할 때는 둘 다 '후위(Fuyu, Hui)'로 발음이 됩니다. 이렇게 부여와 예가 같다면 부여왕 해부루가 해모수에게 쫓겨 간 '동부여'는 '동예'와 같은 나라로 볼 수 있을 것입니다. 우리가 잘 아는 동예가 사실은 부여(예)의 유민이 동쪽으로 와서 세운 '동부여(동쪽 부여)'인 것이지요.

카. 부여의 쇠퇴와 멸망

부여의 서쪽에 선비라는 나라가 있었습니다. 부여, 고구려 사람들과 같은 예맥 민족이었는데요, 농경을 중심으로 하던 부여와 달리 주로 유목 생활을 하던 사람들입니다. 이 선비 나라에는 여러 부족이 있었습니다. 그 중 가장 강력했던 부족은 족장이 '모용'이라는 성을 썼던 모용선비족입니다. 이 모용선비 사람들은 주변의 다른 선비족들 뿐 아니라, 부여, 고구려와도 서로 다투었는데, 이들을 모두 물리치고 4세기 이후 중국 황하 유역까지 차지하며 5호16국 시대(304~439)를 주도하게 됩니다. 부여는 285년과 346년에 이 모용선비의 침입을 받는데 그때마다 나라가 거의 망하기 직전에 이르게 됩니다. 아래 기록에는 문명인이었던 부여인이 선비족에 의해 어떻게 몰락해 갔는지 설명하고 있습니다.

부여 나라는 태강 6년(285)에 이르러 모용외(모용선비의 수령, 전연의 1대왕)의 습격을 받고 무너져, 그 왕 의려는 자살하고 자제들은 옥저로 도망을 가 목숨을 지킨다. 이에 무제는 조서를 내린다.

"부여 왕은 대대로 충성을 바쳤으나, 악한 북방 족속에게 멸망당하여 그들을 불쌍히 여긴다. 만약 남아있는 사람 가운데 나라를 회복시킬만한 사람들이 있다면, 그들을 도와 방법을 찾아 존립시키도록 하라."

이에 한 관원이 보고하여 황제에게 아뢰기를 호동이교위(동이를 보호하는 관리) 선우영이 부여를 구할 생각을 하지 않는다고 하자, 황제는 명을 내려 선우영을 사면시키고 하감으로 그 자리를 대신하도록 한다.

이듬해, 부여 왕의 대를 이은 의라왕이 사신을 하감에게 보내어 현재 (남아있는) 사람들을 데리고 옛 나라를 회복할 수 있도록 허락해 줄 것을 요청하고, 또 원조를 부탁했다. 하감은 의라왕이 보낸 사신을 상석에 앉도록 하는 등 융숭히 대접하고는, 관리 가침으로 하여금 병사를 이끌고 부여의 사신을 호송하게 하였다.

그러자 모용외는 호송하는 그들을 도중에 공격하였는데, 가침은 모용외와 전쟁을 벌여 모용외를 대패시키고 모용외 사람들을 그 땅에서 물러나게 하며, 결국 의라 왕은 나라를 회복하게 된다.

이후에도 부여 나라는 자주 모용외에게 백성들을 약탈당하는데, 모용외는 그들을 중국에 팔아버린다. 황제는 팔려온 부여 사람들을 불쌍히 여겨 다시 조서를 내려 국가의 비용으로 그들의 몸값을 지불하고 돌아가게 하였으며, 사주(司州)과 기주(冀州)에서 부여 사람들을 노예로 사는 것을 금하였다.《진서》

부여는 이후 346년에 또다시 모용선비의 공격을 받아 5만여 명이 포로로 잡혀가게 되고, 더 이상 독립할 힘이 없어진 부여는 결국 고구려의 관할 아래 있게 됩니다. 고구려는 자신들의 뿌리인 부여를 복속시키는 대신 왕실의 자치권을 어느 정도 인정해 줍니다. 그러나 결국 동만주 지역 물길의 공격으로 역사에서 사라지게 됩니다(494년).

읍루(숙신)   **4**

가. 읍루의 위치

읍루는 대체로 현재 러시아의 연해주 지역에 있던 나라로, 동해안과 접해 있었던 나라입니다. 북쪽으로 길게 이어져 영토는 넓지만 자연환경이 좋지 않아 인구는 적었습니다.

읍루는 고대 숙신 나라이다. 읍루는 부여 나라 동북쪽으로 약 천여 리 떨어져 있으며, 동쪽은 큰 바다에 이르고, 남쪽으로는 북옥저 나라와 접하고 있으며, 북쪽은 어디에까지 이어져 있는지 알 수 없다.《후한서》

숙신씨 나라는 읍루라고도 불리는데, 불함산(不咸山) 북쪽에 있으며, 부여에서는 60일 걸어야 닿을 수 있다. 동쪽은 큰 바다에 접해있고, 서쪽은 구만한국과 접해 있으며, 북쪽은 약수(弱水)에 이른다. 나라의 크기는 사방 수천 리에 이른다.《진서》

나. 대략적인 소개

읍루의 역사를 보면 참 아이러니합니다. 부여나 고구려, 옥저 등 예맥족이 세운 나라들에 둘러싸여 있었지만 언어나 풍습은 유독 주변 나라들과 달랐기 때문입니다. 이 나라는 중국에서 숙신의 나라로 알려져 있습니다. 숙신은 기원전 11세기에 주나라가 상나라를 물리치자 주나라에 축하의 선물을 보낸 나라입니다.

공자(BC551~BC479)가 중국 내륙의 하남성에 있을 때, 궁정에 화살에 맞은 새가 한 마리 떨어지게 됩니다. 그런데 화살이 그 지역 것이 아니어서 공자에게 그 화살이 어디에서 만든 화살인지 물어보게 됩니다. 그때 공자는 그 화살이 숙신 사람들이 쏜 화살인 것을 알아보았다는 기록이 있

고시관준(楛矢貫隼, 화살이 매를 관통하다) : 공자가 진(陳)나라에 왔을 때, 사성정자의 집에 기탁하여 살았다. 일 년이 지나, 매 한 마리가 진나라 궁정에 와서 죽었는데, 새 순 나뭇가지로 만든 화살대와 돌로 만든 화살촉으로 된, 길이가 50cm에 달하는 화살에 맞아 있었다. 진나라 민공이 사람을 보내 공자에게 물으니, 공자가 말하길, 이는 숙신 사람의 화살로서, 무왕이 상나라를 무찌른 후, 진나라에 나눠준 것이라 하였다. 진나라 민공이 궁정 창고에서 조사해보니, 과연 이 종류의 화살을 찾을 수 있었다. (청나라 시기 공자의 생애를 그린 '공자성적도' 중)

습니다.

당시 공자가 살던 중국 내지(산둥성)에 숙신 사람이 쏜 화살이 있었다는 것은 숙신 나라가 중국에서 멀리 떨어져 있지 않은 나라였음을 알게 하는 고사입니다. 숙신이 고대 중국과 왕래가 잦았던 중국 근처에 있었던 것이지요. 그런데 이상한 것은 이 나라가 기원 전후에 중국에서 가장 멀리 떨어진 현재 러시아 영토인 연해주에 있는 나라로 등장하는 점입니다. 그렇다면 원래 중국 근처에 있었던 숙신이 누군가에게 망하여 중국에서 멀리 떨어져 동쪽 바다 끝으로 밀려났다는 이야기인데요, 그럼 이들을 이처럼 멀리 몰아낸 사람들은 누구일까요?

기원 전후에 숙신과 중국 사이에 선비, 고구려, 부여 등의 예맥족 나라들이 있었습니다. 단순히 생각하면 주나라가 동쪽으로 몰아낸 동이족(상나라를 포함한 중국 동부민족)이 곧 예맥족(선비, 고구려, 부여)이고, 이들이 동쪽으로 밀려나면서 숙신 또한 예맥족에 의해 밀려나 더 동쪽 끝인 연해주 지역으로 이주한 것을 추론할 수 있습니다. 상나라가 멸망하던 기원전 10세기에 만주와 한반도에 커다란 문화적 변동이 일어나는데, 예맥족은 아마 이때부터 숙신의 땅을 조금씩 점령했던 것 같습니다.

이렇게 예맥족에게 밀려난 것으로 보이는 숙신은 읍루라는 나라를 세우고 자신들을 둘러싼 예맥족 나라들과 갈등하며 지냅니다. 문화적으로 낙후돼 있던 읍루(숙신)는 점차 앞선 문명을 가진 예맥족들과 섞이며 발전을 거듭하게 되며 결국 후대에 중국을 두 번이나 점령해 지배하게 됩니다. 세계 최대의 국력을 자랑하던 수나라, 당나라에 당당히 맞서던 고구려가 멸망하자 그 후손들이 읍루(숙신)의 후손인 말갈과 연합하여 해동성국 발해(698)를 건국합니다. 이후 그들의 후손들은 금나라(1115~1234), 청나라(1636~1912)를 세우며 중국을 두 번 점령했던 것이지요.

다. 오래된 '숙신' 새로운 '조선'?

읍루 사람들은 생김새가 부여와 같은 점으로 볼 때, 부여 사람들과 인종이 같거나 비슷한 사람들이었을 것으로 추정됩니다. 그런데 그들은 부여와 전혀 다른 언어나 풍습을 가지고 있었다고 합니다. 서로 인접한 나라에서 외모는 같은데 풍습이 다른 이유가 무엇일까요? 이는 앞에서 언급했듯이 부여(예맥) 사람들이 어느 시기인가 읍루(숙신) 사람들을 갑자기 몰아내고 그 땅을 차지했기 때문이라고 봅니다.

읍루는 뜻밖에도 고대 한반도 충청도 지역에 있던 마한과 풍습이 유사했습니다. 읍루 사람들과 마한 사람들은 주변 예맥족과 달리 무릎 꿇고 예의를 차리는 풍습이 없었고, 과하다 싶을 정도로 용기를 과시했으며 땅을 깊이 파고 문을 지붕 위쪽에 두고 살았습니다. 또한, 두 나라 사람들은 말을 길렀지만 말을 타지 않고 재산으로만 여겼습니다. 그래서 필자는 두 나라(읍루, 마한)가 예맥족이 동진하기 전 수천 년 간 한반도와 만주에 넓게 퍼져 살던 고조선(단군조선)의 원주민이 아닐까 생각하고 있습니다.

읍루의 조상인 '숙신'의 발음이 '조선'과 유사하다고 생각되지 않으세요? 숙신의 원래 위치가 중국에 가깝다고 했는데요, 사실 상나라가 멸망하던 BC11세기 중국과 국경을 맞대고 있던 나라는 조선(고조선)이었습니다. 숙신과 조선 두 나라의 위치가 겹치고 있는 것입니다. 그렇다면 두 나라가 같은 위치에 있었던 하나의 나라였다는 얘기죠. 그런데 왜 '숙신'과 '조선'이라는 다른 호칭이 생긴 것일까요?

부여, 고구려 등 예맥족이 점차 동쪽으로 이주하면서 '숙신'을 몰아낼 때, 예맥족은 자신들이 점령한 '숙신'의 땅을 음이 비슷한 중국식 명칭인 '조선(朝鮮)'으로 불렀기 때문에 '숙신' 대신 '조선(朝鮮)'이라는 국호가 생긴 것이 아닌가 합니다. '조선(朝鮮)'이라는 호칭은 '숙신'을 한자로 옮기면서 원래는 '숙신'인데 외부(중국 동이지역)에서 온 사람들이 그 땅을 '조선'으로 바꿔 불렀다는 얘기죠.

필자가 이렇게 생각하는 이유는 아무리 생각해도 외모가 같은 두 부류의 사람들인 읍루·마한과 주변 예맥국들(부여, 고구려, 선비, 옥저 등) 사이에 국경이 붙어 있는데도 불구하고 서로 문화적으로 다르다는 것이 이해가 되지 않기 때문입니다. 그래서 필자는 예맥 사람들(부여, 고구려 등)이 오래전 중국으로 내려가 문명을 키우다가 이후 중원에서 밀려나 다시 숙신(읍루)의 땅으로 돌아온 사람들이 아닐까 추정하고 있는 것입니다. 외모가 같은 민족이지만 서로 다른 지역에서 오래 떨어져 살다가 다시 합쳐지면서 서로 문화적으로 차이가 발생하게 된 것이라는 얘기죠.

라. 독특한 풍습

중국 고대 역사서들에는 약 1,700~1,800년 전 당시 연해주 지역에 살던 읍루 사람들이 예맥족과 달리 어떻게 살았는지 다음과 같이 기록하고 있습니다.

읍루 나라 땅은 대부분 산이 많고 험준하다. 사람들 외모는 부여사람들과 닮았으나 언어는 부여, 고구려와 같지 않다. 각종 곡물과 소, 말, 삼베가 생산된다. 읍루 사람들은 대부분 용감하고 힘이 세다.

임금이 없고, 각 촌에는 대인(大人)이 있다. 그 사람들은 산의 수풀 속에 거하는데, 평소에 땅을 파고 그곳에 산다. 큰 집은 땅 속으로 계단이 아홉 개나 될 정도로 깊은데, 계단이 많을수록 좋은 집으로 여긴다. 기후는 부여보다도 더 춥다.

돼지를 기르기 좋아하여, 그 고기를 먹고 그 가죽으로 옷을 해 입는다. 겨울에는 돼지기름으로 온 몸을 칠하는데, 두께가 1센티미터에 달하며 그로써 바람과 한기를 막는다. 여름에는 옷을 입지 않는데, 30센티미터 정도 되는 천으로 앞뒤를 가릴 뿐이다. 읍루 사람들은 청결하지 않으며, 사람들은 화장실을 가운데 두고 그 주변에 빙 둘러서 산다.

그들의 활은 130센티미터 정도인데, 활의 힘이 쇠뇌처럼 강하다. 화살은 싸리나무로 만드는데, 길이가 60센티미터이고, 화살촉은 푸른 돌(靑石, 청석)로 만든다. 옛날 숙신(肅愼)의 나라이다.

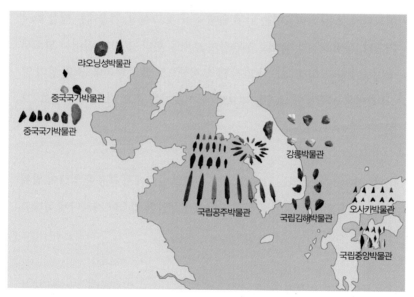

고대 돌을 깎아 만든 화살촉. 숙신(읍루의 조상)이 있었던 것으로 추정되는 중국 동북지역에서부터 한반도에 이르기까지 돌을 잘게 다듬어 만든 세석기(잔석기)가 구석기시대부터 제작되었다. 중국에서는 주로 중국 북방에서 발견이 되며, 우리나라에서는 신석기시대 세석기가 읍루(숙신)와 가까운 함경도에서 동해안을 거쳐 남해로 퍼지는데, 후대에 한반도 전체에서 사용되는 정교한 돌화살촉으로 발전된 것으로 예상된다(한국민족문화대백과). 읍루(숙신)에서 만들어진 화살촉 역시 한반도에서 발견되는 화살촉과 같았을 것이다.

활을 잘 쏴서 사람을 쏘면 눈에 명중시키며, 화살촉에 독약을 발라놓기 때문에 사람이 화살에 맞으면 모두 죽게 된다. 붉은 옥과 질 좋은 담비가 나는데, 소위 '읍루 담비가죽'이 그것이다.

그 나라 사람들은 배를 타고 도적질을 잘하는데, 주변 나라들이 늘 걱정하며 불안해한다. 동이 사람들은 음식을 먹을 때 모두 제사용 도마와 굽이 높은 그릇을 사용하지만, 읍루 사람들만은 사용하지 않으며, 법률이나 풍습이 가장 기강이 없고 무질서하다. 《삼국지》

사람들은 깊은 산이나 궁벽한 골자기에 산다. 길이 험하여 수레나 말이 통과하지 못한다. 여름에는 나무 위에 집을 짓고 살고, 겨울에는 땅을 파서 거한다. 부자(父子)가 대대로 세습하여 수령을 한다. 문자가 없어서 말로서 약속을 정한다. 말이 있으나 타지 않고 재산으로 삼을 뿐이다. 소와 양이 없으며, 많은 사람들이 돼지를 기르면서 그 고기를 먹고 그 가죽을 입고, 그 털로는 옷을 짜 입는다.

낙상(雒常)이라 불리는 나무가 있는데, 만일 중국에서 훌륭한 임금이 왕위를 물려받으면 그 나무에서 옷을 만들어 입을만한 껍질이 자라나게 된다고 한다.

우물이 없고, 부엌도 없다. 질그릇을 만들고 솥도 만드는데, 네다섯 되를 담아 밥을 짓는다. 앉을 때는 다리를 벌리고 무릎을 약간 위로 굽히는데, 그런 자세로 고기를 무릎 사이에 끼어 뜯어 먹으며, 고기가 얼었을 때에는 고기 위에 앉아 데워 녹인다.

그 땅에는 소금과 철이 나지 않으며, 나무를 태워 재를 만든 뒤 재에 물을 타서 마신다. 풍습으로는 머리를 땋아 내리고(변발), 천으로 행주치마 같은 것을 만들어 입는데, 넓이가 30센티미터 정도이며, 그것으로 앞뒤를 가린다.

결혼을 하려고 할 때, 남자는 짐승의 털이나 새의 깃털을 여자의 머리에 꽂는데, 만일 여자가 만족하면 집으로 데려가고, 그 뒤에 남자가 예물을 보내고 예의를 갖춰 여자와 결혼을 한다. 결혼한 여자는 정숙하지만 결혼하지 않은 여자는 음란하다. 건장한 사람을 귀하게 여기지만 노인은 업신여기며, 사람이 죽으면 그날 바로 들에 내다 묻는다. 그 때 나무를 쌓아 작은 관을 만들고 돼지를 죽여 그 위에 놓는데, 죽은 사람을 위한 양식의 의미를 가지고 있다.

성격은 사납고 용감하며, 걱정하지 않고 슬퍼하지 않는 것을 숭상하기 때문에, 부모가 돌아가셔도 남자는 울지 않는다. 만약 울게 되면 건장하지 않은 사람으로 일컬어진다. 다른 사람의 물건을 훔치면 그것이 얼마가 되던 모두 죽인다. 따라서 비록 빈들에 있더라도 서로 침범하지 않는다.

돌로 만든 화살촉이 있고, 가죽과 뼈로 만든 갑옷이 있으며, 단향목(박달나무) 활이 있는데, 길이가 117센티미터 정도이며, 싸리나무로 만든 화살은 길이가 60센티미터 정도이다. 그 나라 동북쪽에 있는 산에서는 돌이 생산되는데, 그 날카로움이 철을 뚫을 정도다. 그 돌을 채취하기 전에는 반드시 먼저 신에게 기도를 한다.《진서》

마. 대외 교류

고대 숙신의 후예로 알려진 읍루는 상나라를 이은 것으로 보이는 부여에 복속되어 근근이 세력을 유지하다 서기 3세기에 비로소 독립을 하고 중국과 관계를 맺기 시작합니다.

한(漢) 왕조 이래로, 계속 부여에 속해 있었는데, 부여에서 세금을 무겁게 부담시켜 황초 연간(220~226)에 부여를 배반한다. 부여에서는 수차례 읍루를 정벌하였는데, 비록 사람은 적지만 험준한 산에 살고 있고, 주변 나라 사람들이 모두 그들의 활과 화살을 두려워하였기 때문에 결국 굴복시키지 못하였다. 《삼국지》

주(周)나라 무왕 시기(BC11세기)에 그 화살과 화살촉을 바쳤었다. 주공(무왕의 동생)이 성왕(成王)을 보좌하던 시기에, 또 사자를 조종에 보내 하례하였다. 이후 천여 년 동안 비록 진(秦)나라 한(漢)나라가 그렇게 강성했어도 사신을 보내지 않았다.

위(魏)나라 경원(260~263) 말년에 화살과 돌화살촉, 활과 갑옷, 담비 가죽 등을 보냈다. 이에 위나라 황제는 그 진상한 물품을 관부에 넘기고, 그 나라 왕 녹계에게 채색 비단과 부드러운 비단을 하사하였다. 무제 원강(291~299) 초에 다시 조공을 해왔다. 원제(元帝)가 황제의 위업을 달성하자 다시 강좌에 와서 돌화살촉을 바쳤다.

숙신씨 나라는 (후조의) 석계룡(334년~349년 재위)에게 공물을 바치기로 했는데, 4년이 지나서야 공물이 도착했다. 석계룡이 그 이유에 관해 묻자, 그들은 "매년 소와 말이 서남쪽 방향으로 머리를 두고 잠을 잔지가 3년이 지났습니다. 그래서 큰 나라가 거기에 있음을 알게 되었고, 그래서 오게 되었습니다."라고 대답하였다. 《진서》

읍루는 이후로도 지속된 것으로 보이나 559년 중국에 사신을 파견한 뒤로는 역사에서 사라지게 됩니다.

낙랑

가. 소개합니다

　기원전 194년 중국에서 조선으로 도망온 연나라 사람 위만이 조선을 쿠데타로 빼앗습니다. 그렇게 위만이 조선을 찬탈한 뒤, 위만의 후손들이 나라를 다스린 지 86년이 지난 기원전 108년, 중국의 한나라는 위만조선이 주변국들을 병합하고 강성해지는 것을 견제하기 시작합니다.

　당시 위만조선은 현재 북한 지역에서 요동까지 차지하고 있었는데요, 위만은 만주와 한반도 지역에 있던 나라들이 중국과 교류하는 것을 막았습니다. 이로 인해 한나라는 사신을 보내 설득하려했지만 실패하고 결국 그 과정에서 두 나라 사이의 관계는 급격히 악화됩니다. 이에 한나라는 수군과 육군을 동원해 조선을 침략하게 됩니다. 조선은 끝까지 저항하지만 내부 분란으로 결국 멸망하고, 그 수도가 있던 땅에는 낙랑군이 세워지게 됩니다.

고대세계 한반도 최고 문명국 낙랑의 유물들(국립중앙박물관)

1. 쇠뇌(무기) 2. 동전(오수전, 해동중보) 3. 청동검 4. 청동 국자 5. 청동 향로 6. 청동 냄비 7. 자루 솥 8. 동형
9. 청동 거울 10. 동종 11. 동물모양 연적 12. 옥 장신구 13. 칠 그릇 14. 칠 국자 15. 금장식 칠그릇 16. 금장식 칠그릇
17. 금장식 칠그릇 18. 금동 항아리 19. 금동 곰보양 상다리 20. 박산 향로

나. 낙랑은 어디에 있었나요?

　일부 학자들은 조선(위만조선)을 멸망시키고 들어선 중국의 낙랑군이 한반도에 있지 않았다는 주장을 하며 여러 근거를 들어 설명하고 있습니다. 낙랑이 현재 베이징 근처에 있었다고 주장하기도 합니다.

　하지만 필자는 조선이 멸망하기 전 진(秦)나라(BC221~BC207)가 요하(랴오허) 동쪽인 요동까지 장성을 쌓았기 때문에, 조선을 이어받은 낙랑의 위치가 요동에서부터 한반도북부까지라고 보고 있습니다. 기록에 보면 조선이 중국 한나라와 전쟁을 할 때 전쟁이 주로 '산이 많은 곳'에서 있었던 것을 알 수 있는데, 산이 많은 곳은 중국보다는 요동이나 한반도라고 볼 수 있습니다.

　(한나라) 대군이 (조선의) 우거왕을 정벌하러 오자 우거왕 역시 군사를 파병하고 '험준한 지형'을 이용하여 막게 했다. … (한나라) 장군 양복은 자신의 군대를 잃고 '산으로 도망하여' 열흘 이상 숨어 있다가 차츰 흩어졌던 병사들을 찾아서 다시 집결시킨다.《사기》

　만일 조선의 수도가 요동이나 한반도가 아니라 보다 서쪽(요서)에 있었다면 그곳은 '험준한 산지'가 없는 넓은 평지이기 때문에 위의 기록에 맞지 않습니다. 또한, 중국의 정사인《후한서》에 '낙랑군이 요동에 있었다.'라고 기록된 것 역시 낙랑이 요하(랴오허) 서쪽의 베이징 지역이 아닌 요하 동쪽인 요동반도와 한반도 지역에 있었던 것을 말해주고 있습니다.

　그럼, 조선을 대신해 들어선 낙랑의 중심지(수도)는 어디였을까요? 위만이 BC2세기 조선을 차지했을 때 위만의 중심세력은 한반도가 아닌 조선의 서쪽 변경 지역인 요동 지역이었습니다. 따라서 위만이 정복하여 다스리던 초기 조선은 요동이 중심이었을 가능성이 있습니다. 하지만 북한의 평양 지역에서 다량의 위만조선을 이은 낙랑의 유물이 발굴되었고, 여러 역사서에 낙랑군이 한반도 서북쪽에 있었다는 기록이 남아 있기 때문에, BC108년 중국에 멸망하기 전 조선의 수도는 평양 지역이었을 것으로 봅니다. 즉, 위만이 거주하던 요동지역과 평양 지역이 모두 수도와 같은 역할을 했지만, 후대에 평양지역으로 중심지가 이동했다는 것이지요. 다음은 3세기 이후 낙랑의 위치를 기록한 중국의 기록입니다.

동예의 북쪽에는 고구려와 옥저가 있다. 동예의 남쪽은 진한과 접해 있고, 동쪽은 큰 바다이며, 서쪽에는 낙랑이 있다.《후한서》

마한은 (한반도) 서쪽에 있는데, 북쪽은 낙랑과 접해 있고, 남쪽은 왜 나라와 가까이 있다.《후한서》

고구려는 요동군에서 동쪽으로 천 리 밖에 있는데, 남쪽은 조선(=낙랑)예맥과 접해 있고, 동쪽은 옥저와, 북쪽은 부여와 접해 있다.《삼국지》

고구려는 본래 부여의 종족으로 그 나라는 평양성을 수도로 하였는데, (평양성은) 한나라 시기 낙랑군의 옛 땅이다.《구당서》

위의 기록들을 살펴보면 낙랑은 북쪽에 고구려, 동쪽에 동예, 남쪽에 마한으로 둘러싸여 있었음을 알 수 있습니다. 그렇다면 낙랑이 한반도 서북쪽 평양을 중심으로 한 지역에 있었다는 이야기가 됩니다. 낙랑은 313년 고구려에 멸망하면서 일부가 선비족의 배려 하에 중국 베이징에서 요

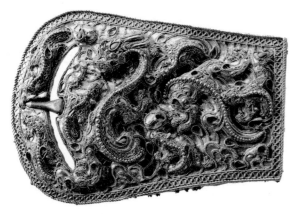

낙랑의 중심지 평양에서 발견된 정교한 문양의 금제 허리띠 고리. 수준 높은 예술미와 가공기술을 보여주고 있다. (국립중앙박물관)

하에 이르는 요서지역으로 이주하여 새로운 낙랑(조선)을 세웁니다. 현재 베이징에서 요하(랴오허)에 이르는 지역에 낙랑(조선)과 관련된 지명이 나오는 이유는 이 때문이라고 볼 수 있는데, 그렇다 하더라도 낙랑의 원래 세력 범위는 요하 동쪽에서 한반도에 걸쳐 있었던 것으로 보는 것이 옳을 것 같습니다.

다. 낙랑의 역사

낙랑은 조선이 멸망하면서 기원전 108년에 한나라에 의해 설치됩니다. 조선은 멸망하기 전 중국을 견제하기 위해 중앙아시아 유목민인 '흉노'와 깊은 관계를 맺었는데요, 한나라는 조선을 정복하면서 흉노의 세력을 약화시키게 됩니다. 당시 조선이 흉노와 관련이 깊었던 사실은 유물 외에도 중국 역사서 《한서》에 "한 무제가 동쪽으로 조선을 정벌해 현토와 낙랑을 일으키니 이로써 흉노의 왼쪽 팔을 끊게 된다."라는 기록을 통해 알 수 있습니다.

낙랑은 기원전 108년 조선을 이어 한반도 북부에 들어선 이후 서기 313년 멸망할 때까지 421년이라는 긴 시간을 유지하며 한반도에 매우 큰 영향을 줍니다.

낙랑은 처음에 중국 한나라에 의해 설치되고 유지되다가 서기 37년 고구려에 1차 멸망을 당합니다. 이때 낙랑 유민 5,000명이 신라(진한)에 유입

동북공정 이전 중국이 쓴 한국사

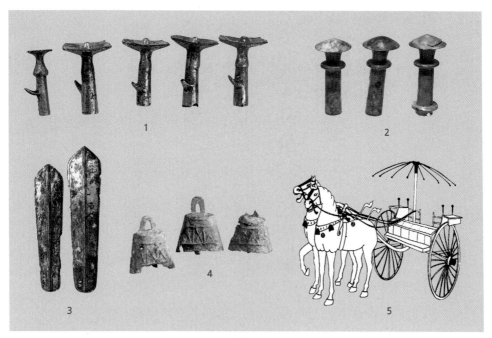

낙랑지역에서 출토된 마차 부속품들과 마차 복원도(국립중앙박물관)
1. 양산살 꾸미개 2. 햇빛가리개 꼭지 3. 금동 말얼굴 가리개 4. 청동 말방울 5. 마차 복원도

됩니다. 그 뒤 얼마 못가 한나라가 다시 점령하게 되고(44년), 이후 한나라 말기(2세기 말~3세기 초)에 요동의 실세인 공손씨 가문이 다스리게 됩니다.

그런데 공손씨 가문은 소설 삼국지의 주인공 중 한 명인 조조와 대립하다가 결국 무너지게 되고(238), 이에 공손씨가 다스리던 낙랑은 조조의 아들이 세운 위나라가 이어받아 관리하게 됩니다. 그러나 조씨의 위나라는 오래 버티지 못하고 멸망하는데(265년) 이로 인해 낙랑은 중국과의 관계가 끊어지게 됩니다. 이때 낙랑은 중국의 행정구역에서 벗어나 낙랑국(國)으로 유지되다가 결국 고구려에 의해 멸망합니다(313년). 낙랑이 멸망한 뒤 낙랑의 일부 세력이 중국 요서지역으로 옮겨가기도 했지만 많은 사람들이 한반도 남부로 이주하여 그곳의 주도적인 세력이 됩니다.

라. 한국역사의 열쇠 '낙랑'

낙랑과 관련해 중국 역사서에 이상한 기록이 하나 나옵니다.

> 신라는 고구려 동남쪽에 있으며 한나라 시기의 낙랑 땅에 위치하고 있다. 《수서》

한반도 동남쪽에 있었던 신라가 과거 한나라 시기(BC206~AD220)에 낙랑 땅에 있다는 기록입니다. 일반적으로 낙랑은 평양 지역에 있었던 것으로 알려져 있는데, 어떻게 한반도 동남부가 낙랑의 땅이었다고 기록되었을까요? 앞으로 신라를 소개할 때 밝히겠지만, 신라는 낙랑의 영향을 참 많이 받은 나라입니다. 신라 사람들은 스스로 '(북쪽의) 낙랑 사람들은 우리가 남겨두고 온 사람들'이라고까지 말하고 있지요. 많은 신라 사람들이 원래 낙랑에서 내려왔다는 이야기입니다.

실제로 565년 중국 북제의 황제는 신라의 왕을 '낙랑군공'으로 임명하며, 이후 594년 수나라의 황제도, 624년 당나라의 고조도 신라왕을 '낙랑군공'으로 책봉합니다. 심지어 고려 태조는 신라 경순왕(김부)에게 자신의 딸을 시집보내며 '낙랑 공주'라고 호칭하며, 신라의 수도였던 경주를 '낙랑군'이라 명명하기도 합니다. 이는 신라 수도 경주가 고대로부터 '낙랑'과 밀접한 관계를 유지했음을 의미하는 것입니다.

현재 한국인은 고구려와 백제보다는 신라의 영향을 더 받은 나라라고 할 수 있습니다. 왜냐하면 신라가 삼국을 통일했기 때문이지요. 신라가 삼국을 통일하자 '하층민(노예)'으로 살기 싫었던 고구려 사람들과 백제 사람들은 대부분 자신의 땅을 버리고 주변 국가로 흩어지게 됩니다. 이렇게 고구려와 백제 사람들이 떠난 땅을 신라 사람들이 채우게 되는데, 당시 신라의 영향이 얼마나 컸던지 현재 한국의 주요 성씨인 김씨, 이씨, 박씨, 최씨, 정씨 등은 모두 경주나 밀양, 김해 등 신라 지역과 관련이 깊은 성씨들입니다.

그렇다면 한 가지 생각해 볼 문제가 있습니다. 한국인은 신라를 이었고, 신라는 낙랑을 이어받았다면 낙랑은 한국의 역사로 보아야 하지 않을까요? 중국의 군현이었던 낙랑은 고구려, 백제보다 오히려 더욱 한국인과 밀접한 나라이자, 한국인의 뿌리가 되는 나라라고까지 할 수 있을 것 같습니다.

낙랑은 기원전 108년 위만조선을 이었고, 위만조선은 기원전 11세기에 요서(발해 북부)에 세워진 기자조선을 이었고, 기자조선은 기원전 1,600년경 중국 황하 중류에 세워진 중국 상나라를 이었습니다. 그렇다면 낙랑을 이은 신라는 직접적으로 중국 문명을 창건한 상나라와 연결되어 있다고 볼 수 있을 것입니다.

실제로 신라 사람들은 스스로를 동이족의 대표부족인 소호족 후예라고 주장했습니다. 그런데 중국에서 소호족의 대표 국가가 바로 상나라입니다. 중국의 실질적인 최초 왕조인 상나라가 한국과 가깝다는 사실을 이제는 우리 학계가 어느 정도 받아들여야 할 때가 아닌가 싶습니다. 필자는 고대 상나라 사람들이 창제한 한자(갑골문) 속에서 많은 한국의 풍습을 발견한 뒤, 한자의 뿌리를 중국 뿐 아니라 한국 문화에 기초해 해석한 책을 쓰기도 했습니다. 책 속에는 중국 풍습으로는 해석이 되지 않는 한자들이 한국의 풍습으로는 쉽게 해석되는 예가 많이 담겨 있습니다. 이렇듯 낙랑에 대한 바른 인식은 앞으로 한국인이 자신들의 뿌리를 바로 이해하는 열쇠가 되어 갇혔던 한국 역사를 열 수 있을 것입니다.

마. 중국 역사관의 아쉬운 점

　중국에서는 고구려가 한국의 역사와 관련이 없다는 주장을 많이 합니다. 그 이유로 한국인이 한반도 남부의 신라를 이었기 때문이라고 주장합니다. 하지만 신라는 한반도 동남부에 고립되어 있던 나라가 아니었습니다. 그 뿌리가 단군조선 뿐 아니라 상나라도 이었기 때문에 중국 고대 문명에 일정한 기여를 했고, 고구려가 수도로 정했던 평양은 원래 신라인들이 자신들이 살았던 곳이라 말한 낙랑의 땅이었습니다. 신라인들은 고구려, 백제 사람들과 언어, 풍습이 같았던 사람들이었습니다. 고구려를 비롯한 삼국은 중국과 다른 고유의 풍습을 공유한 사람들이었기 때문에 고구려가 한국과 관련이 없다는 주장은 이치에 닿지 않습니다.

　(백제의) 언어와 의복은 고구려와 같다.《남사》

　(신라는) 절하는 것과 걷는 것은 고구려와 서로 비슷하다. 백제의 통역을 통해야 (중국과) 의사가 소통되었다.《남사》

　(신라의) 풍속, 형법, 의복은 고구려, 백제와 대략 같다.《구당서》

　또한, 중국 역사가들은 중국을 두 번 점령한 여진족이 한국인(예맥족)과 다른 사람들의 나라이기 때문에 한국과 관련이 없다고 주장합니다. 하지만 여진족이 중국을 정복하고 청나라를 세운 뒤 1739년에 왕실 차원에서 자신들의 역사를 정리한 책에는 여진족이 고대에 삼한, 백제, 신라에 속했었다고 기록하고 있습니다.

첫째로 부족에 관하여 말하자면, 숙신(조선) 이후로, 한(漢)나라 시기에는 삼한(三韓)이었고, 위진 시기에는 읍루였다. 위나라 시기에는 물길이었고, 수당 시기에는 말갈, 신라, 발해, 백제 등의 나라였다. 《흠정만주원류고》

이렇게 우리와 같은 역사를 공유했던 여진족은 처음 중국을 정복하고 금나라(1115~1234)를 세웠는데, 그들은 신라(고려) 출신 김함보를 시조로 삼았고 그래서 신라를 이은 고려를 부모의 나라로 섬기기까지 했습니다. 따라서 어찌 보면 여진족이 두 번째로 중국을 점령하고 세운 청나라의 뿌리도 한국의 신라와 닿아 있다고 볼 수 있습니다.

물론 한국인은 중국의 입장도 이해해야 할 것입니다. 기원 이후 중국의 왕조들은 대부분 고구려가 있던 중국 동북지역 사람들이 무력으로 점령하여 세워지게 됩니다. 원래 고구려와 갈등하며 고구려를 크게 물리치기도 했던 선비족은 한국인과 같은 예맥족이지만, 4세기 이후로 중국에 진출하면서 중국을 수백 년 동안 다스립니다. 심지어 고구려를 침략한 수나라 당나라 지배층 역시 선비족 사람들이 다수를 차지한 나라였습니다. 이후 금나라를 세운 여진족, 요나라를 세운 거란족, 원나라를 세운 몽고족, 청나라를 세운 여진족 등은 모두 그 기원이 고구려와 관련이 깊습니다. 한반도 뿐 아니라 중국에도 고구려와 관련이 있는 예맥족 후예들이 많이 살았다는 이야기입니다. 그러니 예맥족 역사는 곧 모두 한국역사라고 말할 수는 없다는 얘기지요.

다만, 4세기 이후 지속적으로 중국으로 진출한 예맥족(동이족) 사람들은 중국에서 자신들의 문화와 언어, 문자를 지키기 위해 많은 노력을 기울이다가 결국 중국 한족의 문화에 동화되어 버리고 말았습니다. 따라서 현대의 중국은 예맥족(동이족)의 영향은 받았지만 예맥족 중심의 국가가 아니라 한족(화하족) 중심의 국가라고 할 수 있습니다. 이에 반해 한국은 예맥족 문화를 지금까지도 유지하고 있습니다. 현대 한국은 비록 다문화국가로 점차 변모하고 있지만, 고대에 같은 예맥 문화와 혈통을 공유했던 고구려, 백제, 신라 등의 나라를 동족의 나라, 동족의 역사로 간주하는 것은 당연하다고 볼 수 있습니다.

중국은 한국의 역사를 한반도 남부의 삼한(마한, 진한, 변한)에서 시작된 것으로 보고 그 이전 복잡한 한국의 역사를 잘 파악하려 하지 않고 있습니다. 한국은 단지 한반도 남쪽에 있던 삼한을 이은 나라라는 것이지요. 중국의 일부 학자는 심지어 백제의 역사 역시 지배층이 중국계였을 것으로 추정하면서 중국의 역사로 간주하려 하고 있습니다. 이러한 주장은 두 나라 사람들로 하여금 잘못된 감정싸움을 부추길 수 있습니다.

한반도 남부의 삼한은 그 기원이 모두 북방과 관련돼 있습니다. 마한은 유물로 보나 기록으로 보나 고구려 지역에서 남하한 국가이고, 진한이나 변한은 중국 중원과 북방, 중앙아시아에까지 그 기원이 닿아 있습니다. 조선시대 학자 이규경(李圭景 : 1788~?)은 그의 저서 《삼한시말변증설(삼한의 기원과 멸망에 대한 변증)》에서 "삼한은 우리나라 동쪽 삼남지방의 옛 명칭인데, 요동도 역시 삼한이라 칭했다."라고 밝히고 있는데, 이는 삼한이 오랫동안 한반도 남쪽 뿐 아니라 현재 중국 동북지역까지 포함한 지명이었음을 밝히고 있습니다. 따라서 중국이 '한국은 삼한을 이었을 뿐이다. 삼한을 통일한 신라와 신라를 이은 고려는 고구려와 전혀 관계가 없다.'라고 한다면 '삼한'이 고구려 뿐 아니라 중국의 북방과 내륙 지역 모두와 관련이 있다는 점을 알지 못하는 단순한 주장이라고 할 수 있습니다.

고구려와 함께 당나라에 대항해 싸웠던 중국 북방의 돌궐은 7세기 당나라에 밀리면서 서쪽으로 이주하여 이후 터키를 세웁니다. 그래서 현재 터키는 아직도 돌궐의 역사를 자신들의 역사로 간주하고 있고 돌궐과 국경을 접했던 고구려를 자신들의 형제의 나라로 인식하고 있지요. 돌궐은 당나라에 망하여 역사에서 사라졌지만 현재 아시아대륙 서쪽 끝에 있는 터키인들과의 관련성을 부인하는 나라는 없습니다. 옛 돌궐영역은 현재 중국에 일부 포함되어 있지만 돌궐의 역사를 중국사라고 말하는 사람도 없습니다. 마찬가지로 고대 한국인들이 세웠던 부여나 고구려 등 북방의 나라들이 비록 지금은 영토상 한국과 관련이 적을 수 있으나 언어, 문화, 혈통이 가장 가까운 한국인과의 관련성을 부인하려 하면 안 될 것입니다. 서로 역사에 대한 객관적 인식을 토대로 어느 정도 양보와 존중이 필요하다고 봅니다.

현도

6

가. 현도의 역사

현도는 중국 한나라의 군현으로 시작했지만 고구려의 성립과 관계가 깊습니다. 현도의 처음 위치는 고조선(위만조선)의 동쪽인 현재의 함경도지역(옥저)이었습니다. 고조선이 멸망하자(기원전 108년) 한나라에서 네 개의 군을 설치하고 다스리는데, 그 중 동쪽 지역을 현도군으로 삼은 것입니다.

현도군이 설치 된 얼마 후인 기원전 82년에 한나라는 조선에 설치한 군현을 정리하게 되는데 이때 현도군은 고구려가 있던 한반도 북부, 다시 요녕(랴오닝) 지역으로 이주하게 됩니다. 한나라는 고조선 땅에 설치한 네 개의 군현인 낙랑, 임둔, 진번, 현도 중 낙랑과 현도만 남기고 나머지는 폐지합니다.

그런데 기원전 75년 현도군은 고조선 토착민의 반발로 세력이 줄어들게 됩니다. 이에 한나라는 현도에 속했던 땅의 많은 부분을 현도군 근처의 요동군으로 흡수시킵니다. 이로 인해 현도군은 유명무실해지게 되고, 현도군에 속했던 압록강 중상류에는 고구려가 점차 세력을 기르게 됩니다.

서기 107년 이전에 현도군은 다시 서쪽으로 이주하여 고구려와 계속

대립합니다. 시간이 흘러 한나라가 약해지자 현도군은 요동군과 함께 공
손탁이라는 사람의 관할 하에 들어가게 됩니다(184년).

　이후 중국에서 한나라가 망하고(220) 소설《삼국지》의 주인공 중 하나인
조조의 아들이 한나라를 이어 위나라를 세웁니다. 이 위나라는 요동에서
강한 세력을 유지하던 공손가문을 멸하면서(238) 현도군을 확장시키게 됩
니다. 하지만 주변 토착세력들과 갈등하던 현도군은 315년 고구려의 공격
의해 거의 멸망하게 되고 결국 서기 404년 고구려에 완전히 병합됩니다.

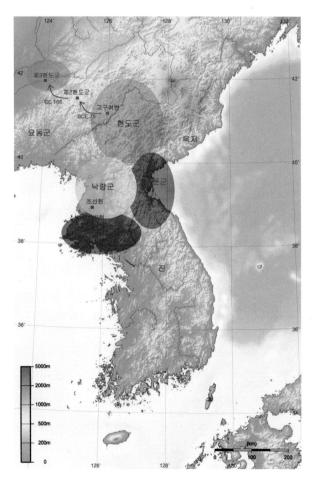

현도군의 위치와 이동(위키백과). 현도군의
초기 위치에 대하여는 아직도 논란이 많지만
한반도 북부에서 만주지역(길림, 요녕)을 통
치했을 것으로 여겨진다. 고구려현은 현도군
의 중심지 중 한 곳이었는데, 점차 고대국가
의 체제를 갖춰나간다.

다음은 중국의 대표 포털인 바이두의 백과사전에서 정리한 현도군의 역사입니다.

(1) 현도군이 있던 곳은 원래 위만조선의 속국이었던 **옥저의 옛 땅**이었다.

(2) **기원전 109년** 한나라가 위만을 공격하고 그 다음해 그 나라를 멸한 뒤 네 개의 군을 두었는데 이것이 한사군이 되었으며 모두 유주(베이징 인근)에 속했다. 한사군은 현도군 이외에도 낙랑군, 임둔군, 진번군이 있었는데 현도군의 면적이 가장 넓었다. 군의 치소(수도)는 부조성(옥저성)으로 오늘날 함경남도 함흥시이다.

(3) **기원전 82년** 한나라가 현도군의 강역을 조정하였으나 현도군이 서쪽으로 이주하지는 않았고, 그 치소(수도)는 여전히 부조성(옥저성)이었다. 진번 군과 임둔군을 폐지함으로써 이 두 군을 나눠 현도군과 낙랑군에 속하게 하였다.

(4) **서기 1년** 현도군의 치소(수도)를 고구려현으로 옮겼는데, 현재 길림성 집 안시 통구현(지린현 지안시 퉁커우현)이다. 부여와 동옥저, 고구려를 관리했다. 강 안쪽 지역은 현도군 강 바깥쪽 지역은 낙랑군이었는데, 이때 현도군은 대략 남쪽으로 청천강과 대동강의 상류 북쪽이었고, 낙랑군과 이웃하고 있었다. 북쪽으로는 합달령(하다링), 휘발하(후이파허) 일대로 부여와 경계를 이루었고, 서쪽은 요동군으로 장성을 경계로 했다. 동쪽은 백두산을 경계 로 옥저와 접하였고, 거주민은 한나라 사람들과 고구려인이 중심이었다. 현도군에는 4만5,006호가 있었고, 인구는 22만1845명이었다.

(5) **서기 12년** 왕망의 장수 엄우가 고구려현 제후인 추를 살해하고 왕망은 '고(高)구려 왕'을 '하(下)구려 제후'로 강등시킨다. 왕망이 세운 신나라 말 에 고구려현에 속한 부족들이 중원왕조를 배반하여 당시 현도의 관할지 를 차지하기 시작한다.

동북공정 이전 중국이 쓴 한국사

(6) **서기 28년** 동한의 요동군태수가 고구려를 토벌하였는데 고구려는 국내성을 견고히 지켰다.

(7) **서기 32년** 동한은 현도군을 다시 축소시키며 현도군 동부의 7개 현이 요동군에 흡수되는데, 이때 현도군은 이미 이름 뿐인 군으로서 단지 요동군 안의 현도성만이 '현도'라는 이름을 가지고 있었다. 광무제가 새로 세운 동한은 고구려왕의 조공을 받는다.

(8) **서기 107년** 장성(만리장성) 안쪽의 후성, 고현, 요양 세 개의 현을 현도에 속하게 하였으며 현도군을 장성 안쪽으로 이주시켜 현재의 심양(선양), 무순(우순) 일대를 관할하게 한다. 인구는 약 4만여 명이었다. 오래지 않아 고구려가 다시 현도군의 장성 안쪽 관할지를 차지하기 시작하여 여러차례 침략한다.

(9) **서기 189년** 공손탁이 요동을 관할할 때 현도는 요동에 속하게 된다. 그 지역 태수는 계속 공손 가문 사람이 맡았다.

(10) **서기 238년** 조씨 위나라 태수 사마의가 공손연을 멸하고 후성현을 폐지하면서 고구려, 고현, 요양, 망평 4개 현을 현도군에 설치한다.

(11) **서기 265년** 서진이 세워지면서 요양현이 폐지된다. 이후 모용수(후연 황

고구려와의 갈등을 유발한 왕망(王莽, BC45~AD23). 한나라 황제가문 출신으로 황제의 자리를 찬탈하고 신나라(新, 8~23)를 개국한다. 그는 황제가 된 뒤 여러 실정을 하는데, 그 중에서도 흉노, 고구려, 서역 여러 국가들의 원래 '왕'지위를 '후(제후)'로 강등하여 주변 민족들의 반발을 산다. 흉노 왕의 칭호인 '선우'을 '항노복우(항복한 노예)'라 바꾸고, 고구려를 '하구려(낮은 구려)'라고 부르기도 한다. 왕망은 내치와 외치에 모두 실패하여 반란군에 죽게 되고, 한왕조의 혈통을 이은 유수(광무제)에 의해 후한(동한)이 건국된다. 왕망이 죽자 왕망의 측근들이 후환이 두려워 도망하였는데, 그 중 당시 왕망 가문과 가까우면서 왕망에 필적할만한 명문 가문인 김일제 가문 사람들이 한반도(낙랑)로 이주하여 신라 김씨 왕조의 시조가 된 것으로 추정된다.

6. 현도   107

제)에 속하여 그의 아들 모용보가 고구려왕 안(광개토대왕)으로 평주목을
삼아 거하게 하였다.

(12) **서기 404년** 고구려는 중원의 내전을 기회로 요동 전체를 점령하고 현
도군 역시 점령되어 현도성 수령을 둔다. 당태종과 신라 연합군이 고구
려를 멸했을 때 이르러 현도군 전체는 당나라 왕조에 속하게 되었으며
원래의 땅은 안동도호부로 개편된다.

나. 현도와 한국역사

현도는 낙랑과 마찬가지로 중국 정부의 관할 하에 있었기 때문에 그동
안 우리역사로서 제대로 인식되지 못하고 있었습니다. 하지만 현도군 사
람들은 한반도 동북부에서 시작되었고, 현도가 마지막으로 이주한 요녕
(랴오닝) 지역은 2세기 응소(應劭)라는 학자가 원래 고조선 땅(진번국)이라고
밝히기도 합니다. 이처럼 현도는 고조선을 이은 나라이고, 고구려가 시작
된 곳이기 때문에 한국사의 한 부분으로 이해해야 할 것입니다.

고구려

7

가. 고구려의 시작

    고구려는 원래 고조선에 속해 있었습니다. 그러다 중국 한나라가 고조선을 물리치고 기원전 107년 '현도군'을 두었는데, 현도군은 처음에 한반도 동쪽에서 시작하여 점차 서쪽으로 이주하게 됩니다. 이렇게 위치를 옮기던 현도군의 중심지(수도) 가운데 하나가 바로 압록강 유역의 고구려였습니다. 그런데 현도군은 중국에서 고조선을 정복하고 강제로 설치한 행정구역이었기 때문에 나라를 빼앗긴 현지 사람들의 반발이 많았습니다. 그렇게 반발하던 사람들 중 북쪽 부여에서 내려온 주몽이라는 사람이 있었는데, 그는 현도군의 중심지인 고구려현을 한나라로부터 빼앗고 고구려의 시조가 됩니다. 고구려가 한나라 현도군을 몰아내고 건국해서 그런지 고구려는 한나라와 시종 원수처럼 싸우는데요, 결국 220년 한나라가 멸망할 때까지 수백 년간 그 싸움이 이어지게 됩니다.

고구려 유물들(국립중앙박물관)

1. 살포 2. 집게 3. 도끼 4. 낫 5. 부뚜막 6. 집 모양 토기 7. 세 발 항아리 8. 금동 보살상 9. 봉황모양 꾸미개
10. 연가칠년명금동불상 11. 금 귀걸이 12. 수막새 13. 토기 항아리

동북공정 이전 **중국이 쓴 한국사**

《위서》에 실린 고구려 건국신화

고구려 사람들은 부여에서 나왔는데, 자신들의 시조가 주몽이라고 한다. 주몽의 어머니는 하백의 딸인데, 부여의 왕이 한 집에 그녀를 가두어 두자 햇빛이 그녀를 비추었다. 그녀는 몸을 옮겨 햇빛을 피했지만 햇빛이 다시 그녀를 쫓아왔다. 이에 그녀는 임신을 하게 되고 알을 하나 낳는데 크기가 다섯 되 정도 되었다. 부여왕은 그것을 버려 개가 먹게 했는데 개가 먹지 않았고, 다시 돼지에게 버렸는데 돼지도 먹지 않아서 길가에 버렸는데 소와 말이 보면 모두 피하였다. 나중에 빈들에 버렸는데 많은 새들이 깃털로 그것을 덮었다. 부여왕은 칼로 그것을 쪼개려 했는데 깨뜨릴 수 없어서 그 어머니에게 돌려주었다. 그녀는 쌀 것을 가지고 그것을 감싸고는 따뜻한 곳에 두었는데, 곧 한 사내아이가 껍질을 깨고 나왔다. 그가 자란 이후에 그의 이름을 주몽이라고 지었는데, 그곳 사람들 말에 '주몽'은 활을 잘 쏜다는 뜻이다. 부여 사람들은 주몽이 사람에게서 나지 않았기 때문에 앞으로 분명히 다른 뜻을 품을 것이라 여기고 그를 죽일 것을 왕에게 요청하지만 왕은 이를 듣지 않고 그를 말 기르는 곳으로 보내게 된다. 주몽은 자주 몰래 말을 타는 연습을 하였고, 우수한 말과 열등한 말을 구별하여 우수한 말에게는 먹이를 덜 주어 마르게 하였고 열등한 말에게는 열심히 먹이를 먹여 살이 찌도록 만들었다. 부여 왕은 살찐 말은 자신이 타고, 마른 말은 주몽에게 주어 타게 하였다.

이후 들에서 사냥을 하는데, 주몽이 활을 잘 쏘았기 때문에 그에게 화살을 하나만 주었다. 주몽은 비록 화살이 적었지만 사냥한 짐승이 매우 많았다. 부여의 신하들은 다시 그를 죽이려고 음모를 꾸몄지만, 주몽의 어머니가 몰래 듣고 나서 이 사실을 주몽에게 알리며 다음과 같이 말하였다. "나라 사람들이 너를 해치려하니 너는 네 재능과 지략을 가지고 사방 멀리 떨어진 곳으로 가서 살아야 할 것이다." 주몽은 이에 오인과 오위 두 사람과 함께 부여를 떠나 동남쪽으로 도망을 간다.

도중에 큰 강 하나를 만나게 되는데, 건너고 싶어도 다리가 없었다. 한편 그를 쫓는 부여 병사들은 뒤에서 급박하게 다가오고 있었다. 이에 주몽은 강을 향해 말한다. "나는 태양의 아들이자 하백의 외손자다. 오늘 내가 도망을 가는데 추격병들이 따라오고 있다. 내가 어떻게 해야 이 강을 건널 수 있을까?"라고 하자 물고기들과 자라들이 한꺼번에 떠올라 다리를 이루어 주몽으로 하여금 건너가게 하고는 이내 흩어져 버려서 추격병들이 강을 건널 수 없게 하였다. 주몽은 마침내 보술수 강에 이르게 되었는데, 거기에서 우연히 세 사람을 만나게 된다. 그 중 한 사람은 삼베옷을 입고 있었으며, 한 사람은 무명 옷을 입었으며, 한 사람은 부들로 만든 옷을 입고 있었다. 그들은 주몽과 함께 흘승골성에 이르러 그곳에서 살게 되는데, 지역 이름을 고구려(高句麗)리고 부르며, 그로 인해 고(高)를 성씨로 삼게 된다.

나. 고구려의 초기 영토

고구려의 초기 영토는 사방 2천 리로서, 주변에는 고구려와 경쟁관계에 있는 나라들로 둘러싸여 있었습니다. 3세기에 기록된 다음 내용을 보면 고구려의 대략적인 위치를 알 수 있습니다.

고구려는 요동군 동쪽 천 리 밖에 있는데, 남쪽은 조선예맥과 접해 있고, 동쪽은 옥저와, 북쪽은 부여와 접해 있다. 수도는 환도산 아래에 있고, 사방 2천 리에 이르며, 3만 가구가 있다. 《삼국지》

위 기록을 보면 고구려는 서쪽에 중국 요동군과, 동쪽은 옥저와, 남쪽에 조선과, 북쪽은 부여와 접한 것을 알 수 있습니다. 그런데 고구려 남쪽에 접해 있다는 '조선예맥'이라는 나라는 어떤 나라일까요? 고조선은 기원전 2세기에 이미 망했는데, 왜 기원후 3세기에 조선이 다시 등장하고 있는 것일까요?

우선 '예맥'이라는 말은 예와 맥이 합쳐진 고유명사로, 예는 바로 동예할 때 예족 사람들, 즉 맥족보다 먼저 한반도에 살던 부여계 사람들이고, 맥은 주로 서쪽지역에서 비교적 늦게(기원전 3세기) 이주해온 사람들인 맥족을 의미합니다. 예맥은 민족명인 것을 알겠는데, 그럼 고구려 아래에 붙어있었다는 '조선'은 어떻게 된 것일까요? 우리가 알고 있는 '조선'은 고대 중국 한나라에 망한 고조선과 14세기 고려를 이어 들어선 조선이 다인데요, 어떻게 고구려 당시에 '조선'이 있었을까요?

고조선이 망하자 한반도에는 중국의 통제를 받는 나라들과 그렇지 않은 나라들이 많이 생깁니다. 고구려, 현도, 낙랑, 옥저, 동예, 삼한 등의 나라이지요. 그런데 이 중 중국의 통제를 받던 지역은 만주 서부와 한반도 북부의 군현인 낙랑, 현도 등이었습니다. 그중 한반도 북부에 있던 낙랑은 과거 고조선이 멸망할 때 중심지(수도)였기 때문에 그곳을 '조선'이라고 부르기도 했답니다. 그러므로 고구려 남쪽에 접한 조선예맥 나라는 예맥인이 사는 낙랑조선이라고 보시면 됩니다.

다. 4·5세기 고구려의 성장

세월이 흘러 중국은 4세기부터 오호십육국(304~439)의 혼란에 빠지게 됩니다. 오호(五胡)란 다섯 북쪽 오랑캐를 말하는데요, 주로 고구려 서쪽에 있던 선비족이 중국 정권을 잡았던 때를 말합니다. 고구려는 한때 이 오호(五胡) 중 하나인 모용씨 선비족에게 크게 무너지기도 하지만(342), 선비족이 중원으로 내려가 중원을 차지하자, 점차 선비족을 대신하여 만주지역에서 강성해지게 됩니다. 원래 중국 요동군 동쪽 1,000리에 있던 고구려는 이제 요동군을 차지하며 동북아시아의 강국으로 발돋움하게 됩니다.

중국으로 내려간 선비족 사람들은 중국과 다른 고유 언어와 문화를 가졌던 사람들입니다. 중국 오호십육국(304~439) 시대 초반을 주도했던 선비족 모용씨는 중국을 점령하기 전에 먼저 과거 고조선이 있던 요서지역에 연나라를 세웁니다(337). 이후 중국을 공격하여 중원을 차지하게 되는데, 중원이란 중국 황하 유역의 광활한 평지를 말합니다. 고대로부터 중국 문명을 대표하는 가장 발달된 문명지역이지요. 이들은 만주와 한반도의 많은 예맥 정치 집단 중에 가장 강력한 무력을 갖추고 부여(341)와 고구려(342)를 장악한 뒤 중원을 차지한 것입니다.

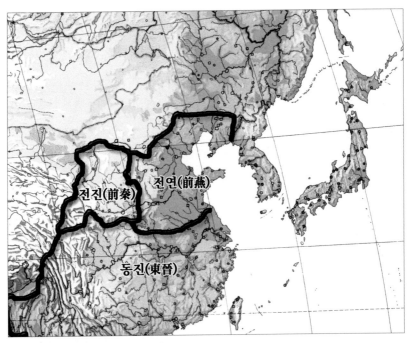

선비족이 세운 연나라(전연, 337~370). 선비족은 고구려, 부여와 같은 예맥족으로, 두 나라를 제압한 뒤 중국을 침략하여 고대 중국의 핵심지역인 중원을 다스린다.

라. 연나라의 고구려 투항

세월이 흐른 뒤 선비족 가운데 또 다른 부족인 탁발씨 선비족이 연나라(후연)를 공격하게 됩니다. 이 탁발씨 선비부족은 모용씨 선비부족이 세운 연나라를 공격한 이후 중국 중심부에 있는 황하유역까지 차지하고 북위를 세우게 됩니다(386~557). 중원에서 탁발선비에 패한 모용씨 연나라는 과거 자신들의 기원지였던 요서(요하 서쪽) 지역으로 이주했다가 다시 북위의 공격을 받고 왕부터 백성까지 모두 고구려에 투항을 합니다(436). 이때 고구려는 장수왕이 다스리던 때였는데요, 연나라의 투항으로 고구려의 국력과 영토는 더욱 커지게 되지요.

중국 북방을 통일한 탁발 선비족의 북위나라는 중국 남쪽의 중국 정권과 대치하게 되는데요, 그 시대를 남북조시대라고 합니다(420~589). 이 북위 나라는 선비족이 세운 나라이기 때문에 중국 남부로 밀려난 중국 정권(남조)은 북위를 '오랑캐 나라(虜 오랑캐 로)'로 부르기까지 합니다.

선비족이 세운 북위는 중국 남조국가와 대등하게 고구려를 대합니다. 그만큼 당시 고구려의 국력이 동북아시아에서 무시하지 못할 정도가 되었던 것이죠.

요(요녕. 랴오닝) 동남쪽 천여 리에, 동쪽으로 책성에 이르게 되고, 남쪽으로는 작은 바다(小海)가 있으며, 북쪽에는 옛 부여에 이른다. 인구는 위(북위) 이전보다 세 배가 많다. 그 땅은 동서 이천 리이며, 남북 천여 리이다.《위서》

북위(386~534)에 의해 멸망한 연나라 유민들이 고구려에 투항한 이후 (436년) 고구려의 인구는 갑자기 증가하게 됩니다. 북위가 세워진 5세기 초에 비해 세 배의 인구가 늘어났다는 것은 그만큼 고구려의 인구가 갑자기

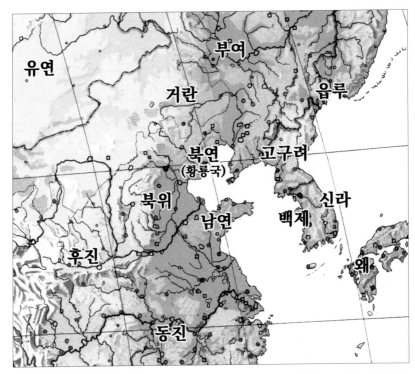

선비족 국가 북연(407~436)은 같은 선비족 국가 북위에 망한 뒤 왕부터 백성까지 모두 고구려에 투항한다.

많아진 것을 의미합니다.

　그 땅은 동쪽으로 신라에 이르고 서쪽으로 요수를 넘어 2천 리에 이른다. 남쪽으로 백제와 접하고 있고, 북쪽으로 말갈과 천여 리를 접하고 있다. 수도는 평양인데, 평양성은 동서 6리(약 2.5Km)이고, 남쪽으로는 패수(浿水 대동강)에 이른다. 《주서》

마. 고구려를 괴롭힌 중국 왕조들

　북위를 이어 들어선 주나라(북주, 557~581) 역시 북위와 같은 선비족 국가입니다. 이 나라는 고구려를 공격했던 수나라, 당나라의 모태가 되는 나라인데요, 선비족이 지배층이었기 때문에 선비문화를 유지하기 위해 공용어를 중국어(한어)가 아닌 선비어로 정할만큼 중국에 동화되지 않기 위해 많은 노력을 기울인 나라였습니다. 당연히 이 나라를 그대로 이은 수나라는 선비족의 영향이 강했겠지요? 그런데, 이 선비족은 원래 기원이 고구려와 부여의 서쪽에 있던 사람들이었답니다. 선비족은 고구려와 같은 예맥족으로서 중국으로 남하하기 전에 만주(중국 동북) 지역에서 고구려와 협력하기도 하고 싸우기도 했던 역사를 가지고 있었습니다. 그러니 자신들이 떠나온 땅에 대한 미련이 있었겠죠?

　실제로 주나라(북주)는 자신들이 떠나온 땅을 차지한 고구려를 대규모로 공격하는데요(577), 고구려는 바보온달로 유명한 온달장군의 활약으로 물리치게 됩니다. 북주를 이어 국호만 바꾼 수나라 역시 113만 대군을 이끌고 다시 고구려를 침략하지만 실패합니다(612). 수나라를 이은 당나라 역시 선비족 중심의 나라였는데요, 이전 왕조와 같이 고구려와 운명을 건 대규모 전쟁을 합니다. 저는 이렇게 선비족 계열의 왕조들이 고구려를 계속 공격했던 이유가 자신들의 선조들이 살았던 옛 땅을 되찾기 위해서라고 보고 있습니다. 이는 수나라가 612년 고구려를 공격할 때 다음과 같은 조서를 발표한 것으로 알 수 있지요.

　고구려의 작고 추한 무리들이 어리석고 불손하게도 발해와 갈석 사이에 모여 요동 예맥의 땅을 잠식해 왔다. 비록 한(漢)나라와 위(魏)나라의 거듭된 토벌로 그 소굴이 잠시 허물어졌으나, 난리로 (중국과) 서로 멀어지자 그 종

족들이 다시 모여들었다. 《수서》

이 글을 잘 보면, 고구려 사람들이 예맥의 땅에 모여들어 그 땅을 빼앗았기 때문에 다시 되찾기 위해 전쟁을 치른다는 내용을 담고 있습니다. 예맥은 선비, 부여, 조선, 마한 등 한반도와 만주에 살던 민족들을 말합니다. 예맥족 일원이었던 선비족은 4세기에 중원으로 남하했지만 자신들의 조상이 살던 땅을 잊지 않았을 것입니다. 그래서 이 예맥의 땅에 대한 미련을 버리지 못하고 영토회복을 위해 전쟁을 한 것이라고 생각됩니다.

다만 위 기사에 고구려를 예맥의 땅에 들어온 이방인이라고 한 이유는 고구려의 일부 지배층 세력이 기원전 3세기 중국의 대혼란 시기에 중국에서 이주해 왔기 때문일 것입니다. 실제로 고구려는 중국 동부 해안 지역 사람들과 많은 공통점을 가진 나라였습니다. 복희 숭배와 세 발 달린 까마귀(삼족오)를 숭배한 것 역시 중국 동부 지역 사람들과 같은 풍습입니다. 고구려의 건국 신화에 주몽의 아버지는 '천제', 어머니는 '하백의 딸'이라고 했는데, '하백'은 황하를 다스리는 신을 말합니다. 바로 아버지 세력은 하늘을 숭배하던 만주와 한반도의 '예맥족', 그 세력 안으로 '시집온' 세력은 난리로 고향을 떠나 예맥족에 의지하게 된 중국 동부 '황하 유역 동이족' 사람들을 암시하는 우화로 해석이 됩니다.

바. 7세기 고구려의 성장

고구려와 무리한 전쟁을 치른 수나라(581~618)는 얼마 못가 멸망하게 되며 수나라를 이은 당나라(618~907)는 고구려와 처음에 화해를 했지만 속으로는 고구려를 치기 위해 고구려 상황을 자세히 살폈습니다. 당나라 이전에는 고구려에 대해 요동에서 천 리 떨어져 있고 면적이 사방 2,000리인 나라라고 기록하고 있지만, 당나라 시기에는 장안에서 떨어진 거리와 동서남북 영토를 정확히 기록하고 있습니다.

고구려는 본래 부여에서 갈라진 종족이다. 그 나라는 평양성을 수도로 삼았는데, 한(漢)나라 시기에 낙랑군 땅이었다. 장안(서안)에서 동쪽으로 5천 1백 리 밖에 있다. 동쪽으로 바다를 건너 신라에 이르고, 남쪽으로 바다를 건너 백제에 이르며, 북쪽으로 말갈에 이른다. 동서로는 3천 1백 리이고, 남북으로는 2천 리이다. 《구당서》

고구려가 당나라에 멸망하기 전에 고구려는 동서 3천 1백 리, 남북 2천 리에 이르는 광대한 영토를 차지하고 있었습니다. 당나라는 고구려가 수나라를 물리친 강국이자 잠재적인 자신들의 적국임을 잊지 않고 있었습니다. 중국에서는 고구려가 중국 지방정권일 뿐이라고 주장하지만, 사실 고구려는 중국과 대등한 독립국으로서, 언어, 민족, 문화가 부여를 이은 한반도 사람들과 같기 때문에 한국의 역사로 보아야 할 것입니다. 다만, 고구려 멸망 이후 많은 사람들이 동쪽에 있던 말갈로 이주하였고, 그들이 발해를 건국했으며, 발해를 이은 여진 사람들은 이후 중국을 두 번이나 점령해서 다스리기 때문에 고구려 역사와 중국의 역사가 관련이 없다고 할 수는 없을 것입니다.

사. 어떻게 살았나요?

아래의 중국 측 기록들을 보면 3세기부터 7세기까지 시기 순으로 고구려 사람들이 어떻게 살았는지 이해하는데 도움이 됩니다. 시간적으로 1,700년 이상 떨어져 있지만 이 기록을 통해 당시 고구려의 사회상을 단편적으로나마 알 수 있기 때문에 매우 중요한 기록이라고 할 수 있습니다. 비록 당시 중국은 고구려와 적대적이었기 때문에 고구려에 대한 부정적 시선이 담겨있긴 합니다만, 외국인으로서 고구려 사람들을 객관적으로 바라본 매우 의미 있는 자료라 할 수 있습니다.

1) 《후한서》 : 1~2세기(?)

한나라 무제가 조선(고조선)을 멸망시킨 뒤(BC108), 고구려를 현으로 만들어 현도군 관할 아래 두었으며 고구려에 음악 하는 사람들을 하사 하였다.

풍습은 몸을 물에 담가* 두루 깨끗하게 씻는 것을 좋아 하며, 밤늦도록 남녀가 모여 노래를 하고 춤을 춘다. 여러 잡신, 땅과 곡식의 신, 별들에게 제사하는 것을 좋아하고, 음력 10월에는 하느님께 제사를 지내는 큰 집회를 갖는데 이를 일컬어 '동맹(해 뜨는 곳의 맹세)'이라고 부른다. 나라의 동쪽에 큰 동굴이 있는데, 이를 수신(襚神)이라고 부르며, 역시 음력 10월에 모시어 제사를 지낸다. 제사에 참가하는 사람들은 모두 수놓은 비단 옷을 입고, 금이나 은으로 장식을 한다.

관리인 대가와 주부는 모두 두건(책)을 쓰는데, 마치 관을 쓴 것 같으나 뒷면은 비어 있다. 소가는 접은 두건(절풍)을 쓰는데, 마치 고깔모자 같다. 감옥은 없지만 죄가 있으면 벌을 주는데, 여러 관리들이 상의하여 사형에 처하

---

* … '풍습은 몸을 물에 담가' 이 문장은 원문에 '其俗淫(기속음)'이라 기록돼 있는데, 일반적으로 淫(음)의 현대적 의미인 '음란함'을 적용하여 '그 나라 풍습은 음란하고'라고 잘못 해석되고 있다. 淫(음란할 음)은 원래 '물에 담그다'라는 뜻으로, 그 문장 뒤에까지 이어진 글을 보면, '그 풍속은 물에 담가(其俗淫) 모두가 전체를 구석구석 깨끗하게 하는 것을 좋아한다(皆絜淨自憙).'라고 해석해야 옳다. 淫(음)이 사용된 고대서인 《주서》에는 '화장하다'라는 뜻이었기 때문에 '음란하다'라는 뜻과 무관하게 당시 고구려 사람들이 깨끗하고 세련된 모습을 묘사했다고 볼 수 있다. 이 글자를 잘 못 해석한 후대 중국 역사서에는 이 글자를 증명하기 위해 고구려의 세련되고 개방적인 풍습을 '풍속이 음란하다'라고 기록하게 된다.

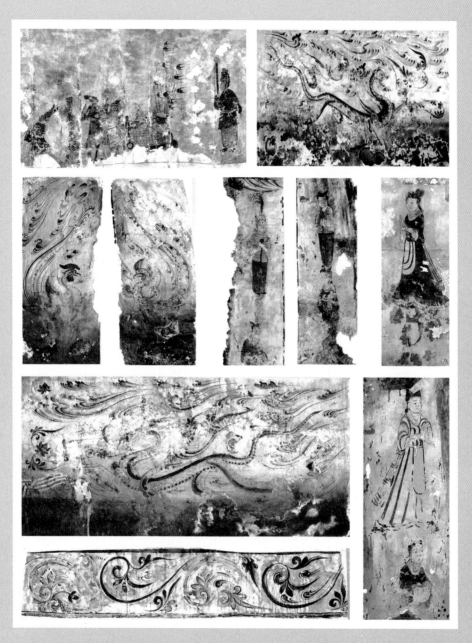

화려한 고구려 고분벽화(국립중앙박물관). 사후세계를 중시한 고구려 사람들은 무덤에 금과 은 등의 보화를 부장품으로 넣고 무덤 내부에 화려한 벽화를 그렸다. 벽화를 통해 당시 고구려 사람들의 세련된 미적 수준과 의상 등을 확인할 수 있다.

고, 죄인의 아내와 아이들은 노비로 삼는다.

결혼 풍습은 남자가 여자의 집에 가서 살면서 아이를 낳고 그 아이가 다 자랐을 때 남자의 집으로 데리고 돌아가며, 죽을 때 쓸 도구들을 조금씩 준비한다. 그들은 금과 은 및 재물을 다 쓰며 거창한 장례를 치른다. 돌을 쌓아 무덤을 만드는데, 무덤 위에는 소나무나 잣나무를 심는다. 사람들의 성격은 사납고 조급하며, 힘이 세고 전투를 자주 벌여 노략질을 잘한다. 옥저와 동예가 모두 고구려의 통치를 받는다.

고구려는 일명 맥이라고도 불린다. 또 다른 종족이 사는데, 그들은 소수라는 강에 의지해 살기 때문에 소수맥이라고 불린다. '맥궁'이라고 불리는 좋은 활이 생산된다.

2) 《삼국지》 : 3세기

많은 큰 산과 깊은 계곡이 있으며, 평지나 호수가 없다. 고구려 사람들은 골짜기에 거주하는데 계곡물을 마신다. 좋은 밭이 없기 때문에 힘들여 경작을 해도 배불리 먹고살기 힘들다. 식량을 아끼는 풍습이 있고 집을 건축하기 좋아하며, 거주하는 곳 양쪽에 큰 집을 짓고는 여러 신에게 제사를 한다. 또 신령한 별과 토지의 신, 곡식의 신에게 제사를 지낸다. 고구려 사람들의 성품은 사납고 조급하며, 재물을 약탈하기 좋아한다.

동이 사람들의 옛말에 고구려는 부여 사람들의 일파라고 하는데, 말과 각종 풍습이 대부분 부여와 같으나, 다만 그 사람들의 기질이나 옷 입는 법이 좀 다르다.

고구려 나라의 높은 계급 사람들은 농사를 짓지 않고도 앉아서 밥을 먹는데, 그러한 사람들이 만여 명에 달한다. 낮은 계급 사람들은 아주 먼 곳에서 쌀 등의 양식과 물고기, 소금 등을 짊어지고 와서 그들에게 바친다.

고구려 사람들은 노래와 춤을 좋아하여, 고을마다 저녁이 되면 남녀가 모여 서로 노래하며 놀이를 한다. 나라 안에는 큰 창고가 없고, 집집마다 작은 창고를 두는데, 이를 부경이라고 부른다. 사람들은 청결한 것을 좋아하고, 술을 집에 보관하길 잘한다. 절을 할 때에는 다리 한 쪽을 길게 뻗는데, 이 점은 부여 사람들과 다르다.* 길을 걸을 때는 대개 뛰어 다니듯 빨리 다닌다.

음력 10월에 하느님께 제사를 지내는데, 나라 사람들이 크게 모이며, 이를 '동맹(해 뜨는 곳의 맹세)'이라 부른다.

공적인 모임이 있을 때에는 모두 아름답게 수를 놓은 비단 옷을 입고, 금과 은으로 장식을 한다. 큰 관리인 대가와 주부는 머리띠를 두르는데, 마치 중국의 두건과 같으나 묶고 남아 뒤로 늘어뜨리는 부분이 없으며, 작은 관리인 소가는 접은 두건을 쓰는데, 마치 중국의 고깔모자 같다.

고구려의 동쪽에는 커다란 동굴이 있는데 이를 '수혈(隧穴 길처럼 긴 동굴)'이라고 부른다. 음력 10월에 나라 사람들이 모두 모여서 '수신(수혈 신)'을 맞아들이고 나라의 동쪽에 가서 제사를 지내는데, 나무로 만든 수신을 신의 자리에 올려놓는다. 감옥이 없고, 죄를 범한 사람이 있으면 여러 관리(加 가)가 모여 심의를 한 뒤 그를 사형시키고, 그의 아내와 아이들은 관청의 노예로

---

* ··· 현재 한국(韓國) 사람들은 두 무릎을 꿇고 절을 하는데, 이는 무릎 하나를 펴고 절하는 고구려의 풍습이 아니라 부여의 풍습과 동일하다. 원래 고대 한국(마한) 사람들은 무릎을 꿇고 절을 하지 않았다는 점과, 중국에서는 이미 춘추시대부터 이러한 풍습이 사라진 점을 고려하면, 현대 한국은 고대 세계의 여러 나라 중 부여의 풍습을 가장 많이 이어받았다고 할 수 있다. 그 이유는 아마도 고구려와 적대관계에 있던 백제(남부여), 그리고 중원의 무릎 꿇는 풍습의 대표적 국가인 소호족 상나라, 상나라가 동쪽으로 이주해 세운 나라로 여겨지는 부여, 상나라가 서쪽으로 이주해 세운 진시황의 진(秦)나라 사람들이 대규모로 한반도에 이주했기 때문일 것이다. 부여의 대표적인 풍습 가운데 하나인 흰 옷에 대한 숭상은 흰색을 숭배한 상나라의 풍습으로 상나라를 이어 신라인들이 이러한 풍습을 그대로 유지했으며, 신라가 한반도를 통일한 이후 조선시대까지 흰색에 대한 숭배가 이어지게 된다.

삼는다.

결혼을 맺는 풍습은 이러하다. 먼저 남녀가 서로 결혼 약속을 한 뒤 여자 측 집에서 자기의 집 뒤에 '사위 집(서옥)'이라는 작은 집을 하나 짓는다. 집이 다 지어지면 사위될 사람이 밤에 여자의 집 문 밖에 와서 자신의 이름을 밝히고는 무릎을 꿇고 절을 하면서 여자와 함께 머물 수 있도록 여러 차례 요청을 한다. 그러면 여자 측 부모가 그에게 작은 집(사위 집)에 들어가 여자와 함께 잠을 잘 수 있도록 허락한다. 그 뒤에 두 사람은 아이를 낳고 방구석에 돈과 포목을 쌓아 모으는데, 그 아이가 다 자라고 나서야 비로소 아내를 데리고 남자 측 집으로 돌아간다.

이곳 풍습은 사치스러워서, 남녀가 결혼하자마자 조금씩 자신들이 죽은 뒤 입는 옷을 준비하며, 죽고 난 뒤에는 사람들이 무덤을 깊이 파서 묻는데, 금과 은, 재물과 돈을 죽은 사람과 함께 모두 보내고 돌을 쌓아 봉분을 만든 뒤, 주변에 소나무와 잣나무를 줄지어 심는다.

그 지역 말은 모두가 작아서 산을 오르는데 편리하다. 그곳 사람들은 힘이 세고 전쟁에 능하여 옥저 나라와 동예 나라가 모두 그들에게 귀속되어 있다.

또한 고구려에는 소수맥이라는 나라가 있다. 고구려 사람들은 큰 강(요하 또는 압록강으로 추정)을 의지하여 나라를 세웠는데, 고구려 사람의 일부가 서안평현 북쪽에 남으로 흘러 바다에 이르는 작은 강(요동의 태자하로 추정)을 의지하여 나라를 세웠다. 작은 강에 나라가 있기 때문에 나라 이름이 소수맥(小水貊 작은 강에 있는 맥 나라)이며, 그곳에서는 좋은 활이 생산되는데, 소위 맥궁(맥 나라 활)이라는 것이 바로 이것이다.

3) 《양서》: 4~5세기

그 수도는 환도산(丸都山) 아래에 있으며, 큰 산과 깊은 계곡이 많으며, 평원이나 호수가 없다. 백성들은 산에 의지해서 살며, 산에서 흘러내리는 물을 마신다. 비록 한 지역에 머물며 살지만, 좋은 농토가 없기 때문에 양식을 아끼는 풍습이 있다. 집짓기를 좋아하는데, 집 왼편에 별도로 큰 집을 짓고 귀신에게 제사하며, 별들과 토지 신, 곡식 신에게 제사를 지낸다.

4) 《남제서》: 5세기

고려(고구려)의 풍습은 바지를 입고, 모자는 접어서 쓰는데 이를 '책(幘, 머리띠)'이라 부르며, 《오경》을 읽을 줄 안다. 사신이 수도에 방문했을 때, 중서랑 왕융이 그와 농담을 나누었는데 "입는 것과 쓰는 것이 맞지 않으면 몸이 괴롭게 됩니다. 그런데 당신 머리에 쓴 것은 무엇입니까?"라고 말하자, 그가 답하길 "이건 옛날 고깔모자의 모습을 이어받은 것입니다."라고 하였다.

5) 《위서》: 5~6세기

그곳에 사는 사람들은 (유목민이 아닌) 토착민들로서 산과 계곡을 따라 거주하며, 옷은 베와 비단, 가죽으로 만들어 입는다. 토양이 척박하기 때문에 누에를 치고 농사를 지어도 자급자족하여 살기 어려워서 사람들이 음식을 절제한다. 그 풍습은 사치하고 노래와 춤을 좋아하며, 밤이 되면 남녀가 모여 놀이를 하는데, 신분의 귀하고 천한 구분이 없으며, 청결한 것을 좋아한다. 국왕은 왕궁을 짓길 좋아한다. 관리의 호칭으로는 알사, 태사, 대형, 소형이 있다. 관리들은 머리에 절풍을 쓰는데, 그 모양이 고깔과 같으며, 옆에 새의 깃털을 꽂는데, 지위에 따라 차이가 있다.

그들은 일어섰을 때에는 두 손을 모으고, 절을 할 때는 한쪽 다리를 늘어뜨린다. 걸어 다닐 때에는 마치 뛰는 것 같다. 매년 10월에 하느님께 제사를 지내는데, 이는 나라의 큰 집회로서, 사람들은 공식 모임에서 모두 수놓은 비단옷을 입고, 금과 은으로 장식을 한다. 그들은 웅크리고 앉길 잘하고, 식사는 제사용 접시와 그릇을 사용한다. 키가 1미터 정도의 말이 나는데, 그 말은 그들의 조상인 주몽이 탔던 작은 말이라고 하며, 과하마(과일나무 아래로 지나갈 만큼 작은 말)의 일종이다.

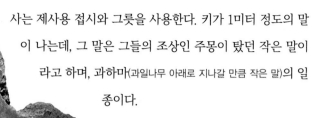

말을 타고 있는 5세기 고구려인(벽화 편) (국립중앙박물관). 머리에 접어쓰는 모자(책)를 쓰고 높은 지위를 상징하는 깃털을 꽂고 있다.

6) 《남사》 : 5~6세기

땅은 큰 산과 깊은 계곡으로 이루어져 있으며, 평지와 호수가 없다. 백성은 이 땅을 의지해 살며 산에서 흐르는 물을 마신다. 토착 생활을 하지만 좋은 밭이 없어 사람들은 음식을 절제하며, 궁실을 잘 지어 치장한다. 왕궁 궁실 왼쪽에는 여러 신에게 제사하는 집을 크게 지으며, 별들과 사직에게도 제사를 지낸다. 사람들의 성격은 포악하고 성급하며 노략질하기를 좋아한다.

풍속은 노래와 춤을 좋아한다. 나라 안의 읍락에서는 남자와 여자가 매일 밤 모여 노래와 놀이를 한다. 사람들은 깨끗한 것을 좋아하고 술을 잘 담근다. 절을 할 때는 한 쪽 다리를 펴며 걸을 때는 모두 뛰는 듯하다. 10월에 하느님께 제사지내는 큰 모임이 있다.

그들이 공적인 회의를 할 때 모두 비단에 금과 은으로 장식한 옷을 입는다. 대가, 주부는 머리에 모두 두건을 쓰는데 뒤에는 비워둔다. 소가는 고깔 모자처럼 생긴 절풍(折風)을 쓴다.

그 나라에는 감옥이 없고, 죄를 지은 사람이 있으면 여러 가(加)가 모여 심의를 하는데, 죄가 심한 사람은 죽이고 그 처자를 몰수한다. 풍속은 사치한 것을 좋아하며, 남자와 여자가 서로 결혼하지 않고 유혹하기도 한다. 결혼을 하고 나서는 곧 장례를 위한 옷을 만든다. 죽은 사람을 장사할 때에는 널판은 없고 관만 있다. 후하게 장례를 치르기 좋아하여 금과 은 재물을 모두 죽은 사람과 함께 묻는다. 돌을 쌓아 봉분을 만들고 소나무와 잣나무를 줄지어 심는다. 형이 죽으면 아우가 형수를 취한다. 그 곳의 말은 모두 작아서 산에 오르기 편하다. 사람들은 기운이 센 사람을 숭상하여 활과 화살, 칼, 창을 잘 다룬다. 갑옷이 있으며 전투에 익숙하여 옥저와 동예가 모두 그들에게 예속되어 있다.

7)《북사》: 5~6세기

무기는 중국과 대개 같다. 봄과 가을에 사냥대회를 여는데, 왕이 직접 참석한다. 도둑질을 하면 10배를 배상해야 한다. 만약 가난하여 빚을 갚을 수 없거나 여러 이유로 빚을 진 사람들은 모두 그의 아들이나 딸을 종으로 주어 보상할 수 있도록 한다. 형벌이 매우 엄해서 법을 범하는 자가 드물다. 밤이면 남녀가 떼를 지어 모여 노는데, 지위가 높고 낮음에 구분이 없다.

8)《주서》: 6세기

성 안에는 양식과 무기만을 보관해 두었다가 적이 쳐들어오면 안으로 들어가 굳게 지킨다. 왕은 성 옆에 별도로 집을 짓고 사는데, 항상 그곳에 거주하지는 않는다. 국내성과 한성이 있는데 역시 또 다른 수도이고, 그 밖에 요동, 현도 등 수십 개의 성이 있어 관청을 설치하고 다스린다.

큰 관리로는 대대로가 있고, 그 다음은 태대형, 대형, 소형, 의사사, 오졸, 태대사자, 대사자, 소사자, 욕사, 예속, 선인 그리고 욕살 등 열 세 등급이 있으며, 각자 안팎의 일을 나누어 본다. 대대로는 서로간의 경쟁을 통해 스스로 쟁취하여 되는 것으로, 왕이 지명하는 것이 아니다.

형법으로는 반란을 꾸미거나 반란한 사람은 먼저 불로 태운 뒤 참수를 하고, 그 집은 몰수당한다. 도둑질한 사람은 십여 배로 갚게 한다. 만일 가

**6세기 초 중국 남조 양나라에 방문한 고구려 사신 모습
(당염립본왕회도(唐閻立本王會圖))**. 소매 있는 저고리
와 통이 큰 바지, 흰 허리띠, 뒷굽이 노란 가죽 신발, 화
려한 장식에 깃털을 두 개 꽂은 모자가 《주서》의 기록과
일치하고 있다.

난하여 공적으로나 사적인 빚을 진 사람은 대
개 그 아들과 딸의 가치를 평가받아 노비를
삼은 뒤 빚을 갚는다.

남자들은 모두 소매가 있는 저고리와, 통이
큰 바지를 입고, 흰 허리띠를 띠며, 노란 가죽
신을 신는다. 그 모자는 '골소'라고 부르는데,
대개 보라색 비단으로 만들며 금과 은을 섞어
장식한다. 관리들은 거기에 새의 깃털을 두
개 꽂아 일반인 것과 달리 보이게 한다.

여자들은 치마와 저고리를 입는데, 옷자락
이나 소매를 모두 장식한다. 서적으로는 《오
경》, 《삼사》, 《삼국지》, 《진양추》가 있다. 무기
로는 갑옷과 쇠뇌, 활과 화살, 끝이 갈라져 있
는 창, 긴 창, 짧은 창, 정련하지 않은 동철 등
이 있다. 조세는 비단과 베, 곡식으로 부과하
는데, 소유가 많고 적은 것을 가늠하여 거두
어 간다.

땅이 척박하여 검소하게 생활한다. 그러나 용모와 행동거지를 중시한다.
거짓말을 많이 하고, 언행이 천박하다(이는 이 글을 기록한 주나라, 즉 북주와 고구
려가 적대관계였기 때문에 좋지 않게 기록한 것으로 보인다─필자 주). 가까운 사람이건
먼 사람이건 같은 시내에서 목욕을 하며 같은 방에서 잔다. 풍속이 음란하
지만 부끄럽게 여기지 않는다.* 유녀(떠도는 여자)가 있는데 그녀에게는 일정

---

* …   이 기록 역시 고구려에 적대적이던 주나라 사신이 기존의 기록 중 淫(음란할 음)에
대한 증거를 대기 위해서 과장한 말로 추정된다. 淫(음)은 '물에 담그다'라는 뜻으로, 당시 고구

한 남편이 없다.

결혼 예식에서 재물이나 돈을 주고받지 않는다. 만일 재물을 받은 사람이 있다면 사람들은 그가 자식을 노비로 팔았다고 말하면서 그러한 일을 매우 수치스럽게 생각한다.

부모나 지아비가 죽었을 때에는 상복 제도가 중국과 같으며, 형제가 죽으면 최대 세 달까지 상복을 입는다.

불교를 믿으며 특히 음란한 제사를 좋아한다. 또한 신을 모신 사당 두 곳이 있는데, 하나는 부여신으로, 나무를 새겨 여인의 형상을 만들어 놓았고, 다른 하나는 등고신(登高神)으로, 그 시조 부여신의 아들이라고 한다. 그 곳에 관청을 두고 사람을 보내 지키게 한다. 아마 그 신들은 하백(황하의 신)의 딸(주몽의 어머니 유화부인)과 주몽인 듯하다.

9) 《수서》 : 6~7세기

사람들은 모두 가죽으로 된 모자를 쓰는데, 관리들은 새의 깃을 더 꽂고, 신분이 높은 사람들은 모자를 붉은 비단으로 만들어 금과 은으로 장식한다. 옷은 소매가 긴 적삼과 통이 넓은 바지를 입으며, 흰 가죽띠를 띠고 노란 가죽신을 신는다. 부인은 치마와 저고리 끝에 선(올이 풀어지지 않도록 만든 단)을 두른다.

무기는 중국과 대략 같다. 매년 봄과 가을에 사냥 대회를 여는데, 왕이 직접 참가한다. 세금으로는 사람 한명 당 베 5필과 곡식 5가마를 받는다. 거처가 정해지지 않고 이주하며 사는 사람은 3년에 한번 세금을 내는데, 열 사람이 함께 가는 베 1필을 낸다. 조세는 잘 사는 사람은 한 가마, 그 다음은 7말, 그 다음은 5말을 낸다.

려 사람들이 성인이 되어서도 시내에 전신을 몸에 담가 씻는 풍습을 표현한 말이었다.

반역을 한 자는 기둥에 묶어 불로 지진 다음 목을 베고, 그 집안은 호적에서 없애버린다. 도둑질을 하면 열배를 배상해야 한다. 형벌을 시행함이 매우 준엄하므로, 법을 범하는 자가 드물다. 악기로는 줄이 다섯 개인 거문고와 피리, 가로로 부는 퉁소, 북 등이 있고, 가락에 맞추어 갈대 악기로 합주한다. 해마다 연초에는 패수 강가에 모여 놀이를 하는데, 왕은 사람이 드는 가마(요여)를 타고 나가 격식을 갖춘 관리들을 세워두고 구경한다. 놀이가 끝나면 왕이 옷을 물에 던지는데, 그러면 사람들은 좌우로 두 편을 나누어 물을 서로 뿌리거나 돌을 던지고, 소리치며 쫓고 쫓기기를 여러 번 되풀이한 뒤 멈춘다.

풍속은 쭈그려 앉기(무릎 꿇고 앉기)를 좋아하며, 청결한 것을 좋아한다. 종종걸음을 공경으로 여기고, 절을 할 때는 한쪽 발을 뺀다. 서 있을 때는 손등을 앞으로 하여 모으고, 걸을 때는 팔을 흔든다. 성격은 간사한 점이 많다. 아비와 아들이 같이 시냇물에서 목욕을 하고 한 방에서 같이 잠을 잔다.

여인들은 음란하고, 길거리 여인이 많다. 결혼 할 때는 남자와 여자가 서로 사랑하면 바로 결혼을 한다. 남자의 집에서는 돼지고기와 술을 보낼 뿐 재물을 보내는 예는 없다. 만약 재물을 받는 자가 있으면 사람들이 모두 수치로 여긴다.

사람이 죽으면 집 안에 두었다가, 3년이 지난 뒤에 좋은 날을 가려 장사를 지낸다. 부모 및 남편의 장례에는 모두 3년 동안 상복을 입고, 형제의 경우 3개월간 입는다. 장례식이 시작되면 소리 내서 울기도 하고 소리 없이 눈물을 흘리지만, 장사지낼 때에는 북치고 춤추며 풍악을 울리면서 시신을 운반한다. 땅에 시신을 묻은 뒤에는 죽은 자가 생전에 썼던 옷과 마차를 모두 모아 무덤 옆에 두는데, 장례에 모였던 사람들이 앞다투어 그것을 가져간다. 귀신을 섬기어 깨끗하지 못한 제사가 많다.

10) 《구당서》 : 7세기

옷과 옷 장식물에는 왕 만이 무늬로 수놓을 수 있다. 왕은 흰색 비단으로 된 모자를 쓰고, 흰색 가죽으로 된 허리띠를 두르는데, 모자와 허리띠는 모두 금으로 장식을 한다. 벼슬이 높은 자는 푸른 비단으로 만든 모자를 쓰고, 그 다음은 붉은 색 모자를 쓰는데, 모자에 새의 깃털을 두 개를 꽂고 금과 은으로 장식한다. 윗도리는 소매가 통이 넓고, 바지도 통이 넓으며, 흰색 가죽 띠를 두르고 노란색 가죽신을 신는다. 백성들은 베로 만든 옷을 입고, 고깔모자를 쓰며, 여인들은 머리에 머리띠 장식을 한다.

바둑과 투호(화살을 항아리에 넣는 놀이)를 좋아하며, 사람들마다 모두가 축구를 잘한다. 그릇은 굽이 높은 그릇, 제사용 그릇, 제사용 도마, 제사용 대야를 쓰는 것이 기자(箕子 : 기원전 11세기 중국에서 조선으로 이주한 상나라 현인)의 훌륭한 가르침이 남아 있음을 보여준다.

사는 곳은 모두 산골짜기에 있으며 풀로 엮어 지붕을 덮는데, 오직 절이나 사당, 왕궁이나 관공서만이 기와를 쓴다. 가난한 사람이 많으며, 겨울철에는 모두 구덩이를 길게 파서 밑에다 숯불을 지펴 방을 데운다. 밭농사와 누에치기는 대개 중국과 같다.

법은 반란을 음모한 자가 있으면 많은 사람을 불러 모아 불을 들고 경쟁적으로 몸을 지지게 하고 머리를 베며 집안사람들은 노예로 삼는다. 성을 지키다가 적에게 항복한 자, 전쟁에서 패배한 자, 사람을 죽이거나 겁탈한 자는 목을 벤다. 물건을 도둑질한 자는 12배를 물어 주게 하며, 소나 말을 죽인 자는 노비로 삼는다. 대체로 법이 엄격하여 법을 어기는 자가 적으며, 심지어는 길가에 떨어진 물건도 줍지 않는다.

풍속은 음란한 제사가 많고, 신령한 별과 해, 가한(칸. 임금), 기자(상나라 이주민 대표)를 신으로 섬긴다. 수도 동쪽에 큰 굴이 는데 '신의 굴(신수)'이라고 한다. 해마다 10월에 왕이 친히 제사를 지낸다.

풍습은 책을 매우 좋아하여, 문지기나 말먹이는 집 등 지위가 낮은 집까지 이르기까지 거리마다 (공부하는) 큰 집을 짓는데 이를 경당이라고 부른다. 자제들이 결혼할 때까지 밤낮으로 이곳에서 독서와 활쏘기를 익히게 한다. 책은 5경과 《사기》, 《한서》, 범화의 《후한서》, 《삼국지》, 손성의 《진춘추》, 《옥편》, 《자통》, 《자림》이 있다. 또 《문선》을 매우 귀하게 여긴다. 왕은 고건무(영류왕. 재위 618~642년)인데, 선왕 고원(영양왕)의 이복동생이다.

아. 고구려의 정치 상황

고구려는 언제 건국되었을까요? 고구려가 중국 역사서에 처음 등장하는 것은 중국 한나라가 기원전 108년 고조선을 정복하고 기원전 107년에 현도군을 설치하면서부터입니다. 중국에 의해 강제로 설치된 현도군은 압록강 중류의 고구려현을 중심으로 발전하게 됩니다. 하지만 중국에 의해 설치된 현도군은 얼마 가지 못해 지역민의 반발로 서쪽으로 이주하는데(BC75년), 이때부터 고구려는 중국에서 서서히 독립해 국가체제를 정비해 간 것으로 보입니다. 《삼국사기》에는 고구려가 기원전 37년에 건국되었다고 기록돼 있습니다.

고구려는 중국 세력에 대항하면서 국력을 착실히 키워갑니다. 그 결과 중국에서 여러 왕조가 교체되는 시기에도 꾸준히 정권을 유지하며 예맥족의 대표국가로서 고유의 문화와 정체성을 이어가게 됩니다.

다음은 중국 측 기록에 보이는 고구려 관련 정치적 사건들입니다.

1) 《후한서》 : 1~2세기

중국 한나라는 한 때 왕망이라고 하는 사람이 정권을 장악하고 국가의 이름마저 '신(新. 8~23)'이라고 바꾼 적이 있습니다. 이 왕망을 중심으로 그 이전은 전한, 그 이후는 후한이라고 부릅니다. 《후한서》는 왕망 이후의 역사를 기록한 책이라는 뜻이지요.

왕망은 권모술수로 황제의 지위를 얻고는 갖가지 정책을 실시하는데, 그 중 하나가 한나라 북쪽의 골칫거리 '흉노'를 물리치는 것이었습니다. 한나라가 고조선을 물리친 이유 역시 고조선이 '흉노'와 연합하는 것을 막기 위해서였습니다. 그만큼 중국 한나라는 흉노의 위협에 늘 시달렸기 때문에 왕망은 정권을 잡자마자 바로 고구려로 하여금 흉노를 치게 합니다. 하지만 고구려는 자신들의 땅을 강압적으로 빼앗은 중국 왕조에 협조하길 꺼려합니다. 이에 왕망은 크게 노하여 고구려를 공격하는데 이를 계기로 고구려와 중국과 갈등이 격해지게 됩니다. 고구려와 한나라의 뺏고 빼앗기는 전쟁은 서기 1세기~2세기 후한 시기 내내 이어지게 됩니다.

왕망(BC45~AD23)이 지배하던 초기에, 고구려 병사를 동원하여 흉노 사람들을 치려고 했으나 그들이 가려고하지 않았기 때문에 강제로 보냈는데, 모두 변경으로 도망하여 도적이 되었고, 요서의 장관 전담이 그들을 추격하다가 전사한다. 왕망은 장수 엄우를 시켜 고구려를 공격하도록 했는데, 그는 고구려 제후 추를 변경으로 유인하여 죽이고, 그의 머리를 수도 장안으로 보냈다. 왕망은 크게 기뻐하고는 '고(高)구려' 왕을 '하(下)구려' 제후로 이름을 바꿨다. 그 결과 맥 사람들의 침입이 점점 심해지게 된다.

건무 8년(AD32)에 고구려에서 사자를 보내 인사하고 공물을 바친다. 이에 광무 임금은 고구려왕의 칭호를 회복시킨다. 건무 23년(AD47) 겨울 고구려 전지락의 대가(장군)가 대승 등 만여 명을 끌고 낙랑에 귀순한다. 건무 25년(49) 봄, 고구려는 우북평, 어양, 상곡, 태원을 침범하나, 요동 태수 제융이 인정과 신뢰로 고구려 사람들을 대하자, 다시 국경을 트고 우호관계를 맺는다.

그 후, 고구려 왕 궁(태조대왕)이 태어나자마자 눈을 뜨고 사물을 응시하자, 나라 사람들이 그를 마음에 들어 하지 않았다. 그가 장성한 뒤에는 용맹하고 건장하여 자주 국경을 침범하게 된다.

화제 원흥 첫 해(105) 봄, 고구려가 또 다시 요동을 침범하여 여섯 현을 차지하였으나, 태수 경기가 고구려 군을 격퇴하고 그들의 고위 장군을 죽인다. 안제 영초 5년(111)에, 고구려 왕 궁이 사자를 보내 공물을 바치며, 현도의 관할 하에 들어가기를 요청한다. 원초 5년(118)에, 고구려는 또 다시 예맥 사람들과 함께 현도를 침범하여 화려성을 공격한다.

건광 첫 해(121) 봄, 유주자사 풍환, 현도태수 요광, 요동태수 채풍 등은 군대를 이끌고 국경을 넘어 고구려 예맥을 공격하며, 예맥의 고위 장군을 붙잡아 참수시키고, 수많은 무기와 말, 재물을 얻는다. 궁 임금은 이에 후계자인 수성을 보내 2천여 명을 이끌고 요광 등의 사람들을 맞아 싸우게 하였다. 수성이 사자를 보내 가짜로 항복을 하자 요광 등은 이를 믿고 따라가는데, 수성은 기회를 틈타 험한 지형을 차지하고 큰 군사를 막아선다. 이와 동시에, 몰래 3천 명을 보내 현도와 요동을 공격하여 성곽을 불사르고 2천여 명을 죽이거나 다치게 한다. 한나라 조정에서는 이에 엄양, 어양, 우북평, 탁군, 그 밖의 속국에서 3천여 기병을 보내 함께 조광을 구하도록 했지만, 맥(고구려) 사람들은 이미 퇴군한 뒤였다.

여름에 맥 사람들이 다시 요동에 있는 선비 사람들 8천여 명과 함께 요대를 공격하여 관리와 백성을 죽이고 약탈하였다. 채풍 등의 사람이 적들을 추격하여 신창에 이르렀으나 전사하였고, 경모, 용단, 공손포 등의 장수들이 몸으로 채풍을 보호하다가 같이 진지에서 전사하였으며, 죽은 사람이 모두 100여 명에 이른다. 가을에 궁 임금은 마한예맥의 기병 몇 천을 이끌고 현도를 포위한다.*

부여 왕은 아들 위구이(위구태)를 보내 2만여 명을 이끌고 여러 중국의 주군과 함께 힘을 합쳐 고구려 왕을 물리치고, 5백여 사람의 머리를 벤다.**

그 해에 궁 임금이 죽고 그의 아들 수성(차대왕, 재위 146~165)이 뒤를 잇는다. 요광이 조정에 글을 올려 고구려가 장례를 치를 때 공격하자고 하자, 회의에 참가한 사람들이 좋은 생각이라고 여겼으나, 상서를 맡은 진충은 다음과 같이 말하였다.

"궁은 이전에 사납고 교활하여 요광이 정벌을 하지 못하였습니다. 궁이 죽은 기회를 틈 타 고구려를 공격하는 것은 도의에 맞지 않습니다. 마땅히 사자를 파견하여 조의를 표하고 위문을 해야 할 것이고, 그 자리에서 고구려가 저지른 이전의 죄를 질책하고 용서하여 더 이상 벌하지 않는다고 하면 앞으로 좋은 결과를 얻게 될 것입니다."

안제 임금은 그의 의견을 택하였다. 다음 해 수성 임금은 잡아갔던 한 나라 사람들을 다시 돌려보내고, 현도에 항복한다. 임금은 조서를 내려 다음

---

* … 선비, 마한 등의 예맥족 국가들이 고구려를 도와 한 나라에 대항했다는 점은 이들이 당시 세계 최강 제국이라고 할 수 있는 중국 한나라와 운명을 걸고 싸울만한 공통의 이유가 있었다는 점을 설명하며, 그 나라 사람들 사이에 일종의 문화적, 혈연적 유대감이 있었다는 점을 추측하게 한다. 이들이 끝까지 한나라 귀속되는 것을 거부하며 한 나라 영토를 침범한 이유는 가깝게는 자신들의 뿌리인 조선이 한나라에 망하며 빼앗겼던 현도와 요동 등을 되찾으려는 생각에서였을 것이고, 나아가 중원과는 다른 자신들만의 고유한 문화와 문화적 자신감, 그리고, 중국의 중원과 동부, 만주, 한반도에 이르던 광대한 동이 문명을 지켜야 한다는 의무감이 있었기 때문일 것이다.

** … 고구려와 같은 민족이었던 부여 사람들은 처음에는 낙랑을 공격하는 등 한 왕조에 적대적이었으나, 이후 왕자 위구이를 사신으로 보내고, 왕이 직접 한나라 임금을 접견하면서 한 왕조에 협조적으로 바뀐다. 이는 고구려가 점차 강성해지자 고구려를 견제하려는 자구책으로 해석된다.

과 같이 말하였다.

"수성 등의 사람이 포악하고 거스르기가 이루 말할 수 없었으니, 마땅히 죽여 시체를 잘라 소금에 절인 뒤 모든 사람들에게 보여야 하나, 운 좋게 사면한다는 명령을 받게 되어, 죄를 자복하고 항복하였다. 선비, 예맥 사람들이 해마다 침입하여 잡아간 사람들이 수천 명이었으나, 겨우 수십, 수백 사람만 돌려보냈으니, 마음을 바르게 바꾸었다고 할 수 없다. 이제부터 조정과 싸우지 않고 순복하여 노략한 사람들을 돌려주는 자에게는 대가를 주되, 매 한 사람 당 40필의 비단을 주어야 하며, 연소자에게는 그 절반을 주겠다."

수성 임금이 죽은 뒤, 그의 아들 백고(신대왕, 재위 165~179)가 왕위를 이었다. 이 이후로 예맥(고구려, 선비, 마한 등)은 순복하여 동쪽 변경에서는 분쟁이 적었다.

순제 양가 첫 해(132)에, 현도군 여섯 지역의 둔전(전쟁 대비용 농경지)을 두었다. 질 임금, 환 임금 시기에, 예맥 사람들은 다시 요동 서안평을 침범하여, 대방의 수령을 죽이고, 낙랑 태수의 처와 아이들을 잡아갔다. 건령 2년(169), 현도 태수 경임이 예맥을 쳐서 수백 명을 죽이자, 백고는 항복하고 현도에 속할 것을 요청했다.

2) 《삼국지》 : 3세기

고구려와 한나라와의 전쟁은 한나라가 멸망하기(220) 직전까지 이어지게 됩니다. 한나라를 이어 조조의 아들이 세운 위나라는 처음에는 고구려와 협력하지만 이후 다시 갈등관계에 놓이게 됩니다.

위(魏, 220~265)나라가 세워진 뒤, 서역의 모든 나라가 오지는 못했지만, 그 중 큰 나라인 구자, 우치, 강거, 오손, 소륵, 월씨, 선선, 차사 등의 나라들이 매년 공물을 보내지 않은 나라가 없고, 대체적으로 한(漢) 왕조시대의 형세와 같았다.

그러나 공손연(?~238, 위나라를 배신하고 연나라를 세움)은 부친과 조부로부터 3대 째 요동을 차지하면서 천자가 그 땅의 먼 것을 이유로 바다 바깥일은 모두 그에게 위임 했더니, 그 결과 동이 사람들의 각 나라와 관계가 끊기게 되고, 동이 각 나라는 중원과 교류를 하지 못하게 된다. 경초 연간(237~239)에 군대를 크게 일으켜 공손연을 멸하고, 또 몰래 군대를 바다로 보내 낙랑과 대방 땅을 되찾았으며, 이후로 바다 바깥은 평정되고 동이 사람들은 순종하게 된다.

그 뒤에 고구려가 배반을 하여 다시 군대 일부를 보내 정벌을 할 때 멀리 오환, 골도(骨都, 고구려의 수도 환도성)를 건너, 옥저를 지나 숙신의 땅에 들어서게 되어 결국 큰 바다(동해)에 이르게 된다. 그곳 노인들 말이 해가 떠오르는 근처에 얼굴 모습이 다른 사람들이 살고 있다고 하였다.

이에 각 나라를 모두 살펴 그들의 법과 풍습에 대한 정보를 모으게 된다. 그 나라들은 크고 작은 차이가 있고, 각자 칭호가 있는데, 그러한 것을 상세히 기록할 수 있었다. 비록 오랑캐의 땅이지만 제사용 도마와 굽이 높은 그릇을 사용하여 제사하는 의식이 보존되어 있는데, '중국이 이미 예를 잃고 그것을 사방의 오랑캐로부터 구한다.'라는 말을 믿을 수 있는 부분이다. 이에 그 나라들의 상황을 선별하여 그 공통점과 차이점을 나열함으로써 앞 시대의 사서에서 갖추지 못했던 부분을 보충하고자 한다.

건안 시기(196~219)에, 공손강은 군사를 이끌고 고구려를 공격하여 그 수도를 함락시키고 고을들을 불살랐다. (고구려 고국천왕의 형) 발기는 자신이 형으로서 왕위를 물려받지 못한 것을 원망하여 (고구려 서부의) 연노부 지역 관리들과 사람들 3만여 명을 이끌고 공손강에 투항하여 비류수 강가에 거하게 된다. 과거 투항 했던 호(胡. 북방민족) 사람들 역시 이이모(고국천왕)를 배반하자, 이이모는 다른 곳에 새로운 수도를 세우는데, 현재 고구려의 수도가 있는 자리이다. (고국천왕의 형) 발기가 이전에 요동으로 이주할 때, 그 아들은 고구려에 남겨두는데, 현재 고추가(고위 관리 중 왕의 친족) 박위거가 바로 그 사람이다. 이후 고구려는 다시 현도군을 공격하는데, 현도와 요동은 힘을 합쳐 반격하여 고구려를 대파한다.

이이모 임금(고국천왕)은 아들이 없었는데, 권노부 지역의 여자와 몰래 정을 통하여 아들을 낳고 이름을 위궁이라 하였다. 이이모 임금이 승하하자, 위궁(산상왕)은 왕으로 추대된다. 그의 증조부 이름이 '궁'이었는데, 태어나자마자 눈을 뜨고 사람을 보았다고 하여, 고구려 사람들이 그를 싫어하였는데, 그가 장성하여 어른이 된 뒤 과연 사납고 포악하여 여러 차례 침략을 일삼더니 결국 고구려를 멸망하게 만들었었다. 지금 왕 역시 태어나자마자 눈을 뜨고 사람을 볼 수 있어 고구려 사람들은 '비슷하다'라는 말을 '위'라고 부르는데, 그가 그의 증조부와 비슷하다 하여 그의 이름을 '위궁'이라 지었다고 한다. 위궁 임금(동천왕)은 힘이 세고 용감하며 말 타

관구검기공비(부분, 랴오닝성박물관). 위궁 임금(동천왕)은 242년 압록강 하류의 교통 요충지인 서안평을 공격하여 중국(조조의 위나라)과 한반도 낙랑과의 관계를 끊으려 했는데, 이에 위나라는 244년 유주자사 관구검을 보내 고구려를 공격하여 고구려의 수도(국내성)를 점령하게 된다. 이후 245년에는 현도태수 왕기가 다시 침입하였는데 이때 전쟁에 승리한 관구검이 전공을 기념하는 기념비(관구검기공비)를 세운다. 관구검의 침입으로 고구려는 막대한 피해를 입었으며, 왕(동천왕)이 북옥저까지 피신한다. 고구려 왕을 끝까지 추격하던 위나라 군대는 그동안 중국에 알려지지 않은 한반도 동북지역 상황을 기록되게 된다.

동북공정 이전 중국이 쓴 한국사

기를 잘하고 활로 사냥을 잘하였다.

경초 2년(238)에 태위(중국 관직 명) 사마선 왕이 공손연을 토벌할 때, 위궁 임금은 주부(고구려 고위 관직명)와 대가(고구려 고위 관직명)로 하여금 수천 명을 이끌고 사마선왕의 군대를 돕는다. 정시 3년(242)에 위궁 임금은 서안평을 공격하였고, 정시 5년(244)에 위궁은 유주자사 관구검에 패하는데, 이 내용은 《관구검전》이라는 책에 기록되어 있다.

3) 《양서》: 4세기

진(晉)나라 영가(307~312) 동란 시기에, 선비족 사람 모용외(전연 1대왕)가 창려의 대극성을 점령하자 원제(元帝)는 그에게 평주자사의 관직을 맡기는데, 구려(고구려) 왕 을불리(미천왕)가 자주 요동을 침범하여 모용외는 이를 막을 수 없었다. 을불리 임금이 죽자 아들 쇠(고국원왕)가 왕위를 잇게 된다. 강제 건원 첫 해(343)에, 모용외의 아들 모용황이 병사를 이끌고 정벌을 나섰는데, 쇠(고국원왕)가 이를 맞아 싸우다 대패하여 홀로 말을 타고 도망을 친다. 모용황은 승기를 잡고 환도성에 이르러, 그 궁실을 태우고 남자 5만여 명을 사로잡아 돌아온다.

효무제 태원 10년(385)에 구려(고구려)는 요동군과 현도군을 공격하였고, 후연 나라의 모용수는 아우 모용농을 보내 구려(고구려)를 토벌하여 다시 두 군을 수복한다. 모용수가 죽자, 그의 아들 모용보가 대를 잇게 되는데, 그는 구려(고구려) 임금 고안(광개토대왕)을 평주목으로 임명하고 요동과 대방 두 나라의 왕으로 봉한다. 고안 임금은 처음으로 장사, 사마, 참군 등의 관리를 두기 시작했으며, 이어서 요동군을 점령한다. 진(晉)나라 안제 의희 연간(405~418)에 고안 임금의 손자 고련(장수왕)이 표를 올리고 공물을 바치기 시작했으며, (중국 남조인) 송(宋)과 이를 이은 제(齊) 두 왕조에서 모두 고련 임금에게 작위를 내렸다. 고련 임금은 백여 살을 살았다.

4) 《송서》: 5세기

고구려 왕 고련(장수왕)은 진(晉, 266~420)나라 안제 의희 9년(413)에 장사(관리 명) 고익을 파견하여 글을 올리고 붉은 색과 흰색이 섞인 말을 헌상한다. 이에 황제는 고구려 왕을 '사지절, 도독영주제군사, 정동장군, 고구려왕, 낙랑공'으로 임명한다. 고조가 황제로 등극하고 나서 다음과 같이 조서를 내린다. " '사지절, 도독영주제군사, 정동장군, 고구려왕, 낙랑공 고련'은 '사지절, 독백제제군사, 진동장군, 백제왕 여영(전지왕)'과 함께 바다 밖에서 정의를 실천하고, 멀리서 공물을 바치는 일을 준수하였오. 그리고 짐이 황제로 등극하여 새로움을 선포하는 시기에 맞춰 함께 즐거워하였오. 따라서 고련(고구려왕)은 정동대장군(동쪽을 정벌하는 대장군)으로 봉해짐이 마땅하고, 여영(백제왕)은 진동대장군(동쪽을 진압하는 대장군)으로 봉해짐이 마땅하오. '지절', '도독', '왕', '공'으로 호칭을 내린 것은 과거와 동일하오." 영초 3년(422)에 고련 임금에게 '산기상시(기마병으로 상시 호위하는 신하)'와 '독평주제군사(평주 지역 모든 군사 업무를 감독하는 관리)'의 직함을 더한다.

(중국 남조 송나라) 소제 경평 2년(424)에, 고련 임금은 장사(관리 명) 마루 등을 파견하여 궁정에 토산물을 헌상하였고, 이에 황제는 사자를 보내 고련 임금(장수왕)에게 다음과 같이 위로하였다. "황제는 '사지절, 산기상시, 도독영평이주제군사, 정동대장군, 고구려왕, 낙랑공'에게 안부를 전하오. 당신은 서쪽 융 사람들과 동쪽 사람들을 모아 복종시키고, 그 공로가 혁혁한 가운데 그 세력을 계속 이어지고 있오. 이에 그 인자함이 이미 널리 퍼지고, 정성이 또한 현저한데, 그럼에도 불구하고 요하를 넘고 큰 바다를 건너 본 조

정에 조공을 하였오. 짐은 비록 부덕하여 대업을 잘 감당하지 못하나, 영원히 당신 조상들의 업적을 기억하고 널리 기리겠오. 이제 알현하는 신하 주소백과 그 아래 왕소자 등을 보내 취지를 전하고, 그 공로를 위로하려고 한다. 나라의 안녕이 넘치고 은혜로 바른 정치를 이어가며, 영원히 융성하고 공을 많이 세워, 이전의 소명을 밝히 빛내 주십사 하는 것이 짐의 뜻이오."

이전에, 선비 사람 모용보 임금이 중산에 도읍하여 나라를 다스렸는데, 북쪽에서 내려온 '삭로(탁발선비)'라는 적에게 공격을 당하여 격파된 뒤 동쪽으로 도망가 황룡성에 이른다. 의희(義熙) 초년에 모용보 임금의 아우 모용희가 자신의 신하 풍발에게 살해되고, 풍발은 스스로 수령이 되어 자칭 연(燕)나라 왕이라 부르며, 자신의 다스리는 곳이 황룡이었기 때문에 국호를 황룡국이라 칭한다.

풍발 임금이 죽자 그의 아들 풍홍이 왕위를 잇게 되는데 여러 차례 삭로(탁발선비, 북위) 사람들에게 공격을 당하였으나 함락당하지 않는다.
그 나라는 태조가 재위할 당시 매년 사신을 보내 토산물을 바쳤는데, 원가12년(435)에 관직을 받게 된다. 15년에 다시 삭로의 공격을 받아 풍홍 임금은 패주하는데, 고려(고구려)나라 북쪽의 풍성에 이르게 되어 (중국 남조 송나라에) 자신을 받아 줄 것을 요청하게 된다.
이에 (남조 송나라) 태조는 사자 왕백구와 조차흥을 고려(고구려)에 보내 풍홍 임금을 받아들이도록 명령하고, 또 식량과 호송할 자금을 대도록 한다. 그러나 고구려의 고련 임금(장수왕)은 풍홍이 남쪽(송나라)으로 내려오는 것을 원하지 않았기 때문에 장군 손수와 고구 등을 보내 그들을 습격하여 살해한다. 중국 측 사자인 왕백구 등은 7천여 명을 이끌고 고구려 장군 손수 등을 습격하였는데, 손수 장군은 사로잡고 고구 장군 등 두 사람은 죽였다.

고련 임금(장수왕)은 왕백구 등이 마음대로 살인하였다는 죄목으로 그들을 잡아 가두고 사신과 함께 그들을 중국 조정에 보냈는데, 황제는 고구려가 먼 나라이기 때문에 그 뜻을 거역하기 꺼려하여, 왕백구 등을 감옥에 보냈다가 얼마 후 곧 사면한다.

고련 임금은 그 후로도 매년 사신을 파견하였다. 16년(439), (남조 송나라) 태조가 북방(북위)을 정벌하고자 하여 고련 임금에게 말을 보내 줄 것을 요청하였고, 고련 임금은 말 800필을 보냈다. 세조 효건 2년(455)에 고련은 장사(관리 명) 동등을 보내 국가의 슬픔을 위로하고 또 돕길 원한다고 표를 올리고 토산품을 바쳤다. 대명 3년(459)에 또 숙신씨 지방의 싸리나무 화살과 돌 화살촉을 바쳤다.

7년(463)에 조서를 다음과 같이 조서를 내렸다. "'사지절, 산기상시, 독평영이주제군사, 정동대장군, 고구려왕, 낙랑공 고련(장수왕)은 대대로 충성과 의로서 섬기고 바다 밖 변경을 지키며 본 왕조에 충성을 바쳤소. 남아 있는 위협의 무리들을 제거하고자 뜻을 세우고, 변경 사막 지역에까지 본 왕조의 정책을 번역하여 밝히 알렸으니, 마땅히 그 순수한 절조를 표창하여야 할 것이오. 이에 '차기대장군, 개부의동삼사, 지절, 상시, 도독, 왕, 공'의 작위를 이전과 동일하게 유지시킵니다." 태종 태시 시기(465~471)와 후폐제 원휘 기간(473~476)에 공물을 바치는 것이 끊이지 않았다.

5) 《남제서》 : 5세기

(중국 남조) 송나라(宋 420년~479년) 말에 고구려 왕 낙랑공 고련은 '사지절, 산기상시, 도독영평이주제군사, 차기대장군, 개부의동삼사'의 관직을 맡았었는데, (중국 남조 제나라) 태조 건원 원년(479년)에 '표기대장군'의 관명을 더하게 된다. 고려는 3년(481년)에 사신을 보내 공물을 바쳤으며, 배를 타고 바다

를 건너 사자를 보내고 서로 서신을 교환하였다. 위(魏) 오랑캐 나라(북위)와 도 그렇게 하였지만 나라가 강성하여 중국의 제약을 받지 않았다.

위 오랑캐 나라(북위)에서 각 나라의 사신들을 위해 마련한 관저를 보면, 제 나라에서 온 사신을 가장 먼저 위치시켰고, 그 다음에 고려에서 온 사신을 위치시켰다. 영명 7년(489년)에 평남참군 안유명과 심종복사 유사효를 오랑캐 나라(북위)에 사절로 보냈다. 오랑캐 나라(북위)의 새해 조회에서 그들은 고려(고구려)에서 보낸 사자와 같은 수준의 자리에 앉게 된다. 이에 안유명은 위나라에서 손님을 모시는 담당자인 배숙령에게 이렇게 말하였다. "우리는 높은 중화나라에서 명을 받고 당신의 나라에 왔습니다. 우리와 필적할 나라는 위나라 밖에 없으며, 나머지는 바깥 오랑캐일 뿐입니다. 이치대로라면 우리가 남과 나란히 서는 것은 기대할 수 없는 일입니다.

하물며 동이의 하찮은 맥 사람들이 우리 제 나라 조정에 신하로 속해있음에도 불구하고, 오늘 어찌 감히 우리와 같은 대우를 받고 있을 수 있습니까?" 또, 유사효는 위 나라 남부상서 이사충에게 다음과 같이 말하였다. "우리 성스러운 조정에서 위 나라에 사신을 보냈을 때, 작은 나라들과 같은 대우를 받은 적이 없습니다. 경은 마땅히 아셔야 합니다." 이에 이사충은 대답한다. "분명 그렇습니다. 하지만 사신들이 궁정에 올라갈 수 없기 때문에 그런 것입니다. 앉아계신 자리가 이미 높고, 서로 보고하고 답하시는데 충분합니다." 유사효는 이에 "이도고가 이전에 사신으로 왔을 때에는 다만 그의 직분이 낮아 우리가 막았던 것뿐입니다. 위나라에서 높은 관직의 사람을 보냈다면 어찌 우리가 차갑게 대했겠습니까?" 안유명은 다시 오랑캐 군주(위나라 임금)에게 말하였다. "서로 대등한 두 나라는 오직 제나라와 위나라뿐입니다. 변경의 작은 오랑캐(狄)가 어찌 감히 우리를 쫓아오겠습니까?"

고련 임금이 백여 살을 살다 죽었다. 융창 원년(494년)에 고려왕 낙랑공 고운 임금이 '사지절, 산기상시, 도독영평이주제군사, 정동대장군, 고려왕, 낙랑공'으로 임명 받는다.

6) 《위서》: 5~6세기

(북조 위나라) 세조(世祖)*가 재위할 당시, 쇠(고국원왕)의 증손자 련(璉, 장수왕)은 사신 안동을 파견해 표를 올리고 토산물을 바쳤으며, 사신 니라의 국왕에 맞는 휘(제왕의 호칭)를 내려줄 것을 요청하였다. 세조는 그의 정성을 기뻐하여 그 나라에 대대로 제왕의 칭호를 하사하였는데, 원외산기시랑 이오를 보내 련에게 '도독 요해제군사, 정동장군, 영호동이중랑장, 요동군 개국공, 고구려왕'의 칭호를 부여하였다. 이오는 련(장수왕)이 거주하는 평양성에 와서 그곳의 상황을 조사하여 (고구려의 지리에 대해) 말하였다.

이후 중국과 공물, 사신의 왕래가 지속 되었는데, 매년 황금 200근과, 은 400근을 바쳤다. 당시 (북연의 왕) 풍문통**이 무리를 이끌고 고구려로 도망을 쳤는데, 세조(世祖)는 산기상시 봉발을 련(장수왕)에게 보내 풍문통을 보낼 것을 명령했으나, 련은 황제에게 글을 올려 마땅히 풍문통과 함께 황제의 교화를 받들고 있다고 말하며 그를 보내기를 거부한다. 세조는 크게 노하

---

* ⋯ 북위 황제 탁발도(拓跋燾 408~452), 철갑기병을 직접 지휘하여 하, 북연, 북량 등 여러 정권을 물리치고 북방을 통일하였으며, 여러 차례 남조를 차지하기도 했던 남북조 시기 걸출한 인물.

** ⋯ 풍문통(冯文通, 재위 430년~436년). 북연(北燕)의 마지막 군주. 북연(407~436)은 초대 황제가 고구려계 사람 고운(高雲)으로, 고구려와 408년 우호관계를 맺는다.

여 고구려를 공격하려 했는데, 낙평왕 비 등의 사람들이 때를 기다려 움직이는 것이 좋겠다는 의견을 내놓아 세조는 공격 계획을 중단하였다. 풍문통은 오래지않아 련에게 살해를 당한다.

이후 문명태후 풍씨(442~490)가 현조의 배필을 구하지 못했을 때, 련에게 그의 딸을 추천하도록 조서를 내렸다. 련은 표를 올려 말하길 딸이 이미 결혼하였기 때문에, 동생의 딸을 대신 보낼 것을 허락해주도록 요청하였고, 조정에서는 이를 허락한다. 이에 안락왕 원진과 상서 이부 등을 시켜 고구려에 예물을 보내게 한다. 그러나 련(장수왕)은 좌우 신하들이 과거로부터 조정에서 풍씨 사람과 결혼하게 되면 얼마 못가서 나라가 망했고, 그 예가 멀리 있지 않으니(북연왕 풍문통이 망하여 고구려에 투항한 일을 말함-필자주), 마땅히 핑계를 찾아 이 일을 거절해야 한다는 말을 듣고는, 마침내 글을 올려 동생의 딸이 죽었다고 거짓말을 한다. 조정에서는 그의 말이 거짓 핑계라고 의심하여 다시 임시 산기상시를 맡은 정준을 보내 질책하였다. "만일 그 딸이 죽은 것이 분명하다면, 그의 종친 중에서 다시 선발해야 할 것입니다." 그러자, 련은 "만일 천자께서 내 조상들의 잘못을 용서하신다면 본인은 조서의 내용을 받들겠습니다."라고 말했다. 그러나 마침 현조가 죽어 이 일이 일단락된다.

고조(高祖) 시기에 련은 공물을 이전보다 두 배 증가하여 바쳤고, 그가 조정으로부터 받은 상급 역시 점차 증가하였다. 한편 광주에서 련이 (중국 남제의 왕) 소도성*에게 파견한 사신 여노 등을 바다에서 붙잡아 조정에 보냈는데, 고조는 조서를 내려 련을 질책하여 다음과 같이 말한다. "소도성은 그

---

* … 소도성(蕭道成, 427년~482년) 남제(南齊) 개국 황제.

의 군주를 살해하고 강남에서 몰래 황제를 칭하였으므로, 짐이 예전 그 땅에서 멸망한 나라를 다시 일으켜 유씨 집안의 끊어진 대를 잇게 할 계획인데, 경은 국경을 넘어 소도성과 교류하며 멀리 도적 나라의 적들과 내통하고 있으니, 어찌 신하의 의리를 지키는 행동이라 하겠소! 이제 짐은 이번 일을 덮어두고 당신의 과거의 충성을 잊지 않으려 하오. 따라서 당신의 사신을 다시 돌려보내니 은혜를 기억하고 과실을 생각하여 조정의 법령을 준수하고 당신의 관할지역을 안정시키며, 향후 모든 동정을 조정에 문의하여 처리하기 바라오."

태화 15년(491), 련(장수왕)이 백여 세를 살고 죽었다. 고조(高祖)는 동쪽 교외에서 애도식을 갖고 알현하는 신하로 복사 이안상을 보내 련에게 '차기대장군, 태부, 요동군개국공, 고구려왕'으로 지위를 올리고 시호를 '강(康)'으로 한다. 또 대홍려를 파견하여 련의 손자 운(문자왕)으로 하여금 '사지절, 도독 요해(遼海)제군사, 정동장군, 영호 동이 중랑장, 요동군개국공 고구려왕'으로 작위를 내리고 옷과 관복, 수레의 깃발 장식 등 물품을 하사하였고, 또한 운에게 세자를 조정에 보내 하늘과 땅의 신에게 드리는 제사에 참가할 것을 요청한다.

그러나 운(문자왕)은 글을 올려 병을 핑계로 이를 거절하고 그의 당숙인 승우를 사자와 함께 황제의 궁전에 보냈는데, 황제는 이를 두고 엄히 질책하게 된다. 그 뒤로도 고구려에서는 매년 공물을 보냈다.

정시(正始) 연간(504~507)에 세종(世宗)은 동쪽 홀에서 고구려의 사자 예실불을 맞았는데, 예실불이 세종에 다음과 같이 말하였다.

"고려(高麗)는 멀리 하늘 끝에서 정성을 이어 대대로 조정에 충성을 바쳤는데, 땅에서 나는 모든 토산품을 공물로 바치는데 거르지 않았습니다. 다만, 황금만은 부여에서 나며, 흰 옥은 섭라(신라)에서 나는데, 현재 부여는 물길 나라에 의해 쫓겨났고, 섭라(신라)는 백제에 의해 합병이 되었습니다. 국왕의 신하 운은 그들의 끊어진 종사를 다시 잇게 하기 위해 그들을 모두 국경 안으로 이주시켰습니다. 그러나 황금과 옥은 조정에 바칠 수 없게 되었는데, 이는 실로 물길과 백제 두 도적나라 때문이라 하겠습니다."

이에 (북위의 왕) 세종은 다음과 같이 말하였다.

"고려(高麗, 고구려)는 대대로 조정으로부터 고위 장군의 직위를 받아 오직 바다 밖을 안정시키고 여러 교활한 오랑캐들을 모두 정벌하였소. 그러나 나라가 쇠하여 부끄러움을 당함은 누구의 잘못이겠소? 과거에 공물을 제대로 바치지 않은 것은 군주의 잘못이라 할 수 있소. 경은 짐의 뜻을 당신의 군주에게 알리어 때로는 위협하고 때로는 용서하는 등의 온갖 전략을 사용하여 해로운 무리를 뿌리 뽑고 동쪽 사람들을 안정시켜 부여와 섭라(신라)의 옛 땅을 회복한 다음 이전과 같이 조정에 제대로 된 토산물을 바치라고 전하시오."

신구 연간(518~519)에 운(문자왕)이 죽자, 영태후*는 동쪽 전당에서 애도식을 갖고 사자를 보내 운에게 '차기대장군, 영호동이교위, 요동군개국공, 고구려왕'의 직함을 내린다. 또한 그의 세자 안(안장왕)에게 '안동장군, 영호동이교위, 요동군개국공, 고구려왕'의 직위를 내린다. 정광(正光) 초에 광주에

---

* … 북위 선무제(宣武帝)의 황후. 문무를 겸비한 인재였다고 한다.

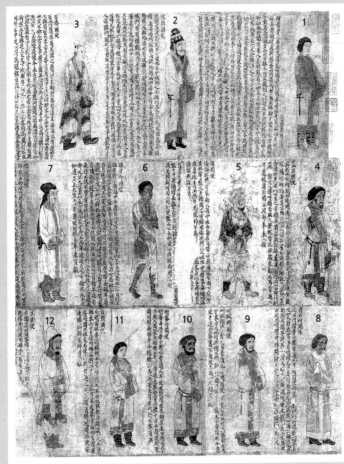

1. 활국(滑國, 현 중국 서부 신장, 칭하이 일대에 있던 나라)
2. 파사(波斯, 페르시아. 현 이란)
3. 백제(百濟)
4. 구자(龜茲(茲), 중국 서부 신장에 있던 국가)
5. 왜국(倭國, 현 일본)
6. 랑아수(狼牙脩, 말레이시아)
7. 등지(鄧至, 현 중국 서부 간수성)
8. 주고가(週古柯, 고대 중국서부 소국)
9. 가발단(呵跋檀, 고대 중국서부 소국)
10. 호밀단(胡密丹, 고대 중국서부 소국)
11. 백제(白題, 중국 서부 신장)
12. 말국(末國, 고대 페르시아 인근 소국)

신라(섭라)가 백제에 합병된 사실을 기록한 〈양직공도〉. 526~536년 경 중국 남조인 양(梁)나라에 파견된 외국 사절들 그림으로, 일부가 소실되고 12국 사신의 그림이 남아있다. ③번이 백제인데, 다른 국가들의 사절에 비해 세련되고 지적이며 공손한 모습을 하고 있어 당시 백제의 뛰어난 문화수준을 보여준다. 백제가 양나라에 사신을 보내던 6세기 초는 웅진(공주)을 기반으로 신라를 장악하고 고구려와 대치하고 있었다. 《위서》에 504~507년 경 고구려에서 북위에 사신을 보내 '섭라(신라)는 백제에 의해 합병이 되었다'라고 기록된 것은 신라가 백제의 속국이 되었다는 의미로 이에 대해 학계에서 의심하고 있지만, 이 양직공도 기록에서도 백제에 속한 국가들 중 사라(신라)가 있기 때문에 신라가 6세기 초 백제의 속국이었음은 부인할 수 없다(신라는 국호가 확정된 6세기 초까지도 신로, 사라, 서나, 서야, 서라 등으로 다양하게 불렸다). 원래 신라(섭라, 사라, 사로)는 광개토왕 당시(4세기 말)부터 고구려와 왜에 왕자를 볼모로 보내며 눌려 있다가, 5세기 말에 백제의 도움으로 고구려로부터 독립하는데 그때 백제의 영향 아래 놓인 것으로 보인다. 6세기 초 백제에서 망명한 것으로 추정되는 법흥왕(모진)이 백제와 고구려를 물리치고 한강유역을 차지하면서 (550~551년) 신라는 백제에서 벗어나 비로소 진정한 '개국(국가의 시작이란 의미로 550년 신라의 연호)'을 성취한다.

서 또다시 (남조 양나라 왕) 소연*이 안에게 수여한 안동장군의 의관, 칼, 장식을 빼앗고 사신 강법성 등을 수도로 보냈다. 안이 죽고 아들 연(안원왕)이 왕위를 잇는다.

출제 초에, 조서를 내려 연에게 '사지절, 산기상시, 차기대장군, 영호동이교위, 요동군개국공, 고구려왕'의 작위를 내리고, 의관과 의복 재료, 수레에 다는 깃발 장식을 하사하였다. 천평 연간(534~537)에 조서를 내려 '시중, 표기대장군'의 직위를 더하고 나머지는 이전과 동일하게 유지하였다. 연이 죽고난 뒤, 아들 성(양원왕)이 즉위하며, 무정(543~549) 말년에 이르기까지 그들은 공물과 사신을 그치지 않고 보낸다.

7) 《수서》: 6~7세기

앞서 밝혔듯이 수나라와 수나라를 이은 당나라 지배층은 선비족이 중심이었습니다. 그들의 뿌리는 중국 만주 서부 대흥안령산맥 근처였는데, 흉노가 멸망하면서 강성해 지더니 4세기에 고구려 서쪽에 연(燕)이라는 국가를 세우고(337) 부여(341년)와 고구려(342년)를 물리치며 중국 중원까지 점령하여 다스립니다.

337년 선비족 가운데 강성한 모용선비족이 세운 연나라는 전연, 후연, 북연으로 이어지다가 다른 선비족 국가인 탁발선비 북위에 의해 망하게 됩니다(436). 탁발선비의 북위(386~534)는 또다시 우문선비의 나라인 북주(557~581)가 대체하는데, 이 북주를 그대로 이은 나라가 수나라, 당나라입니다. 그런데 중국에서 밀려난 모용선비족의 마지막 국가 북연은 결국 왕과 백성들이 모두 고구려에 투항하면서 자신들의 기원지인 만주로 되돌아

---

*　…　양나라 무제(梁, 武帝, 464년~549년)

갑니다(436). 따라서 연나라(북연)와 같은 선비족 왕조인 북주, 수나라, 당나라 등은 6, 7세기 고구려가 차지한 자신들의 고향인 만주 땅에 대한 회복의 의지가 강했을 것입니다. 더구나 연나라가 고구려에 투항함으로써 고구려가 더욱 강해졌기 때문에 고구려를 견제할 수밖에 없었던 것이지요.

수나라는 비록 중국을 통일한 대업을 이루지만, 북주에 이어 고구려 정벌에 나섰다가 크게 패하여 나라를 오래 지속하지 못하고 멸망하게 됩니다. 수나라를 이은 당나라 역시 국운을 걸고 고구려와 전쟁을 벌였지만 번번이 패합니다. 그러나 당나라는 북주, 수나라와 달리 고구려의 내부 분란으로 인해 간신히 고구려를 정복하게 됩니다. 아래 내용은 고구려를 물리치고 '고토를 수복하기 위한' 수나라와 당나라의 처절한 전쟁 과정을 기록한 내용입니다. 내용이 방대하여 국사편찬위원회의 허락을 받아 번역문을 인용하였습니다. 원문을 그대로 인용하였으나 어려운 내용은 약간의 설명을 더하였으며 한자는 가급적 한글로 바꾸었습니다.

북주시대(557~581) 석곽묘(시안박물관). 석곽묘 처마 밑 현판에 한자와 다른 선비족(북주) 고유문자가 기록되어 있다. 4세기 초(5호16국)부터 9세기(당나라)에 이르는 오랜 기간 동안 중국지배층을 이루던 선비족은 원래 만주에 살던 예맥인으로, 중원으로 내려간 뒤에도 고유의 언어와 문자를 유지하며 한족과 구분되는 생활을 했다. 중국에서는 그들이 쓰던 선비어를 동이어(夷言), 북방어(北語), 호어(胡語)라 부른다. 북주 황제가 양견(수나라 문제)에게 황제의 자리를 물려주던 6세기 당시는 중원에서 선비 문화가 크게 융성하던 시기이다.

동북공정 이전 **중국이 쓴 한국사**

(수나라) 개황(581~600) 초에는 입조하는 사신이 자주 있었으나, (수나라가 중국 남조인) 진(陳)을 평정한 뒤로는 (고구려의) 탕(평원왕)이 크게 두려워하여 군사를 훈련시키고 곡식을 저축하여 방어할 계획을 세웠다.

[개황] 17년(A.D.597)에 (수나라) 문제(文帝)가 탕에게 새서(왕의 도장이 찍힌 문서)를 내려 말하였다.

"짐이 천명을 받아 온 세상을 사랑으로 다스리매, 왕에게 바다 한구석을 맡겨서 조정의 교화를 선양하여 모든 인간으로 하여금 저마다의 뜻을 이루게 하고자 하였오. 왕은 해마다 사신을 보내어 매년 조공을 바치며 번부라고 일컫기는 하지만, 성절을 다하지 않고 있소. 왕이 남의 신하가 되었으면 모름지기 짐과 덕을 같이 베풀어야 할터인데, 오히려 말갈을 못견디게 괴롭히고 거란을 금고시켰소. 여러 번국이 머리를 조아려 나에게 신첩 노릇을 하는 게 [무엇이 나쁘다고 그처럼] 착한 사람이 의리를 사모하는 것을 분개하여 끝까지 방해하려 하오?

태부의 공인(기술자)은 그 수가 적지 않으니, 왕이 반드시 써야 한다면 [나에게] 주문하는 것이 당연한 데도, 여러해 전에는 몰래 재물은 뿌려 소인을 움직여 사사로이 노수(반자동의 큰 활을 만드는 사람)를 그대 나라로 빼어 갔소. 이 어찌 병기를 수리하는 목적이 나쁜 생각에서 나온 까닭에 남이 알까 봐 두려워서 [사람을] 훔쳐 간 것이 아니겠소?

그 때 사자를 보내어 그대 번국을 위무한 것은 본래 그대들의 인정을 살펴보고, 정치하는 법을 가르쳐 주고자 함이었소. 그린데 왕은 사자를 빈 객관에 앉혀 놓고 삼엄한 경계를 펴며, 눈과 귀를 막아 영영 듣고 보지도 못하게 하였소. 무슨 음흉한 계획이 있기에 남에게 알리고 싶지 않아서 관원을 금제하면서까지 방찰을 두려워하오? 또 종종 기마병을 보내어 변경 사람을 살해하고, 여러 차례 간계를 부려 사설(사악한 말)을 지어 내었으니, 신하로서의 마음가짐이 아니었소.

짐은 창생을 모두 적자(어린아이)와 같이 여겨 왕에게 땅을 내리고 벼슬을 주어 깊은 사랑과 남다른 혜택을 원근에 드러내려 하였지만, 왕은 오로지 불신감에 젖어 언제나 시의(의심)하여 사자를 보낼 때마다 소식을 밀탐하여 가니, 순수한 신하의 도리가 어찌 이와 같을 수 있소? 이는 모두 짐의 훈도가 밝지 못한 연유이므로, 왕의 잘못을 모두 너그러이 용서하겠으니, 오늘 이후로는 반드시 고치기 바라오. 번신의 예절을 지키고 조정의 정전을 받들어, 스스로 그대 나라를 교화시키고 남의 나라를 거스리지 않는다면, 길이 부귀를 누릴 것이며 진실로 짐의 마음에 드는 일이오.

그곳은 비록 땅이 협소하고 사람은 적지만, 넓은 하늘 밑은 다 짐의 신하가 되는 것이니, 이제 만약 왕을 내쫓는다면 [왕의 자리를] 비워둘 수는 없으므로, 결국은 조정 관원을 다시 가려 보내 그곳을 안무하게 될 것이오. 왕이 만약 마음을 씻고 행동을 바꾸어 헌장을 그대로 따른다면 [왕은] 곧 짐의 양신(어진 신하)이 되는 것이니, 무엇 때문에 수고롭게 따로 훌륭한 관원을 보내겠소. 예전에 제왕은 법을 마련할 적에 인과 신을 우선으로 하여, 선이 있으면 반드시 상을 내리고 악이 있으면 반드시 벌을 주니, 사해의 안이 함께 짐의 뜻을 따랐소. 만약 왕이 죄가 없는 데도 짐이 갑자기 병력을 가한다면, 나머지의 번국들이 나를 어떻게 말하겠소! 왕은 반드시 허심탄회하게 짐의 이 뜻을 받아 들여 의혹을 갖지 말고 다시 생각을 돌리기 바라오.

지난 날 진숙보(중국 남조 진나라 왕으로 수나라에 멸망함)는 여러 대에 걸쳐 강[중국 남부 양자강]에 있으면서 인민을 잔해하고 우리의 봉후(봉화대)를 놀

라게 하며 우리의 변경을 약탈하
였었소. 짐이 타이르고 훈계하기
를 10년이나 하였으나, 그는 장
강(양자강)의 바깥이라는 것만 믿
고 한 구석의 무리를 모아 미친
듯이 거들먹거리며 짐의 말을 좇
지 않았소. 때문에 장수에게 명하
여 군사를 출동시켜 흉역을 제거
토록 하였는데, 오가는 날짜는 한
달이 못되었고 군사도 수천 명에
지나지 않았었소. 역대의 포구(달
아난 도적)를 하루 아침에 말끔히
소탕하니, 원근이 안녕을 누리고
사람과 귀신이 모두 기뻐하였소.
그런데 왕 만이 이를 한탄하고
마음 아파한다는 말이 들리고 있
소. [관리를] 물리치거나 박탈하

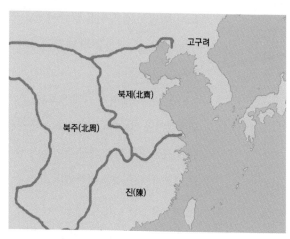

6세기 중국 정세. 북주와 북제는 모두 선비족 왕조로서, 특히 북주는 선
비족 언어와 문화를 유지하기 위해 노력하였다. 북주를 그대로 이은 수
나라 역시 선비족 중심의 국가였고 수나라를 이은 당나라도 선비족이
지배층의 다수였기 때문에 고대 자신들의 선조들이 살았던 고구려 땅에
대한 회복의 의지가 높았을 것이다. 4세기 선비족이 요동에서 중원으로
남하하기 이전 《후한서》에 '선비예맥(鮮卑濊貊)이 매년 (중국을) 공격하
고 있다'라는 기록이 있는데, 이때 '예맥'이라는 말은 《삼국지》의 '조선
예맥'이라는 말에서 보듯, 국명이 아니라 민족명을 의미한다. 중국 사서
에 등장하는 예맥족은 선비, 조선 이외에도 마한, 부여, 옥저, 왜한 등으
로, 만주와 한반도에 살던 사람들을 말한다. 지도에서 6세기 중국 남쪽
에 세워졌던 진(陳, 557~589)나라는 북주를 이은 수나라에 멸망한다.

고 지우거나 드러내는 것은 짐의 직권이니만치, 왕에게 죄를 준다 하여도
진(陳)이 멸망되어서가 아니고, 왕에게 상을 내린다 하여도 진(陳)이 존재하
여서가 아닌데, 어찌하여 그처럼 화를 즐기고 난(어지러움)을 좋아하고 있소?

   왕은 요수(요하)의 폭이 장강(양자강)과 어떠하며, 고구려의 인중(인구)이 진
국(陳國)과 어떠하다고 보고 있소? 짐이 만약 포용하여 길러 주려는 생각을
버리고 왕의 지난날의 허물을 문책하고자 하면 한명의 장수로도 족하지 무
슨 많은 힘이 필요하겠소! 간절히 깨우쳐 주어 개과천선할 기회를 허락하

노니, 마땅히 짐의 뜻을 알아서 스스로 많은 복을 구하기 바라오."

탕(평원왕)은 이 글을 받고 황공하여 표문을 올려 사죄하러 하였으나, 마침 병으로 졸하였다.

아들 원(영양왕)이 왕위에 오르니, 고조는 사신을 [파견하여] 원에게 상개부 의동삼사를 제수하는 한편, 요동군공을 세습시키고 옷 한벌을 내려 주었다. 원이 표문을 올려 사례함과 아울러 상서(경사롭고 길한 징조)를 축하하면서 왕으로 책봉하여 줄 것을 청하였다. 고조는 특별히 원을 책봉하여 왕으로 삼았다.

이듬해에 원(영양왕)이 말갈의 기병 만여 명을 거느리고 요서에 침입하였는데 영주총관 위충이 물리쳤다. 고조가 이 소식은 듣고 크게 노하여 한왕 량을 원수로 삼고 수군과 육군을 총동원하여 고구려를 치게 하는 한편, 조서를 내려 그의 작위를 삭탈하였다.

이때 군량 수송이 중단되어 육군의 먹을 것이 떨어지고, 또 군사가 임유관을 나와서는 전염병마저 번져 왕사의 군대는 기세를 떨치지 못하였다. [수나라 군대가] 요수(요하)에 진주하자, 원(영양왕)도 두려워하여 사신을 보내어 사죄하고 표문을 올리는데, '요동 분토의 신하 원(元) 운운'하였다. 고조는 이에 군사를 거두어 들이고, 과거와 같이 대우하였다. 원도 해마다 [사신을] 파견하여 조공하였다.

양제가 제위를 이어 받으매 천하가 전성하여, 고창[국] 왕과 돌궐의 계인가한이 친히 대궐에 나아와 조공을 바쳤다. 이때 (수 양제가) 원(영양왕)에게 입조케 하니, 원이 두려워하여 자못 번신의 예절을 소홀히 하였다.

대업 7년(A.D.611; 고구려 영양왕 22)에 [양]제가 원의 죄를 물어 토벌하기 위하여 친히 요수를 건너 요동성에 군영을 설치한 뒤, 길을 나누어 군사를 출동시켜 각기 그 성 아래로 집결하도록 하였다. 고구려는 군사를 거느리고 나와 저항하였으나 대부분의 싸움에서 불리하자, 모두 성을 닫고 굳게 수비하였다. [양]제는 제군에 명하여 성을 공격케 하였다. 또 여러 장수들에게 조래하여,

"고구려가 만약 항복을 하면 바로 받아들이고, 함부로 군사를 풀어 공격하여서는 아니된다."

고 하였다. 성이 막 함락될 즈음, 고구려가 곧 항복하겠다고 청하였으나, 여러 장수들이 제지(황제의 명령)에 따라 함부로 그 기회를 이용하여 공격하지 못하고, 먼저 [양제에게] 달려가서 아뢰었다. 답보가 도착할 무렵이면 적들의 수비 역시 정비되어 [다시 성을] 나와서 저항하였다. 이와 같이 하기를 세 번을 되풀이하였으나 [양]제는 깨닫지 못하였다.

이로 말미암아 군량은 다하고 군사는 지친 데다, 군량 수송마저 중단되어 제군이 패전하니, 결국 반사(군사를 되돌림)하고 말았다. 이 출전에서는 단지 요수 서쪽에 있는 적의 무려라만을 함락시켜 요동군및 통정진을 설치하고 돌아왔을 뿐이다.

[대업] 9년(A.D.613; 고구려 영양왕 24)에 [양]제가 다시 친정하였다. 이때는 제군에게 상황에 맞게 적절히 대응하라고 래지하였다. 여러 장수들이 길을 나누어 성을 공격하니, 적의 군세가 날로 위축되었다. 이 무렵 양현감이 반란을 일으켰다는 반서가 도착되자, [양]제는 크게 두려워하여 그날로 육군을 이끌고 돌아 왔다.

[이때] 병부시랑 곡사정이 고구려로 망명하여 들어가니, 고구려가 정보를 낱낱이 알고서 정예병을 총동원하여 추격을 가하여 후속의 부대는 대부분 패하였다.

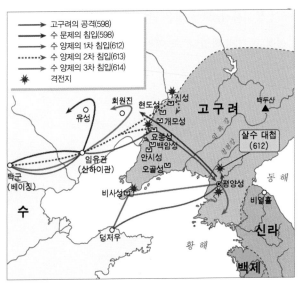

고구려와 수나라의 전쟁(7차교육과정 중학교 교과서)

[대업]10년(A.D.614; 고구려 영양왕 25)에 또 다시 천하의 군사를 징벌하였으나, 때마침 도적이 벌떼처럼 일어나 인민이 유망하고, 곳곳마다 교통이 두절되어 군사가 대개 기한에 맞추어 오지 못했다. 요수에 이르자, 고구려도 피폐되어졌기 때문에 사신을 보내어 항복을 청하는 동시에 곡사정을 압송하여 속죄하였다. [양]제는 이를 허락하고 회원진에 주둔하면서 항관(항복하여 바치는 정성)을 접수하였다. 아울러 포로와 노획한 군기들을 이끌고 돌아왔다.

[양제는] 경사에 이르러 고구려의 사자로 하여금 친히 태묘에 고하도록 한 뒤 억류시켰다. 이어서 원(영양왕)을 불러 들여 입조토록 하였으나, 원이 끝내 오지 않았다. [양]제는 제군을 엄중히 정비하여 다시 토벌할 것을 꾀하였으나, 마침 천하가 크게 어지러워져 결국 시행하지 못하였다.

사신(역사를 담당한 신하. 《수서》의 저자)은 말한다.

넓은 계곡과 큰 시내는 생김 자체가 다르므로 그 사이에서 사는 사람들의 풍속도 다르다. 기욕(좋아함)이 같지 않고 언어도 통하지 않는다. 성인이 시의에 따라 가르침을 베푸는 것도 그 뜻을 전달하고 습속을 통하게 하자는 것이다.

구이(동쪽의 이민족)가 살고 있는 곳은 중화와는 아주 동떨어져 있다. 그러나 천성이 유순하고 광폭한 기풍이 없어서, 비록 산과 바다로 막혀 있어도 도어(계도)하기가 쉽다. 하·은대에도 이따금 조근을 왔고, 기자가 조선으로 피하여 가고부터는 비로소 팔조의 금법을 두니, [그 법이] 성글면서도 빈틈이 없고 간촐하면서도 오래갈 수 있어, 교화의 영향이 천년토록 끊이지 않았다. 이제 요동의 여러 나라들이 혹은 의복에 관면의 모양을 갖추고, 혹은 먹고 마심에 조두의 그릇(제사용 그릇)을 마련하였으며, 경술을 숭상하고 문사를 좋아하여 경도에 유학을 오는 자가 길에 끊이지 않고 더러는 일생을 마치도록 돌아가지 않기도 하니, 선철의 유풍이 아니었다면 그 누가 이런 일을 이룩할 수 있었겠는가? 그러므로 공자는 '말이 충신하고 행동이 독경하면 만맥(오랑캐)의 나라일지라도 통할 수 있다'고 하였다. 참되도다. 그 말씀이여! 그 풍속에서 취해 올만한 것이 어찌 고시(싸리나무 화살. 고대 숙신이 주나라에 바친 공물)의 공물 뿐이겠는가.

(수나라) 고조가 [북]주를 통치한 이래 중국에 은혜를 베풀기 위하여 개황(581~600) 말기에는 바야흐로 요좌를 토벌하였으나, 천시가 불리하여 결국 전공을 세우지 못하였다. 이세(二世. 수 양제)가 제위를 이어받고서는 우주를 포용할 뜻으로 자주 삼한(三韓)의 땅(만주와 한반도)을 짓밟고 여러 차례 천균의 쇠뇌(弩)를 쏘아대니, 조그마한 [고구려]국은 멸망할까 두려워한 나머지 궁지에 몰린 짐승처럼 하였고, 중단없는 싸움에 천하가 어지러워져 드디어는 흙더미처럼 무너져, [양제] 자신도 죽고 나라도 망하였다. 「병지」에 '덕을 넓히는 데에 힘쓰는 자는 번창하고, 땅을 넓히는 데에 힘쓰는 자는 멸망한다'는 말이 있다.

그러므로 요동의 땅이 [중국의] 군·현에 편입되지 않은 지는 오래지만, 모든 나라에서 조근과 조공은 빼놓은 해가 없었다.* 그러나 이세(양제)는 나

---

*　…　이 기사는 중국에서 조근과 조공으로 고구려를 속국 또는 지방정권이라 할 수 없는

만한 사람은 없다고 여기고 떠들썩하게 으시대느라, 문덕으로 회유하지 못하고 급히 간과(창)를 움직였으니, 안으로 부강함을 믿고 밖으로는 국토의 확장만을 생각하여, 교만으로 원한을 사고 분노로 군사를 일으켰다. 그러고도 망하지 않았다는 것은 예로부터 듣지 못하였다. 그러므로 사이(사방 외국인)가 준 경계를 어찌 깊이 생각하지 않을 수 있겠는가!

8) 《구당서》[*] : 7세기

수나라에서 시작한 대규모 고구려 정복 전쟁은 수나라를 이은 당나라 시기에도 계속됩니다. 당나라 역시 수나라와 마찬가지로 선비족 주나라(北周, 557~581)를 이은 나라로, 고구려를 침략했던 당태종의 증조부는 선비족 성씨인 '대야씨'를 하사받았던 사람이었습니다. 따라서 만주 지역을 기원으로 한 선비족 왕조라 할 수 있는 당나라 역시 고구려와 적대적일 수밖에 없었습니다. 그들은 자신들의 기원지인 요동을 고구려가 '불법'으로 점령하고 있다고 생각했습니다. 아래 내용은 이렇게 선비족 중심국인 당나라가 자신들(선비족)의 조상 땅을 차지한 고구려와 벌인 치열한 전쟁에 관한 기록입니다.

그 나라의 관제에서 가장 높은 것은 대대로로서, 1품과 비슷한데, 국사의 전반을 총괄한다. 3년에 한번씩 바꾸는데, 적격한 자라면 년한에 구애받지 않는다. 교체하는 날에 더러는 서로 공경하여 복종하지 않고, 모두 병사를 이끌고 서로 공격하여 이긴 자가 대대로가 된다. 왕은 다만 궁문을 닫고 스스로 지킬 뿐, 제어하지 않는다.

이유를 설명하는 근거가 된다. 고구려는 중국 군현과 관련이 없는 독립국이었다.

* ··· 출처 : 국사편찬위원회 한국사데이터베이스

그 아래는 태대형으로서 정2품과 비슷하다. 대로 이하 관직은 모두 12등급이 있다. 지방에는 60여 성에 주·현을 두었다. 큰 성에는 욕살 한명을 두는데 도독과 비슷하다. [다른] 제성에는 도사를 두니, 자사와 비슷하다. 그 밑에 각각 료좌(보조관리)가 있어 일을 분담하여 관장한다.

무덕 2년(619)에 (고구려가) 사신을 보내와 조근하였다. [무덕] 4년(621)에 또 사신을 보내와 조공하였다. 고조는 수나라 말에 많은 전사들이 그 땅에 죽어 묻힌 것을 슬피 여겨 [무덕] 5년(622)에 (고구려) 건무(영류왕)에게 글을 내려,

"짐은 보명을 삼가 받들어 온 세상에 군림하매, 3령에 공손히 순응하고 만국을 편안히 포용하고 있오. 온누리를 사랑하는 마음은 다 마찬가지이니, 일월이 비치는 곳에는 모두 편안하게 하였오. 왕은 일찍이 요좌(요하 동쪽)를 통섭한 이래 대대로 번복에 살며, 정삭을 받아 가고자 하여 멀리서 직공에 순종하였소. 그러므로 사자를 파견하여 산을 넘고 물을 건너와 성간(정성)을 피력하니, 짐이 매우 가상히 여기오. 바야흐로 지금은 육합(천지와 사방)이 조용하고 사해가 편안하여, 옥백(옥과 비단)은 이미 서로 통하고 도로는 막힌 곳이 없소. 바야흐로 친목을 펴서 길이 우호를 돈독히 하고 저마다 강역을 보전하고 있으니, 이 어찌 지극히 아름다운 것이 아니겠소. 다만 수씨(수나라)의 말년에 병난이 연달아 일어나니, 써움터마다 각기 그 백성을 잃었으며, 끝내는 골육이 이별하고 집안이 흩어지게 하였소. 오랜 세월이 지나면서 원한은 깊어진 채 풀지 못하였소. 이제 두 나라가 서로 통화하여, 간격이나 차이를 둘 이유가 없기에, 이곳에 있는 고[구]려 사람들을 이미 찾아 모으게 하여 찾는 대로 곧장 돌려보내라고 명령하였소. 그곳에 가 있는 이 나라 사람들을 왕은 석방하여 돌려보내되, 아무쪼록 무육(돌보아 기름)의 방

법을 다하여 함께 인서(사랑과 용서)의 도리를 넓혀 가도록 하시오."

하였다. 이에 건무가 화인(중국인)을 모두 찾아 모아 예우를 하여 보내 왔는데, 전후에 걸쳐 돌아 온 자가 1만 명에 이르자, 고조는 크게 기뻐하였다.

[무덕] 7년(624)에 전형부상서 심숙안을 보내어 건무(영류왕)를 상주국 요동군왕 고려왕에 책봉하고, 아울러 천존상(도교 최고신상) 및 도사를 대동하고 가서 『노자』를 강의하도록 하였다. 왕 및 도가·속인 등 보고 듣는 자가 수천 명이나 되었다.
고조는 일찍이 시신(사신)에게,

"명분과 실제의 사이에는 모름지기 이치가 서로 부응하여야 되는 법이다. 고구려가 수(나라)에 칭신(신하라 일컬음)하였으나 마침내 폭제(난폭한 황제)에게 거역하였으니, 그것이 무슨 신하이겠는가! 짐은 만물 중에 공경받으나 교귀(교만함)를 피우고 싶지는 않고, 다만 살고 있는 영토 안에서 모든 사람들이 편안히 살 수 있도록 함께 힘쓸 뿐이지 무엇 때문에 반드시 칭신(신하라 일컬음)하도록 하여 스스로 존대함을 자처하여야 되겠는가. 즉시 짐의 이 심정을 조술하라."

하였다. 시중 배구와 중서시랑 온언박이,

"요동의 땅은 주대의 기자국이요, 한대의 현도군입니다. 위·진 이전까지는 봉역(영토) 안에 가까이 있었으니, 칭신(신하라 일컬음) 하지 않는 것을 허락하여서는 아니 됩니다. 또 중국에 있어서 이적(오랑캐)이란 태양에 있어서의 열성(줄선 별들)과 같으므로, 이치상 존(존귀함)을 격하시켜서 번국과 같게 할 수는 없습니다."라고 하니, 고조는 그만 두었다.

[무덕] 9년(626)에 신라와 백제가 사신을 보내어 건무(영류왕)를 탓하기를 [그 나라가] 길을 막아서 입조를 할 수가 없다고 하였다. 또한 서로 틈이 생겨서 여러 차례 싸웠다고 하였다. 조서를 내려 원외산 기시랑 주자사를 보내어 화해시켰다. 건무가 표문을 올려 사죄하면서 신라의 사신과 대좌시켜 [신라와] 회맹할 것을 청하였다.

[정관] 2년(628)에 돌궐의 (왕) 힐리가한을 무너뜨리니, 건무(영류왕)가 사신을 보내어 축하하고 아울러 봉역도를 올렸다. [정관] 5년(631)에 광주도독부 사마 장손사를 보내어 수(나라) 대에 전망(전사)한 해골을 거두어 묻어 주고, 고구려가 세워 놓은 경관(적의 머리무덤)을 헐어버리게 하였다. 건무는 그 나라가 침입당할 것을 두려워하여 장성을 쌓았는데, 동북으로 부여성에서 서남으로 바다에 이르기까지 1천여 리에 이르렀다.

[정관] 14년(640)에 태자 환권을 보내와 조근하고 아울러 방물을 바치니 태종이 극진히 치하하였다.

[정관] 16년(642)에 서부 대인 개소문(연개소문)이 섭직하여 [왕을] 범하려 하자, 여러 대신들이 건무(영류왕)와 의논하여 그를 죽이고자 하였다. 일이 [사전에] 누설되자, 이에 소문은 부병을 모두 불러 모아 군병을 사열한다고 말하고, 아울러 성의 남쪽에다 주찬을 성대히 베풀어 놓았다. 여러 대신들이 모두 와서 보게 되었는데, 소문이 군사를 정비하여 대신을 모조리 죽이니, 죽은 자가 백여명이나 되었다. 이어서 창고를 불사르고 왕궁으로 달려 들어가 건무를 죽인 다음, 건무의 아우인 대양의 아들 장(보장왕)을 세워 왕으로 삼았다. 스스로 막리지가 되니, [이는] 중국의 병부상서 겸중서령에 해당하는 직이다. 이로부터 국정을 마음대로 하였다.

소문의 성은 천씨이며, 수염과 얼굴이 매우 준수하고, 형체가 아주 걸출하였다. 몸에는 다섯자루의 칼을 차고 다니는데, 수위 사람들이 감히 쳐다볼 수 없었다. 언제나 그의 관속(관에 속한 부하)을 땅에 엎드리게 하여 이를 밟고 말에 타며, 말에서 내릴 때에도 마찬가지이다. 외출할 적에는 반에는 반드시 의장대를 앞세우고, 선도자가 큰 소리로 행인을 벽제(피하게)하는데, 백성들은 두려워 피하여 모두 스스로 갱곡(구덩이)으로 뛰어 들었다.

태종은 건무(영류왕)의 죽음을 듣고 거애(애도식)를 하였다. 사신에게 부절을 주어 [보내어] 조제(제사)하였다.

[정관] 17년(643)에 그 사왕 장(영류왕을 계승한 보장왕)을 책봉하여 요동군왕 고구려왕으로 삼았다. 또 사농승 상리현장을 보내어 새서(왕의 도장이 찍힌 문서)를 가지고 가서 고구려를 설득하여 신라를 공격하지 말도록 하였다.

개소문이 현장에게 말하기를,

"고구려와 신라는 원수를 맺은 지가 이미 오래다. 지난날 수(나라)와 서로 싸울 적에 신라는 그 틈을 타서 고구려 땅 5백 리를 빼앗고, 성읍도 신라가 모두 차지하였다. 스스로 그 땅과 성들을 돌려주지 않으면 이번의 싸움을 그만둘 수 없다."

라고 하였다. 현장이,

"이미 지나간 일을 추론해서야 되겠는가?"

하였으나, 소문은 끝내 듣지 않았다. 이에 태종은 시신들을 돌아보며

"막리지는 그의 군주를 시해하고 대신을 다 죽였으며, 용형(형벌)이 함정과 같아서 백성을 움직이는대로 죽이므로, 원한이 가슴에 사무치어 길가에

동북공정 이전 **중국이 쓴 한국사**

서도 눈짓을 한다. 무릇 군사를 일으켜 [백성을] 위로하고 [죄인을] 친다는 것은 모름지기 명분이 있어야 하는데, 그가 임금을 시해하고 아랫사람을 학살한 구실을 내세운다면 무너뜨리기가 매우 쉬울 것이다."

라고 하였다.

[정관] 19년(645)에 형부상서 장량을 평양도행군대총관으로 삼아 장군 상하 등과 강·회·령·협의 강한 군사 4만 명·전선 5백 척을 이끌고 래주에서 바다를 건너 평양으로 향하게 하였다. 또 특진 영국공 이적을 요동도행군대총관으로 삼고, 례부상서 강하왕 도종을 부총관으로 삼아서 장군 장사귀 등과 보병·기병 6만을 이끌고 요

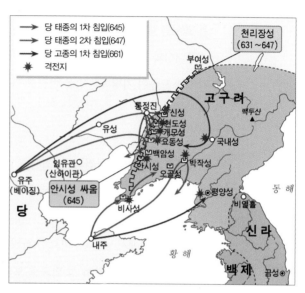

고구려와 당나라의 전쟁(7차교육과정 중학교 교과서)

동으로 나아가게 했다. 양군이 합세하도록 한 다음, 태종은 친히 6군을 거느리고 가서 [전군을] 합류하기로 했다.

[정관 19년(645)]여름 4월에 이적의 군대가 요하를 건너서 개모성으로 진격하여 성을 빼앗고, 포로 2만 명을 생포하였다. 그성에 개주를 설치하였다. 5월에는 장량의 부장 정명진이 사비성을 공격하여 빼앗고, 남녀 8천 명을 생포하였다. 이날 이적의 군대가 요동성으로 진군하였다,

태종은 요택(요하 유역의 습지대)에 이르러,

"지난날 수의 군사가 요하를 건널 적에 때를 잘못 타서, 종군한 사졸들의 해골이 온 산야에 널렸으니, 참으로 슬프고 한심하다. 해골을 덮어 주는 의리가 무엇보다 우선되어야 하니, [그들의 해골을] 거두어 묻도록 하라."

는 조서를 내렸다.

국내성과 신성의 보병·기병 4만 명이 요동[성]을 구원하러 나오는 것을 강하왕 도종이 기병 4천 명을 이끌고 역격(역습)하여 크게 무찌르고, 천여 급의 목을 베었다.

태종은 요수(요하)를 건너자, 조서를 내려 교량을 철거하게 하여 사졸의 결의를 굳게 하였다. 태종은 요동성 아래에 이르러서는 사졸들이 짐을 지어다 구덩이를 메우는 것을 보았다. 태종이 가장 무거워 보이는 짐을 나누어 친히 말 위에서 나르니, 따르던 관원들이 모두 송구스러워 허둥대며 앞을 다투어 [짐을] 날라서 성 밑으로 보냈다. 이때 이적(장군)은 이미 군사를 이끌고 요동성을 공격하고 있었다.

고(구)려는 우리에게 포거(돌을 던지는 수레)가 있어 3백 근의 돌을 1리 밖까지 날린다는 소문을 듣고 매우 두려워하여, 성 위에 나무를 쌓아 전루(전쟁용 누각)를 만들어 날아드는 돌을 막았다. [이]적이 포차를 벌려 놓고 돌을 쏘아 성을 공격하니, (돌에) 맞은 곳은 다 무너졌다. 또 당거(성을 부딪쳐 부수는 수레)로 밀어 누각을 때려 부수니, 내려 앉지 않는 누각이 없었다.

태종은 친히 갑기(갑옷 입은 기병) 1만여 명을 거느리고 이적과 합세하여 그 성을 포위하였다. 조금 뒤 남풍이 강하게 불어오자, 서남쪽 누각에 불을 놓으라고 명하였다. 불길이 연이어 성중을 휩쓰니, 집들이 다 타버렸다. 전사들이 성에 오르자, 적은 크게 무너져 불에 타죽은 자가 1만여 명이며, 포로가 된 정예병이 1만여 명이다. 그 성에 요주를 설치하였다.

당초 태종은 정주에서부터 요[동]성까지 수십 리마다 봉화를 설치하도록 명하였다. 그리고 태자와 약속하기를, 요동을 정복하면 봉화를 들기로 하였다 이날 태종은 봉화를 들게 하여 새(요새) 안으로 [그 소식을] 전했다.

진영을 백애성에 베풀고 성의 공격을 명하였다. 우위대장군 이사마가 노시(쇠뇌로 쏜 화살)를 맞자, 태종은 친히 피를 빨아 주었다. 장사들이 이를 듣고 감동하여 힘을 다하지 않는 자가 없었다. 그 성은 산을 등지고 물가에 바짝 닿아 있는 데다 사면이 험하고 가파랐다. 이적이 당거(성을 부딪쳐 부수는 수레)로 때려 부수니, 돌과 화살이 성중에서 빗발치듯 쏟아졌다.

[정관 19년(645)] 6월에 태종이 성의 서북쪽으로 나아가니, (요동성) 성주(성 책임자) 손벌음이 몰래 밀사를 보내어 항복을 청하면서,

"신은 벌써부터 항복을 원하였으나, 이 가운데 반대하는 자가 있습니다."

라고 하였다. 조서하여 기치(깃발)를 내려 주며,

"반드시 항복을 하겠다면, 이 기를 성 위에 꽂으라."

하였다. [손]벌음이 성 위에 기치를 꽂자, 고구려는 당병이 [이미 성에] 올라온 것으로 여기고, 모두 항복하였다.

당초 요동[성]이 함락될 적에 (요동성 책임자) 손벌음이 항복을 빌고 나서 다시 후회를 하자, 태종은 그의 반복에 분노하여 성안의 사람과 물건을 전사들에게 나누어 주도록 허락하였다. [그러다가 손벌음이 다시 항복하려 하여 이를 취소하니,] 이때 (당나라 최고 사령관) 이적은 태종에게,

"전사들이 시석(화살과 돌)을 돌아보지 않고 힘을 다해 앞을 다투어 싸우는 것은 노획물을 탐내서입니다. 이제 성이 막 함락되려 하는데 어찌하여 다시 항복을 허락하여 장사들의 뜻을 저버리려 하십니까?"

라고 하였다. 태종은 말하기를,

"장군의 말이 옳다. 그러나 군사를 놓아 살육을 자행하고, 그들의 처노(처자와 노예)를 사로 잡는 일을 짐은 차마 못하겠다. 장군의 휘하에 공이 있는 자에게는 짐(본인)이 [내탕]고의 물품으로 상을 주고, 장군에게서 이 성 하나를 살까 한다."

하였다. 마침내 항복을 받아 사녀(관리와 부녀자) 1만 명과 군사 2천 4백 명을 노획하였다. 그 성에 암주를 설치하고, 손벌음을 암주자사에 제수하였다.

우리 군대가 요하를 건널 적에 막리지는 가시성의 사람 7백 명을 보내어 개모성을 지키게 하였다. 이적이 모두 사로잡자, 그들은 함께 종군하여 충성을 다하겠다고 청하였다. 태종은,

"누가 너희들의 힘을 필요로 하지 않겠는가마는 너희들의 집은 모두 가시(성)에 있으니, 너희가 우리를 위하여 싸운다면 저들이 [너희의 집안을]

동북공정 이전 **중국이 쓴 한국사**

도륙하고 말 것이다. 한집안의 처자를 죽여가면서 한사람의 힘을 이용하는 것을 나는 차마 못하겠노라."

하고, 모두 놓아 돌려 보내도록 하였다.

거가(수레)가 안시성 북쪽으로 진주하여 진영을 벌려 놓고 군사를 내보내 성을 공격하였다. 고구려의 북부 녹살 고연수와 남부 누살 고혜정이 고구려 · 말갈의 무리 15만 명을 이끌고 와서 안시성을 구원하였다. 적 가운데 연로하고 경험이 많은 대로가 있어 (고)연수에게,

"내가 듣건대, 중국이 크게 어지러우면 영웅이 병기한다고 한다. 진왕(진시황)은 무덕이 뛰어나서 이르는 곳마다 상대할 적이 없으므로, 마침내 천하를 평정하고 황제의 자리에 군림하니, 북이(북방 오랑캐)가 항복을 청하고 서융이 충성을 바쳤다. 오늘 날 국력을 기울여 와서 맹장과 예졸이 다 이곳에 몰려 있으니, 그 예봉은 당해낼 수가 없다. 지금의 계책으로는 싸움을 하지 말고 군사를 돈좌시켜 지구전으로 날짜를 끄는 한편, 날째고 용감한 장병을 뽑아 보내어 그들의 양도(군량미 수송 도로)를 차단하는 것보다 더 좋은 방법이 없다. 열흘이 못되어 반드시 군량이 떨어져 싸우려 하여도 싸울 수 없고, 돌아 가고자 하여도 길이 없게 되므로, 이것은 싸우지 않고도 승리를 거두는 길이 된다."

하였으나, 연수는 듣지 않고 군사를 이끌고 곧장 진격하였다.

태종은 밤에 여러 장수들을 불러 몸소 지휘를 하였다. 이적을 보내 보병 · 기병 1만 5천 명을 거느리고 성 서쪽 산고개에 진을 치게 하였다. 장손무기는 우진달 등 정병 1만 1천 명을 거느리고 기병으로 만들어 산의 북쪽

에서 협곡으로 나와 그 뒤를 공격하게 하였다. 태종 자신은 보병·기병 4천 명을 거느리고 고각(북과 나팔)을 숨기고 정기(깃발)를 눕힌 채 적의 진영 북쪽 높은 봉우리에 올라가기로 하였다. 제군에 명하여 고각 소리가 들리면 일제히 돌격을 하도록 하였다. 이어 해당 관부로 하여금 조당(조정 건물) 곁에 수항막(항복을 받는 막사)을 치게 하고,

"내일 오시에 이곳에서 오랑캐의 항복을 받게 될 것이다."

라고 하였다. 마침내 군사를 거느리고 진군하였다.

이튿날 (고)연수가 이적의 군사만 보고 출전하려 하였다. 태종은 멀리 무기(당나라 장수 이름)의 군사가 먼지를 일으키는 것을 바라보고, 고각을 등시에 울리고 기치를 일제히 들게 하였다. 적의 무리들이 크게 두려워하여 군사를 나누어 방어하고자 하였으나, 그 진영은 이미 어지러워졌다. [이때] 이적이 보병 1만 명에게 장창(긴 창)을 들려 공격하니, 연수의 무리들은 패전하였다. 무기가 군사를 놓아 그 후미를 치고, 태종이 또 산에서 내려와 군사를 이끌고 들이닥치자, 적들은 크게 무너져 참수가 만여 급 이나 되었다.

연수 등은 남은 무리를 거느리고 산에 의지하여 굳게 지켰다. 이에 (당나라 장수) 무기·적 등에게 명하여 군사를 이끌고 포위하게 하고, 동천의 다리를 철거하여 귀로를 차단하였다. 태종은 말고삐를 잡고 천천히 가 적의 영루를 보면서 시신(신하)에게,

"고구려가 나라를 기울여서 온 것은 존망이 달려 있어서인데, [대장기를] 한번 흔들자 패전하고 말았으니, [이는] 하늘이 우리를 도운 것이다."

하였다. 이어 말에서 내려 하늘에 두 번 절하며 사례하였다.

(고구려 장수) 연수와 혜진이 15만 6천 8백 명을 거느리고 항복을 청해 오자, 태종은 원문으로 인도하여 들였다. 연수 등은 무릎으로 기어 앞에 나아가 절을 하고 명을 청하였다. 태종은 녹살 이하 추장 3천 5백 명을 가려내어 군직을 주어서 내지로 옮겼다. 말갈사람 3천 3백 명은 모두 구덩이에 파묻고, 나머지 무리들은 평양으로 돌려 보냈다. 노획물은 말이 3만 필, 소가 5만 두, 명광갑(빛나는 갑옷)이 5천 벌이고, 기타의 기계들도 이에 맞먹었다.

고구려국이 크게 놀라서 후황성 및 은성이 저절로 함락되니, 수백 리에 인가의 연기가 끊겼다. 이어서 거동하였던 산을 주필산 이라 이름하고, 장군으로 하여금 파진도(진을 무너뜨리는 지도)를 작성하게 하고, 중서시랑 허경종에게 명하여 글을 지어 돌에 새겨 그 공적을 기록하게 하였다. 고정수에게는 홍려경을, 고혜진에게는 사농경을 제수하였다.

장량이 다시 고(구)려와 건안성 밑에서 싸워 성을 다 함락시키니, 이때는 포위를 길게 늘여서 공격하였다.

[정관 19년(645)] 8월에 안시성 동쪽으로 진영을 옮겨 이적이 드디어 안시를 공격하였는데, 연수 등 항복한 무리를 옹위하여 성 밑에 진을 치고 그들을 불러내었다. 성안 사람들은 꼼짝도 하지 않고 굳게 지키며, 태종의 깃발을 볼 때마다 반드시 성에 올라가 북치고 소리지르며 저항하였다.

태종이 [이를 보고] 매우 노여워하자, 이적은,

"[성을] 함락하는 날에 남자는 다 죽여 버리기 바랍니다."

하였다. 성 안에서 이 말을 듣고 사람들이 모두 죽음을 무릅쓰고 싸웠다. 이에 강하왕 도종을 시켜 토산을 쌓아 성의 동남쪽 모퉁이를 공격하였다. 고구려도 비성에다 치첩(성 위에 낮게 쌓은 담)을 증설하여 저항하였다. 이적이 그 서쪽을 공격하여 포석과 당거로 성루와 치첩을 무너뜨렸다. 성에서는 그것이 무너지는대로 곧 목책을 세웠다.

도종이 나뭇가지로 흙덩이를 쌓아 올려 토산(흙 산)을 만들고, 그 중간에 다섯갈래의 길을 내어 나무를 걸치고 그 위를 흙으로 덮었다. 밤낮을 쉬지 않으며 [쌓아] 점점 성으로 육박하였다. 도종은 과의도위 부복애를 보내어 대병(부대 병사)을 거느리고 산정(상)에서 적을 방어하게 하였는데, 토산(흙 산)이 자연 높아져서 그 성을 밀어내니 성이 무너졌다. 마침 복애가 사사로이 소관 부서를 떠나 있었으므로, 고구려 군사 1백 명이 무너진 성 틈으로 싸움을 벌였다. 드디어 토산을 점거하여 참호를 파서 [길을] 끊은 다음, 불을 놓고 방패를 들러쳐서 방어를 굳혔다. 이에 태종은 크게 노하여 복애의 목을 베어 [전군에] 돌렸다. 모든 장수들에게 명하여 성을 쳐부수게 하였으나, 사흘동안 싸워도 이기지 못하였다.

태종은 요동의 창고에 군량이 거의 바닥이 나고, 사졸들이 추위와 동상에 시달리자, 이에 반사(후퇴)를 명하였다. 그 성을 지날 때 성안에서는 일제히 소리를 죽이고 깃발을 눕혔으며, 성주는 성위에 올라와 손을 모아 절을 하며 하직하였다. 태종은 그들이 [성을] 굳게 지킨 것을 가상히 여겨 비단 1백 필을 내려 주고, 임금을 섬기는 절의를 격려하였다.

이전에 요동을 함락할 때에, 왕사(왕의 군대)에 저항하다가 잡혀 노비로 몰입(호적을 빼앗김) 하게 된 1만 4천 명을 모두 먼저 유주로 보내어, 장차 장사들에게 상으로 나누어 주기로 하였었다. 태종은 그들이 부모·처자와 하루 아침에 분산되는 것을 불쌍히 여겨서, 해당 부서로 하여금 그 값에 준하는 포백을 속으로 받고 용서하여 백성으로 삼으라고 하였다. 그들의 환호소리가 사흘 동안 끊이지 않았다 고연수는 항복한 뒤로부터 늘 한탄만 하다가 곧 죽었다. 혜진은 마침내 장안에 왔다.

　[정관] 20년(646 : 고구려 보장왕 5)에 고구려가 사신을 보내와 사죄를 하고,
아울러 두 미녀를 바쳤다. 태종은 그 사신에게,

　"돌아 가서 너의 군주에게 일러라. 미색이란 사람이 중하게 여기는 것이
며, 너희가 바친 [미인은] 참으로 아름답다. 그러나 부모와 형제를 본국에
두고 온 것이 불쌍하고, 그의 몸을 머물러 두어 그의 어버이를 잊게 하고,
그의 아름다움을 사랑하여 그의 마음을 상하게 하는 일은 내가 하지 않으
리라."

하고 함께 돌려 보냈다.

　[정관] 22년(648; 고구려 보장왕 7)에 또 우무위장군
벽만철 등을 보내어 청구도로 가서 치게 하니, 만철
은 바다를 건너 압록수로 들어가서 박작성을 함락하
고 많은 포로를 사로잡았다. 태종은 또 강남에 명하
여 큰 배를 건조하게 하는 한편, 합주자사 손복가를
보내어 용감한 병사를 모집시키고, 협주자사 이도유
를 보내어 군량 및 기계를 운반하여 오호도에 쌓아
두게 하는 등 장차 군사를 크게 일으켜 고구려를 치
고자 하였다. 그러나 [끝내]시행하지 못하고, 태종은
죽었다.

　고종이 위를 이어받아서 또 병부상서 임아상·좌
무위대장군 소정방·좌효위대장군 계필하력 등에게
명하여 전후로 [보내어] 토벌케 하였으나, 모두 큰

唐太宗像
Portrait of Emperor Taizong

당나라 2세 황제 이세민(태종, 599~649) (시
안 대명궁박물관). 선비족 계통 아버지 이연
(李淵)의 둘째 아들로, 당나라 건국과 안정에
큰 공을 세웠으나 고구려 정복에 실패하였다.

공을 세우지 못하고 돌아왔다.

건봉 원년(666)에 고장(보장왕)이 그의 아들을 보내와 입조하여, 태산 밑에서의 [봉선에] 배석하였다.

이 해에 개소문이 죽고, 그의 아들 남생이 대신 막리지가 되었다. 그의 아우 남건·남산과 화목하지 못하여 각자 붕당을 만들어 서로 공격하였다. 남생이 두 아우에게 쫓겨 달아나 국내성에 웅거하여 [성을] 사수하면서, 아들 헌성을 보내와 궁궐에 이르러 구원을 요청하였다. 조서를 내려 좌효위대장군 계필하력으로 하여금 군사를 이끌고 가서 응접케 하였다. 남생이 [국내성에서] 몸을 빼 도망오자, 조서를 내려 특진 요동대도독 겸평양도안무대사를 제수하고, 현도군공에 봉하였다.

11월에 사공 영국공 이적을 요동도행군대총관에 임명하고 비장 곽대봉 등을 거느리고 가서 고구려를 정벌케 하였다.

[건봉]2년(667; 고구려 보장왕 26) 2월에 이적은 요하를 건너 신성에 이르러 여러 장수들에게 이르기를,

"신성은 고(구)려 서경의 진성으로서 가장 요해처이다. 만약 [이 성을] 먼저 함락시키지 못한다면 나머지의 성도 쉽게 함락되지 않을 것이다."

하고, 드디어 신성 서남쪽으로 군사를 이끌고 가서 산에 의지해서 책을 쌓아 공격도 하고 방어도 하니, 성안이 군박하여져서 항복하는 자가 자주 나왔다. 이로부터 이르는 곳마다 승리를 거두었다. 고장과 남건이 태대형 남산을 보내어 수령 98명을 이끌고 백기를 들고 나아가 항복하게 하고 아울러 입조를 청하였다. 이적은 예를 갖추어 영접하였다. 그러나 남건은 오히려 성문을 닫고 굳게 지켰다.

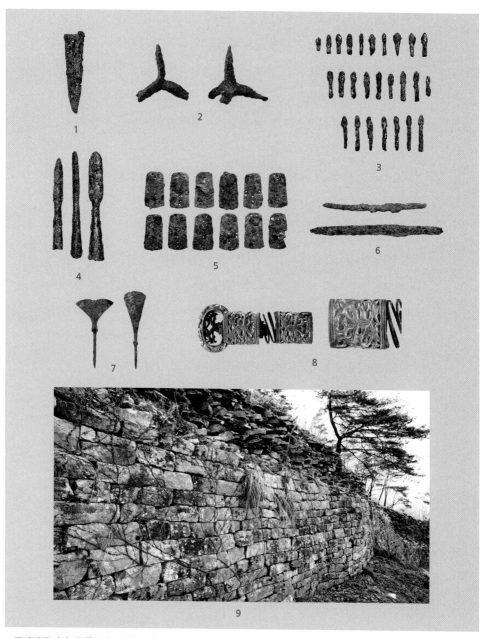

고구려의 무기와 성벽(국립중앙박물관)

1. 창고달 2. 마름쇠 3. 화살촉 4. 투겁창 5. 갑옷 비늘 6. 손칼 7. 화살촉 8. 큰칼자루(환두대도, 국가문화유산포털)
9. 충주 장미산성 성벽

총장 원년(668; 보장왕 27) 9월에 [이]적이 또 평양성 남쪽으로 진영을 옮기니, 남건이 자주 군사를 보내어 나와 싸웠으나, 모두 대패하였다. 남건의 밑에서 병사를 총관하던 승 신성이 비밀리 군중으로 사람을 보내어, 성문을 열고 내응하겠다고 하였다. 5일이 지나서 신성이 과연 성문을 열었다. [이]적이 군사를 놓아 들여보내 성 위에 올라가서 북을 요란하게 두들기고, 성의 문루에 불을 지르니 사면에서 불길이 일었다. 이에 남건은 다급한 나머지 스스로 몸을 찔렀으나, 죽지 않았다. 11월에 평양성을 함락시키고, 고장·남건 등을 사로잡았다.

12월에 경사(수도)에 이르러 함원궁에서 헌부(포로를 바침)를 하였다. 조서를 내려 고장은 정사를 제 주관으로 한 것이 아니라 하여 사평태상백을 제수하였다. 남산은 남보다 먼저 항복하였다 하여 사재소경을 제수하였다. 남건은 검주로 유배시켰다. 남생은 향도한 공이 있다 하여 우위대장군을 제수하고, 변국공에 봉하였으며, 특진은 옛날과 같이 인정하였다.

고(구)려국은 지난날에 5부로 나뉘어져 1백 76성·69만 7천 호가 있었다. 이에 그 땅을 나누어 9도독부·42주·1백현으로 하고, 또 안동도호부를 두어 통관케 하였다. 추장 가운데 공이 있는 자를 뽑아 도독·자사 및 현령을 제수하여 화인(중국인)과 함께 백성을 참리(참여하여 다스림)하게 하였다. 이어서 좌무위장군 벽인귀를 보내어 군사를 통괄하고, 진무케 하였다. 그 뒤에 흩어져 도망간 자가 상당히 있었다.

의봉 연간(676~678)에 고종은 고장(보장왕)에게 개부의동삼사 요동도독을 제수하고 조선왕에 봉하여, 안동에서 살며 본번을 진무하는 주로 삼았다. 고장은 안동에 이르러서 몰래 말갈과 서로 통하여 모반을 꾀하였다. 일이 [사전에] 발각되자, 소환하여 공주(邛州)로 유배시켰다. 나머지 사람들은 하남·롱우의 여러 주 분산하여 옮겼는데, 그 가운데 빈약한 자는 안동성 부근에 머물러 살게 하였다.

고장이 영순(682) 초에 졸하자 위위경에 추증하였다. 조서를 내려 경사(수도)로 운구케 하여 힐리(돌궐왕)의 묘 좌측에 장지를 하사하고, 비도 세워 주었다.

수공 2년(686)에 또 고장의 손자 보원(효소왕)을 조선군왕으로 봉하였다.
성력 원년(698)에 좌응양위대장군에 진수시키고, 충성국왕에 봉하였다. 안동의 구호(옛 가구)를 맡겨 통섭시키려 하였으나, 끝내 실행하지 못했다. [성력] 2년(699)에는 또 고장의 아들 덕무를 안동도독에 제수하여 본번(본지와 번속 지역)을 통솔하게 하였다. 이로부터 안동에 있는 고구려의 구호(옛 가구)가 점차 줄어들어 돌궐·말갈 등에게로 흩어지자, 고씨의 군장은 마침내 끊기고 말았다.
남생이 의봉(676~678) 초에 장안에서 죽으니, 병주대도독에 추증하였다. 아들 헌성을 우위대장군에 제수하고, 우림위상하를 겸임시켰다.

천수 연간(690~691)에 측천[무후]는 일찍이 금·은·보물을 내어 놓고 재상 및 남북위문의 문무관원 가운데 활을 잘 쏘는 사람 다섯명을 가려 내어 내기를 시켰다. 내사 장광보가 먼저 헌성(남생의 아들)에게 1등을 양보하자, 헌성은 다시 우옥검위대장군 벽토마지에게 양보하였다. 마지가 또 헌성에게 양보하니, 이에 헌성이 아뢰기를,

"폐하께서 활을 잘 쏘는 사람 5인을 뽑으라고 하셔서 뽑힌 사람은 대부분 한관(한족 관리) 출신이 아닙니다. 신은 이 뒤로부터 한관은 활을 잘 쏜다

는 명예가 없어질까 두렵습니다. 엎드려 바라옵건대 이번의 활쏘기는 그만 두옵소서."

하였다. 측천이 가상히 여겨서 그대로 따랐다. 당시의 혹리(혹독한 관리) 내준신이 일찍이 헌성에게 재물을 요구하였는데, 헌성이 거절하여 답을 아니한 적이 있었다. 드디어 (내)준신의 원한을 사게 되어 모반했다고 무고하므로, 목졸라 죽였다. 뒤에 측천은 그의 억울함을 알고, 우우 임위대장군에 추증하고 예를 갖추어 개장하였다.

사신(역사를 맡은 신하)은 말한다.

북적(북쪽 이민족)은 중국과 아주 가까워서 변방 침입이 예로부터 있어 왔다. 동이(동쪽 이민족)는 영해밖에 떨어져 있어서 분경을 일으켰다는 것은 듣기 드문 일이다. 이는 형세상 그러할 뿐만 아니라 아마 타고난 성격도 그러한 듯 하다. 태평지(평안한 땅)의 사람은 어질고 공동산(중국 서북지역 산 이름)의 사람은 억세다는 말은 맞는 말이다. 수 양제가 만족을 모르는 끝없는 욕망으로 요좌(요하 동쪽)에 군사를 일으킬 적에 터질 듯한 욕망을 단번에 채우려는 야심이 여기에서 발단되었다. 그러나 난신과 적자(적)들에게 구실을 주게 되어 스스로 제 몸을 불사르고 드디어는 나라까지 망치고 말았다.

우리 태종 문황제가 친히 융차(북방식 전차)를 몰고 동으로 고구려를 정벌한 것도 성공은 하였으나 잃은 바가 또한 많았다. 개선하여 돌아오던 날에 좌우의 신하들을 돌아보며, '짐에게 위징이 있었더라면 반드시 이번의 정행(정벌 활동)은 없었을 것이다'라고 하였다. 이 말에서 [태종도] 출사를 후회하였다는 사실을 알 수 있다. 어찌하여서일까? 이적의 나라란 돌밭과 같아서 얻어도 보탬이 안되고, 잃어버린들 무엇이 손상될 것인가? 반드시 허명을 힘써 추구하므로 [단지] 수고로움에나 쓸모가 있을 뿐이다. 다만 마땅히 문덕을 닦아서 이를 오게 하고, 성교(덕으로 가르침)를 입혀서 이를 복종시키며, 신실한 신하(왕)를 가려 이를 무마하고, 변경의 수비를 단속하여 방어해야 된다. 그리고 통역을 거쳐서 조정에 오게 하고, 바다를 건너서 들어와 조공을 바치게 하는 것이 옳은 방법일 것이다.

찬한다.

동이의 사람과 북적의 풍속은 『주관』에 상고하여 보면 바로 '만복(중국의 지배가 미치지 못하는 곳)'이라 일컬었다. 얻지 않아도 괜찮은데, 얻어서는 무엇 하겠는가? 그저 회유에 힘써야 할 뿐이니, 이것을 '기속(굴레로 묶어둠)'이라 한다.

옥저

8

가. 대략적인 소개

옥저는 고구려와 언어나 풍습이 같은 것으로 보아 부여계 나라였음을 알 수 있습니다. 이 나라는 한반도 동북지역(함경도 일대)에 있었는데, 국력이 약해 한나라 군현과 고구려의 지배를 받았습니다. 기원전 2세기 고조선 멸망과 더불어 한나라 현도군의 지배하에 있다가(BC107) 이후 낙랑군(BC75), 마지막으로 고구려의 지배를 받게 됩니다. 244년 중국 위나라가 고구려를 칠 때 위나라 군사들은 동천왕을 쫓아 옥저까지 추격하였는데, 그 때 그곳의 풍습을 알게 되어 중국 역사서에 처음 소개됩니다. 285년에는 부여가 선비족에게 크게 공격당하여 옥저 땅으로 피신하기도 합니다.

나. 어디에 있었나요?

옥저는 대체로 두만강에서 함경도 지역까지 길게 이어진 나라로, 남쪽과 북쪽 두 곳으로 나누어져 있었는데 두 지역 사이는 약 800리 떨어져 있었습니다.

동북공정 이전 **중국이 쓴 한국사**

1) 《삼국지》: 3세기

동옥저는 고구려의 큰 산인 개마산(백두산) 동쪽에 있으며, 큰 바다(동해) 가까이에 있다. 그 나라의 지형은 동북쪽이 좁고, 서남쪽은 긴데, 천 리 쯤 된다. 북쪽은 읍루 나라, 부여 나라와 맞닿아 있고, 남쪽은 예맥 나라와 접하고 있다. 인구는 5천 가구이다.

북옥저 사람들의 풍습은 남쪽의 옥저 사람들과 모두 같으며, 읍루 나라와 접경하고 있다. 읍루 사람들은 배를 타고 약탈하기를 좋아하는데, 북옥저 사람들은 그들을 두려워하여 여름이면 늘 산 속 바위 동굴 깊은 곳에서 지키고 있다가, 겨울에 얼음이 얼어 배가 다닐 수 없게 되면 마을로 내려온다.

다. 어떻게 살았나요?

원래 고조선에 속했던 옥저는 고구려와 풍습이 유사했던 나라로 근처에 있던 읍루에 비해 사회적 제도가 잘 갖춰진 문명국으로 묘사되고 있습니다.

1) 《삼국지》: 3세기

왕이 없으며, 대대로 그 땅에 살면서 지역마다 수령을 두고 있다. 동옥저의 언어는 고구려와 대체로 같으나 약간의 차이가 있기도 하다.

동옥저는 토지가 비옥하고 아름다우며, 산을 등지고 바다를 향하고 있어, 각종 곡물이 자라기에 알맞고, 사람들은 농사를 잘 짓는다. 사람들의 성격은 소박하고 강하고 용감하다. 소와 말은 적다. 긴 창을 들고 싸우는 보병전을 잘한다. 그들은 음식이나 집, 옷, 예절 등이 고구려와 비슷하다.

위략에는 다음과 같이 기록하고 있다. 그 결혼하는 법은 여자가 열 살이 되기 전에 미리 서로 약혼을 하는데, 신랑의 집에서 그녀를 맞아들여 그녀가 다 자라게 되면 아내로 맞아들인다. 여자가 성인이 되면 자기 집으로 다시 돌려보내는데, 그 때 처가에서는 돈과 재물을 요구한다. (신랑 집에서) 돈을 지불한 뒤에 신랑 집으로 돌아온다.

장례를 치를 때에는 큰 나무 관을 만드는데, 길이가 30미터가 넘으며, 한쪽을 뚫어 문을 만든다. 막 죽은 사람은 임시로 땅에 묻어두는데, 흙으로 겨우 시체를 덮을 만큼 덮는다. 그러고 나서 피부와 살이 부패하여 없어지고 나면 그 뼈를 거두어 만들어 놓은 관 속에 넣는다. 모든 집안사람들이 하나의 관을 사용하는데, 살아있을 당시의 모습을 나무로 조각하며, 나무로 새긴 인형의 수로 죽은 사람의 수를 센다. 또 그릇에 쌀을 담아 관의 문 주변에 묶어서 달아둔다.

관구검이 구려를 정벌할 때(244), 구려의 궁 임금은 옥저로 도망하였는데, 끝까지 추격하여 공격하였다. 그 때 옥저의 고을들은 모두 파괴되었고, 관구검 군사들이 죽이거나 노예로 잡아간 사람이 3천여 명에 이르렀으며, 궁 임금은 북옥저 나라로 도망을 가게 된다.

북옥저 나라는 '치구루'라고도 불리는 나라인데, 남쪽에 있는 옥저로부터 8백여 리 떨어져 있다. 북옥저 사람들의 풍습은 남쪽의 옥저 사람들과 모두 같으며, 읍루 나라와 접경하고 있다. 읍루 사람들은 배를 타고 약탈하기를 좋아하는데, 북옥저 사람들은 그들을 두려워하여 여름이면 늘 산 속 바위 동굴 깊은 곳에서 살다가, 겨울에 얼음이 얼어 배가 다닐 수 없게 되면 마을로 내려온다.

왕기가 별도로 군대를 보내 궁 임금을 추격하는데, 북옥저 동쪽 변경 끝까지 이르게 된다. 그 지역 노인에게 "바다 동쪽에도 사람이 살고 있습니까?"라고 물었는데, 노인은 이렇게 대답했다.

"사람들이 이전에 배를 타고 물고기를 잡는데, 풍랑을 만나 수십 일 동안 표류했습니다. 그러다 동쪽의 한 섬에 이르게 되었는데, 그 섬에는 사람이 살고 있었습니다. 그들과 서로 말이 통하지 않았는데, 그 풍습을 보면 항상 7월이 되면 여자아이를 바다 물에 빠뜨렸다고 합니다."

또 다음과 같이 덧붙였다. "바다 한 가운데 또 한 나라가 있는데, 거기에는 여자만 있고 남자가 없다고 합니다. 그리고 천으로 된 옷 한 벌이 바다에 떠내려 왔는데, 중키의 사람이 입을만한 옷이었는데도 소매가 10미터에 달했다고 합니다. 또 낡은 배 하나가 파도에 밀려 해안가로 왔는데, 거기에 한 사람이 타고 있어서 가보니 머리 위에 얼굴이 하나 더 있었다고 합니다. 그를 살아 있는 채 구했는데, 말이 서로 통하지 않았으며, 아무것도 먹지 않다가 죽었다고 합니다." 노인이 말한 그 지역들은 모두 옥저 동쪽의 큰 바다 가운데에 있다.

옥저의 토기
(국립중앙박물관)

라. 정치는 어땠나요?

1) 《삼국지》 : 3세기

한나라 초기에 연나라에서 위만이 도망 와 조선에서 왕이 되었는데 (BC194), 그 때 옥저는 모두 그에게 속해 있었다. 한나라 무제 원봉 2년(BC109)에 조선을 정벌하고 위만 임금의 손자 위우거 왕을 죽인 뒤 그 땅을 네 개의 군으로 나누었는데, 옥저성은 그때 현도군에 속하게 된다(BC107). 이후 그 땅은 이맥(夷貊)* 사람들의 침략을 받게 되고, 현도군은 고구려의 서북쪽으로 이주하게 되는데, 바로 오늘날 말하는 '현도 옛 관청(현도고부)'가 바로 그 곳이다.

옥저는 다시 낙랑에 속하게 되는데, 한(漢)나라는 그 지역이 넓고 멀리 떨어져 단단 큰 고개(단단대령) 동쪽은 따로 동부도위를 설치하여 불내성에서 관할하게 하게 한다. 불내성은 독자적으로 동쪽 일곱 현을 다스리는데, 그 때 옥저 역시 동부도위에서 관할하는 현이었다.

한(漢)나라 건무 6년(30)에 변경에 설치된 군(郡)을 줄일 때, 동부도위 역시 폐지된다. 그 이후에 각 현의 수령들이 현후(현의 제후)를 맡게 되는데, 불내, 화려, 옥저 현은 제후국이 된다.

동쪽의 이(夷) 사람들과 북쪽의 적(狄) 사람들이 서로 전쟁을 벌일 때, 오직 불내 땅의 예(濊) 사람 제후만은 줄곧 공조, 주부 등의 관직명을 버리지 않고

---

* … 역사서에 이맥(夷貊)이라는 호칭은 예맥(濊貊)이라는 호칭으로 자주 등장한다. 이로 볼 때 이(夷) 사람들과 예(濊) 사람들은 같은 민족이거나 유사한 민족일 가능성이 높다. 예(濊)는 부여, 동예, 옥저 사람을 일컬으며, 중국어로 '후이(Hui)'라 불리는데 필자는 그 뜻을 한국어의 '희(희다)', 곧 하얀 빛을 내는 '해'를 의미하는 것으로 보고 있다.

동북공정 이전 **중국이 쓴 한국사**

지금까지 유지하고 있는데, 모두 현지의 예(濊) 사람들이 그 관직을 맡고 있다. 옥저의 각 고을에는 수령이 있는데, 모두 자칭 삼로(三老)라고 부르는데, 이 역시 옛날 한(漢)나라 시기의 제도이다.

동옥저는 나라가 작기 때문에 큰 나라 사이에서 압박을 당하는데, 고구려에 귀속되어 있다. 고구려 나라는 또 동옥저 각 고을의 귀족을 사자로 임명하여, 각자 자신의 땅을 다스리게 하고 있고, 또 대가(고구려 고위 관리)를 파견하여 동옥저로 하여금 조세를 부과하여 흰 동물(貊), 포목(布), 물고기, 소금, 해초 등을 바치게 하는데, 동옥저 사람들은 그것들을 짊어지고 천 리 길을 가서 고구려에 바친다. 또 그들 중 미모가 뛰어난 여자를 고구려에 바쳐 여종이나 첩이 되게 한다. 이렇듯 고구려 사람들은 동옥저 사람들을 노비처럼 대우한다.

마. 생각해 볼 문제

옥저의 장례 풍습은 한자 死(죽을 사)의 기원과 일치합니다. 죽음을 의미하는 死(사)를 보면 왼쪽에 살이 없는 뼈를 의미하는 歺(=歹 부서진 뼈 알)와, 그 앞에서 절을 하듯 겸손히 허리를 굽힌 모습의 匕(비)로 이루어져 있는데, 뜻을 합하면 죽은 사람의 뼈를 허리를 굽혀 모으는 모습입니다. 이는 "죽은 사람은 임시로 땅에 묻어두는데, 흙으로 겨우 시체를 덮을 만큼 덮는다. 그리고 나서 피부와 살이 부패하여 없어지고 나면 그 뼈를 거두어 만들어 놓은 관 속에 넣는다."는 기록과 같은 풍습입니다.

옥저는 풍습이 부여와 같은 것으로 보아 부여에서 이주한 사람들로 보이는데요, 부여는 주변국에서 사용하지 않던 상나라 달력(은력)을 오랫동안 사용하는 등의 풍습을 볼 때 조선(기자조선)과 함께 고대 상나라

(BC1600~BC1046)를 이은 나라로 볼 수 있습니다. 따라서 옥저에도 상나라의 풍습이 많이 남아 있었을 것으로 예상됩니다.

예(동예)

가. 소개합니다.

예는 흔히 '동예'
로 알려져 있는 나
라입니다. 예는 옥
저와 마찬가지로 한
반도 동쪽에 위치하여
여러 외세의 영향을 많이
받습니다. 과거 고조선에 속해 있었는데 중국 한나
라가 고조선을 멸망시키면서(BC108) 중국 군현에 편

중국 한나라의 영향을 받은 동예 토기
(강릉 출토, 국립춘천박물관)

입이 됩니다. 예는 비록 중국 군현의 간접적 지배하에 있었지만, 사람들
의 문화적 소양이 뛰어났기 때문에, 중국 역사서에 다른 나라들에 비해
많은 칭찬의 글이 기록됩니다. 다만, 중국 역사가는 중국 군현의 지배가
지속되면서 원래의 소박하고 훌륭하던 풍습이 중국의 지배 이후 중국식
으로 바뀌는 것에 안타까움을 표하고 있습니다.

나. 어디에 있었나요?

예는 대체로 현재의 함경도, 강원도, 경상북도에 이르는 한반도 동부 해안에 길게 뻗어있던 국가입니다.

1) 《후한서》: 3세기(?)

예(濊)의 북쪽은 고구려, 옥저가 있고, 남쪽에는 진한과 접해 있고, 동쪽은 큰 바다이며, 서쪽에는 낙랑이 있다. 예와 옥저, 고구려는 원래 모두 조선의 영토였다.

2) 《삼국지》: 3세기

예 나라는 남쪽에는 진한과 접해있고, 북쪽에는 고구려와 옥저에 닿아 있으며, 동쪽은 큰 바다에 이른다. 현재 조선(낙랑)의 동쪽은 모두 그들의 땅이다.

다. 어떻게 살았나요?

부여와 고구려가 그렇듯 동예 역시 한반도에 전파된 고대 동이(상나라) 문화를 많이 간직한 국가였습니다.

1) 《후한서》: 3세기(?)

예전에 주나라 무왕이 조선을 (상나라 왕족인) 기자에게 봉하였는데, 기자는 백성들에게 예절 법도와 농사짓는 법, 누에치는 기술을 가르쳤으며, 또 여덟 가지 금지령을 정하였다. 그곳 사람들은 절대 서로 도둑질하지 않으며, 문을 닫을 필요가 없었다. 부녀자들은 정절을 지키고 믿을 수 있었으며, 음

동예지역의 토기(국립춘천박물관). 동예지역에서 출토되는 초기 철기시대 토기는 충청도 일대의 마한 지역 토기와 같은 부류(경질민무늬토기, 두드림민무늬토기)로, 동예가 마한과 관련이 깊었던 나라임을 알 수 있다.

식은 '제사용 그릇'을 사용하였다.

위 기록에서 예(동예) 사람들이 사용하던 '제사용 그릇'은 豆(두)인데, 받침대를 높여 신에게 존중을 의미하던 그릇입니다. 이 그릇은 중국에서는 오래 전 사라진데 반해 부여나 고구려, 동예, 삼한 등 예맥족이 사는 땅에서는 수천 년 전부터 지금까지 사용되고 있습니다. 이 그릇은 신에게 제사지낼 때 많이 쓰였는데, 예를 들어 예절을 의미하는 禮(예도 예)자는 원래 신(示)에게 풍성한(豊) 제물을 굽이 높은 그릇(豆)에 올려놓고 예법에 맞게 제사를 지내는 모습입니다. 굽이 높은 그릇은 현재 한국에서 제사지낼 때 널리 사용되고 있는데, 이를 통해 한국과 고대 중국과의 깊은 관계를 짐작할 수 있습니다.

예(동예) 사람들에게는 임금이 없었는데, 관리로는 제후와 고을수령, 세 장로가 있었다. 그곳 노인들이 말하길 자기들과 고구려 사람들은 같은 민족으로서, 언어와 법, 풍습이 대체적으로 같다고 하였다. 그곳 사람들은 우직하고 성실하며, 욕심내는 일이 적고 남에게 구걸하지 않는다. 남녀 모두 옷깃을 휘어서 입는다. 풍습은 산과 강을 중요시하고 산과 강을 경계로 각 지역의 경계를 삼으며, 서로 함부로 간섭하지 않고, 같은 성씨의 사람과는 결혼하지 않는다. 금기시 하는 것들이 많은데, 어떤 사람이 병이 나서 죽으면 그들은 원래의 주택을 버리고 다시 새 집을 짓는다.

그들은 삼베를 만들 줄 알고, 누에를 치며 솜(綿)으로 면을 만든다. 별 자리를 관측하여 미리 그 해 수확이 많을지 적을지를 안다. 음력 10월에 하느님께 제사를 지내는데, 밤낮으로 술을 마시고 노래를 부르며 춤을 춘다. 이를 "하느님께 드리는 춤(무천)"이라고 부른다.

호랑이를 신으로 여겨 제사를 지내고, 마을 사이에 서로 침범하는 일이 발생하면 상대방 측의 사람이나 소, 말로 배상하도록 하는데, 이를 "책화(신이 내린 재앙을 가해자가 책임지도록 함)"라고 한다. 사람을 죽이면 사형에 처해지고 도둑질하는 사람이 적다.

예 나라 사람들은 보병 전쟁에 뛰어나며, 그들이 만든 창은 십 미터에 이르기 때문에, 어떤 때는 몇 사람이 창 한 자루를 들기도 한다.

낙랑의 박달나무 활(단궁)은 예 지역에서 생산된다. 그 곳에는 몸에 무늬가 있는 표범이 많고, 체구가 작아 올라타도 과일 나무 아래를 지나갈 수 있는 말(과하마)이 있으며, 바다에는 바다표범이 나는데, 사절단이 조정에 올 때 이러한 것들을 바친다.

한국의 전통 조랑말 과하마(果下馬) (대한제국시대, 국립민속박물관). 현재 제주에 남아 있으며 천연기념물로 지정되어 있다.

2) 《삼국지》 : 3세기

큰 지배자가 없으며, 한 왕조 이후 관리로 후, 읍군, 삼로가 있어 자신들에게 속한 사람들을 다스린다. 예의 노인들이 말하길 자신들과 고구려 사람들은 같은 민족이라고 한다. 예 사람들의 성품은 공손하고 성실하며, 마음대로 욕심을 추구하는 사람이 적고, 청렴하고 잘못을 부끄러워할 줄 알며, 구걸하지 않는다. 언어와 풍속이 대체적으로 고구려와 같으나, 의복은 다른 점이 있다. 남자와 여자의 옷깃이 모두 둥글고, 남자는 넓이가 10센티미터 정도 되는 은으로 만든 꽃을 장식으로 달고 다닌다.

'단단 큰 고개(단단대령, 낭림산맥?)'부터 서쪽은 낙랑에 속해 있는데, 고개 동쪽 일곱 현은 도위가 관할한다. 이 두 지방은 예 사람들 말이 자기들과 같은 민족이라고 한다. 이후 중국에서 도위를 줄일 때 예 사람 중 수령을 제후로 봉하였는데, 현재 불내예 땅 사람들이 모두 예 사람들 종족이며, 한(漢) 왕조 말년에 다시 고구려에 귀속하게 된다.

예 사람들은 산과 강을 중시하여, 산과 강에는 각각 일정한 범위가 정해져 있어 마음대로 서로 들어갈 수 없다. 예 사람들은 성씨가 같은 사람과 결혼하지 않는다. 많은 금기가 있는데, 집안사람이 병이 나서 사망하게 되면 다시 새 집을 짓는다.

삼베로 만든 천이 생산되며, 뽕나무를 심고 누에를 쳐 비단을 만든다. 동이 틀 때 별자리를 관찰하여 그 해 작황이 좋을지 나쁠지를 판별한다. 보석 구슬을 보물로 여기지 않는다.

항상 10월이면 하느님께 제사를 지내는데, 밤낮으로 술을 마시고 춤을 춘다. 이를 '무천(舞天 하느님께 바치는 춤)'이라고 부르며, 또 호랑이를 신으로 여겨 제사를 지낸다. 예 사람들이 서로 상대방 마을을 침범하면, 서로 잘잘 못을 따져 노예나 소, 말로 갚게 하는데, 이를 '책화(責禍)'라고 한다. 살인한 사람은 죽음으로 배상하고, 재물을 약탈하거나 도둑질 하는 일이 매우 적 다. 창(矛)을 만드는데 길이가 10미터에 이르며, 어떤 것은 여러 사람이 함께 들어야 전쟁에 쓸 수 있다. 낙랑 지역의 '박달나무 활(단궁)'은 그곳에서 난 다. 바다에서는 바다표범(물범)이 있어 그 껍질을 얻을 수 있고, 뭍에서는 얼 룩이 있는 표범이 잡힌다. 또한 작은 말(과하마)이 있어 이러한 것들을 한(漢) 나라 환제 시기에 헌상했다. 과하마는 키가 삼 척(1미터)이고, 올라타고도 과 일나무 아래를 지나갈 수 있다고 하여 과하마라 부른다고 한다.

라. 정치는 어땠나요?

1) 《후한서》 : BC2세기~AD1세기

기자(BC11세기 상나라 멸망 후 조선으로 이주한 이주민 대표)로부터 4십여 대가 지 난 뒤, 조선의 제후 준은 스스로 왕이라 칭한다. 한나라(漢, BC206~220) 초기 에 큰 난리가 일어나 연 나라, 제 나라, 조 나라에서 조선으로 피난 온 사람 들이 수 만 명이었는데, 연 나라 사람 위만은 준 임금을 물리치고 조선을 다 스리다가 나라를 손자 우거에게 물려준다.

원삭 첫 해(BC128)에, 예의 수령인 남려 등이 우거 임금(조선 왕)을 배반하 여, 28만여 사람들을 이끌고 요동 땅에 이르렀으며, 무제는 예의 원래 땅에 창해군을 설치하였다가 몇 년 뒤 철수한다. 원봉 3년(BC108)에 이르러 무제 가 조선을 멸망시켰고, 조선을 낙랑, 임둔, 현도, 진번 네 군으로 나누어 설 치하였다.

소제 시원 5년(BC82)에 임둔, 진번을 폐하고 낙랑, 현도에 합병시킨다. 현도군은 다시 고구려 땅으로 이주하게 되는데, 단단 큰 고개(낭림산맥?) 동쪽의 옥저예맥은 모두 낙랑에 속하게 된다. 이후 경내 지역이 너무 넓기 때문에 산맥 동쪽의 일곱 현을 나누게 되며, 낙랑 동부에 도위(지역 행정단위)를 설치하게 된다. 예 나라는 한 나라에 속한 뒤에 자신들의 풍속을 점점 잃게 되었고, 법률 역시 점차 증가하게 되어 60여 조에 이르게 된다. 건무 6년(30)에 도위의 관원을 줄이면서 대 산맥(낭림산맥?) 동쪽 지방을 방치하게 되고, 그 땅을 모두 예 나라의 수령에게 위임하여 지방 제후(현후)로 삼았는데, 매년 와서 배알하고 경축 하였다.

2) 《삼국지》 : 3세기

과거(BC11세기) 기자(중국 상나라 현인)가 조선에 온 뒤로, 사람들은 문을 닫을 필요가 없었고, 백성들은 도둑질하지 않았다. 그 후 40여 세대가 흘러 조선의 제후 준이 왕이라 사칭한다. 중국에서 진승 등의 사람이 일어나 천하가 진(秦) 왕조에 반기를 들고 전쟁을 하자, 연, 제, 조 나라 사람 수만 명이 조선으로 피난을 오게 된다. 연나라 사람 위만 역시 북상투(아무렇게나 막 끌어 올려 튼 상투)를 틀고, 이(夷) 사람들 옷을 입고 와서 왕이 된다.

한(漢)나라 무제 임금이 조선을 멸하고 그 땅을 넷으로 나누었는데, 그

라오양 시

전국시대 목각인형(랴오닝성박물관). 기자조선 당시(BC3세기) 연나라 사람 위만이 했던 고조선식 상투(북상투) 모습이 이와 비슷했을 것이다. 인형이 발견된 곳은 고조선 서쪽 지역인 랴오양(요양)으로, 위만이 이 지역을 지키다가 기자의 후손이 다스리던 조선을 쿠데타로 몰아냈을 것이다.

때 이후로 호(胡, 고조선 원주민) 사람들과 한(漢, 낙랑, 대방 등 한군현) 사람들은 점차 차이가 나기 시작한다.

호(胡)는 기원전 3세기 연나라에 망하기 전까지 발해만 북부(중국 베이징에서 요서지역)에 살던 고조선 사람들을 말합니다. 예(濊)나라를 설명하는 도중 갑자기 예 나라를 호(胡)라고 호칭하는 이유는 이 두 나라가 같은 나라이거나 아니면 민족적으로 유사한 나라이기 때문이 아닌가 합니다.

예(濊)는 현대 중국어 발음으로 '후이(hui)'이고, 호(胡)는 '후(hu)'라고 읽히는데, 그렇다면 두 나라 국호 사이에 일종의 유사성이 있음을 알 수 있습니다. 추측컨대 '예(濊, 후이)'는 그 나라 사람들이 자신을 호칭할 때 부르던 고유 발음이고, '호(후)'는 '예(후이)'라는 발음을 중국 사람들이 대략적으로 듣고 한자로 기록한 이름일 것입니다. 이 '호(胡)'나, '예(濊)'는 고대 중원의 상나라 사람들이 스스로를 호칭하던 국호인 '위(衛)'나 '의(衣)'와 관련이 있는 국호로 모두 태양 또는 태양의 빛인 '희(다)'라는 뜻으로 추정됩니다. 이는 유물(갑골, 청동기, 무덤양식 등)이나 기록(부여인은 고대에 망명온 사람들)으로 볼 때 충분히 가능성이 있는 추론으로, 중원의 상나라 후손들이 멸망하여 처음에 발해만 북부에 '호(후)'를 세우고 이후 만주로 밀려나 '부여(후위)'를 세우며 일부가 점차 한반도로 남하하여 '예(동예, 후이)', '가야(가예=큰 해)', '왜(倭, 좋, 우이)' 등으로 이어져 한반도와 일본을 장악하지 않았나 생각됩니다.

정시 6년(245)에 낙랑태수 유무, 대방태수 궁준이 고개 동쪽의 예 사람들 땅이 고구려에 넘어감에 따라 그 땅을 정벌하게 되며, 불내 지역 제후 등의 사람들이 항복하게 된다.

정시 8년(247), 불내 제후가 조정에 와서 공물을 바치자, 조정에서는 조서를 내려 그를 '불내 지역 예 임금(불내예왕)'으로 임명한다. 그곳 사람들은 한

㈜나라 백성들(民)과 어울려 살았으며, 매 계절마다 낙랑과 대방 두 군 태수에 인사를 했고, 두 군의 태수는 전쟁을 하거나 조세를 부과할 때 예 지역 사람들 역시 인력과 물자를 제공했기 때문에, 그들을 한나라(낙랑. 대방 등 한 군현) 백성과 같이 대우하였다.

진(辰)

가. 소개합니다.

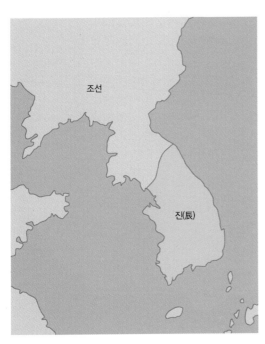

기원전 3세기부터 기원후 2세기까지 한반도 남부에 있었던 국가 진(辰)

중국에서는 기원전 3세기에 중국 춘추전국 시대가 끝나고 진시황이 중국을 통일하면서 대규모 혼란이 일어납니다. 그런데 당시 중국의 혼란은 중국에만 그친 것이 아니라 한반도에도 깊은 영향을 미치게 됩니다.

기원전 3세기 중국의 연나라는 고조선 서쪽(발해만 북부)을 침입하여 고조선을 한반도 북부까지 몰아냅니다. 당시 한반도 북부에는 고인돌이 사라지고 정치적으로 큰 변동이 발생하는데요, 이 시기 이후로 한반도 북부는 발해만 세력(기자조선)이 차지하게 됩니다.

그럼 당시 한반도 남쪽에는 어떤

동북공정 이전 **중국이 쓴 한국사**

나라가 있었을가요? 바로 진(辰)이라는 나라입니다. 이 진나라는 삼한 즉 마한, 진한, 변한 이전부터 있었던 한반도 남부 최초의 국가입니다. 그런 데 이 진나라는 국호만 단편적으로 기록되어 있을 뿐 자세한 역사가 기록 되어 있지 않아 그 실체가 모호한 면이 있습니다.

한반도 북부에 기자조선이, 남부에 진(辰)나라가 정립되고 얼마 뒤인 기 원전 2세기에 한반도 북부에 있던 기자조선이 중국에서 망명한 위만에게 망하고 맙니다(BC194). 이에 기자조선 지배층은 한반도 남부로 망명하게 되는데요, 그들은 진(辰)나라 서쪽에 있던 마한을 빼앗고 그곳에서 왕이 됩니다. 한반도 남부로 쫓겨온 기자조선 세력은 자신들을 몰아낸 북쪽의 위만조선과 시종 갈등관계에 있었는데요, 그들은 위만조선을 물리치기 위해 중국 한(漢)나라에 위만조선 때문에 교류를 할수 없다고 불만을 토로 합니다. 이로 인해 한나라는 위만조선을 물리치게 되고(BC108) 결국 한반 도 북부에는 중국 한나라 정권이 세워지게 됩니다. 후대 신라가 중국 당 나라를 끌어들여 고구려와 백제를 물리치지만 결국 한반도 북부가 중국 (당나라)에 넘어간 상황과 유사한 상황이 이미 기원전 2세기에 벌어졌던 것 입니다.

나. 진국과 관련된 기록들

과거에 조선의 임금 준이 위만에게 격파된 뒤(BC194)에 그 남은 사람들 수 천 명이 바다로 들어가 마한을 공격하고 물리친 뒤 한(韓)나라 임금이 된다. 그러나 이후 준 임금의 후손들이 멸망하여 사라지게 되고 마한 사람들은 다시 진(辰)나라 왕을 스스로 세운다.《후한서》

위 기록은 기원전 194년 고조선(기자조선)이 중국 유민의 대표인 위만과의 전쟁에서 패한 기록인데요, 당시 한반도 북부와 만주에 있던 고조선(기자조선)은 위만에 밀려 배를 타고 한반도 남부에 있던 마한을 공격하여 정복한 사실을 기록하고 있습니다. 즉 마한은 기원전 2세기 이전부터 한반도에 있었던 것을 알 수 있습니다. 그런데 세월이 흘러 이 마한을 물리친 고조선(기자조선)이 점차 세력을 잃었을 때 마한 사람들은 스스로 왕을 세우는데, 그 왕의 칭호가 '마한 왕'이 아니라 '진(辰)나라의 왕'이었습니다. 왜 그랬을까요?

문맥상 마한은 '진나라'의 일부라고 볼 수 있습니다. 왜냐하면 당시 마한은 삼한(마한, 진한, 변한)의 대표였기 때문에 마한의 왕은 호칭이 '마한 왕'이 아닌 삼한 모두의 왕이라는 '진 왕'이라는 표현을 써서 삼한 전체를 아우르는 왕을 세운 것입니다. 따라서 삼한의 공식 국호는 '한(韓)'이 아니라 '진(辰)'이었음을 알 수 있습니다. 그래서 중국 고대 정사인 《삼국지》에는 마한을 설명하면서 진나라의 왕이 목지국(월지국)에 있다고 표현하고 있습니다.

> (마한은) 큰 나라는 만여 가구가 있고, 작은 나라는 수천 가구가 있는데, 모두 10여 만 가구(戶)가 있다. 진(辰)나라 왕은 월지국(月支國, 目支國의 오기)에 있다. 《삼국지》

> 한(韓)나라는 세 종족으로 나뉠 수 있는데, 첫째는 마한, 둘째는 진한, 셋째는 변진이라 부른다. 서쪽은 큰 바다가 있는데, 모두 고대 진(辰)나라에 해당한다.
> 마한이 그 가운데 가장 큰데, 모두가 마한 사람을 받들어 '진(辰)나라 임금'으로 세우며, 수도는 목지국으로서, 3개의 한(韓)나라 전체를 다스린다. 각 나라의 왕은 원래 모두 마한 사람들이었다. 《후한서》

위 글을 보면 마한의 수도가 별도로 있는 것이 아니라 마한을 포함한 삼한 전체가 '진나라'였고, 그 진나라의 수도가 '목지국(월지국)'이라는 것을 알 수 있습니다.

이렇게 기원전 2세기에 한반도 남쪽에는 '진나라'가 있었습니다. 그런데, 과거 연나라 사람 위만이 조선(고조선)을 정복하고(BC194), 그의 손자 우거가 그를 이어 왕이 되었을 때 다음과 같은 일이 벌어집니다.

> 과거 우거왕(쿠데타로 조선을 차지한 위만의 손자)이 아직 중국 한 나라에게 멸망하지 않았을 때, 조선의 재상 역계경은 우거에게 간언하였지만 듣지 않자 동쪽의 진(辰)나라로 갔다. 그 때 그를 따라 나온 사람들이 2천여 가구였는데, 역시 조선과 경계를 두고 서로 왕래하지 않게 된다.《삼국지》

위 기록은 위만조선 당시에 '조선(위만조선)' 동쪽에 '진'이라는 나라가 있었다는 기록입니다. 우거왕은 기원전 108년 측근에게 암살당한 '조선(위만조선)'의 마지막 왕입니다. 즉 고조선이 멸망하는 기원전 2세기 말까지 '진(辰)나라'는 북쪽의 '조선(고조선)'과 대립하고 있던 나라였음을 알 수 있습니다.

다. 진=조선=여진?

필자는 이 '진'이라는 나라가 바로 '숙신', '조선'과 같은 나라가 아닐까 추측하고 있습니다. 고대 만주 지역은 조선의 영토였는데, 후대에 그곳에 살았던 숙신의 후예인 여진족들은 자신들의 나라를 '주리진(朱里眞)'이라 불렀습니다. 이를 토대로 분석해 보면 조선의 원래 발음이 '주리진'이라는 것을 알 수 있는데요, '주리진'의 '주리'는 삼국시대 왕명으로도 자주 등장하는 '유리(儒理, 루리, ruli)' 또는 '노례(弩禮, 누리, nuli)'와 같은 말로 '세상(누리)'이 라는 뜻으로 해석됩니다. '주리진'의 '진(眞, 辰, 振)'은 고대로부터 한반도와 만주 일대에 많이 쓰이던 국호로 한자를 분석해 보면 '아침'이라고 해석이 됩니다. 따라서 '주리진'은 '세상의 아침 나라'라는 뜻으로 해석됩니다. 그 런데 주리진에서 '주리(누리, 세상)'는 생략하고 '진(아침)' 뒤에 국(國, 나라)을 붙 여 '진국'이라고 해도 '아침의 나라'가 되어 국명으로서 어색하지 않습니 다. 즉, '조선(朝鮮)'은 중국 문화의 영향을 많이 받은 '기자조선', '위만조선' 의 국호이고, '진(辰)'은 그 '조선'이라는 국호의 토착민이 사용하던 고유어 '아침' 일 가능성이 높다고 봅니다. 경상도 지역에 있던 '조선' 유민이 세 운 나라 이름 역시 '진(辰)한'인 것을 보면 '조선'과 '진'이 같은 뜻이라는 것 을 유추할 수 있습니다.

여러분은 조선 태조(이성계)가 1392년 세운 조선이 조선과 싸우던 여진 과 국호가 거의 같다는 사실을 아시나요? 금나라, 청나라 등 동아시아 대 제국을 세운 여진족은 현대 영어로 줄천(Jurchen), 중국어로는 뉘전(Nǚzhēn), 루전(Rǔzhēn), 주천(Ju-chen), 여진어로는 주센(Jušen)으로 불리는데, 이는 모 두 '조선'과 관계있는 이름입니다. 여진 사람들이 자신들을 부르던 '주센' 이라는 국호는, 현재 우리가 그들을 부르는 '여진(녀진)'과는 발음이 다르고 오히려 '조선'과 발음이 상당히 같죠?

사실 14세기 한반도에 세워진 '조선' 역시 고려시대까지만 해도 여진족 영토였던 한반도 동북 여진족 땅의 토호 태조 이성계로부터 국호가 정해 진 것은 널리 알려진 사실입니다. 즉, 한반도에 세워진 '조선'과 만주에 있 던 '여진'은 고대 '고조선' 땅에 세워진 나라들로, 같은 국호라고 볼 수 있 는 것입니다. 다만 한자로 표기하면 '조선(朝鮮)'이 되고, 고유어로 하면 주 센, 녀진(뉘즌) 등으로 불리게 된 것이지요. 마찬가지로 고대에 한반도 북 부는 한자 국호인 '조선'이 세워지지만, 한반도 남부 토착민은 자신들의

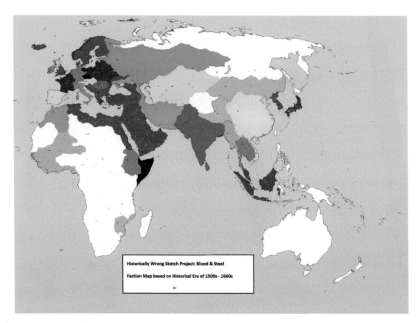

16세기~17세기 민족 분포도. 한반도와 중국 위에는 주센(Jusen)이라는 여진족 나라가 있었다. 이 나라의 대외적 국호는 후금(1616~1636)이었다가 이후 청(1616~1912)으로 바꾸지만, 자신들은 스스로의 국가를 '주센의 나라' 즉 '주센 구룬(Jusen Gurun)'이라 불렀다. 이 주센 나라는 중국을 점령하고 변발 같은 자신들의 문화를 강제로 중국에 주입시키며 동아시아 역사상 몽골에 이어 두 번째로 큰 영토를 다스리게 된다. (HWS Project Blood and Steel – Faction Map v.2.10)

언어로 국호를 '온 누리의 아침'의 의미인 '(누리)진'으로 불렀을 가능성이 높다는 것입니다. 위만조선 당시에 만들어진 것으로 추정되는 한국형동검(세형동검)의 분포가 북한과 남한을 아우르는 것 역시 이 두 지역이 원래는 하나의 국호로 불렸을 가능성을 말합니다.

사실 이 '진(辰)'이란 국호는 고대 한반도 남부에만 있었던 것이 아니라 고대 단군이 다스리던 고조선을 이은 사람들이 대대로 자신들의 국가를 일컫던 말입니다. 한반도 남부의 고대 국가인 진국(辰國)이외에도 원래 고조선(만주)에 있다가 신라로 이주했다는 진한(진조선), 여진족과 관련이 깊은 발해의 국호인 진국(振國), 여진족이 세운 금나라에 반발해 세운 대진국(大

진(辰)나라 유물들(국립중앙박물관)

동북공정 이전 **중국이 쓴 한국사**

眞國, 1215~1233) 등에서 공통으로 사용한 '진'과 통하는 말입니다. 즉, 고대 고조선을 이은 나라들이 공통적으로 사용하던 국호인데요, 3세기에 기록된 《삼국지》에는 한반도 전체를 '한국'이라고 부르고 있고, 4세기부터 7세기 초까지의 역사를 기록한 《북사》에는 한반도 전체를 '조선'이라고 부르기도 합니다. 즉, '한', '진', '조선'이 같은 의미로 사용된 것이지요.

이 조선을 의미하는 것으로 보이는 '진 나라(辰國)'에 대한 기록을 더 보자면 《사기》에 '진번국(기자조선. 낙랑) 옆에 진국(辰國)이 있다'는 표현과, 조선(위만조선)시대 우거왕이 가로막아 그 나라에서 중국 천자를 알현할 수 없었다는 내용이 《한서》에 기록되어 있습니다.

이를 통해 이 '진 나라'가 기원전 2세기 이전부터 한반도 남부 전체를 다스리던 나라인 것을 알 수 있습니다. 이 진국(辰國)이 이후 마한과 진한과 변한으로 나뉘어 발전한 계기는 중국의 고조선 침략으로 인해 북쪽과 동쪽에서 이주한 고조선 유민들이 한반도 여기저기에 터를 잡고 문화적 주도권을 잡으면서부터일 것입니다. 비록 이렇게 한반도 '진(조선)' 땅에 삼한이 정립이 되지만 그 땅의 원래 이름이 '진(조선)'이기 때문에 한국 사람들은 스스로를 '진인', '조선인'이라 불렀던 것이지요.

라. 3세기에 다시 등장하는 진국

기원전 3세기 삼한(마한. 진한. 변한) 이전에 한반도에 있었다는 진국(辰國)은 기원후 3세기에도 마한, 진한, 변한을 대변하는 국호로 등장합니다.

(변한. 진한에서) 큰 나라에는 4,000~5,000가구가 살고, 작은 나라에는 600~700가구의 사람들이 살며, 총 4만~5만 가구가 살고 있다. 그 스물네 나라 중 열두 나라가 진왕(辰王)에 속해 있는데, 진왕은 항상 마한 사람에게

그 나라들을 맡겨 대대로 세습하게 했다. 진왕은 그 사람들이 독립하여 왕을 세우지 못하게 한다. 《위략》에는 이주해 온 사람들이기 때문에 분명히 마한의 지배를 받았을 것이라고 기록하고 있다. 《삼국지》

위의 기록은 3세기에 진(辰)나라 왕이 변한, 진한, 마한을 다스리며 스스로 '진왕'이라 부르던 사실을 기록하고 있습니다. 진왕은 경상도 지역에 있던 진한의 왕을 항상 마한 사람에게 맡겼다고 하는데, 이는 진왕이 작은 진한의 왕이 아니라 삼한을 아우르는 진국(辰國, 臣國)의 왕으로서, 마한을 중심으로 한 '봉건국가 황제'의 위치에 있었음을 뜻한다고 봅니다.

아래의 기록들은 고대 중국에서 한반도를 가리킬 때 '한국' 또는 '조선', 또는 '진'이라고 불렀음을 알려주는데요, 이는 《후한서》에 '삼한(한국)'을 '진'으로 부른 것과 대응되는 것으로, '조선'이 곧 '진국' 또는 '한국'이었음을 알 수 있습니다.

왜인은 대방 동남쪽 큰 바다 가운데 있는데, (중략) "한국"을 경유하여 남쪽으로 가다 동쪽으로 돌면 북쪽 해안에 있는 구야한국에 이르게 된다. 《삼국지》

왜는 동남 대해 가운데 있는데, 한(漢)나라 시기에 처음 중국과 교류했다. 바다를 따라 "조선"을 경유하여 남쪽으로 가다 동쪽으로 방향을 바꾸고 바다를 세 번 지나 7개의 나라를 경유하면 그 나라에 이르게 된다. 《북사》

"진국"(마한, 진한, 변한)은 대방 남쪽에 있으며, 동쪽과 서쪽은 바다에 이른다. 《진서》

동북공정 이전 중국이 쓴 한국사

마한

11

가. 소개합니다.

마한은 기원전 3세기 이전부터 기원후 4세기까지 만주와 한반도에 폭넓게 유지하던 연맹국가였습니다. 마한의 '한(Han)'은 북방 아시아인들이 왕 또는 국가로 사용하던 말로, 북방계 국가들이 자주 사용하던 말입니다. 현재 한국의 '한'은 고대 한반도에 있던 여러 '한국'에서 비롯되었는데요, 이 '한국'은 한반도에만 있었던 것이 아닙니다.

현재 유럽과 붙어 있는 터키는 자신들의 조상들이 중앙아시아에서 이주한 것으로 알고 있습니다. 터키 사람들은 자신들이 고대 중국 북부 돌궐족의 후손이라고 여기는데요, 돌궐족은 6세기 중반 고구려가 있던 동북아시아로부터 중동의 페르시아에 이르는 대제국 '한국(汗國)'을 건설합니다. 이러한 거대한 제국을 세웠던 돌궐족이 '한국'이라는 이름을 쓴 것 이외에도 알타이어계 북방민인 선비, 거란, 몽고, 여진 사람들 역시 이 '한'이 다스리는 '한국'을 세운 적이 있습니다.

6세기 북방 아시아를 호령하던 돌궐족의 대제국 한국(汗國, 552~603). 서쪽으로 카스피해, 동쪽으로 고구려, 수(隋)와 접하고 있었다.

돌궐은 과거 고구려와 함께 중국의 수나라, 당나라를 같이 견제했던 '형제국'이기 때문에 돌궐의 후예인 터키와 고구려의 후예인 한국은 여전히 역사적인 인연을 간직하고 있다고 할 수 있습니다.

마한의 '마(馬)'는 '말'을 의미하는데, 4세기 신라에서 사용되던 왕의 호칭인 '마립간'이 바로 이 '마한'의 발음인 것으로 해석됩니다. 신라는 초기에 언제나 마한의 지배를 받았고, 그 왕들은 언제나 마한에서 보냈기 때문에 진한의 왕은 '마한의 왕(마한에서 온 왕)'이라는 뜻으로 '마립간'이라 쓴 것으로 보입니다. 마립간의 마립은 중국어로 마리(mali)로 읽히고, 몽골어로 말(馬)은 '모리(mori)'로 발음하므로, '머리'를 의미하는 것으로 보입니다. 그리고 간(干)은 '한(汗)', 가한(可汗), 칸' 등으로도 불리던 북방민족의 왕호로 그 뜻은 '신령함, 하늘'을 뜻합니다. 따라서 마한은 '머리 칸', 즉 '머리가 되는 최고의 왕'이라는 뜻으로, '마한'과 같은 뜻으로 해석됩니다.

'한'은 국호 이외에도 '왕'이라는 뜻으로 사용되기도 합니다. 고구려는 별신과 태양신 외에 하늘 신인 '가한(可汗)신'을 숭배하기도 했는데요, 이

'가한'이 바로 칭기즈칸 할 때 '칸'으로 '하늘의 왕'을 의미합니다. 이렇게 칸 또는 한은 몽골족과 투르크족, 만주족, 티베트족에서 왕(王)이라는 뜻으로 쓰이던 칭호였습니다.

7세기에 고구려와 전쟁을 했던 당나라의 태종은 630년에 동돌궐을 정벌했을 때 선비족으로부터 천가한(天可汗), 즉 '천하의 칸 중의 칸(선비족 왕 중 최고의 왕)'이라는 칭호를 받습니다. 이를 볼 때 당나라 역시 북방 선비족과 관련이 깊은 국가였던 사실을 알 수 있습니다.

나. 마한은 고구려?

이렇듯 '마한'은 북방민족과 관련이 많습니다. 역사학계에서는 마한이 충청도, 전라도 지역에 있었다고 하는데요, 현재 유물로 보면 마한의 유물은 뜻밖에도 만주지역(요녕성 심양)과 똑같은 유물이 다수 발견되고 있습니다. 즉 마한이 원래 요하 유역에 있다가 남하했다는 이야기인데요, 다수의 역사 기록을 분석하면 마한이 한반도가 아닌 만주에 있었음을 유추할 수 있습니다.

동한 시기(25~220)에 기록된 《잠부론》에는 '한(韓)국'이 한반도에 있지 않고 연나라 근처에 있다가 이후 바다 가운데(한반도)로 옮겼다는 기록이 있습니다. 이는 마한이 원래 연나라 인근 요하 유역에 있었음을 뜻합니다.

과거 주나라 선왕(?~BC782) 당시 한(韓)이라는 나라가 있었는데, 그 나라는 연(燕)나라와 가까웠다. 후에 바다 가운데로 이주해 거했다. 《잠부론》

《삼국사기》에서도 마한이 북방계 예맥 국가임이 기록돼 있습니다.

신라 최치원은 마한은 고려(고구려)이고, 변한은 백제이고, 진한은 신라라고 말했다.《삼국사기》

(서기 69년) (고구려) 왕은 마한예맥 1만여 기병을 이끌고 나아가 현토성을 포위했다. 우리(고구려) 군대가 크게 패했다.《삼국사기》

(서기 70년) (고구려) 왕은 마한예맥과 함께 요동을 침략했는데, 부여 왕이 병사를 파견해 도와서 이를 물리쳤다.《삼국사기》

상기 기록들은 고구려와 예맥인의 나라 마한(마한예맥)이 요동 근처에서까지 활동했음을 말하고 있습니다.

평양 기자조선의 마지막 왕인 준왕이 위만에 패한 뒤 도읍한 것으로 추정되는 전북 익산 금마(金馬)면의 마한박물관 유물들

옛날에 고구려는 마한이었다. 요즘 사람들 중 마한을 금마산(金馬山. 익산?)으로 알고, 마한이 백제라고 하는 사람이 있는데, 이는 아마 잘못일 것이다. 고구려 땅에는 (마)읍산이 있는데, 그래서 이름을 마한이라 했다.《삼국유사》

이러한 기록들은 모두 마한이 남쪽이 아닌 한반도 이북에 있었던 나라임을 말하고 있습니다. 이렇게 북방 고구려 땅에서 발전한 것으로 보이는 예맥족 일파인 마한은 언제부터 한반도 서남부로 이주한 것일까요?

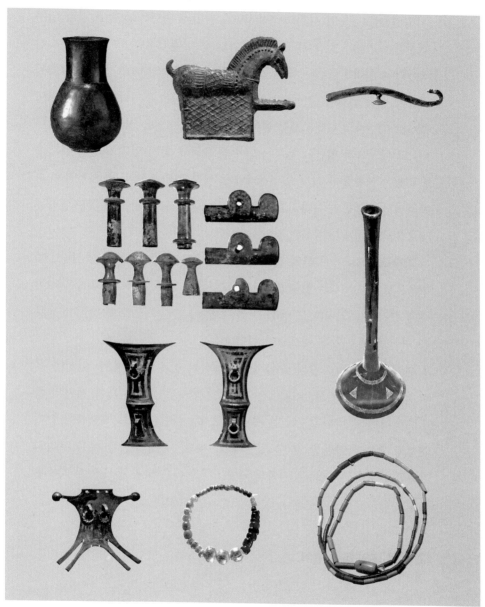

마한의 유물들(국립중앙박물관)

마한은 기원전 108년 기자조선이 위만조선에 밀려 한반도 남부로 이주하면서 역사에 등장한다. 《일본서기》에 따르면 369년 백제와 왜의 연합군이 한반도 남부를 점령하였다는 기록이 있는데, 이로 인해 마한이 백제에 의해 완전히 멸망한 시기를 369년이라고 추정한다.

고인돌을 만들던 사회(단군조선 시기)의 하한과 마한의 상한 시기가 일부 겹친다는 견해가 있습니다. 이 말은 고조선이 멸망하던 시기에 마한이 시작된다는 이야기입니다. 고인돌을 만들던 고조선(단군조선) 말기는 BC3세기경에 해당합니다. 당시 요서에 있던 기자조선은 연나라에 패해 한반도 북부로 이주해와 단군조선을 몰아내고 새로운 조선을 건국하던 시기입니다. 그 이전까지 한반도 북부는 만주와 요동에 퍼져 있던 고인돌 문화를 공유했던 사람들이 살고 있었는데 BC3세기 기자조선이 평양 지역을 차지하면서 고인돌이 사라지고, 이와 동시에 한반도 중남부에 '마한'이라는 새로운 국가체제가 형성된 것이지요.

기자조선(흉노)이 마한의 본토인 서북한으로 밀려올 때 마한 사람들이 북쪽으로 이주하기는 힘들었습니다. 왜냐하면 기자조선이 서북쪽에서 이주해 왔기 때문입니다. 그들은 어쩔 수 없이 한강 이남으로 밀려나 새로운 '마한'을 세우게 된 것으로 보입니다.

현재 학계에서 마한의 중심지로 비정하는 곳은 한강 유역, 아산만 유역, 금강 유역 등지로, 이곳에는 '예족 계열의 고인돌'과 '맥족 계열의 돌널무덤'이 함께 나타나고 있는 곳입니다. 즉, 마한은 예족과 맥족이 함께 연합해 세운 국가임을 알 수 있습니다. 예족은 단군조선을 이은 부여의 기층민을 말하고, 맥족은 서쪽의 기자조선을 이은 북방 흉노(한)계 맥족을 뜻합니다.

다. 기록 속의 마한 위치

중국 역사서에 구체적으로 기록되기 시작하는 마한은 한반도 중부와 남부 지역을 차지한 이후부터입니다. 3세기에 기록된 《삼국지》와 1세기부터 3세기의 역사를 기록한 《후한서》에는 마한에 관해 구체적으로 다음

동북공정 이전 중국이 쓴 한국사

과 같이 기록하고 있습니다.

1) 《후한서》: 3세기(?)

한(韓)나라는 세 종족으로 나눌 수 있는데, 첫째는 마한, 둘째는 진한, 셋째는 변진이라 부른다.

마한은 서쪽에 있는데, 54개의 나라(國)가 있으며, 북쪽은 낙랑과 접해 있고, 남쪽은 왜 나라와 접(接)해 있다. 진한은 동쪽에 있으며, 12개의 나라가 있다. 진한의 북쪽은 예맥과 국경을 접하고 있다. 변진은 진한의 남쪽에 있으며, 역시 12개의 나라가 있다. 변진의 남쪽 역시 왜 나라와 접해 있다. 한(韓)나라는 모두 72개의 나라가 있는데, 백제(伯濟)*는 그 중 하나이다. 큰 나라에는 1만여 가구가 있고, 작은 나라에는 몇천 가구가 있는데, 각자 산이나 바다 사이에 살며, 땅의 면적은 다 합하면 4천 리에 이른다. 서쪽은 큰 바다가 있는데, 모두 고대 진(辰)나라에 해당한다.

마한이 그 가운데 가장 큰데, 모두가 마한 사람을 받들어 '진(辰)나라 임금'으로 세우며, 수도는 목지국으로서, 3개의 한(韓)나라 전체를 다스린다. 각 나라의 왕은 원래 모두 마한 사람들이었다.

백제(伯濟)는 후일 마한 지역을 통일하면서 백제(百濟), 또는 남부여라는

---

* ··· 백제(伯濟)는 후일 마한 지역을 통일하면서 백제(百濟), 또는 남부여라는 국호로 불리던 나라로, 부여의 이주민들이 세운 국가이다. 백제의 국호에 대해 삼국사기에는 '10여 명 (가문)이 바다를 건너왔다'는 의미의 '십제 (十濟)'에서 '100여 명 (가문)이 바다를 건너 왔다'는 의미의 '백제 (百濟)'로 바뀌었다고 말하고 있지만, 이보다는 중국 산동성에 있는 제(濟)강과 관련이 있을 수 있다. 백제 사람들이 중국 산동성 세력과 관련이 있을 가능성은 중국 양나라 시대 (502~557) 사신도인 〈양직 공도〉에 백제인을 '옛 래이 (萊夷) 사람들'이라고 기록한 사실로 유추해 볼 수 있다. 고대 래이인들은 기원전 3세기까지 중국 산동성에서 번성하던 동이족에 속한 문명인들이었다.

국호로 불리던 나라입니다. 북쪽 부여의 이주민들이 남하하여 마한 땅에 세운 국가인데요, 마한 북쪽에 위치하여 중국 군현인 낙랑과 대방의 영향을 많이 받게 됩니다. 그런데 이 백제는 처음부터 강력한 나라가 아니라 마한의 54개 연맹국 가운데 하나였습니다. 따라서 《삼국사기》에 나오는 백제에 관한 초기 기록은 백제가 한반도 서남부를 모두 차지했을 때(4세기)가 아니라 한강 유역의 작은 나라 백제(伯濟)일 때의 기록이라고 할 수 있습니다.

2) 《삼국지》 : 3세기

한(韓)나라는 대방 남쪽에 있는데, 동서로 바다가 있고, 남쪽에는 왜 나라와 접하고 있으며, 사방 4천 리에 달한다. 세 부류로 나눌 수 있는데, 첫째는 마한, 둘째는 진한, 셋째는 변한이다. 진한(辰韓)이라는 명칭은 고대 진나라(辰國)를 말한다. 마한은 서쪽에 있다.

3) 《진서》 : 3세기 말~4세기

한(韓)나라에는 세 부류의 사람이 사는데, 첫째는 마한이고, 둘째는 진한, 셋째는 변한이라 부른다. 진 나라(마한. 진한. 변한)는 대방 남쪽에 있으며, 동쪽과 서쪽은 바다에 이른다.

라. 어떻게 살았나요?

마한의 생활 풍습을 보면 상투를 틀고 짚신을 신는 등 조선시대 풍습과 유사한 면이 많습니다. 하지만, 등가죽을 뚫고 용기를 과시하거나, 지붕 위에 문을 내어 들짐승이나 적의 침입을 막고, 온 국민이 종일 술을 마시며 하느님께 제사하는 등 풍습 등은 우리에게 매우 생소하기도 합니다.

1) 《후한서》 : 3세기(?)

마한 사람들은 농사를 짓고 누에를 치며, 베를 짤 줄 안다. 그곳에서는 밤이 생산되는데, 크기가 배 만큼이나 크다. 긴 꼬리를 가진 닭이 있는데, 꼬리의 길이가 165센티미터 정도에 이른다. 마한의 부락들은 여기저기에 흩어져 사는데, 성곽이 없다. 흙으로 집을 짓는데, 모양이 무덤 같으며, 출입문이 윗부분에 있다. 무릎을 꿇고 절하는 것을 알지 못하고, 남자와 여자 노인과 아이를 구별하는 예절이 없다.

크기가 배만했다는 마한의 밤(공주정안전평농원). 한국은 밤 생산량이 세계1위로, 그 중에서도 고대 마한지역인 충남 공주밤이 유명하다. 밤이 배만큼 크다고 한 이유는 야생 배(돌배)의 크기가 약 4센티로 실제 밤 만하고, 중국 밤은 한국밤에 비해 크기가 작기 때문이다.

사람들은 금이나 보물, 비단, 동물의 털로 만든 옷을 중요하게 생각하지 않고, 소나 말을 탈 줄 모르며, 오직 옥으로 만든 구슬을 귀하게 여겨서 옥을 연결하여 옷의 장신구로 사용하거나, 목걸이, 귀고리로 만들어 달고 다닌다.

일반적으로 관이나 모자를 쓰지 않고 상투를 튼 머리를 드러내며, 옷은 삼베옷이나 솜옷을 입고 짚신을 신는다. 사람들은 크고 용감한데, 젊은 사람들이 건물을 지을 때에는 등가죽을 뚫어 새끼줄을 연결한 뒤 나무를 매달아 즐겁게 소리 지르는 것을 건장한 것으로 여긴다.

음력 오월에 밭 갈고 씨앗 심는 일을 마치고 난 뒤, 여러 잡신에게 제사를 지내는데, 밤낮으로 술자리가 벌어지며 사람들은 모여서 노래하고 춤을 추는데, 수십 명이 서로 줄을 지어 따라가며 함께 리듬에 맞춰 땅을 밟는다. 음력 10월에 농사일을 마치고나서도 역시 같은 축제를 벌인다.

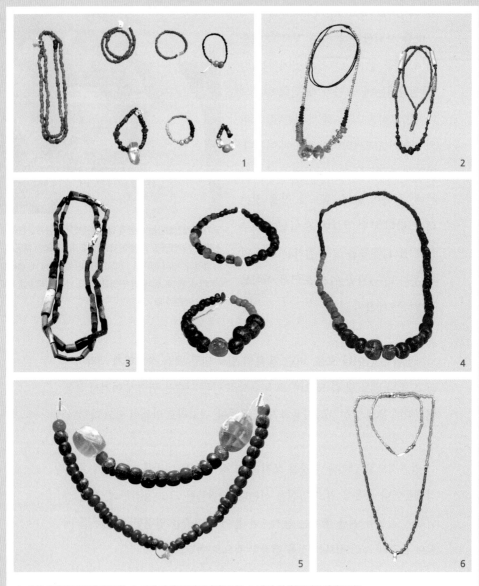

1. 충남 천안(국립중앙박물관) 2. 경남 창원(국립중앙박물관) 3. 강원 횡성(국립춘천박물관)
4. (국립전주박물관) 5. (국립나주박물관) 6. (국립광주박물관)

고대 한국인들이 금보다 소중하게 여겼던 화려한 구슬(옥, 유리)장신구.
마한을 비롯한 고대 한국인들은 옥(구슬)이 땅에서 나는 빛나는 정령으로 매우 소중히 여겼다.

크고 용감한 마한 사람들(국립나주박물관 재현). 마한의 젊은이들은 고인돌처럼 거대한 돌을 나를 정도로 힘이 셌는데, 심지어 자신의 등가죽을 뚫어 줄을 연결한 뒤 나무를 묶어 놓아 자신의 용기를 과시하기도 했다. 이렇게 등을 뚫어 끈을 연결하는 풍습은 고행을 통해 신에 가까워지려는 의식으로, 동남아시아와 아메리카 인디언에게서도 확인된다.

가락에 맞춰 줄지어 땅을 밟는 마한 사람들(국립나주박물관 재현). 마한사람들은 파종과 추수같은 농사의 일단락이 끝나면 함께 모여 제사를 지내고 밤낮으로 술을 마시며 춤을 췄다. 고대인에게 땅은 곡식과 동물이 태어나고 자라는 어머니와 같은 신이었기 때문에 땅을 밟으며 지신에게 감사를 표했다.

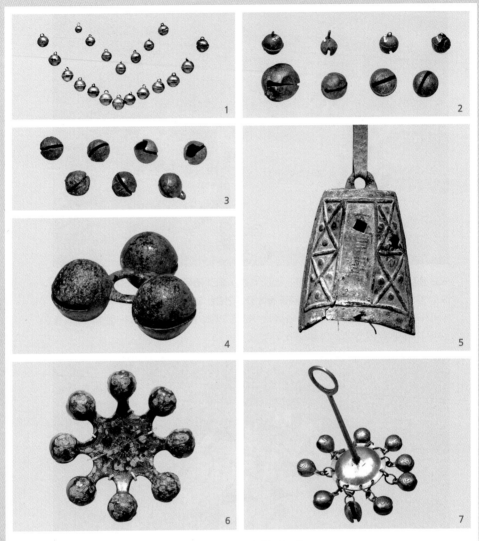

1. 차오양(조양) (랴오닝성박물관) 2. (국립경주박물관) 3. (국립나주박물관)
4. (국립광주박물관) 5. (국립경주박물관) 6. (국립광주박물관) 7. 무당방울(국립춘천박물관)

다양한 형태의 고대 방울.
고대 한국의 제사장 또는 왕은 제사를 지낼 때 신과 소통하기 위해 방울을 흔들었다. 이러한 풍습은 현재 한국의 무속인들에게도 확인할 수 있다. 큰 나무는 하늘과 맞닿은 신령한 존재로 마한 사람들이 숭배를 했는데, 나무에 방울을 달면 바람이 불때마다 소리가 울려 마치 나무신이 이야기하는 것과 같았을 것이다.

각 나라(지역)마다 각자 한 사람을 선발하여 하느님을 모시는 일을 주관하게 하는데, 그 사람을 '천군(하느님의 명령을 받아 전하는 사람)'이라고 한다. 또한 '소도'라는 것을 두어, 큰 나무에 방울과 북을 달아놓고 신을 섬긴다. 그 나라 남쪽은 왜 나라와 가깝기 때문에 왜 나라 사람들처럼 문신한 사람들이 있다.

2) 《삼국지》 : 3세기

그 사람들은 그 지역에 계속 살던 사람으로, 농사를 짓고, 뽕나무를 심어 누에를 쳐서 비단을 생산한다.

마한 사람들의 풍습은 예복을 입고 모자를 쓰기 좋아하는데, 아래 사람이 태수에게 알현할 때는 모두 예복과 모자를 빌려 입는다. 자신의 예복과 도장과 모자를 가진 사람은 천여 명이다.

풀로 지붕을 얹고 땅을 파서 지은 마한 사람들의 집(국립나주박물관 재현). 땅을 파서 지은 집은 보온과 피서에 적합하다. 문은 지붕 위쪽에 두어 사다리를 치우면 들짐승이나 외부의 도적들이 들어오지 못하도록 하였는데, 이러한 형태의 집이 고대 마한지역(공주)에서 발견되기도 하였다. 땅을 파고 지은 집은 3세기 당시 마한 이외에 연해주 지역의 읍루(숙신, 물길)에도 있었다.

마한 사람들의 풍습은 법체계가 견고하지 않고, 각 나라들마다 비록 수령이 있지만, 사람들이 마을마다 섞여 살고 있어서 제대로 통제하기 어렵다. 무릎을 꿇고 절하는 예절이 없다. 거처는 풀로 지붕을 얹고 땅을 파서 집을 만드는데, 마치 무덤 같으며, 문은 위로 나 있다. 모든 식구들이 그 곳에 모여 살며, 어른, 아이, 남자, 여자의 구별이 없다.

장례를 치를 때 시신을 담는 관은 외관만 있고 내관은 없으며, 소나 말을 타는 법을 모르는데, 소와 말을 잡아 장례 치르는 일에 사용한다.

옥으로 된 구슬을 재물로 여기는데, 옷에 장식으로 달고 다니는 사람도 있으며, 목에 걸고 다니거나 귀에 달고 다니기도 한다. 금이나 은, 수놓은 비단을 보물로 여기지 않는다.

마한 사람들은 강하고 용감하며, 머리에 아무것도 쓰지 않고 상투를 틀고 다니는데, 그 모습이 마치 빛나는 병기처럼 보인다. 옷은 베로 된 두루마기를 입으며, 끝이 올라간 가죽 신발을 신고 다닌다.

마한 사람의 상투모습을 확인할 수 있는 농경문청동기(국립중앙박물관). 오른쪽에 따비로 밭을 가는 사람이 있는데, 그 머리 모습이 《삼국지》 기록처럼 '아무것도 쓰지 않고 상투를 틀고 다니는데, 그 모습이 마치 빛나는 병기처럼 보인다'라고 기록한 것과 같다. 이 청동기는 고대 마한에 속하는 대전 지역에서 발견된 것으로 전한다.

나라에서 노동이 필요할 때나, 정부에서 성을 세울 때에 사람들을 동원하는데, 젊고 용감하고 건강한 사람들은 모두 자신의 등가죽을 뚫어 구멍을 만든 다음 두꺼운 동아줄로 꿰어 넣기도 하고, 또 3.3미터 정도 길이의 나무를 거기에 꿰어 넣는데, 하루 종일 시끄럽게 떠들며 일을 하면서, 아프게 여기지 않고, 그로써 노동을 분발시키기도 하고, 건강한 것으로 여기기도 한다.

해마다 5월이 되면 씨뿌리기를 마치고 나서 신에게 제사를 지낸다. 그 때에는 모두가 함께 모여 노래하고 춤을 추며 술을 마시는데 밤이나 낮이나 쉬지 않고 계속한다. 춤을 출 때는 수십 명의 사람이 서로 따라가며 땅을 밟는데, 발을 낮게 들어 밟기도 했다가 높게 들어 밟기도 하며, 손과 발을 서로 잘 어울리게 한다. 춤추는 리듬은 마치 방울춤(탁무)과 같다. 10월에 농사를 마치고 난 뒤에도 다시 그렇게 술을 마시고 노래하고 춤을 춘다.

여러 신을 믿으며, 나라나 고을마다 각자 하느님을 모시는 사람을 두는데 그를 천군(天君, 하느님의 뜻을 대신 전달하는 사람)이라고 부른다. 또 각 나라에는 '소도'라는 지역을 별도로 두는데, 거기에 방울과 북을 매달아 놓은 큰 나무를 세우고 신을 섬긴다. 그곳으로 도망가는 사람은 모두 다시 자기 땅으로 돌아가지 않는데, 범법자들에게 유리하다.

마한 사람들의 신발 풍습과 같이 '끝이 올라간 가죽 신발'을 신고 있는 백제 사신모습(6세기 초 중국 남조 양나라에 파견된 백제 사신을 그린 양원제번객입조도).

그들이 소도를 세우는 의미는 중국에서 불탑을 세우는 것과 비슷한데, 행동이 선하고 악한 것에 대한 기준에는 차이가 있다. 마한의 북쪽에 있는 중국의 군(대방군)에 가까운 나라들은 예절을 좀 알지만, 멀리 떨어져 있는 곳에는 마치 죄인이나 노비가 함께 어울려 사는 것과 같다. 다른 지역에 있는 보물이 없고, 새나 짐승, 풀과 나무는 대체로 중국과 같다. 큰 밤이 나는데, 크기가 배만하다. 또 가는 꼬리 닭이 있는데, 그 꼬리가 170센티미터 가까이 된다. 마한의 남자들은 몸에 문신을 그려 넣기도 한다.

3) 《진서》 : 3세기 말~4세기

짚신과 짚신틀(신발골) (국립춘천박물관). 마한의 풍습인 도포를 입고 짚신을 신는 풍습은 조선시대까지 이어진 한국의 고유 전통이다.

금, 은, 비단 옷, 모직물 옷을 중요시하지 않으며, 대신 옥으로 만든 구슬을 귀하게 여기는데, 이것들은 옷에 꿰어 놓거나, 머리를 장식할 때, 또는 귀에 달아 늘어뜨릴 때 사용된다. 남자들은 모자를 쓰지 않고 상투를 드러내 놓으며, 베로 만든 도포를 입고 짚신을 신는다. 성격은 용감하고 강하다. 화살과 창, 작은 방패와 큰 방패를 잘 다루며, 비록 전쟁이 있지만 서로 존중하고 굴복한 상대를 중요하게 생각한다.

마. 정치는 어땠나요?

마한은 한반도 남부 전체를 다스리던 진국(조선, 한국)에서 주도적 지위를 가지고 있었습니다. 마한에 관한 최초의 기록은 마한 북쪽에 있던 고조선이 위만에 의해 멸망하면서부터 등장합니다(BC194). 위만에 의해 정권을 빼앗긴 고조선 지배층은 남쪽으로 배를 타고 이주하여 마한을 정복하면서 마한이 역사에 등장합니다.

1) 《후한서》: BC2세기~AD2세기

과거에 조선의 임금 준이 위만에게 격파된 뒤(BC194)에 그 남은 사람들 수천 명이 바다로 들어가 마한을 공격하고 물리친 뒤 한(韓)나라 임금이 된다. 그러나 이후 준 임금의 후손들이 멸망하여 사라지게 되고 마한 사람들은 다시 진(辰)나라 왕*을 스스로 세운다.

건무 20년(44년)에 한(韓)나라의 염사 땅 사람인 소마시 등이 낙랑에 와서 공물을 바쳤는데, 광무 임금은 소마시를 한(漢)나라 염사 지역 군장으로 임명한 뒤 낙랑군에 소속시키고 매 계절마다 조정에 알현하게 하였다. 영제(재위 168~189) 말에 한(韓)나라와 예(濊)나라가 모두 강성해 져서 한(漢)나라 지방 군현에서 다스릴 수 없었기 때문에, (낙랑의) 백성들은 고통에 시달리다 많은 사람들이 한(韓)나라로 망명하게 된다.

2) 《삼국지》: 1~3세기 초

각자 수령이 있는데, 큰 자는 스스로 신지(臣智)라 부르며, 그 다음 사람은 읍차(邑借)라 부른다. 높은 산과 큰 바다 사이에 사는데, 성(城)이 없다.

그 곳에는 다음과 같은 나라가 있다. 원양국, 모수국, 상외국, 소석색국, 대석색국, 우휴모탁국, 신분고국, 백제국, 속로불사국, 일화국, 고탄자국, 고리국, 노람국, 월지국, 자리모로국, 소위건국, 고원국, 막로국, 비리국, 점리비국, 신흔국, 지침국, 구로국, 비미국, 감해비리국, 고포국, 치리국국, 염로국, 아림국, 사로국, 내비리국, 감해, 만로국, 벽비리국, 구사오단국, 일리국, 불미국, 지반국, 구소국, 첩로국, 모로비리국, 신소도국, 막로국, 고렵국, 임소반국, 신운신국, 여래비리국, 초산도비리국, 일난국, 구해국, 불운

---

* ⋯ 삼한은 본래 진(辰)나라였기 때문에 삼한의 대표자인 마한의 임금은 진(辰) 왕으로 불렸다.

국, 불사분사국, 원지국, 건마국, 초리국 등 5십여 나라이다.

큰 나라는 만여 가구가 있고, 작은 나라는 수천 가구가 있는데, 모두 10여만 가구(戶)가 있다. 진(辰)나라* 왕은 월지국(月支國, 목지국의 오기)에 있다. 신지(진나라 왕)는 가끔 '존호(이름을 높여 부름)'를 붙이기도 하는데, '신운견지보안사축지분신리아불례구야진지렴'이라 호칭한다. 그 나라의 관직으로는 위솔선, 읍군, 귀의후, 중랑장, 도위, 백장이 있다.

한(韓)나라는 중국 한(漢) 왕조 시기에 낙랑군에 속하였고, 철마다 태수에게 인사를 왔다. 위략에는 이렇게 기록하고 있다. 일찍이 우거 임금(조선 위만 임금의 손자)이 아직 중국 한 나라에게 멸망하지 않았을 때, 조선의 재상 역계경이 우거에게 간언하였지만 듣지 않자 동쪽의 진(辰)나라로 갔다. 그 때 그를 따라 나온 사람들이 2천여 가구였는데, 역시 조선과 경계를 두고 서로 왕래하지 않게 된다.

한(漢)나라 왕망 시기(서기 20~23)에 염사착이 진한의 한 우두머리가 되었는데, 낙랑의 토지가 비옥하여 생활이 풍요롭고 편안하다는 이야기를 듣는다. 이에 도망가서 항복하기로 하고 마을을 나와 가다가 밭에서 참새를 쫓는 남자를 하나 만나게 된다. 그런데 그 사람의 말은 한(韓)나라 사람의 말이 아니어서 그 이유를 물었다. 남자는 "우리는 한(漢)나라 사람으로 저는 이름이 호래(戶來)입니다. 우리들 1,500명은 나무를 벌목하다가 한(韓)의 습격을 받아 포로가 되어 머리를 깎이고 노예로 3년째 살고 있습니다."라고 하였다.

---

* … 진(辰)나라는 마한, 진한, 변한을 합한 한반도 중부 이남의 모든 나라를 말한다.

이에 염사착은 "나는 한(漢)나라 낙랑에 항복하려는데 당신도 가지 않겠소?"라고 물으니 호래는 좋다고 하여 같이 함자현으로 갔다. 함자현에 이르러 낙랑군에 연락을 하였는데 낙랑군은 염사착을 통역으로 삼아 금중(芩中)에서 큰 배를 타고 진한으로 가서 호래의 일행을 데려갔다. 과거 한(韓)나라에 항복했던 호래의 일행 1,500명 중 천여 명은 얻었는데 500명은 벌써 죽었기 때문에 염사착은 진한에 따졌다. "너희는 500명을 돌려보내라. 그렇지 않으면 낙랑이 만 명의 군사를 파견해서 배를 타고 너희를 공격할 것이다."

이에 진한은 "500명은 이미 죽었으니 우리가 그에 대한 보상을 하겠습니다."하고는 진한 사람 15,000명과 변한에서 만든 포목 15,000필을 주었다. 염사착은 그것을 가지고 돌아갔는데, 낙랑군은 염사착의 공과 정의감에 상을 주고 관직과 밭과 집을 주었다.

그의 자손은 여러 대를 지나 안제 연광 4년(125)에 이르러 공로를 인정해 (후손들의) 부역을 면제하였다.

중국 한(漢)나라 환제(146—167), 영제(168—189) 말년에, 한(韓) 사람들과 예(濊) 사람들이 강성해져서 중국 군현을 유지할 수 없게 되자, 한(漢)나라 군현에서 많은 백성들이 한(韓)나라로 이주를 했다. 건안 연간(196~220)에 공손강은 둔유현 남쪽의 황무지에 대방군을 설치하고, 공손모, 장창을 보내 한(漢)나라 유민들을 모았으며, 군사를 일으켜 한(韓)나라와 예(濊)나라를 정벌하였다. 그러자 도망갔던 백성들이 다시 돌아왔으며, 이 이후에 왜(倭)나라와 한(韓)나라는 대방에 속하게 된다.

경초 연간(237~239)에, 명제는 비밀리에 대방 태수로 유흔을, 낙랑태수로 선우사를 임명하여 바다를 건너 공손강이 다스리던 두 군을 평정시키며,

모든 한(韓)나라 신지들에게 읍군의 도장을 하사하며, 그 아래 사람에게는 읍장의 도장을 하사했다.

부종사(중국 관리명) 오림은 낙랑이 본래 한(韓)나라를 통치했었다고 여기고, 진한(辰韓) 여덟 나라를 떼어 낙랑의 관할 하에 두려고 하는데, 이때 번역하는 관원이 번역을 제대로 하지 못하자, 신지(한국 왕)가 고의로 한(韓) 사람들을 격분시켜 한(韓)나라 사람들이 대방군 기리영 지방을 공격하게 한다. 당시 대방군 태수였던 궁준과 낙랑태수 유무는 이에 출병하여 한(韓)나라를 정벌하는데, 궁준은 전사하고 두 군은 한(韓)나라를 멸망시킨다.

3) 《진서》: 3세기 말

무제 태강 첫해(280)와 둘째 해에, 그 나라의 수령이 자주 사신을 보내 공물을 헌상하고 특산물을 바쳤는데, 7년, 8년, 10년(289)에 그랬으며, 그 뒤로도 자주 방문했다. 태희 첫해(290. 백제 책계왕 5년)에는 동위교위 하감에게 헌상했다. 함녕 3년(277. 백제 고이왕 44년)에 또 왔는데, 이듬해 친교를 맺을 것을 요청하였다.

위 《진서》기록을 보면 3세기에 마한은 백제보다 더욱 중국과 활발한 교류를 했던 나라임을 알 수 있습니다. 《삼국사기》에는 백제가 마치 마한을 일찍부터 점령하여(서기 8년) 다스린 듯이 기록하고 있지만, 중국 기록을 보면 백제는 3세기까지도 마한의 북쪽에 있는 소국일 뿐이었음을 알 수 있습니다. 학계에서는 《일본서기》의 기록에 근거해서 백제가 4세기 근초고왕 당시 마한을 점령했다고 해석하고 있지만, 이 또한 논란이 많습니다. 왜냐하면 4, 5세기에 백제 왕릉보다 큰 왕릉이 마한 지역(전남)에서 발굴되고 있기 때문이지요. 마한은 과연 언제 멸망한 것일까요?

바. 마한=말갈?

926년 발해가 거란의 기습으로 멸망하자 발해 유민들이 압록강 주변에 새로운 국가를 세웁니다. 안정국 또는 정안국(938~986)이라고 부르는 나라입니다. 이 발해를 이은 안정국 사람들에 대해 1343년 완성된 중국 《송사》에서는 다음과 같이 기록하고 있습니다.

> 안정국은 본래 마한 사람들인데 거란에 멸망당한다. (安定國本馬韓之種, 爲契丹所攻破)《송사》

이 기록을 보면 좀 이상하다는 생각을 하게 됩니다. 우리가 알기로 마한은 한강 이남에 있다가 4세기에 멸망한 나라인데, 이 기록에는 마한 사람들이 10세기에 한강 이남이 아닌 압록강 북쪽 발해지역에 국가를 세웠다고 기록하고 있기 때문입니다. 어떻게 된 일일까요? 잘 알다시피 발해는 말갈인들이 기층민이었던 나라였습니다. 따라서 이 기록의 마한은 말갈과 같은 의미로 해석할 수 있습니다. 즉, 말갈이 고대 마한과 관련이 있다는 것이지요.

발해를 멸망시킨 거란의 역사서 《요사(遼史)》에는 또 다음과 같은 기록이 있습니다.

> 삼한현이 있다. 진한은 부여이고 변한은 신라이고 마한은 고구려(고려)이다. 개원 시기(1012~1021)에 성종이 고려를 정벌하여 삼국의 유민을 포로로 잡아 현을 설치하여 정착시켰다. 5천 호가 있다.《요사(遼史)》

거란족이 세운 요나라는 발해를 점령한 나라이기 때문에 고구려의 역사에 대해 잘 알고 있었을 것입니다. 그런 요나라의 정사에 진한을 한반도 동쪽 신라 땅이 아닌 만주의 부여라 기록하고, 마한을 한반도 서쪽 백제 땅이 아닌 고구려 땅이라고 하고, 변한을 한반도 남쪽 가야지역이 아니라 신라지역이라고 적고 있습니다. 이를 볼 때 '마한'은 고구려와 발해의 기층민으로서 후대에 '말갈'로 불린 것이 아닌가 생각됩니다.

사. 이상한데?

우리나라 옛 기록에 이상한 기록이 있습니다. 기원전 11세기 단군조선을 몰아낸 상나라(은나라)의 후국인 기자조선은 요동에서 한반도 북부에 걸친 영토를 800년 넘게 다스립니다. 그러다 기원전 194년 중국의 혼란을 피해 도망온 위만에게 패해 한반도 남쪽의 마한으로 이주하게 됩니다. 그런데 그 남쪽으로 이주한 고조선을 '남은(南殷)', 즉 남쪽으로 이주한 은나라(상나라)라고 기록한 내용이 전해지고 있습니다.

은(殷)나라는 고대 중국문명을 창시한 상나라의 수도이자 국호였는데요, 이 중국 최초의 문명국 은나라가 멸망하자 은나라 왕손이자 은나라 최고 현인인 기자가 유민들을 이끌고 고조선 서쪽으로 이주했다가(BC11세기), 결국 그 후손들이 한반도 북부에 정착하고(기원전 3세기), 마지막으로 위만에 의해 한반도 남부 마한으로 다시 이주하여(BC194) 그곳에 '남쪽으로 이주한 은나라', 즉 '남은(南殷)'이라는 나라를 세웠다는 이야기인데요, 3,000년 전에 사라진 '은나라'와 관련된 한국 유일의 기록이므로 의미가 있다고 할 수 있습니다. 다음 기록을 한 번 보시죠.

제목 : 남은(南殷)에 대한 변증설

출처 : 《오주연문장전산고(경사편)》

저자 : 이규경(1788~1863)

번역 : 한국 고전종합 DB

일찍이 어떤 책을 펼쳐보니, 거기에는 미처 듣고 보지 못한 것들이 많았다. 그 내용은 다음과 같다.

기자(箕子) 만년에 국세(國勢)가 미약해진 데다 또 위만(衛滿)의 난(亂)으로 인해 남쪽 지방으로 도읍을 옮겼으니, 이것이 이른바 남은(南殷)이다. 남은은 위만과 여러 번 싸웠으나 싸울 때마다 패하였다. 이때 방 장군(龐將軍)이란 자가 전사(戰死)하였는데, 그의 아내는 기와 굽는 사람의 딸이었다. 그녀는 남편의 죽음에 더욱 노기(怒氣)를 품고 출전하여 용맹한 적장(賊將)을 죽이고 크게 승첩(勝捷)하여 돌아왔다. 그 후에 남은 무종(南殷武宗)이 한 무제(漢武帝)에게 구원병을 요청하여 위만을 토평(討平)하였는데, 한 나라에서 온 장수가 이곳 기와 굽는 사람의 딸에 대한 용맹을 듣고는 크게 놀라 이상하게 여기며, 그녀가 쓰던 큰 칼을 보고 말하기를 '이 칼은 무게가 1백여 근(斤)이나 되겠다.'하였다. (중략)

《기년아람(紀年兒覽)》을 상고하건대, "기준(箕準)이 위만(衛滿)을 피해 한 혜제(漢惠帝) 원년(정미)에 바다를 건너서 남쪽으로 도망하여 금마저(金馬渚)에 이르러 도읍을 하고 국호(國號)를 마한(馬韓)이라 하였는데, 이를 속칭 무강왕(武康王)이라 한다."하였고, 《위략(魏略)》에는, "기준의 아들과 친척으로서 그대로 그 나라에 남아 있는 자들은 그대로 성을 한씨(韓氏)로 하였는데, 기준이 바닷가로 가고 나서는 서로 왕래하지 않았다."하였다.

참 흥미로운 이야기로, 매우 개연성이 높은 내용이기도 합니다. 위만이 난을 일으켜 기자조선(고조선)을 물리치자 기자조선은 남쪽으로 가서 고대 자신들의 조상인 기자의 나라 '은나라'를 세우고, 그 나라는 자신들의 원수인 북방 위만의 나라(위만조선)를 물리치기 위해 중국(한나라)의 도움을 구해 결국 중국 한나라가 남은(기자조선)을 도와 고조선(위만조선)을 물리쳤다는 이야기입니다. 이 이야기는 중국 《사기》의 기록에 위만이 한반도 나라들을 가로막아 중국과 교류를 막았다는 이야기를 설명하고 있기 때문에 의미가 있습니다.

[일본서기에 나오는 마한 왕 계보]

대수	시호	휘	재위	비 고
1	무강왕(武康王), 애왕(哀王)	한준(韓準)		고조선의 마지막 왕으로 기자의 41대손이다. 위만에 밀려 마한으로 온 뒤 성을 기씨에서 한씨로 바꾼다.
2	강왕(康王)	한탁(韓卓)	4년	
3	안왕(安王)	한감(韓龕)	32년	
4	혜왕(惠王)	한식(韓寔)	13년	
5	명왕(明王)	한무(韓武)	31년	
6	효왕(孝王)	한형(韓亨)	40년	
7	양왕(襄王)	한섭(韓燮)	15년	
8	원왕(元王)	한훈(韓勳)	26년	
9	계왕(稽王)	한정(韓貞)	16년	

※ 출처 : 행주기씨 대종중 홈페이지

진한

가. 소개합니다.

진한은 대체로 현재의 경상북도 지역에 있던 나라인데요, 이 나라 사람들 중에는 북방에서 이주한 사람들이 많았습니다. 한국과 중국의 역사서를 보면 기원전에 두 나라에서 이주한 기록이 있습니다. 먼저 조선(고조선)이 망하고 난 뒤 그 유민들이 각자 산골에 나누어살기 시작하면서 진한이 시작되었다는 이야기가 있고 (삼국사기), 중국 서쪽 끝에 있던 진(秦BC221~BC206)나라 사람들이 진시황의 심한 노역을 참지 못해 이주해 왔다는 기록도 있습니다(삼국지).

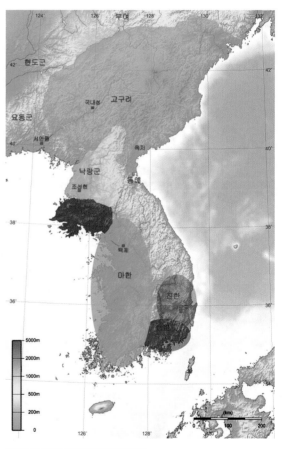

3세기 초 한반도의 국가들(위키백과)

이렇게 진한은 한반도 북부의 '조선'이나 중국 서쪽의 진(秦)나라 사람들이 이주해 세운 나라로 볼 수 있습니다.

나. 어디에 있었나요?

진한은 마한의 동쪽에 있었습니다. 진한 사람들 중에는 조선이나 중국의 혼란을 피해 망명한 사람들이 많았기 때문에 마한 사람들은 망명해 온 그들을 조선이나 중국과 멀리 떨어진 곳에 그들을 보냅니다.

1) 《삼국지》 : 3세기

진한(辰韓)은 마한의 동쪽에 있다. 그곳 노인들이 대대로 전해는 바에 따르면, 자신들은 옛날에 진(秦, BC221~BC206)나라의 힘든 노역을 피해 한(韓)나라로 온 사람들인데, 마한에서 그 동쪽 경계 지역을 주어 살게 했다고 한다.

다. 어떻게 살았나요?

진한에 이주해 온 사람들 중에는 중국 서쪽 산시(섬서)성 지역에 있던 진(秦)나라 사람들과 풍습이 유사한 사람들이 있었습니다. 그들은 자신들의 고향으로부터 거리상으로 만 리나 되는 먼 곳인 요동지역에 병역과 부역에 동원되었던 사람들입니다. 그런데 고생을 해도 고국으로 돌아갈 희망이 없자 결국 머나먼 자신들의 고향으로 돌아가기를 포기하고 한반도 남부로 도망을 오게 된 것입니다. 진시황의 진나라는 법가로도 유명한 나라인데요, 법을 어긴 자는 엄히 다스렸기 때문에 국민들이 많이 고통을 당했습니다. 그러한 진나라의 정책 때문에 진나라 백성들이 주변국으로 도망가게 된 것입니다. 진나라를 피해 한반도로 이주한 사람들은 중국에서

온 관리들에게 자신들의 이야기를 선하게 되고 그들의 이야기를 듣던 중
국인 관리는 다음과 같이 기록합니다.

1)《후한서》: 3세기(?)

그들은 '나라(國)'를 '방'이라고 부르고, '활'을 '호'로, '도둑'을 '구(寇 도둑 구)'
로, 술잔을 '상(觴 잔 상)'이라 하며 서로를 '도(徒 무리 도)'라고 부르는 것이 진
(秦)나라 말과 유사하다. 그래서 어떤 사람은 그 나라를 진한(辰韓)이 아닌 진
한(秦韓)이라 부르기도 한다.

진한에서는 성을 쌓거나 울짱을 두르며 방
이 있는 집이 있다. 서로 다른 작은 고을들에
는 모두 수령이 있는데, 큰 수령은 '신지' 그
다음은 '검측', 그 다음은 '번지' 그 다음은 '살
해' 그 다음은 '읍차'라고 부른다. 진한은 토지
가 비옥하여 오곡을 심기에 적당하다. 사람들
은 누에치기와 뽕나무 심는 법을 알고 비단과
베를 짠다. 소나 말이 끄는 수레를 탈 줄 알며,
결혼은 예식을 갖춰 하고, 길에서는 서로 양
보하면서 걸어간다.

진한에서는 철이 생산되어 예 나라, 왜 나
라, 마한 나라 사람들이 모두 그들에게서 철
을 사간다. 그들은 모두 철을 화폐로 삼아 무
역을 한다. 노래 부르고 춤추며 술을 마시고
북을 치고 거문고 타기를 좋아한다. 아이가
태어나면 아이의 머리가 납작한 것을 바라기

춘추시대(BC770~BC403)의 진(秦)나라(위키백과). 중국
서쪽 변방의 작은 나라였던 진나라는 중국을 통일한 뒤
한반도와 가까운 요동지역까지 이르는 장성을 쌓으며
북방 흉노를 견제했다. 당시 요동에 동원된 진나라 사람
들이 고역을 이기지 못하여 한반도 남부(진한)로 도피한
다. 몇 가지 유물을 보면 고대 진나라가 있던 지역(산시
성)과 한반도와의 관계를 확인할 수 있다.

라오닝성박물관

국립중앙박물관

국립중앙박물관

국립전주박물관

국립경주박물관

국립광주박물관

국립중앙박물관

고대 진나라(현 산시성)

중국국가박물관

진(秦)나라와 한반도의 관계를 짐작케 하는 돌괭이와 새모양 토기. 고대 중국 서쪽에 있던 진(秦)나라는 융족(흉노 조상)의 땅에 세워진 나라로, 신라와 마찬가지로 새를 숭배하는 소호족에 속한다. 소호란 중국의 시조(5제) 중 한명으로 중국 동이족 가운데 가장 큰 세력을 이루었다. 대표적인 소호족 국가는 증명된 중국 최초의 국가인 상나라(은나라, BC20세기~BC1046년)이다. 상나라가 멸망할 당시(BC11세기) 상나라 사람 중 일부는 서쪽으로 이주하여 진나라를 세우고, 일부는 동쪽으로 이주하여 '기자조선'을 세운다. 기자가 다스리던 조선은 위만조선을 거쳐 한나라 낙랑군으로 편입되는데, 신라 사람들은 낙랑 사람들을 '자신들이 두고 온 사람들'이라고 불렀다. 즉, 상나라, 기자조선, 진(秦)나라, 낙랑, 신라는 새를 숭배한 소호족이라는 큰 흐름 속에 서로 연결이 되어 있다.

때문에 모두 돌로 아이의 머리를 누른다.

진한 사람들에게는 이웃국인 마한 사람들과 다른 점을 많이 볼 수 있습니다. 마한 사람들은 말과 소를 이용할 줄은 몰랐지만, 진한 사람들은 수레를 몰고 말을 타고 다녔습니다. 이를 볼 때 진한은 중국 북방민족의 성격을 많이 띠고 있음을 알 수 있고, 수레에 필요한 철제 도구들을 스스로 만들어 주변 나라에 철을 판매한 것이나, 집을 짓고 예절을 지키는 등, 마한 사람들에 비해 발달된 문명을 누리고 살았음을 알 수 있습니다.

진한에서 아이 머리를 돌로 눌러 납작하게 했다는 납작머리(편두) 풍습은 진한 뿐 아니라 중국 동부와 만주, 멀리는 동유럽에 진출한 훈족과 남아메리카 사람들에게서 나타나는데, 이러한 사실은 그 사람들 사이에 공통된 문화의 뿌리가 있음을 짐작하게 합니다. 이는 또한 진한 사람들이 북방민들과 관계가 깊다는 증거이기도 합니다. 이 풍습은 18세기까지도 만주 여진족 사이에 유행했었습니다. 여진족이 세운 청나라의 황제 고종(건륭제, 1711~1799)은 진한의 '납작머리(편두)' 풍습에 대해 다음과 같이 이야기합니다.

　　무릇 아이를 처음엔 땅에 거꾸로 세우고 돌로 머리를 누르는데, 이 얼마나 이치에 맞지 않는 것인가. 우리 왕조(청나라 여진족)의 옛 풍습에 아이가 태어난 후 며칠 동안 눕는 틀에 끼어 넣는데, 아이를 위로 보게 하고 그 속에 오랫동안 두면 머리가 저절로 평평해지고 머리가 마치 벽에 걸린 현판(扁)처럼 보이게 된다. 이것이 습관이 되어 자연스럽게 되니 이상하다 할 것이 없었다. 진한(辰韓) 역시 이것과 비슷하지 않았을까? 범위종은 그 이유를 몰라 잘못 해석하고 있으니 심히 어처구니없다.《흠정만주원류고(권2)》

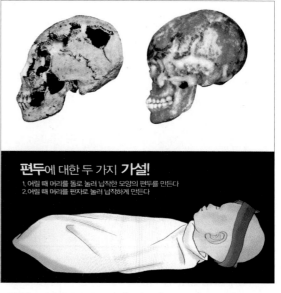

경상남도 김해에서 발견된 편두(납작머리) 두골과 편두 조형에 대한 가설(국립김해박물관). 편두 풍습은 4~5세기 동유럽을 휩쓴 훈족에서부터 고대 아메리카 원주민까지 폭넓게 발견되고 있다.

　　이렇게 어린아이의 머리를 납작하게 하는 풍습에 대해 익숙

고려(신라)를 부모의 나라로 섬기던 만주의 여진족이 중원에
세운 금나라(金,1115~1234) (위키백과)

한 말을 한 청나라 황제는 스스로
를 중국인이 아닌 '외국인'이라 칭
했던 여진족 사람이었습니다. 청나
라 황제는 이 글에서 진한(신라)시대
부터 존재한 편두(넙적머리)의 풍습에
관해 구체적이고 자세히 묘사하며
진한과의 친근함을 보입니다. 그
래서인지 청나라 멸망 이후 청나라
황실 사람들 중 다수는 신라 왕족
의 성씨인 '김'씨로 성을 바꾸게 됩
니다.

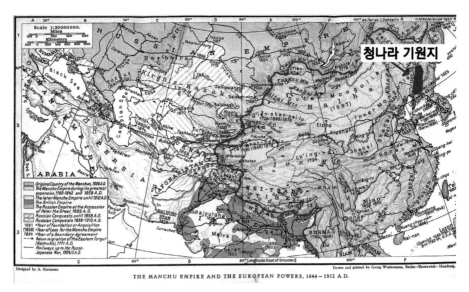

중국 영토를 몽골 이후 가장 크게 넓힌 여진족 국가 청(淸, 1636~1912). 원래 명나라 이성량(조선인 이영의 후손)의
관할 아래 있던 여진족은 압록강 북부 만주의 작은 땅에서 시작하여 조선과 명나라를 정복하며 대제국을 세운다.
지도상에 조선은 1627년 정묘호란 당시 여진족 청나라에 복속되어 1895년 청일전쟁 이후 독립하는 것으로 나온다.
(Albert Herrmann, 1969.)

사실 여진족과 진한(신라)은 관계가 깊습니다. 여진족이 12세기에 중국을 처음 정복하고 세운 금나라(1115~1234)는 그 시조가 성이 '김(金)'씨인 신라(또는 고려) 사람이기 때문에 신라(고려)를 부모의 나라로 여기기도 했습니다. 그래서인지 여진족은 거란과 송나라를 물리치고 중원을 정복한 뒤 국호를 '금(金)'이라고 정하게 되고, 이후에 다시 17세기에 중국을 정복한 청나라는 초기에 국호를 '금나라를 이은 나라' 즉 '후금(後金)'이라고 정하게 됩니다.

2) 《진서》3세기 말~4세기

성과 목책을 세우며, 언어는 진(秦)나라와 유사하여, 혹자는 그 나라를 진한(秦韓)이라 부르기도 한다. 처음에는 여섯 나라였는데, 점차 열 두 나라로 분리되었다. 또 변진이라는 나라가 있는데, 역시 열 두 나라이다. 두 나라를 합하면 사, 오만 가구에 달하며, 각자 수령이 있는데, 모두 진한에 속한다.

진한에서는 항상 마한 사람으로 왕으로 삼으며, 비록 대대로 왕위가 계승되지만 마한으로부터 독립하지 못한다. 이는 분명 그 사람들이 이주해 왔기 때문에 마한의 통제를 받는 까닭일 것이다. 땅은 오곡을 기르기에 적당하고, 풍속은 양잠이 성행하여 비단을 잘 만든다. 소를 부리고 말을 탈 줄 안다.

그 풍속은 마한과 유사하며, 무기도 그들과 같다. 아이를 낳으면 바로 돌

큰 거문고를 타는 여인이 장식된 토기(6세기) (국립경주박물관)

로 그 머리를 눌러 납작하게 만든다. 춤추는 것을 좋아하고 큰 거문고를 잘 타는데, 거문고 모양이 마치 축(筑, 대나무로 만든 현악기)과 같다.

라. 정치는 어땠나요?

진한은 대대로 북방민의 이주가 두드러진 곳이라고 했는데요, 앞서 말한 조선이나 진(秦)나라 이외에도 중국 한나라가 한반도 북부를 점령하고 세운 낙랑(BC108~313) 사람들 역시 고구려의 압박 때문에 지속적으로 진한에 유입됩니다. 그래서 진한 사람들은 북쪽 평양 지역의 낙랑 사람들을 '자신들이 두고 온 사람들'이라고까지 합니다. 이 사실은 매우 중요합니다. 왜냐하면 중국 사람들은 한국인이 '신라'만을 이었고 고조선이나 고구려를 잇지 않았다고 하기 때문입니다. 사실 '신라'는 고조선 유민이 세운나라이자 낙랑도 이은 나라이기 때문에, 신라가 단지 한반도 남부 토착국가였다고 볼 수는 없습니다. 중국에서는 한반도 남부에 있던 삼한이 현재한국의 모체라고 하여 고구려와 관계가 전혀 없다고 주장하지만, 앞서 밝혔듯 삼한은 사실 마한이 고구려 땅에서 시작된 것부터 해서, 진한 사람들 중 다수가 원래 고조선을 이은 낙랑 사람들로서 낙랑은 과거 고구려와함께 고조선 연맹이었기 때문에 삼한과 고구려는 뗄 수 없는 관계에 있다고 할 수 있습니다.

1) 《삼국지》 : 3세기

그들은 낙랑 사람들을 '아잔(阿残)'이라고 부르는데, 동쪽 사람들은 '我(wǒ 워)'를 '아'로 발음하므로, 이 말 뜻은 '낙랑사람들은 본래 자신들이 남겨두고 온 사람들'이라는 뜻이다. 현재 진한(辰韓)을 진한(秦韓)이라 부르는 사람이 있다. 처음에 여섯 나라로 시작되었다가, 차츰 열두 나라로 나누어졌다.

2)《진서》: 3세기 말

진(晋)나라 무제 태강 첫해(280)에, 그 나라 사람들은 사자를 보내 특산물을 헌상했고, 둘째 해에도 공물을 바쳤으며, 일곱째 해(286)에도 그러했다.

진한(경주)의 청동 허리띠고리(1~2세기) (국립중앙박물관)

마. 진한과 여진족

송나라 시기에 기록된 여진족이 세운 금나라의 역사서인《금지》에는 다음과 같은 이상한 기록이 있습니다. 여진족(말갈족)이 원래 진한의 후손이었다는 내용입니다.

금나라(1115~1234)의 본명은 주리진(朱里眞)인데, 방언으로 와전되어 녀진(女眞)이라고 불린다. 혹은 려진(慮眞)이라고도 한다. 거란 흥종의 이름을 피해 녀직(女直)이라고 하기도 한다. (고대) 숙신의 후손으로 발해의 종족이다. 혹자는 삼한 중 진한의 후손으로 성이 나(拏)씨라고 한다. 그 땅에서 인구가 가장 적고 천박하다. 당나라 정관 시기(627~649)에 말갈이 중국에 왔는데 처음으로 녀진(여진)이라는 이름을 듣게 된다. 대대로 혼동강(송화강) 동쪽, 장백산(백두산) 자락에 살고 있다. 그 산은 압록강의 기원지로 남쪽은 고려가 있

백두산에서 진한에 전해진 흑요석(국립대구박물관). 흑요석은 윤기가 나는 검은 암석으로 화산지대에서 주로 생성되는데, 한반도 동남부 위치한 대구(고대 진한)에서 발견된 흑요석은 여진족이 살던 백두산 지역 원석임이 밝혀졌다. 이는 고대 북방 여진족과 한반도 남부 원주민(진한)과의 밀접한 관계를 증명하고 있다.

고 북쪽에는 실위, 서쪽은 발해와 철리국, 동쪽은 바다가 있다. 《금지》

진한은 고조선이 망하면서 그 유민이 남하하여 한반도 동남쪽에 거주하면서 역사에 등장합니다. 원래 고조선의 중심지는 만주와 북한 일대였는데, 고조선 유민들이 한반도 동남부로 이주하여 자신들의 국가를 '진한'이라 부른 것을 볼 때, 원래 진한은 후대에 여진족이 사는 만주 지역에 있던 나라임을 추정할 수 있습니다. 이 기록에 금나라 여진족이 살던 땅이 만주 송화강에서 백두산(장백산) 일대라고 하는데, 이곳은 고대 고조선의 영역으로 금나라와 진한 사람들과는 일정부분 관련이 있다고 볼 수 있지 않을까 합니다.

변진(변한) **13**

가. 소개합니다.

　변진(弁辰)은 변한이라고도 하며 진한과 인접해 있거나 함께 섞여 살던 나라입니다. 진한 사람들과 약간의 풍속 차이가 있다는 것을 보면 변진 사람들이 북방에서 이주한 시기와 원 거주지가 진한과 다르고, 또 이주한 지 얼마 되지 않았음을 알 수 있습니다. 마한의 동쪽에 살던 진한과 변한 사람들은 키가 크고 옷을 깨끗하게 입었으며 법을 엄격히 지키던 문화 민족이었습니다.

나. 어디에 있었나요?

　변진(변한)은 현재 경상도 지역에서 진한과 이웃해 있었습니다. 현재 진한과 변진(변한)을 구분할 만한 유물이 딱히 발견되지 않는 것으로 보아 서로 교류가 많았음을 알 수 있습니다. 진한과 변진은 24개의 작은 나라들로 구분되어 12개는 진한에, 12개는 변진에 속해 살아가고 있었습니다.

1) 《삼국지》: 3세기

변진(弁辰) 역시 열두 개의 나라가 있고, 그 외에도 작은 고을들이 있는데, 지역마다 수령을 두고 있다. 가장 높은 사람은 신지이고, 그 다음은 험측, 다음은 번예, 그 다음은 살해, 다음은 읍차가 있다. 변진과 진한을 합하여 모두 스물 네 나라가 있는데, 이저국, 불사국, 변진미리미동국, 변진접도국, 근기국, 난미리미동국, 변진고자미동국, 변진고순시국, 염해국, 변진반로국, 변진락노국, 군미국, 변진미오사마국, 여담국, 변진감로국, 호로국, 주선국, 변진구야국, 변진주조마국, 변진안사국, 변진독로국, 사로국, 우유국이 있다.

다. 어떻게 살았나요?

1) 《후한서》: 3세기(?)

변진 사람들은 성을 쌓은 마을 모습이나 복장은 진한 사람들과 같으나 언어나 풍습은 좀 다르다. 사람들은 키가 크고 머리를 아름답게 장식하며

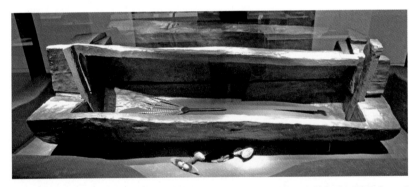

새의 깃털을 죽은 사람의 가슴 부위에 올려놓은 변진의 장례풍습을 재현한 모습(국립김해박물관). 고대 한국인들은 새가 하느님(天)이 살고 있는 하늘 가까이 높이 날았기 때문에 새를 하느님의 전령으로 여겨 숭배했다. 죽을 때에도 새의 깃털을 함께 묻음으로써 망자가 하느님에게 가까이 갈 수 있기를 염원했다.

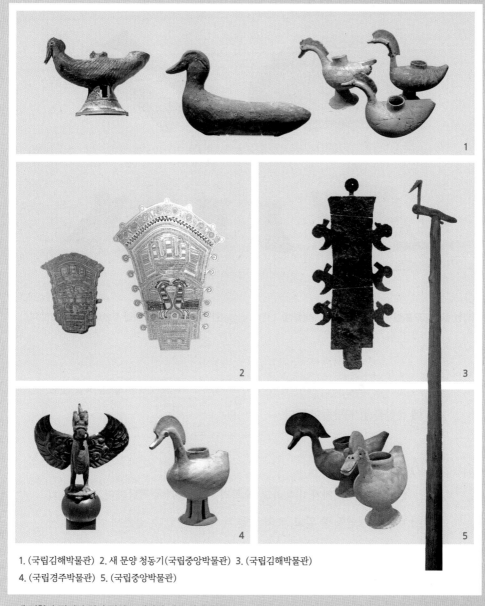

1. (국립김해박물관) 2. 새 문양 청동기(국립중앙박물관) 3. (국립김해박물관)
4. (국립경주박물관) 5. (국립중앙박물관)

고대 진한과 변진이 있던 경상도 지역의 새 모양 유물들.

신라인들은 스스로 고대 새를 숭배한 동이족인 소호족의 후손이라 주장하기도 했는데, 이렇듯 새를 숭배한 신라인들은 새 모양 토기나 청동기 등을 많이 남겼다. 신라의 초기 국호인 서라, 서야, 서나 등의 '서' 역시 '새'를 의미하는 것으로 해석된다.

변한지역 철정(국립김해박물관)

마한지역 철정(국립나주박물관)

다양한 철제 도구를 만드는 재료인 철 덩어리(철정). 변진에서 생산한 철정은 마한을 비롯한 주변국으로 수출되었다.

옷이 깨끗하다. 법은 매우 엄격하다. 그 나라는 왜 나라와 가깝기 때문에 몸
에 문신을 한 사람들이 많다.

2) 《삼국지》 : 3세기

(진한과 변진은) 토지가 비옥하고, 오곡과 벼를 심기에 적당하며, 누에를 쳐
서 비단을 생산할 줄 알고, 소와 말을 타고 몰 줄 안다. 결혼 예식에는 남자
와 여자가 구분이 있다. 큰 새의 깃털을 죽은 사람과 함께 묻는데, 그 이유
는 죽은 사람이 하늘에 오르기를 바라는 마음에서이다.

위략에는 그 나라에서 집을 지을 때에는 나무를 가로로 쌓아서 올리는
데, 마치 감옥과 같다고 한다. 그 나라에서는 철이 생산되는데, 한(韓)나라,

예(濊)나라, 왜(倭)나라가 모두 거기에서 철을 취해간다. 곳곳의 시장에서는 철로 물건을 사는데, 마치 중국에서 동전을 사용하는 것과 같으며, 또한 낙랑군과 대방군에 공급하기도 한다.

노래하고 춤추고 술 마시는 것을 좋아한다. 거문고가 있는데 그 모습이 마치 축(筑, 거문고와 비슷한 대나무로 만든 악기)과 같아서, 연주를 하면 역시 음의 높낮이(곡조)가 있다.

아이가 태어나면, 바로 돌로 그 머리를 눌러서 평평하게 만들려고 하기 때문에 현재 진한 사람들은 모두 머리가 납작하다. 왜 나라와 가까워 남녀가 문신을 하고 있다. 보병전을 잘하는데, 무기는 마한과 같다. 길을 가다가 서로 마주치면 걸음을 멈추고 길을 양보하는 풍습이 있다.

변진 사람들은 진한 사람들과 서로 섞여 사는데, 역시 성곽이 있으며, 옷과 거주하는 방식이 진한 사람과 같다. 언어와 풍습 역시 진한과 비슷한데, 신에게 제사를 지내는 법은 다르며, 부엌을 모두 집 서쪽에 둔다. 변진의 독로국(부산?)은 왜 나라와 접해 있다. 변진 열 두 나라에는 왕이 있으며, 사람들은 모두 체구가 크고, 옷은 청결하며, 머리를 길게 기른다. 또 폭이 넓고 가는 실로 짠 천을 생산한다. 법과 풍습이 매우 엄격하다.

주호(담모라)

14

가. 소개합니다.

　한반도 남부에 마한을 중심으로 한 78개국의 소국이 있었던 3세기 당시에 제주도에는 '주호'라는 나라가 있었습니다. '주호'는 주로 마한과 교류를 했는데요, 현재 발굴되는 유물로 보면 마한 이외에도 중국 군현들과도 거래가 있었던 것으로 확인되고 있습니다. '주호'국은 이후 '담모라'로 국호가 바뀌었다가, 백제가 강성해지면서 백제의 영향권 아래 놓이게 됩니다. 우리나라 역사서에는 탐라(耽羅)라는 국호로 등장하여 4~5세기 경 백제 복속되었다가 백제 멸망 후 662년 신라에 복속이 된 것으로 기록되어 있습니다.

제주시 고산리에서 발견된 국내 최고(最古) 토기 조각(고산리식토기) (국립제주박물관). 약 11,000년 전부터 사용된 토기로, 국내는 물론 세계적으로도 가장 이른 시기의 토기 중 하나이다.

나. 어디에 있었나요?

1) 《후한서》 : 3세기(?)

마한의 서쪽 바다에는 섬이 하나 있는데, 거기에 주호(州胡)나라가 있다.

2) 《북사》 : 5~6세기

(백제) 남쪽에서 바다로 석 달을 가면 담모라(聃牟羅)국이 있다. 남북으로는 천여 리이고 동서로는 수백 리이며, 토산물로는 노루와 사슴이 많은데, 백제에 속해 있다.

《북사》에 나오는 백제 남쪽에 있었던 '담모라'는 제주도의 고대 호칭인 탐라, 탐모라와 발음이 비슷하여 일반적으로 제주도로 비정하고 있습니다. 하지만 위의 기록을 보면 좀 이상한 면이 있습니다. 배를 타고 세 달을 가야하고 남북으로 천 리, 동서로 수백 리에 달하는 큰 섬은 사실 제주도라기보다는 중국 동남쪽 바다에 있는 대만(타이완)에 가깝습니다. 대만은 남북 386km(약 965리), 동서 폭은 144km(360리)로 《북사》의 담모라국과 거의 부합하고 있습니다(소진철 교수).

아무리 고대에 교통수단이 열악했다 하더라도 백제에서 배로 석 달을 가야 제주도에 닿는 다는 말은 이치에 맞지 않고(10세기 저서인 《당회요(唐會要)》에는 5일이 걸리는 것으로 기록됨), 제주도는 동서의 길이가 남북의 길이보다 길기 때문에 위의 기록과 맞지 않습니다. 인류학적으로 고대 한반도 신석기인과 대만 또는 베트남 원주민 유전자를 섞을 때 현대 한국인과 가장 유전적으로 가깝다고 하는데요, 그럼 혹시 이 기록에 나오는 담모라가 제주도가 아니라 우리와 유전적으로 가까운 대만(타이완)이 아닐까요?

5, 6세기 백제는 활발한 해양국가로서 동남아시아 각 지역과 교류를 하고 있었습니다. 아래의 기록은 백제가 동남아와 교류한 내용인데요, 당시 백제는 일본이나 중국보다 동남아시아 지역 통제권이 더 강했음을 알 수 있습니다.

(554년) 백제가 부남(캄보디아)의 재물과 노비 2구를 왜에 주었다.《일본서기》

(641년) 백제 시신들이 (백제를 통하지 않고 왜와 단독으로 교류하려고 한) 곤륜(동남 아시아 지역)의 사신을 바다에 던져버렸다.《일본서기》

위 기록처럼 대만보다 훨씬 아래에 있는 동남아시아 국가들을 통제 했다면 백제가 대만을 장악한 것도 크게 이상할 것이 없을 것 같습니다.

다. 어떻게 살았나요?

1)《삼국지》: 3세기

사람들의 키가 좀 작으며, 언어는 한(韓)나라와 다르다. 중국 북방의 선비 사람들처럼 머리를 모두 자르며, 가죽으로 된 옷을 입는다. 소와 돼지를 기르기 좋아한다. 그들 옷은 상의만 있고, 하의가 없는데, 마치 모두 벗고 다니는 것 같다. 배를 타고 왕래하며 마한에서 물건을 매매한다.

제주시 용담동에서 발견된 초기 철기 시대 옥귀고리(국립제주박물관)

2) 《당회요(唐會要)》*

　　탐라국은 신라 무주(武州) 바다위에 있는데, 산으로 된 섬에 거주한다. 주변이 모두 바다이며 북쪽 백제로부터 5일이 걸린다. 그 나라의 왕은 성이 유리(儒李)이고 이름은 도라(都羅)이다. 성곽과 해자가 없고 다섯 부락으로 나뉘어 있다. 집은 둥근 담을 치고 풀로 지붕을 덮는다. 인구는 약 팔천 명이다. 활과 칼, 방패와 칼집이 있다. 문자 기록이 없고 오직 귀신을 섬긴다. 백제에 예속되어 있었으며 당나라 용삭 원년(661년) 8월에 사신을 보내 조공하였다.

제주에서 발견된 원삼국시대(2세기 경) 철기류(국립제주박물관).
제주에서는 철이 생산되지 않아 주변국가로부터 철기를 수입했다.

---

*　…　송(宋)의 왕부(王溥)가 961년에 편찬한 당나라 정치와 제도 등에 관한 책

왜(일본)

15

가. 소개합니다.

'왜(倭)'는 고대 일본의 공식 국호입니다. 이 '왜'라는 국호는 고대 중국 인들과 한국인들만 부른 것이 아니라 일본인 스스로도 자신들 나라를 '왜' 라고 불렀습니다. 왜나라는 중국 사서에 3세기부터 7세기까지 오랫동안 등장하는데요, 백제와 고구려가 망하면서 유민들이 일본열도로 대거 이 주한 뒤인 8세기 이후(701년)에 와서야 '일본'이라는 국호로 바뀌게 됩니다.

왜와 한반도 남부 국가들 사이에는 밀접한 관련이 있습니다. 사서의 기록과 유물을 통해 분석해 보면 '왜'는 일본열도에만 있던 것이 아니라, 한반도 남부와 일본 서부 규슈(九州) 지역에 있었던 것으로 보입니다. 왜의 위치와 관련한 학자들의 주장을 보면 왜가 한반도 남부 가야라는 주장, 왜가 일본 열도에 있었다는 주장, 왜가 한반도 남부와 한반도와 가까운 규슈(九州)에 거주했다는 주장, 규슈 북부 지방에 있었다는 주장 등이 있는 데, 이 가운데 한반도와 가까운 '규슈 북부'에 있던 사람들로 보는 것이 일 반적이라고 합니다.

나. 어디에 있었나요?

　현재 일본은 크게 네 개의 큰 섬으로 이루어져 있습니다. 그 중 한국과 가장 가까운 섬이 규슈인데요, 일본의 역사는 규슈 중에서도 한반도 남부와 닿아있는 북쪽에서부터 시작됩니다. 이는 한반도에서 이주한 사람들이 처음 그곳에 도착해서 문화를 이루었음을 말합니다. 그 시기는 대체로 기원전 3세기 경으로, 당시 수렵 채집을 하던 소수의 일본 원주민들(조몬인)을 몰아내고 한반도에서 벼농사와 금속을 사용하던 사람들(야요이인)이 일본의 주인이 되기 시작한 것이지요. 서기 3세기에 기록된 중국의 사서들을 보면 당시까지도 일본의 중심지는 한반도와 가장 가까운 규슈였음을 알 수 있습니다. 학자들에 따르면 일본에서 중심지가 교토나 오사카, 나라 등이 있는 일본 중부로 옮겨지는 시기는 한반도 남부 세력(가야, 백제 등)이 한반도에서 고구려에 밀려난 5세기 말 이후인 6세기라고 합니다.

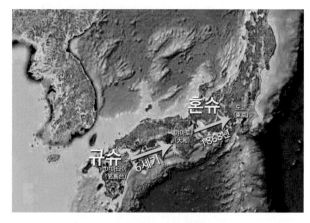

　왜의 위치를 설명한 중국 고대 사서들을 살펴보면 당시 한반도의 상황을 어느 정도 유추할 수가 있습니다. 예를 들어 1, 2세기 역사를 기록한 《후한서》에는 왜가 한반도 북부 평양 지역의 '낙랑(BC108~AD313)'을 지나 한반도 남부에 있던 '한국(삼한)'을 돌면 그 동남쪽에 있다고 기록하고 있습니다. 이에 비해 3세기 역사를 기록한 《삼국지》

최초로 일본의 청동기 문명을 일으킨 곳은 한반도와 가까운 규슈 북쪽 지역이었다. BC3세기 경 이곳으로 이주한 한반도인들은 '왜'라는 국가를 세우는데, 5세기 말에 혼슈로 진입한 가야, 백제 세력이 일본을 통일하면서 일본의 중심지가 6세기에 혼슈의 중심부인 기내지역(야마토정권. 나라, 교토, 오사카 지역)으로 이동한다. 현재 일본의 수도 도쿄는 1868년에 이전된다.

에는 황해도 지역에 있던 '대방(204~314)' 남동쪽 큰 바다 중에 있다고 기록하고 있습니다.

5세기 중국 남쪽 왕조인 송(420~479)의 역사를 기록한 《송서》에는 왜가 '고구려' 동남쪽 큰 바다 가운데 있다고 기록하고 있습니다. 이를 통해 당시에 고구려가 이전의 낙랑과 대방, 그리고 신라까지도 영향력 아래 두었던 것을 알 수 있습니다. 만일 신라가 강했다면 왜는 신라 동남쪽에 있다고 기록했겠지요. 사실 우리가 알기로 신라는 망한 적이 없다고 생각하지만 신라는 서기 400년 고구려가 신라를 도와 왜를 몰아내면서부터 고구려의 지배하에 있었음을 알 수 있습니다.

5세기 후반부터는 상황이 다시 바뀝니다. 남북조 시대(439년~589년) 북조의 역사를 기록한 《북사》에는 왜가 '백제'와 '신라' 동남쪽에 있다고 기록하고 있는데, 이때는 백제와 신라가 연합하여 고구려와 대치하던 시기로, 두 나라의 국력이 강해졌음을 알 수 있습니다. 그런데 《북사》의 기록 중 특이한 것은 대방에서 왜국까지 가려면 백제와 신라를 거치는 것이 아니라 '조선'을 거쳐 남쪽으로 가다가 다시 동쪽으로 돌아서 가야 한다는 내용입니다. '조선'을 돌아 가야한다는 이야기는 당시 중국 사람들은 한반도를 '백제'도 아니고 '신라'도 아닌 '조선'이라고 불렀다는 사실을 말하고 있습니다. 이후 8세기 신라가 한반도를 통일한 뒤에는 '왜'가 '신라' 동남쪽에 있다고 기록됩니다.

1) 《후한서》 : 3세기(?)

왜(倭 순한 사람)나라는 한(韓)나라의 동남쪽 큰 바다 가운데 있는데, 산과 섬에 의지해 살아간다. 모두 백여 개의 나라(國)가 있었다.

낙랑군의 국경에서 야마대 나라까지는 만이천 리 떨어져 있고, 왜 나라의 서북쪽 경계인 구야한국(김해)으로부터는 7천여 리가 떨어져 있다. 그 나

라는 대체로 회계(중국 동부 저장성, 장쑤성)와 동야(중국 푸젠성) 땅 동쪽에 있는
데, 주애, 담이(중국 하이난) 땅과 가까워 그 법과 풍습이 대부분 같다.

여왕의 나라 동쪽으로 바다를 건너 천여 리를 가면 구노 나라에 이르는
데, 비록 모두가 왜 사람들이지만 여왕의 지배를 받지 않는다.

2)《삼국지》: 3세기

왜인(倭人)은 대방 남동쪽 큰 바다 중에 있다. 산과 섬을 의지해 나라와 도
시를 이루고 있다. 예전에 백여 나라였는데, 한(漢)나라 때 조정에 알현하는
나라가 있었다. 현재 통역을 통해 교류하는 나라는 서른 개 나라이다. (대방)
군에서 왜(倭)에 이르기까지는, 해안을 돌아 물길로 가서 한국(韓國)을 거치
고 남쪽으로 가다 동쪽으로 가면 그 북쪽 해안의 구야한국(김해)에 도착하는
데 7천여 리이다.

비로소 바다를 건너 천여 리를 가면 대마국(對馬國)에 도착한다. 대마국의
대관(大官)을 비구(卑狗)라 하고 부관을 비노모리(卑奴母離)라 한다. 바다 가운
데 섬에 거주하는데 사방 4백여 리이다. 토지와 산이 험하고 깊은 숲이 많
고 도로는 짐승이 다니는 길이나 마찬가지다. 천여 호(戶)가 있는데 좋은 농
지는 없고 살아 있는 해물(海物)을 먹으며 배를 타고 남북 시장에서 식량을
구입한다.

또 남쪽으로 바다를 건너 천여 리를 지나 이른바 한해(瀚海)를 건너면 일
대국에 도착한다. 관리는 역시 비구, 부관은 비노모리라 한다. 사방 3백 리
이고 많은 대나무와 나무가 모여 숲을 이루며 약 3천 정도의 가구가 있다.
밭이 있어 경작하는 점이 (대마국과) 다르나 식량이 부족해 또한 남북 시장에
서 식량을 구입한다.

또 남쪽으로 바다를 건너 천여 리를 가면 말로국(末盧國)에 도착한다. 4천여 가구가 있고 산기슭과 해안에 거주한다. 초목이 무성해 길을 다닐 때 앞사람을 볼 수 없을 정도다. 물고기, 전복 잡는 것을 좋아해 물이 얕고 깊음을 가리지 않고 모두 물에 들어가 잡는다.

3세기 편찬된 《삼국지》를 근거로 추정한 왜의 수도 야마대(야마타이, 邪馬臺). 필자는 야마대의 '야(邪)'가 가야의 야(耶)와 같은 뜻으로, 중국어로 모두 Ye(예)로 발음되는 것으로 보아 '해(日)'로 해석한다. '야(邪)'는 한국 남부의 구야한국(拘邪韓國)에서 동일하게 나오는 글자로, 구야한국은 현재 김해로 추정된다. 고대에 '구(구마)'는 '크다'의 의미이므로 '구야'는 '큰 해(大日)'로 해석할 수 있는데, 이를 통해 김해의 원 뜻이 '큰 해(大日)'였음을 짐작할 수 있다. 왜의 수도인 야마대의 '마대'는 한국어 '밑'(本, 모토)과 통한다고 본다. 즉, 야마대는 '해의 뿌리(근원)'를 의미하여 현재의 일본 국호인 日本(해의 근원지)과 같은 뜻이 된다. 후대에 일본 내륙(혼슈)으로 중심지가 옮겨지면서 세워진 大和(대화) 정권은 원래 발음이 '다이와'인데, 규슈에서 사용하던 '야마대'를 그대로 이어 '야마토'로 발음하며, 역시 뜻은 해(야)의 밑(마토), 즉 일본(日本)으로 해석할 수 있다.

남동쪽 육로로 5백 리 가면 이도국(伊都國)에 도착한다. 관리는 이지(爾支)라 하고, 부관은 설모고 병거고라 한다. 천여 호(戶)가 있고 세습하는 왕이 있는데 모두 여왕국(女王國)의 지배를 받고 있다. 군(郡. 대방군)의 사신이 왕래하고 항상 머문다. 남동쪽으로 백 리를 가면 노국(奴國)에 도착하는데 그 관리는 시마고, 부관은 비노모리라 하며 2만여 호(戶)가 있다.

동쪽으로 불미국에 이르는데 백 리 거리이다. 관리는 다모라 하고 부관은 비노모리라 하며 천여 가구가 있다. 남쪽으로 투마국에 도착하는데 물길로 20일이 걸린다. 관리는 미미라 하고 부관은 미미나리라 하며 호(戶) 수가 5만 남짓이다.

남쪽으로 가면 야마일국(야마대국의 오기로 보임)에 이르는데 여왕의 도읍이며 물길로 10일, 육지 길로 한 달이 걸린다. 관리로는 이지마(伊支馬)가 있고, 그 다음은 미마승, 그 다음은 미마획지, 그 다음은 노가제라 한다. 7만여 호(戶)가 있다. 여왕국의 북쪽은 그 호구수와 도로 거리에 대해 대략 기재했으나 나머지 다른 나라들은 멀고 끊어져 상세한 내용을 알 수 없다.

3) 《구당서》: 8세기

왜나라는 고대 왜노국이다. 수도로부터 1만 4천 리 떨어져 신라 동남쪽 큰 바다 가운데 있다. 일본은 왜 종족(別種)인데, 그 나라가 해가 뜨는 곳이라서 일본을 국호로 하였다. 어떤 자는 왜나라 사람들이 그 국호가 아름답지 않아 일본으로 이름을 바꾸었다고도 하고, 또 어떤 자는 일본이 옛날에는 작은 나라였는데, 왜나라 땅을 병합하였다고 한다. 그 나라 사람들이 중국에 입조할 때에 자긍심이 높고 진실에 근거하여 말하지 않았기 때문에 중국에서 의심을 하였다.

4) 《신당서》: 8세기

일본은 왜 나라에서 갈라진 종족이다. 그 나라가 해가 뜨는 곳에 있기 때문에 일본을 나라 이름으로 하였다. 혹은 말하기를, 왜국이 스스로 그 이름이 우아하지 못한 것을 싫어하여 일본으로 고쳤다고 한다. 혹은 말하기를, 일본은 과거에는 작은 나라였는데, 왜국의 땅을 병합하였다고 한다. 그 (나라) 사람으로 입조(중국 조정에 방문) 한 자가 대부분 자신들의 나라가 크다고 자부하여 사실로 대답하지 않았다. 그래서 중국이 이를 의심하였다. 또한 말하기를, "동서남북이 각각 수천 리인데, 서쪽과 남쪽 경계는 모두 큰 바다에 이르고, 동쪽과 북쪽 경계는 큰 산이 있어 한계를 이룬다. 산 바깥은 곧 모인(털 사람)의 나라이다."라고 하였다.

위의 기록에서 한 가지 특이한 것은 당나라(618~907) 당시 '왜'와 '일본'이 서로 다른 나라처럼 기록돼 있다는 점입니다. 일본이라는 나라는 원래 작은 나라였는데 이후 왜나라를 점령했다는 것이지요. 그런 말이 나온 이유가 무엇일까요? 그 이유는 당시 한반도 정치 상황을 분석해야 이해할 수 있습니다.

다. 작은 나라 '일본'이 큰 나라 '왜'를 점령하다.

일본의 고대 중심국가는 한반도 남부와 가장 가까운 규슈로, 그 나라의 이름이 바로 '왜(倭)'였습니다. 그런데 위 기록을 보면 '일본이 과거 작은 나라였는데 왜국의 땅을 병합했다(倂倭國之地)'라고 하여, '일본'이 '왜'라는 나라의 땅을 빼앗아 차지한 사실을 기록하고 있습니다.

'왜'와 '일본'이 서로 다르다는 기록을 이해하기 위해서는 5세기부터 시작되는 한반도(백제)와 왜 사이의 복잡하고 숨겨진 역사를 알아야 합니다. 앞으로 자세히 밝히겠지만 필자가 이해하고 있는 내용을 간단히 말씀드리면 다음과 같습니다.

5세기 초 중국은 5호(다섯 북방민족)의 침입으로 커다란 혼란에 빠지게 되며, 이로 인해 많은 중국인들이 한반도로 피난하게 됩니다. 한반도로 피난해 온 그들은 단순한 망명인이 아니라 중국의 핵심지역인 중원을 다스리던 연나라 사람들이었는데요, 그들은 나라가 망하자 왕과 신하를 포함한 수많은 백성들이 함께 고구려로 이주합니다(436년 북연의 고구려 투항). 졸지에 망명인이 된 그들은 고구려에 잠시 의탁했다 훗날 자신들이 중국에서 빼앗긴 영토를 되찾겠다고 다짐을 합니다. 그런데 고구려로 이주한 연나라(북연) 사람들은 자신들을 받아 준 고구려가 오히려 자신들의 왕을 죽이고 핍박을 가하자, 고구려를 배신하고 5세기 중반에 한반도 남부 백제와 신라 지역을 장악하여 고구려와 대치하게 됩니다.

여러 정황상(왕의 성씨 교체, 선비식 관직명과 지역구획명 등장 등) 5세기 중반 이후 한반도 남부의 백제와 신라는 연나라(북연) 유민 세력이 장악한 것을 알 수 있는데요, 이때부터 고구려는 백제와 신라를 공격하기 시작합니다. 이에 위협을 느낀 백제의 중국계 귀족들(북연 세력)은 한반도를 넘어 왜(일본)까지 진출하여(461) 고구려에 대항하기 위해 세력을 키웁니다. 그들은 먼저 배를 타고 일본 중부의 혼슈로 진출하여 나라, 교토, 오사카 등 일본의 대표적 고대도시를 개척합니다. 당시까지만 해도 왜의 중심지였던 강력한 규슈 지역의 왜를 피해 일본 혼슈를 장악한 그들은, 이후 마침내 일본 최초의 국가이자 종주국이었던 규슈의 '왜'까지 점령하게 됩니다(500?). 이때로부 터 일본의 중심지는 서쪽의 규슈에서 동쪽의 혼슈 기내지역(나라, 오사카, 교토 등)으로 옮겨지게 되는데요, 이러한 이유로 중국 사서에 '작은 나라(기내지역 백제세력, 즉 최초의 일본)'가 큰 나라 왜를 병합했다고 기록하게 된 것입니다.

백제의 중국계 귀족들(북연 세력)이 한반도 남부에서 일본에 이르는 넓은 지역을 정복한 이유는 단지 고구려에 대항하기 위함만은 아니었습니다. 그들에게는 자신들의 부모세대가 빼앗긴 중원을 되찾으려는 목적도 있었 습니다. 실제로 일본을 장악한 그들은 한성(서울)의 백제가 망하자(475) 한 반도 서남부에 왜군을 대거 파견하여 백제를 지키고, 백제에 왕(동성왕)을 파견하여 중국 북위를 공격하였는데, 이로 인해 북위가 크게 위기에 처하 기도 합니다. 중국 사서에 백제가 북위를 공격했다는 내용은 백제에 유입 된 연나라(북연) 세력들이 일본까지 세력을 넓힌 뒤 자신들의 조상인 북연 을 멸망시킨 북위 탁발선비를 공격한 것으로 해석됩니다.

이러한 배경 아래 한반도에서 '왜(일본)'까지 영향력을 갖게 된 중국계(북 연) 지배자들은 5세기부터 중국에 사신을 보내 자신들의 영토가 왜(일본) 뿐 아니라 백제와 신라까지 포함된다고 주장합니다. 그러나 중국 왕조에서는 그 말을 믿지 않고 왜에서 요구한 작위를 거부합니다.

그런데 사실 당시 왜가 주장한 말에는 일리가 있습니다. 왜냐하면 4세기 말(369년)부터 백제를 장악한 부여계 근초고왕에게 밀린 한반도 남부의 마한이나 가야 사람들이 대거 일본열도에 건너가 살고 있었고, 백제마저 475년 고구려에 무너져 버린 상황에서, 한반도 남부와 일본열도에서 실질적으로 가장 강한 실력을 가진 나라는 바로 '왜'가 되어 버렸으니까요.

라. '일본'의 시작은 '백제'?

사실 '일본(日本)'이라는 중국식 국호는 원래 현재의 일본을 의미하지 않고 '백제'를 의미했을 수 있습니다. 고대 일본 사람들은 자신들의 국호를 '왜' 또는 '야마토' 등으로 불렀지 '일본'이라는 한자식 국호로 부르지 않았습니다. 물론 '야마토'를 해석하면 '해(야)의 밑(마토)'으로 '일본(日本)'이라는 한자적 의미와 같지만, 그들은 자신들의 나라를 한자식으로 발음하진 않았다는 것이지요. 일본에서 처음으로 '일본'을 공식적인 국호로 사용한 것은 서기 701년 다이호오(大寶) 율령제정 이후였습니다. 《삼국사기》에는 문무왕 10년(670)에 왜가 국호를 일본으로 바꿨다고 기록하고 있는데, 이는 8세기에 기록된 중국 《신당서》의 내용을 잘못 해석한 것입니다. 그럼 '일본'이라는 국호는 언제 어떻게 만들어진 것일까요?

최근 중국 서안(시안. 고대 당나라 수도 장안)에서 백제출신 장군인 예군(禰軍)의 묘비석이 발견되었는데요, 거기에는 '일본'이라는 국호가 역사상 처음으로 등장합니다. 백제가 멸망한 7세기 당시 현재 일본에는 '일본'이라는 나라가 없었고, 그때까지 일본의 정식 국호는 '왜(倭)' 하나뿐이었는데 백제 장군의 묘비에 '일본'이라는 국호가 처음 등장하였으니 중국과 일본에서 큰 관심을 끌 수밖에 없었습니다. 그런데 뜻밖에도 그 비석에 일본이

'왜'가 아니라 '백제'라고 기록하고 있습니다. '일본'이 처음에는 일본열도가 아니라 원래는 한반도의 '백제'였다는 이야기입니다.

중국 시안(서안) 박물관에서 2017년 6월에 공개한 백제장군 예군(禰軍, 670년 신라 사신으로 보내진 백제 장군)의 비문에는 이러한 기록이 있습니다.

> 이때에 일본(백제)의 남은 무리들이 부상(현 일본)에 근거지를 두고 죽음을 피하고 있었다. (于時日本餘噍, 據扶桑以逋誅)

이 기록에서 보이는 '일본'은 문맥상 백제를 의미하며, '일본의 남은 무리'란 백제가 당나라에 멸망한 뒤 살아남은 유민을 의미합니다. 그리고 '부상'이라는 말은 고대 중국에서 현재의 일본을 일컫던 말입니다. 그러므로 이 기록은 백제가 멸망하자 유민들이 일본(부상)으로 이주해서 목숨을 보존했다는 말입니다.

일부 일본 학자들은 이 기록의 '일본'이 백제를 도와 당나라와 해전을 벌이다 패배한(663, 백강전투) '왜'를 의미한다고 해석하기도 하고, '日本(일본)'은 단지 '해 뜨는 곳'이라는 보통명사로서 한반도와 일본 전체를 의미한다고 해석하기도 합니다. 하지만 이는 모두 틀린 해석입니다. 위 기록을 보면 분명히 '전쟁 중 살아남은 유민(餘噍)'이 '부상(扶桑, 현 일본)'으로 근거지를 옮겨 '죽음을 모면한(逋誅)' 내용이기 때문에 이 기록에 나오는 '일본'은 현재의 일본을 의미할 수 없습니다.

당과 전쟁을 벌여 패한 나라는 백제이고, '일본'을 '해 뜨는 곳'이라는 보통명사라고 해석하여 '해 뜨는 곳의 멸망한 유민이 부상을 근거지로 목숨을 보존했다.'라고 해석한다 해도, '해 뜨는 나라(백제, 신라, 일본)' 중 멸망한 나라는 예군 장군의 모국인 백제밖에 없기 때문입니다. 즉, 비문 기록의 일본이 현재의 일본이 될 수 없음을 말하고 있습니다.

사실 백제의 마지막 국호는 백제가 아닌 '남부여(538~660)'였습니다. 남 부여는 '부여'의 '남'쪽이라는 의미인데요, 부여는 중국어 발음으로는 후위 (Fuyu)로, 해(日)를 의미하며 부여 왕의 성씨인 해(解), 부여가 동으로 이주하 여 세운 예(濊. 동예), 그리고 부여가 남으로 이주하여 세운 왜(倭)와 관련이 깊은 국호입니다(필자의 다른 저서 〈동이한국사〉 참고). 그리고 남(南. 남쪽)은 한국 고유어로 아래나 밑(本)에 해당합니다. 따라서 '남부여'는 우리 고유어로는 '해 밑', 한자어로 바꾸면 '日本(일본)'인 것이지요.

백제장군 예군이 생존하던 7세기 말까지도 당나라는 일본을 공식문서 에서 '일본'이 아닌 '왜(倭)'라고 호칭했었습니다. 백제를 물리친 후 26년이 지난 뒤 당나라는 일본에 사신을 보내 국서를 전달합니다(686년). '대 당나 라 황제가 왜왕에게 삼가 문안하오(大唐皇帝敬問倭王書)'라는 제목으로 알려진 국서인데요, 이 기록에 여전히 당나라에서는 현재 일본을 '왜'로 불렀지 '일본'이라는 부르지 않았던 것을 알 수 있습니다.

그럼 이렇게 '일본' 국호 논란을 일으킨 백제장군 예군(禰軍)은 누구일까 요?

예군의 조상은 한나라(후한. 25~220) 당시 대단한 권세가인 예형(禰衡)이라 는 사람입니다. 한나라 권세가였던 예(禰)씨 일족은 중국 서진(266~316) 시 기 정권쟁취를 위해 황족간 벌인 8왕의 난과, 이어지는 오호십육국 동란 으로 한반도로 대거 도망 오는데, 그 먼 후손 중 예군이라는 사람이 백제 의 좌평(佐平)이라는 고위직을 맡게 됩니다. 좌평은 백제 관직 중 1품에 해 당하는 최고위 관직으로 그의 세력이 백제에서 상당했음을 알 수 있습니 다. 서기 660년 7월 예군이 좌평으로 있을 당시 당나라는 소정방을 대장 군으로 삼아 백제를 치는데, 당시 예군은 기회를 보아 군사를 일으켜 의 자왕을 포로로 잡고 당나라에 투항하게 됩니다. 그로인해 예군은 당나라 도위의 관직을 받게 되고, 당나라는 그에게 백제를 맡아 지키게 했습니다. 예군은 한반도에 남아 당나라 령이 된 백제를 지키면서 한편으로는 신라와 왜(일본)에 사절로 파견되기도 합니다.

이렇게 중국의 남북조시대 혼란은 '예군의 조상'과 같은 수많은 중국 고위층들이 한반도로 이주하게 만들었으며, 그로 인해 4세기 이후 한반도와 중국, 일본은 상호 정치적으로 깊이 연결되게 된 것입니다.

마. 중원에서 시작된 '왜'

일본 고대국가 '왜'는 한반도 역사와 떼어 놓을 수 없는 나라입니다. 일본의 전신인 '왜'는 기원전부터 지속적으로 한반도 국가들과 갈등하기도 하고, 때로는 한반도 국가들과 연합하기도 하는 등 고대 한반도와 밀접한 관련을 가지고 있습니다. 특히 기원전 3세기 이후부터 한반도에서 꾸준히 일본으로 건너간 사람들인 야요이 사람들이 토착민을 대신하여 일본의 주축 세력이 되면서 현재 한국인과 일본인은 유전적으로 가장 가까운 민족이 되었습니다.

필자는 한반도와 일본에 걸쳐 있었던 것으로 보이는 '왜 나라'가 처음부터 '일본열도'에 있었던 나라가 아니라 중국 동북지역(만주), 더 나아가 중국 중원(고대문화 중심지)까지 닿아 있다고 생각하고 있습니다. 왜냐하면 이 '왜' 나라의 풍습 중 순장(살아있는 사람을 죽여 죽은 사람과 함께 묻는 풍습)이나 점을 치는 방법 등이 고대 만주에 있던 '부여'와 매우 흡사한데, 이 '부여'의 풍습은 기원전 1,046년 망한 '상나라(은나라)'와 매우 닮아 있고, 최근 국제적 유전자 분석 연구를 통해서도 한국과 일본인의 기원이 중원과 닿아 있음을 알 수 있기 때문입니다. 역설적이지만 기원 전후의 나라들 중 국제적으로 공인된 중국 최초 왕조인 '상나라'와 가장 닮은 나라는 '중국'이 아니라 오히려 부여나 고구려, 동예, 왜 등이었습니다.

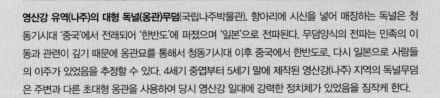

영산강 유역(나주)의 대형 독널(옹관)무덤(국립나주박물관). 항아리에 시신을 넣어 매장하는 독널은 청동기시대 '중국'에서 전래되어 '한반도'에 퍼졌으며 '일본'으로 전파된다. 무덤양식의 전파는 민족의 이동과 관련이 깊기 때문에 옹관묘를 통해서 청동기시대 이후 중국에서 한반도로, 다시 일본으로 사람들의 이주가 있었음을 추정할 수 있다. 4세기 중엽부터 5세기 말에 제작된 영산강(나주) 지역의 독널무덤은 주변과 다른 초대형 옹관을 사용하여 당시 영산강 일대에 강력한 정치체가 있었음을 짐작케 한다.

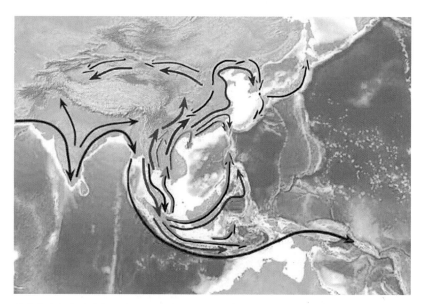

인간 유전체 기구 범아시아 컨소시엄 연구 결과로 그린 아시아 사람들의 이동도(Science 326:5959, 2009). 한반도에 두 부류의 커다란 민족이 유입되었음을 알 수 있다. 일본에 유입된 사람들은 중국 중원(고대 상나라 지역)에서 시작하여 만주(고대 부여 지역), 한반도 동부(고대 동예 지역), 일본 규슈(고대 왜 지역)에 이른 후 일본열도 전체에 퍼진 것을 알 수 있다. 이홍규(서울대 교수), 《한국인의 기원》, 우리역사연구재단, 2012.

바. 어떻게 살았나요?

서기 1, 2세기 역사를 다룬 《후한서》에 '왜(일본)'의 풍습과 관련된 기록이 있습니다. 그런데 사실 《후한서》는 5세기에 기록되었기 때문에 실제 1, 2세기 내용이라고 보기 어려운 면이 있습니다. 왜(일본)와 중국의 최초 접촉은 서기 57년 왜의 사신이 한나라에 사신을 보내면서 시작됩니다. 하지만 실질적으로는 중국이 사신을 왜에 파견하여 왜의 실정을 파악한 시기는 3세기였습니다. 3세기 당시 중국 북방을 차지한 위나라는 만주와 한반도 북부의 실세였던 공손씨 세력을 몰아내고 그 땅을 점령하게 됩니다. 그러자 국제정세를 지켜보던 왜의 왕이 한반도 북부에 있던 대방군에 요청하여 위나라에 사신을 파견하게 됩니다(238년). 왜의 사신을 접견한 위나라는 이에 대한 답방으로 왜에 대방태수를 보내 조서와 도장을 하사합니다(240년). 따라서 아래 왜와 관련된 《후한서》나 《삼국지》의 기록은 240년 처음 왜(일본 서부 규슈 북단)에 파견된 중국 관리에 의해 기록되었을 가능성이 높습니다.

1) 《후한서》: 3세기(?)

토지는 벼와 삼베, 모시를 심기에 알맞고, 누에치기와 뽕나무 재배를 통해 비단을 만들 줄 안다. 흰옥으로 된 구슬과 푸른색 옥이 생산되며, 산에는 붉은 색깔의 흙이 있다. 기후는 따뜻하여 겨울과 여름에 채소와 여물이 자란다. 소, 말, 호랑이, 표범, 양, 까치가 없다. 무기로는 창과 방패, 나무 활, 대나무 화살이 있는데, 화살촉 가운데는 뼈로 만든 것도 있다. 남자는 모두 얼굴에 검은색으로 글씨를 쓰고 몸에는 다양한 무늬를 그려 넣는데, 문신 모양의 왼쪽과 오른쪽, 큰 것과 작은 것으로 존귀한 사람과 비천한 사람의 구별을 한다. 그곳 남자들이 입는 옷은 모두 통으로 된 천을 가로질러 입고 허리띠를 맨다. 여자들은 머리를 빙빙 감아 낭자를 틀고 다니며, 옷은 얇아 보였는데, 머리에서부터 통으로 아래로 입는다. 그리고 붉은색 가루로 몸에 칠하는데, 중국에서 분을 칠하는 것 같다.

담과 울타리와 지붕이 있는 집이 있다. 부모와 자녀들은 모두 나누어 사는데, 오직 모임이 있을 때에만 남녀 구별이 없다. 먹고 마실 때 손을 사용하며, 대나무나 흙을 구워 만든 제사용 그릇을 사용한다. 모두 맨발로 다니며 쭈그리고 앉는 것으로 상대방에 대한 공경을 표시한다. 사람들은 술을 좋아하고, 많은 사람들이 장수를 하는데, 백 살이 넘는 사람들이 매우 많다. 나라 안에는 여자들이 많은데, 지배자들은 네다섯 명의 첩이 있고 나머지 사람들도 두세 명의 첩을 둔다. 여자들은 사치스럽지 않고 질투하지 않는다.

또한 풍속은 도둑질 하지 않고 서로 싸우거나 말다툼하는 일이 적다. 법을 어긴 사람의 아내와 아이는 몰수당하고, 중한 죄를 범하게 되면 가문 사람 전체가 사형에 처해진다. 사람이 죽으면 십여 일 동안 장례를 치르는데, 가족들이 울며 밥도 먹지 않고, 술도 마시지 않는다. 하지만 다른 사람들은 장례식에 와서 노래하고 춤을 추면서 즐긴다.

뼈를 불태워 점을 치며 길한 것과 흉한 것을 판단한다. 사람들이 바다를 건너려 할 때에는, 한 사람을 뽑아 머리도 빗지 않고, 목욕도 하지 않으며 고기도 먹지 않도록 하고 여자도 가까이 못하게 하는데 그런 사람을 '지쇠(持衰 쇠약함을 유지하다)'라고 부른다. 만약 바다를 건너는 사람들의 여정이 순조로웠으면 재물로 지쇠가 고생한 것을 갚고, 만약 바다를 건너다 병이 나거나 해를 당했다면, 지쇠가 성실히 자기 일을 수행하지 않았기 때문이라고 여기고 그 사람을 죽인다.

2) 《삼국지》* : 3세기

남자는 어른과 아이 [구별이] 없이 모두 얼굴과 몸에 문신을 한다. 옛날부터 그 사신들이 중국으로 왔는데, [그들] 모두 스스로 대부(大夫)라고 칭하였다. 하나라의 왕 소강(少康)의 아들이 회계(중국 저장성)에 봉해지자, 머리를 자르고 문신을 하여 교룡(뱀모양 동물)의 해를 피하였다. 지금 왜(倭)의 수인(물가 사람들)은 바다에 들어가 물고기와 조개를 잘 잡는데, 문신은 원래는 큰 물고기와 바다짐승을 피하려는 것이었으나, 후에 점차 [문신을 하는 것은] 장식이 되었다. 여러 나라들의 문신은 각각 달라 [문신하는 자리나 크

---

* ⋯ 출처 : 동북아역사재단 동북아역사넷

기가] 왼쪽이나 오른쪽 혹은 크거나 작은데, 왼쪽 혹은 오른쪽, 크고 혹은 작은데, [신분의] 높고 낮음에 따라서 차이가 있었다. [왜국까지의] 가는 길과 거리를 헤아려 보면, [그곳은] 마땅히 회계동 야(중국 양자강 하류)의 동쪽에 있어야 한다.

그 풍속은 음란하지 않고, 남자는 모두 [모자를] 쓰지 않고 상투를 틀고, 목면으로 머리를 묶는다. 그 옷은 모두 가로의 폭이 넓은 천을 묶어서 서로 이었으며, 실로 꿰매는 경우는 거의 없다. 여인은 머리카락을 풀어헤치거나 말아서 뒤로 묶었으며, 옷을 만드는 것이 홑이불과 같은데, 그 중앙을 뚫고 그곳으로 머리를 넣어 입는다. 벼와 모시를 재배하고 양잠을 하여 실을 만들며, 세모시, 좋은 비단 그리고 솜을 산출한다.

그 땅에는 소, 말, 호랑이, 표범, 양 그리고 까치가 없다. 무기로는 창, 방패 그리고 목궁(나무활)을 사용한다. 목궁은 아랫부분을 짧게 하고 윗부분을 길게 한다. 대나무 화살대는 어떤 것은 철로 된 화살촉이고 어떤 것은 뼈로 된 화살촉이다. 있거나 없는 것이 담이(중국 하이난) 및 주애(중국 하이난)와 같다.

왜의 땅은 온난하고, 겨울과 여름에도 생채(익히지 않은 채소)를 먹고, 모두 맨발로 다닌다.

집과 방이 있는데, 부모형제는 기거하는 곳을 달리하고, 붉은색 안료를 몸에 바르는데, 중국에서 분(粉)을 사용하는 것과 같다.

먹거나 마시거나 변두(굽이 높은 제사용 그릇)를 사용하고 손으로 먹는다. 사람이 죽으면 관은 쓰지만, 곽(관을 담는 궤)은 없다. 흙을 쌓아 봉분을 만든다. 사람이 죽으면, 10여 일 동안 매장하지 않는데, 이때는 고기를 먹지 않으며, 상주는 곡읍하지만, 다른 사람들은 와서 노래하고 춤추면서 술을 마신다.

장사가 끝나면, 온 가족이 물속으로 들어가서 목욕하는데, (중국의) 연목(상복을 입고 목욕함)과 같다.

그 사행[길을 떠남]이 바다를 건너서 중국에 올 때는 항상 한 사람에게 머리를 빗지 못하게 하고, 서캐와 이를 없애지 못하도록 하며, 의복은 때가 묻어서 더럽고, 고기를 먹지 못하게 하며, 부인에게 접근하지 못하게 하여, 마치 초상을 치르는 사람과 같았는데, 그를 지쇠(持衰)라고 불렀다. 만약 [중국으로] 가는 자들이 [도중에] 길하고 좋으면, [일행] 모두는 그에게 생구(산 사람)와 재물을 주고, 만약 질병이나 폭풍 등의 재해를 만나면, 곧바로 그를 죽이려고 하면서, [그들은] 그 지쇠가 삼가지 않았다고 한다.

진주와 청옥을 산출한다.

그 산에서는 단(붉은 염료)이 나고, 그 나무로는 매화나무, 노송나무, 녹나무, 모과나무, 상수리나무, 감귤나무, 떡갈나무, 박태기나무, 그리고 단풍나무가 있다. 그 대나무로는 조릿대와 해장죽과 도지가 있다. 생강, 귤, 산초 그리고 양하가 있지만, 이것들을 양념으로 쓸 줄은 모른다. 원숭이와 검은 꿩이 있다.

그 풍속은 일을 거행하거나 [어디를] 갈 때, 말하거나 행동해야 하는 것이 있으면. 항상 뼈를 불에 태워서 점치는데, 그렇게 하여 길흉을 묻고, 맨 먼저 점친 내용을 알리는데, 그 말은 영귀(거북점)의 법(法)과 같은 것으로서, [뼈가] 불에 타서 갈라진 금을 보고 앞으로의 일을 점친다.

그들은 모이거나 행동할 때, 아버지와 아들 그리고 남자와 여자의 구별이 없고, 천성이 술을 즐긴다. [배송지주1] 대인(大人)처럼 존경해야 할 사람을 만나면, 단지 손뼉을 치는데, 그렇게 하는 것이 [중국에서의] 무릎을 꿇고 절하는 것에 해당한다. 그 사람들은 장수하여, 어떤 이는 100살까지 살고, 어떤 이는 80살 내지 90살까지 산다.

그 풍속은 나라의 대인은 모두 4~5명의 부인을 두고, 하호(낮은 신분)라도 어떤 이는 2~3명의 부인을 두었다. 부인은 음란하지 않고, 투기하지 않는다. [이들은] 물건을 훔치지 않고 소송으로 다투는 일도 적다. 법을 어기는 사람이 있으면, [죄가] 가벼운 자는 그 처와 자식을 몰수하고, 무거운 자는 그 문호 및 종족을 멸한다. [신분의] 존비에도 각각 등급이 있는데, 서로 잘 신복(복종)한다.

세금을 거둔다. 저각(곳간)도 있으며, 나라마다 시장이 있어서 있고 없는 것을 서로 교역하는데, [왕은] 대왜(大倭)를 시켜서 그것[교역]을 감독하도록 하였다. 여왕국의 이북에 특별히 일대솔(一大率)을 설치하여 여러 나라를 단속하고 살피도록 하였으므로 여러 나라는 그를 두려워하면서 꺼려하였다. [일대솔은] 항상 이도국에서 다스렸는데, 나라 안에 자사(刺史)가 있는 것과 같다. [왜국]왕이 사신을 시켜서 경도(중국의 수도), [대방]군 그리고 여러 한국(삼한)에 보내거나 [대방]군이 [왜국]에 사신을 파견하면, [그때마다] 항상 나루터로 와서 [사신을] 찾아서, 전달해서 보낸 문서와 [황제가] 하사하여 보내준 물건을 여왕에게 도착하도록 하는 데 실수나 착오가 없었다.

하호(신분이 낮은 사람)가 대인(大人)과 도로에서 서로 마주칠 때에는 뒷걸음을 쳐서 돌아서 풀숲으로 들어간다. 말을 전달하거나 일을 설명할 때는 어떤 자는 몸을 웅크리고, 어떤 자는 무릎을 꿇고, 양손은 땅에 대는데, 그것은 공경을 나타내는 것이다. [상대에게] 답할 때는 '희(噫)'라고 하는데, [이것을] 비교하자면, '예[그렇게 하겠습니다]'라고 하는 것과 같다.

3) 《진서》: 3세기 말~4세기

인구는 7만 가구에 달하며, 남자는 나이와 상관없이 모두 얼굴에 검은 문신을 새겨 넣는다. 자신들이 태백(太伯)의 후예라고 말하고 있으며, 또 오랜 옛날부터 사자를 중국에 보낼 때에 자신들을 대부(大夫)라 일컬었다. 과거하(夏)나라 소강 임금의 아들이 회계 땅에 봉해질 때, 머리를 자르고 문신을 하여 교룡*의 피해를 막았는데, 현재 왜 사람들이 물속에 들어가 물고기를 잡을 때, 역시 문신을 하여 물속 짐승들의 피해를 막는다.

그 나라 남자들은 옷을 허리부터 치마를 둘러 입는데, 옷을 묶기만 할 뿐 바느질하여 옷을 연결해 입지 않는다. 부녀자들은 옷이 한 겹으로 되어 있는 것 같은데, 가운데 뚫려 있는 구멍으로 머리를 넣어 옷을 입고, 모두가 머리를 풀어헤치고 다니며, 신발을 신지 않는다. 그 땅 기후는 따뜻하고, 풍속은 벼를 심고 모시삼베가 있으며, 양잠을 통해 비단을 만든다. 소나 말이 없고, 칼과 방패, 활과 화살이 있는데, 철로 화살촉을 만든다. 지붕이 있는 집이 있으며, 부모와 자식들이 한 방에서 자지 않는다. 밥을 먹거나 물을 마실 때 제사용 그릇을 사용하며, 결혼할 때 돈이나 비단을 주고받지 않으며, 옷으로 예물을 삼는다.

장례를 지낼 때 관은 있지만 관을 둘러싸는 외관은 없으며, 흙을 쌓아 봉분을 만든다. 처음 상을 당했을 때에는 울면서 고기를 먹지 않으며, 관을 묻고 난 뒤에는 사람들이 물에 들어가 목욕을 하고 자신을 깨끗하게 하여 불길한 것들을 제한다. 큰일을 치를 때에는 언제나 뼈를 불로 지져서 길흉을 점친다. 정월이나 사계절을 알지 못하고 다만 매년 추수하는 시기를 1년으로 계산한다. 그곳 사람들은 많은 사람이 백 살 이상이거나 또는 팔구십 세 되는 사람들이 많다. 나라에는 여자들이 많은데, 사치하지 않고 질투하지 않다. 서로 다투어 소송을 걸지 않고, 가벼운 죄를 범한 사람은 그 아

---

*　…　교룡(蛟龍) : 뿔이 없으며, 물속에 살며 홍수를 일으킨다는 전설상의 용. 악어 또는 상어로 추측된다.

내와 자식들이 몰수당하며, 무거운 죄를 범한 사람은 일족이 모두 죽임을 당한다.

4) 《남사》* : 5~6세기

사람들은 벼와 찰벼와 모시와 삼베를 재배하고 양잠을 하여 실을 잣는다. 생강, 계피, 귤, 산초, 차조기가 있다. 검은 꿩, 진주, 청옥이 난다. 소처럼 생긴 짐승이 있는데 산쥐라고 한다. 또한 큰 뱀이 있어 이 짐승을 잡아먹는다. 뱀의 껍질이 견고하여 자를 수 없으며, 그 위에 구멍이 있는데, 열리기도 하고 닫히기도 하며, 때로는 빛을 내는데, 이곳을 쏘아 맞히면, 뱀이 곧 죽는다. 물산은 대체로 담이·주애와 같다. 이 땅은 온난하고, 풍속은 음란하지 않다. 남녀가 모두 상투를 드러낸다. 부귀한 자들은 금수(수놓은 비단)나 잡채(갖가지 식물)로 모자를 만드는데, 중국의 호공두(胡公頭)와 닮았다. 음식을 먹을 때는 변두(굽이 높은 그릇)를 쓴다. 사람이 죽으면, 관은 있으나 곽은 없으며, 흙을 쌓아 무덤을 만든다. 사람들은 모두 술을 좋아하고, 정세(달력)를 알지 못하며, 장수하는 사람이 많아서, 대부분 80~90세에 이르고, 혹은 100세에 이른다.

여자가 많고 남자가 적어서, 귀한 자들은 4~5명의 처를 두며, 천한 자도 역시 2~3명의 처를 둔다. 부인들은 음란하거나 질투하지 않는다. 물건을 훔치지 않고, 쟁송이 적다. 만약 법을 어기면, 가벼운 경우는 그 처자를 몰수하고, 무거우면 그 종족을 멸한다.

5) 《수서》 : 6~7세기

그 복식은 남자는 치마와 저고리를 입는데, 소매는 작고 짧다. 신발은 나

---

* … 출처 : 동북아역사재단 동북아역사넷(이하 《수서》 내용 동일)

막신 같은 형태인데 그 위에 옻칠을 하고, 다리에 [끈으로] 묶는다. 서민 [人庶]은 대부분 맨발이고, 금은을 사용해서 장식할 수 없다. 옛날에는 옷은 옆으로 긴 천을 묶어서 서로 이었으며 바느질하지 않았다. 머리에도 또한 관을 쓰지 않으며, 다만 머리카락을 양쪽 귀 위로 늘어뜨릴 뿐이었다. 수나라 때 이르러, 그 왕이 처음으로 관을 정하였다(귀족이 머리에 쓰는 모자를 구분하여 등급을 나눔을 의미함). 수놓은 비단이나 비단으로 관을 만들고, 금은으로 꽃을 새겨 장식으로 삼았다.

부인은 머리를 뒤로 묶고, 또한 치마와 저고리를 입는데, 치마에는 모두 가장자리 장식이 있다. 대나무로 빗을 만들고, 풀을 엮어서 깔개를 만든다. 가죽으로 거죽을 만들고, 무늬 있는 가죽으로 가장자리를 만든다. 활, 화살, 칼, 창, 쇠뇌, 작은 창, 도끼가 있으며, 가죽에 옻칠을 해서 갑옷으로 삼고, 뼈로 명적[화살촉]을 만든다. 무기는 있지만 서로 싸우지는 않는다. 그 왕은 조회 때 반드시 의장을 늘어세우며, 그 나라의 음악을 연주한다. 호수[戶]는 10만 정도이다.

그 풍속은 사람을 죽이거나 강도 및 간음하면 모두 죽이고, 도둑질한 자는 훔친 것을 셈하여 물건으로 갚게 하고, 재물이 없는 자는 본인을 노예로 삼는다. 그 밖에 가볍고 무거움에 따라서 유배를 보내거나 장형에 처한다. 옥송(감옥에 보내는 소송)을 심문할 때 자백하지 않는 자는 나무로 무릎을 누르거나 혹은 강한 활을 걸어서 활줄로 목을 톱처럼 켠다. 혹은 작은 돌을 끓는 물속에 넣고, 다투는 자들로 하여금 이를 찾게 하면서 "잘못이 있는 자가 바로 손에 화상을 입을 것이다."라고 한다.

혹은 뱀을 독 속에 넣고 이를 잡게 하면서 "잘못이 있는 자가 바로 손을 물릴 것이다."라고 한다. 사람들은 아주 얌전하여 다투어 소송하는 일이 드물고 도적이 적다. 악기로는 5현과 금(거문고)과 피리가 있다. 남녀가 대부분

팔에 문신을 하고 얼굴이나 몸에도 문신을 하며, 물에 들어가 고기를 잡는다. 문자는 없고 다만 나무에 새기거나 끈을 묶[어 의사를 소통할]을 뿐이다. 불법을 받든다. 백제에서 불경을 얻어서, 비로소 문자가 있게 되었다. 점을 칠 줄 알며, 깊이 무당을 믿는다. 정월 초하루가 되면 반드시 활을 쏘고 놀며 술을 마신다. 그 나머지 명절은 대개 중국과 비슷하다. 바둑과 장기, 쌍륙, 주사위와 같은 놀이를 좋아한다.

기후가 온난하여 초목이 겨울에도 푸르고, 토지가 비옥하며 물이 많고 땅이 적다. 작은 고리를 가마우지의 목에 건 다음 물에 들어가 고기를 잡게 하는데, 하루에 백여 마리를 잡을 수 있다. 풍속에 쟁반이나 도마가 없으며, 떡갈나무 잎을 깔고 손으로 집어 먹는다. 성질은 솔직하고 우아한 기풍이 있다. 여자가 많고 남자는 적다.

혼인할 때는 같은 성끼리 하지 않으며, 남녀가 서로 좋아하면 바로 결혼한다. 신부가 신랑의 집에 들어가는데, 반드시 먼저 개를 타넘고 가서 신랑과 서로 만난다. 부인은 질투하지 않는다. 죽은 자는 관곽에 넣으며, 친척과 손님들은 주검 앞에서 노래하고 춤을 춘다. [죽은 자의] 처자와 형제들은 흰 천으로 옷을 만들어 입는다. 귀한 사람은 바깥에서 3년 동안 빈례를 치르고, 일반 사람들은 [좋은] 날을 점쳐서 매장을 한다. 장례 때는 주검을 배 위에 두고 육지에서 배를 끄는데, 때로는 작은 수레를 쓰기도 한다.

아소산이 있는데, 그곳의 돌은 저절로 불이 붙어 하늘로 올라가기도 하는데, [이럴 때] 사람들은 이상한 일이라고 여겨 제사를 지낸다. '여의보주'가 있는데 그 색이 푸르고 달걀만 하며, 밤이 되면 빛이 나는데, '물고기 눈의 정기'라고 한다. 신라와 백제가 모두 왜를 큰 나라이며 진기한 물품이 많다고 여겨 모두 공경하고 우러러보며, 항상 사신을 보내어 왕래한다.

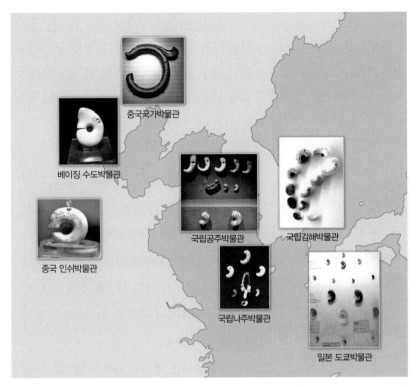

중국국가박물관

베이징 수도박물관

중국 인쉬박물관

국립공주박물관

국립김해박물관

국립나주박물관

일본 도쿄박물관

굽은 옥(곡옥). 신라, 백제, 왜 등지에서 발견되는 푸른 색을 포함한 다양한 색의 옥은 초기 고조선 중심지인 발해만 북부에서 발전하여 중원 상나라(은나라)로 전파됐다가 이후 한반도와 일본에 널리 퍼지게 된다. 초기에는 곰 또는 용모양을 한 둥근 옥에 구멍을 뚫은 귀고리 모습이었으나 후대에는 짐승(맷돼지?)의 어금니 모양으로 바뀐다. 한반도에서 보이는 경옥(비취)으로 만든 곡옥은 일본에서 들어온 것으로 추정되는데(박천수 교수), 위 기록에서 '신라와 백제가 왜를 큰 나라로 여기고 진기한 물건이 많아 공경했다'는 내용 중 '진기한 물건'이란 당시 한반도 귀족들만이 가질 수 있던 '진귀한 경옥(비취)으로 만든 곡옥'일 것이다. 위 내용이 기록된 6, 7세기는 일본열도를 정복한 백제세력(곤지왕 후손)이 일본에서 강성하던 시기로, 당시 백제와 신라는 강해진 왜와 밀접한 관계를 맺으며 고구려를 견제하고 있었기 때문에 세 나라는 상호 문물의 교류가 활발했던 것을 알 수 있다.

6) 《구당서》: 7~8세기

당나라 시기(7세기~8세기)를 기록한 구당서에는 왜(일본)의 의복이 삼국을 통일한 신라와 아주 비슷하다고 기록돼 있는데, 이는 5세기 이후 백제가 한반도 남부, 특히 가야를 거쳐 왜(일본)에 진출했기 때문에, 한반도 남부

6세기 초 중국 남조 양나라에 파견된 왜(일본) 사신.
'(옛날에) 옷은 옆으로 긴 천을 묶어서 서로 이었으며 바느질하지 않았다.'는 7세기 초 기록된 《수서》의 내용과 일치하고 있다. 귀족임에도 불구하고 당시 고구려, 백제, 신라 사신의 세련된 복장과 달리 맨발에 폭이 넓은 천으로 앞뒤를 가리고 있다. 이러한 복장은 6세기 후반 왕이 관(의관)을 정하면서 한반도 복식과 같아지게 된다. (양직공도를 다시 그린 당염립본왕회도)

의 풍습이 왜에 전해졌기 때문일 것으로 추정됩니다. 당시에 멸망한 백제와 고구려 유민이 다수 이주하여 의복의 변화는 물론 이전에 사용하지 않던 문자에 대한 이해가 깊어집니다.

그 나라에는 거처하는 데 성곽이 없고, 나무로 울타리를 만들고, 풀로 집을 짓는다. 사방의 작은 섬에 있는 50여 국이 모두 [왜국에] 부속되어 있다. 그 나라 왕의 성은 아매씨인데, 일대솔을 두어 여러 나라를 감독하니, 모두 그를 두려워하며 따른다. 관[위]를 두었는데 12등급이 있다.

소송하는 자는 엎드려 기어서 앞으로 나아간다. 그곳에는 여자가 많고 남자가 적다. 문자를 잘 알며 풍속이 불법을 우러른다. 모두 맨발이며, 폭이 넓은 천으로 앞뒤를 가린다.

귀한 사람은 비단으로 된 모자를 쓰고, 백성들은 모두 머리를 묶어 상투를 틀며 관대(갓과 허리띠)는 없다. 부인들은 단색의 치마와 허리를 덮는 긴 저고리를 입으며, 머리를 뒤로 묶고 은으로 만든 꽃을 다는데 그 길이는 8촌이며, 좌우에 각각 여러 송이를 달아, 귀천의 등급을 나타낸다. 의복 제도는 신라와 아주 유사하다.

일본 나라현 다카마쓰 고분(高松塚古墳, 694년~710년).
고구려의 영향을 받은 벽화로, 무덤의 주인에 대한 여러 학설이 있는데
그 중에는 백제왕 선광(의자왕 후손)의 무덤이라는 설도 있다.

고대 일본의 왕과 귀족.
끝이 올라간 백제계 신발을 신고 있다. (오사카박물관)

한반도와 복식이 같았던 7~8세기 왜(일본)의 귀족 복장.
6세기 초 왜의 사신이 천을 이어서 묶어 입었던 복장과 전혀 다른 세련된 한반도 귀족의 복장을 하고 있다. 《수서》에 '수나라 때(581~618) 이르러, 그 귀고리 관(관모)을 정하였다.'라는 기록으로 보아, 6세기 초와 6세기 후반 왜(일본) 귀족의 복장이 상당히 달랐음을 알 수 있다. 《구당서》에 "(왜의) 의복제도는 신라와 아주 유사하다"라고 기록되었는데, 《구당서》보다 먼저 7세기에 기록된 《수서》에는 "(신라의) 풍속, 형벌, 의복은 대략 고구려, 백제와 같다."라고 기록되어 있으므로, 왜의 귀족들 복식은 신라뿐 아니라 고구려, 백제로부터도 영향을 받았음을 알 수 있다. 화려한 한반도계 복식을 한 귀족과 달리, 왜의 평민들은 여전히 맨발에 넓은 천으로 앞뒤를 가린 소박한 모습을 하고 있었다.

사. 정치는 어땠나요?

　'왜'는 사실 여러 정황상 만주와 한반도에 폭넓게 살고 있던 한반도 원주민인 부여족(예족)이 아닐까 추정됩니다. 기원전 3세기 이후 한반도는 중국의 대혼란으로 많은 사람들이 중국에서 한반도와 만주로 이주를 합니다. 대표적으로 기자조선을 비롯한 발해만 북부 세력이 직접적으로 한반도 북부와 만주 지역으로 밀려오는데요, 이들에 의해 점차 세력을 잃은 한반도 원주민인 부여(예)족 사람들 중 일부가 일본으로 간 것으로 보입니다. 일본의 역사는 사실상 이 시기(기원전 3세기)부터 시작된다고 할 수 있습니다.

1)《후한서》: 1~2세기

　무제 임금이 조선을 멸한 뒤(BC108)로부터 왜 나라에서는 사신과 번역가를 보내 한(漢)나라와 왕래하였는데, 그러한 나라(國)가 서른 개 정도가 있다. 나라마다 각각 임금을 '국왕'이라 칭하였고 대대로 세습하며, 그 가운데 큰 임금은 야마대 나라에 산다.

　건무 중원 2년(57)에 왜노 나라에서 공물을 바치고 하례를 하였는데, 사신이 스스로를 대부(大夫)라 불렀다. 왜노 나라는 왜 나라의 가장 남쪽에 있다. 광무 임금은 왜노 나라에 도장을 하사한다. 안제 영초 첫 해에, 왜노 나라 왕 수승 등은 160여 명의 사람을 바치며 알현할 것을 요청하였다.

　환제(재위 146~168), 영제(재위 168~189) 시기에 왜 나라는 큰 난리가 일어나 서로 공격을 하였고, 오랫동안 임금이 없었는데, 비미호라 부르는 한 여자가 나이가 차도 결혼하지 않고 시종 귀신을 섬기면서 군중을 미혹하므로 모두가 그녀를 왕으로 추대한다.

　그 여자를 받드는 남자와 여자가 천 명이었는데, 그녀를 본 사람은 거의 없고, 오직 한 사내만이 그녀에게 음식을 대접하고 말을 전달한다. 그 여자가 사는 궁전은 망루가 있고 성책으로 둘러싸여 있는데, 모두가 무기를 들고 지킨다. 법률과 풍습이 매우 엄격하다.

2) 《삼국지》* : 3세기

그 나라도 본래 남자를 왕으로 삼았으나, 70년~80년이 지나자 왜국에서 난리가 일어나서 서로 공벌(공격)한 지 여러 해가 되었다. 마침내 모두 함께 한 여자를 추대하여 왕으로 삼았는데, 이름은 비미호라고 한다. [그녀는] 귀도(귀신의 도)를 섬겨서, 능히 무리를 미혹하며, 나이가 이미 많았음에도 지아비가 없고, 남동생이 있어서 나라를 다스리는 것을 도와주었다. [비미호가] 왕이 된 이래, [그녀를] 본 자가 적었다. [그녀는] 여자 종 1천 명으로써 자신을 모시도록 하였으며, 오직 남자 1명이 있어서, [그는] 음식을 올리거나 말을 전달하러 출입하였다. 궁실과 누관(높은 집)에 거처하였고, [주변에는] 성책이 엄중하게 설치되어 있고, 항상 병기를 지닌 사람이 있어서 [그녀를] 지켰다.

여왕국의 동쪽으로 바다 1천여 리를 건너면, 다시 나라가 있는데, 모두 왜종(왜 종족)이다. 또 소인국이 그 남쪽에 있는데, [이 나라] 사람들의 키는 3~4척(尺)이고, 여왕[국]에서 4천여 리 떨어져 있다. 또 나국과 흑치국이 그 동남쪽에 있다. 배를 타고 1년을 가면 도착할 수 있다. 왜의 땅을 헤아려보면, [육지와] 멀리 떨어진 바다에 있는 섬에 있는데, [그] 어떤 곳은 서로 끊어져 있지만, 어떤 곳은 서로 이어져 있으며, 주위는 5천여 리 정도이다.

---

*   ⋯   출처 : 동북아역사재단 동북아역사넷

[위 명제] 경초 2년(238) 6월에, 왜의 여왕이 대부(大夫) 난승미 등으로 하여금 [대방]군에 이르게 하여, 천자에게 나아가서 조헌(찾아가 헌물을 바침)하기를 요청하므로, [대방군] 태수인 유하가 [관]리를 시켜서 [왜의 사절을] 전송하게 하여 경도(수도)에 이르게 하였다. 그해(239) 12월에 [명제는] 조서를 내려서 왜의 여왕에게 답하여 말하였다. "친위왜왕(위나라와 친한 왜왕) 비미호에 제조(조서를 내리다)하노라. 대방군 태수인 유하가 사인(신하)을 보내어 너의 대부 난승미와 차사 도시우리를 호송해 왔는데, 네가 바친 남자 생구(산 사람) 4인, 여자 생구 6인 그리고 반포(얼룩무늬 천) 2필 2장을 받들고 왔다. 네가 있는 곳은 대단히 먼데도, 사신을 파견하여 공헌(공물을 바침)하였다. 이는 너의 충성과 효심이니, 나는 너를 심히 어여쁘게 여기노라. 이제 너를 친위왜왕으로 삼고, 금인자수(금으로 된 도장과 도장을 묶는 자주색 띠)를 수여하노라.

남북조시대(420~589)에 사용되던 금인(금으로 된 도장) (랴오닝성박물관). 중국 위나라에서 왜(일본)에 수여한 도장도 이와 같았을 것이다.

[그것들을] 장봉(포장)하여 대방태수에게 보내어 수여토록 하겠다. 너는 너의 나라 사람들을 편안하게 하고 어루만져주며, [짐에게] 효순(효도)하는 데 힘쓰도록 하라. 네가 보낸 사신 난승미와 [도시]우리는 먼 곳을 건너오느라 길에서 부지런히 힘썼으니, 이제 [짐은] 난승미를 솔선중랑장으로, [도시]우리를 솔선교위로 삼고, [그들에게] 은인청수(은색 도장과 도장을 묶는 파란 띠)를 수여하노라. 그들을 [궁궐에서] 만나서 위로하고, [물품을] 하사하여 돌려보내노라. 이제 강지교룡금(짙은 붉은색 천) 5필, 강지추속계(진홍색 비단 융단) 10장, 천강(선홍색 비단) 50필, 감청(남색 비단) 50필로써, 네가 공물로 헌납한 [물품의] 값에 보답하겠다. 또 특별히 너에게 감지구문금(글자가 새겨진 검푸른 비단) 3필, 세반화계(무늬가 세밀하고 화려한 융

단) 5장, 금 8량, 오척도(다섯 척의 칼) 2구, 동경(청동거울) 100매, 진주와 연단(납으로 된 장수약) 각각 50근을 하사할 것이고, [이것들] 모두를 포장해서 봉하여 난승미와 [도시]우리에게 부친다. [그들이] 귀환하면 [여기에] 기재된 그대로 받을 것이다. [이것들] 모두는 너의 국중 사람들에게 보여라. [그리하여 그들에게] 국가가 너를 어여쁘게 여기는 것을 알게 하도록 하라. 그러므로 정중하게 너에게 좋은 물품들을 사여하노라."

[위 소제] 정시 원년(240)에 [대방군] 태수 궁준이 건충교위 제준 등으로 하여금 조서와 인수(도장과 도장끈)를 받들고 왜국에 도착하여 왜왕에게 수여하였고, 아울러 조서를 가져와서 금, 비단, 비단으로 짠 융단, 칼, 거울 그리고 채물(가려서 선택한 물품)을 하사하였다. 왜왕은 이에 사신을 파견하여 은조(은혜로운 조서)에 감사하는 답서의 표문을 올렸다.

[정시] 4년(243)에도 왜왕은 다시 사신으로 대부(大夫) 이성기와 액사구 등 8인을 파견하여, 생구(산 사람), 왜금(왜나라 비단), 강청겸(붉은색과 청색을 섞어 짠 비단), 면의(면으로 된 옷), 백포(비단과 무명), 단목(붉은 나무), 부(활 손잡이), 단궁시(짧은 활과 화살)를 바쳤다. 액사구 등은 솔선중랑장의 인수(도장과 도장끈)를 똑같이 하사받았다. 그 6년(245)에 [황제]는 조서를 내려서 왜의 난승미에게 황당(지휘용 노란 깃발)을 하사하고, [그것을 대방]군을 통해서 수여하였다. 그 8년(247)에 [대방군의] 태수인 왕기가 [그] 관부에 도착하였다. 왜의 여왕 비미호는 구노국의 남왕인 비미궁호와 본래부터 불화하여, [그녀는] 왜인 재사와 오월 등을 [대방]군에 파견하여, 서로 공격한 상황을 보고하였다. [왕기가] 새조연사(외교 관리)인 장정 등을 파견하고, 아울러 조서와 황당(지휘용 노란 깃발)을 보내고, 난승미에게 [그 일을 처리하는 관직을] 수여하고, 격문을 만들어서 알리고 깨닫도록 하였다. 비미호가 마침내 죽자 크게 무덤을 만들었는데, 지름이 1백여 보였고 순장된 자는 노비 1백여 명이었다. 새롭게 남자 왕을 세웠으나 국중의 사람들이 승복하지 않아서 다시 서

가슴걸이(국립경주박물관). 왜인이 위나라에 바친 '공청대구주(구멍이 뚫린 파란 큰 곡옥)'은 커다란 굽은옥(곡옥)을 의미하는데, 굽은옥(곡옥)은 고대 한반도인들과 일본인이 매우 신성시한 물건이었다. 사진은 신라 왕이 차고 있던 '파란색의 커다란 곡옥'으로, 3세기에 왜에서 위나라에 전해준 것과 같은 종류의 옥으로 추정된다.

로 주살하여, 당시 피살된 사람의 수가 1천 명이었다. 다시 비미호 종실의 여자인 일여를 [왕으로] 세웠는데, [그녀는] 나이 13세에 왕이 되었지만, 국중은 마침내 안정되었다. [장]정 등이 격문을 써서 일여에게 알려서 깨우쳤다. [일여는] 왜의 대부인 솔선중랑장 액사구 등 20인으로 하여금 장정 등을 송환시켰고, 이때 [액사구 등이] 대(臺)에 도착하여 남녀 생구 30인을 헌상하고, 백주(흰 구슬) 5천 개, 공청대구주(구멍뚫린 파란 큰 곡옥) 2매 그리고 이문잡금(특이한 문양의 여러 비단) 20필을 공물로 바쳤다.

3) 《송서》: 5세기

대대로 공물을 바치고 직무를 수행해 왔다. 고조 영초 2년(421년)에, 다음과 같이 조서를 내린다. "왜찬은 만 리 밖에서 공물을 바치고 직무를 잘 수행하여, 멀리에서도 그 정성을 빛나므로, 작위를 수여할만하다." 태조 원가 2년(425)에 찬 임금은 다시 사마(관직명) 조달을 보내 표를 올리고 토산물을 바쳤다. 찬 임금이 죽고난 뒤 그 아우 진이 왕위를 잇게 되고 사신을 보내 공물을 바친다. 그는 스스로를 '사지절, 도독왜백제신라임나진한모한육국제군사, 안동대장군, 왜국왕'이라 칭하고는 이를 정식 관명으로 지정해 줄 것을 요청하였다.

위의 기록에서 왜(일본) 왕이 스스로를 '도독 왜 백제 신라 임나 진한 모한 육국제군사, 안동대장군, 왜국왕'으로 부른 것은, 5세기 일본과 한반도 이남에 왜, 백제, 신라, 임나, 진한, 모한(마한?) 등 서로 완전히 복속되지 않은 정치적 독립체(국가)가 최소 6개 이상 있었음을 알려주고 있습니다. 왜, 백제, 신라, 임나, 진한, 모한 순으로 나열한 이유는 왜 나라 입장에서 본 당시 국력의 선후관계를 감안했기 때문일 것입니다.

4세기 말 한반도는 큰 혼란을 겪게 됩니다. 369년 백제는 한반도 서남부의 마한을 점령하였고, 고구려가 신라를 장악한 왜를 몰아내는 등(400년), 한반도 남부 사람들은 전쟁으로 고통을 당하게 되는데 이로 인해 한반도인이 대거 일본으로 이주를 하게 됩니다. 백제 또한 475년 고구려에 수도까지 빼앗기며 거의 멸망하는데 이렇게 한반도의 혼란에 의해 한반도에서 밀려나 일본에 정착한 한반도계 도래인들은 자신들이 백제와 신라 지역에서 왔기 때문에 고토를 되찾기 위해서인지 한반도를 끊임없이 공격합니다.

왜에서 한반도 도래인의 영향이 점차 커지고 있을 때 백제와 신라는 고구려의 압박을 크게 받습니다. 이로인해 두 나라는 왜(일본)에 의지하여 고구려를 막을 수밖에 없었는데 이로인해 백제에서는 왕이 왜(일본)에 태자 전지를 볼모로 보내고(397), 신라는 내물왕의 아들 미사흔을 왜(일본)에 볼모로 보내게 됩니다(402). 당시의 혼란한 국제정세를 '광개토대왕비'에는 다음과 같이 기록하고 있습니다.

● 391년 : 왜가 건너와 백제를 깨뜨리고, 신라를 신하로 삼았다.
● 396년 : 광개토왕이 친히 군을 이끌고 백제를 토벌했다. 이에 백제왕 이 포로 1,000명과 좋은 천 1,000필을 바치면서 왕에게 항복했다.
● 399년 : 백제가 맹세를 어기고 왜(일본 부여)와 서로 통했다. 신라왕이

5~6세기(국립김해박물관)   6세기 초(국립나주박물관)   6세기 초(국립나주박물관)

6세기 초(오사카박물관)   6세기 후반(나라현립고고학연구소)   6세기 초(오사카박물관)

띠고리

안장가리개

재갈

말띠꾸미개

말띠드리개

경판

발걸이

기마인물형 토기(6세기 초)와 말갖춤(국립경주박물관)

가야와 왜의 관계를 밝히는 말갖춤 유물들.

5세기에 들어 고구려에 의해 백제와 가야가 크게 위축되자 한반도 남부 국가들은 왜(일본)와의 협력을 강화한다. 이로인해 왜(일본)의 유물들이 한반도 남부에서 발굴되고, 왜 전역(규슈~기내)에는 가야의 귀족들이 사용하던 금동관이나 금귀고리, 금은제 말갖춤 유물들이 발굴되고 있다. 왜(일본)에서 한반도 지배층 유물이 발견되는 것으로 미루어 볼 때 5세기부터 왜(일본)는 한반도계 도래인들(마한, 가야 등)이 장악했음을 짐작할 수 있다. 우리나라 학계에서는 당시 왜(일본)로 진출한 한반도 남부 사람들이 기존 세력과는 다른 북방 기마민족이었는데, 특히 만주에 있던 부여와 관계가 깊은 사람들로 추정하고 있기도 하다.

신라에 가득 찬 왜인(倭人)을 몰아내 줄 것을 고구려에 부탁했다.

● 400년 : 광개토왕이 보병과 기병 도합 5만 명을 보내어 신라를 구원하게 했다. 신라 수도에 이르니 왜군이 가득했는데, 고구려군을 보고 퇴각하여 임나가라에 이르니 항복했다. 신라 내물왕(매금)이 (스스로 와서) 조공했다.

이러한 국제적 상황아래 왜왕은 자신들이 백제와 신라를 고구려로부터 지켜주는 종주국이라 생각했던 것 같습니다. 그래서 왜왕은 백제와 신라까지 포함하는 왕이라고 중국에 주장했던 것입니다. 그러나 객관적인 국력을 파악하고 있던 중국 남송 정부는 왜왕의 그러한 요구를 받아들이지 않고 단지 '왜왕'으로만 임명합니다.

그러나 조서를 내려 '안동장군, 왜국왕'으로 임명하였다.* 진 임금은 다시 정식으로 왜수 등 열 세 사람들에게 평서장군, 정로장군, 관군장군, 보국장군의 관직을 하사할 것을 부탁하였고, 이에 조서를 내려 뜻을 모두 들어주었다. 20년(443), 왜 나라 제 임금은 사신을 파견하여 공물을 바쳤고, 이에 또다시 '안동장군, 왜국왕'의 직함을 유지시켰다. 28년(451)에 이전에 왜에서 부탁했던 바에 따라 '사지절, 도독왜신라임나가라진한모한육국제군사, 안동장군'의 관명을 더하였다.** 그리고 왜에서 보낸 표에 적힌 스물 세 사

---

* … 백제 왕에게는 '대장군'의 존호를 붙이고, 왜 왕에게는 '장군'의 칭호를 쓴 것으로 보아 중국에서 객관적으로 본 국력은 백제가 왜 보다 앞서 있었다는 것을 짐작할 수 있다. 왜 왕은 스스로 높은 작위를 받으려 했으나 중국에서 이를 거절하는 수모를 겪는다.

** … 왜 임금이 백제를 제외한 한반도 남쪽 나라(왜, 신라, 임나, 가라, 진한, 모한)를 감독한다는 내용의 직함을 받았다는 것은, 중국에서 볼 때, 백제를 제외한 다른 나라에서 아직 공물을 바치지 않았기 때문에 그 나라들을 대표하여 왜 임금에게 감독을 부탁한다는 의미일 수 있

람을 무관 또는 지방 관리로 임명하였다. 제 임금이 죽고, 세자 흥이 임금이 되어 사신을 보내 공물을 바친다.*

세조 대명 6년(462년) 다음과 같이 조서를 내린다. "왜왕 세자 흥은 세대를 이어 충성을 바치고 바다 밖을 지켜 교화를 베풀고 변경을 안정시키는 동시에 공물을 정성스럽게 바쳤다. 최근에 변경 업무를 이어받았으니 마땅히 '안동장군, 왜국왕'으로 작위를 내려야 할 것이다." 흥 임금이 죽고 아우 무 임금이 제위를 이었는데, 스스로 '사지절, 도독왜백제신라임나가라진한모한칠국제군사, 안동대장군, 왜국왕'이라 칭하였다.**

순제 승명 2년(478년)에 왜 왕은 사신을 보내 표를 올리며 다음과 같이 말하였다. "임명받은 나라가 구석지고 먼 곳에 있으면서, 선조로부터 바다 밖 땅을 지켜오기를 갑옷과 투구를 쓰고 산을 넘고 물을 건너 쉴 틈 없이 하였습니다. 동쪽으로는 모인(毛人 털사람) 55개 나라를 정벌하고, 서쪽으로는 수많은 이(夷) 사람들의 나라 66개를 정복하였으며, 바다 건너 북쪽의 95개 나

고, 또는 왜 나라가 실제로 그 나라들에 대한 지배적 지위를 가지고 있었기 때문일 수도 있다.

* ⋯ 송나라와 관계가 깊던 백제는 근초고왕 이후 중국공략에 나선 큰 나라였다. 348년 전연에게서 요서를 빼앗은 후, 약 70년 뒤인 425년 중국 남방의 송나라 태조가 백제에 다음과 같이 조서를 내린다. "황제는 '사지절, 도독백제군사, 진동대장군, 백제왕'에게 문안인사 드립니다. (중략) 멀리 서쪽 융 사람들까지 모아 다스리고(遠王纂戎), 마침내 조상의 업적을 완수하였습니다."《송서》. 따라서 왜왕이 '백제'까지 자신들 영토라고 주장한 것을 거부한다. 다만 451년에는 백제를 제외한 한반도 지역 전부를 왜왕의 영토로 인정하고 있다.

** ⋯ 이 시기는 461년 왜로 넘어간 백제계 세력이 왜 왕실을 정복하고 새로운 백제계 정권을 시작하는 시기이다. 한성백제가 475년 멸망하자 왜왕 무(유랴쿠 천황, 곤지왕?)는 스스로 백제를 포함한 한반도 전체의 왕임을 선언한다. 이는 근초고왕 이후 일본에 진출한 부여계 왕실의 꿈이었는데, 이때 곤지가 왜에 진출하여 실세로 등장하자 왜왕 무는 백제를 포함한 한반도 전체의 왕으로 '자칭'한 것이다.

동북공정 이전 **중국이 쓴 한국사**

라를 평정함으로써, 왕으로서 융화와 태평을 이루었습니다. 수도를 둘러싼 성이 멀리 천 리에 이르고, 대대로 황제를 찾아뵙기를 한 해도 거르지 않았습니다. 신은 비록 어리석지만 부끄럽게도 선대의 업을 이어받아 백성을 통치하면서, 하늘 끝에서부터 조정을 받들고자 멀리 백제를 지나 배를 준비하여 나아가려 했습니다.

그러나 고구려는 무도하여 다른 나라를 삼킬 궁리만하고, 변경 사람을 노예로 잡아가며 살인과 노략을 그치지 않았습니다. 자주 우리로 나아가지 못하게 하고 배가 뜨기에 알맞은 시기와 바람을 놓쳐 중국으로 가지 못하게 하였습니다. 비록 우리가 길을 나서기는 하지만 중국으로 가는 길이 열릴 때도 있고 막힐 때도 있었습니다. 저의 선친 왜제 임금께서는 적들이 그렇게 변경의 길을 막는 것에 분노하시어 백만 군사를 일으키시고 의로운 목소리를 높이셨습니다. 그러나 대규모 공격을 앞두고 부친과 형님이 돌아가시게 되어 거의 다 이루어 놓은 공이 수포로 돌아갔습니다. 본인은 상중에 있기 때문에

1880년 경 찍은 아이누인 사진

1902년에 찍은 아이누족 사진

일본의 원주민 모인(毛人, 아이누인) (위키백과). 일본열도 최초의 거주민인 조몬인으로 여겨지며, 한반도에서 이주해온 야요이인들에게 밀려 점차 일본 동북지역으로 이주한다. 아이누인은 백인계 외모를 한 고아시아족으로, 몸에 털이 많아 '모인(털사람)'이라 불렸다. 일본에서 극심한 인종적 차별로 현재는 그 수가 수만 명에 그치고 있다.

경거망동하게 군사를 일으킬 수 없어, 숨을 고르며 승리를 취하지 못하고 있었습니다.

그러나 이제 병사들을 훈련시키고 부친과 형님의 뜻을 다시 펼치기 위해, 의로운 뜻을 품은 용사들과 문관, 무장들이 효과적으로 공을 올릴 준비를 하고 있으며, 흰 칼 앞에서도 조금도 두려워하지 않을 용기가 준비되어 있습니다. 만일 황제께서 은덕을 베푸신다면 이 강한 적을 누르고 이 지역의 어려움을 극복하여 선왕들의 공을 헛되지 않게 할 수 있을 것입니다. 본인은 '개부의동삼사'를 저 대신 보내고 그 나머지 관원들 역시 제 임무를 대신하게 하였으니 그들의 충성과 절개에 격려를 부탁드립니다." 이에 조서를 내려 무 임금을 '사지절, 도독왜신라임나가라진한모한육국제군사, 안동대장군, 왜왕'으로 임명하였다. 《송서》

위 사건이 있던 478년 당시에 왜국왕(유랴쿠)은 이전의 안동장군에서 안동대장군으로 직급이 올라갑니다. 그 이유는 왜가 고구려, 백제와 대등할만큼 국력을 키웠기 때문이라고 볼 수 있습니다. 왜가 국력을 키우게 된 계기는 고구려와 백제의 갈등이 원인이 됩니다.

앞에서 백제의 왜 정벌 과정에 대해 간단히 언급했지만 좀 더 자세히 당시 상황을 설명하면 다음과 같습니다. 5세기 중엽 고구려는 백제를 공격하기 위해 만반의 준비를 하고 있었습니다. 이에 위기를 느낀 백제는 국력을 빠른 시일 안에 키워야 했습니다. 결국 백제의 실질적 1인자인 곤지장군은 461년 백제에서 왜로 정복전쟁을 떠나게 됩니다. 그런데 왜로 건너가 한참 왜의 여러 나라를 정복하며 영토확장을 하던 중에 서울지역에 있던 백제는 475년 결국 고구려에 멸망하게 되고, 남은 사람들은 수도를 남쪽(공주)으로 옮기며 이주하게 됩니다.

이에 왜(일본)를 장악한 곤지세력은 왜의 군사를 동원해 한반도 서남부 백제 영역에 대거 진출을 하여 백제를 돕게 됩니다. 서울지역 백제가 멸망한 4년 뒤인 479년 백제는 왜(일본)에서 온 동성왕을 왕으로 모시는데, 동성왕이 왜(일본)에서 한반도로 와서 왕이 될 때 그를 호위한 사람들은 백제인이 아니라 500인의 왜인(일본인)이었습니다. 따라서 당시 왜는 일본열도 뿐 아니라 한반도 남부까지 영향력을 미치는 대국이 된 것을 알 수 있고, 왜가 백제를 도와 고구려와 대치했음을 짐작할 수 있는 것이지요.

위의 《송서》 기사는 5세기 말 한국과 일본의 관계를 바르게 이해할 수 있는 열쇠와 같습니다. 그만큼 중요한 기사인데, 필자는 이 기사내용과 관련하여 필자의 이전 책 《동이한국사》에 다음과 같이 분석하였습니다.

《송서》의 기록을 보면 478년 사신을 보낸 왜왕(백제 곤지왕으로 추정)이 일본 본토 사람이 아니라 외부에서 유입된 사람인 사실을 알 수 있다. '왜왕'이 외부인인 이유는 이들이 정복한 땅이 일본열도의 중심부(대화 지역)에서 서쪽은 '이(오랑캐)의 땅', 동쪽은 '모인(털 사람)의 땅'으로 부르고 있기 때문이다. 이는 '왜왕'이 원래부터 일본열도 사람이 아니라, 당시 일본열도에 살고 있던 두 부류의 주민인 서쪽의 '이(오랑캐)'와 동쪽의 '모인(아이누?)'을 자신들과 다른 정복 대상으로 했던 사람임을 의미한다.

그들이 유입된 곳은 일본 중서부 대화 정권이 위치한 고대 일본의 핵심 도시인 경도(교토), 나량(나라), 대판(오사카) 등지가 있는 기내(畿內) 지역으로서, 이들 지역은 이 시기(5세기 말)부터 일본열도의 중심 세력이 되어, 과거 '왜'의 본거지였던 서쪽 끝 구주(규슈)로부터 정치의 중심이 이동하게 된다.

이들 곤지 세력은 왜(예)와 원주민(모인)을 진압한 뒤 바다 건너 북쪽(한반도)도 정복했다고 하는데, 유독 한반도 사람들만은 '이(왜, 오랑캐)'나 '모인(털 사람)'이라 부르지 않고 단지 '바다북쪽 나라[海北國]'라고만 호칭한다. 이는 당시 왜왕(곤지왕)이 한반도 남부 국가들에 대한 동질성을 가지고 있었기 때문으로 풀이된다.

한편 일본과 한반도 남부를 정복한 왜왕은 자신들의 변경 사람들을 노예로 잡아간 고구려를 원망하고 있다. 그렇다면 왜와 고구려가 국경을 접하고 있다는 말인데, 이는 우리가 알고 있는 상식으로는 이해하기 어렵다. 하지만 '곤지왕'이라는 인물을 매개로 한다면 수긍이 간다.

461년 왜로 넘어가 왜를 점령한 곤지왕 입장에서는 자신이 원래 백제에서도 개로왕 다음의 최고 권력을 가지고 있던 자였기 때문에, 백제왕 개로가 죽고 난 뒤(475) 백제를 자신의 땅으로 여기고 있었던 것이다.

상기 기록에서 고구려가 왜(백제)의 변경을 침략한 사실은 475년 장수왕이 백제의 수도 한성을 침략하여 왕(개로왕)을 죽이고 남녀 8,000을 잡아간 사실을 말하고 있다.

곤지왕은 고구려의 대규모 공격을 예상하고 이를 대비하기 위해 미리 일본에 가서 세력을 키우고 있었다(461년). 그런데 예상대로 고구려가 쳐들어와 부친(개로왕)이 죽고, 형님(문주왕)마저 암살당하자(477) '상중에 경황이 없어' 곤지왕이 고구려를 치기 위해 준비한 '100만 군사'를 활용할 수 없었던 것이다.

그러나 이렇게 고구려를 치고자 만반의 준비를 끝낸 곤지마저 백제에서 살해당하자, 일본에 있던 곤지왕의 아들 동성왕은 백제로 와 본격적으로 곤지왕의 뜻을 이어 주변 국가들을 공격하는데, 그 첫 번째 대상이 과거 '모씨'*의 고국을 멸망시킨 북위였다. 동성왕은 곤지가 일본과 한반도에서

---

* … 동성왕의 성씨. 과거 모용선비족 사람들 중원을 점령하고 전연(337~370)을 비롯한 여러 나라를 세우는데, 이후 탁발선비가 세운 북위에 의해 중국에서 패망하여 고구려로 망명한다. 연나라 세력이 한반도로 유입된 이후 한반도 남부에는 기존 왕들과는 다른 '모씨' 성씨의 왕들이 등장하는데, 대표적으로 백제의 문주왕, 동성왕, 신라의 법흥왕이다. 정황상 이들은 모

마한문화를 대표하는 구멍단지
(5세기~6세기 중반)
(국립나주박물관)

5세기 일본토기에 가장 많은 영향을 끼친 가야토기(국립김해박물관)

일본(오사카)에서 5세기 말~6세기 초에 제작된 한반도계 토기
(오사카박물관)

(도쿄국립박물관)

5세기 말~6세기 초 백제의 일본 점령을 증명하는 일본토기(스에키).

5세기 마한과 가야에 대한 지배력을 강화한 백제는 고구려의 위협을 대비해 일본 혼슈의 기내(오사카, 나라, 교토 등) 지역으로 진출한다. 일본에서 5세기에 등장한 한반도계 토기(스에키)는 기존 일본 토기와는 달리 경도가 강한 고급 토기로, 한반도 토기와 모양과 생산기술이 같았다. 이 토기는 5세기 말에서 6세기에 일본열도 전체로 퍼지게 되는데, 이때가 백제 곤지세력이 혼슈의 '야마토 정권'을 차지하고 서쪽의 강국 '왜(서이)'와 동쪽의 원주민 '아이누(모인)'를 정복하여 일본열도를 통일한 시기인 것을 추정할 수 있다.

이룩한 세력을 바탕으로 중국 대륙 공략에 나설 수 있었던 것이다.《동이
한국사》

이렇게 백제와 왜(일본)의 역사가 얽혀있던 당시(5세기 말~6세기 초) 한반도
서남부에서는 왜계 무덤인 전방후원분이 잠시 등장하는데, 이는 왜를 장
악한 백제계 사람들이 고구려를 견제하기 위해서 백제에 보낸 왜인 장군
들 무덤이라고 볼 수 있습니다. 그런데, 왜(일본)에서는 한반도와 정 반대
로 6세기에 들어서자 수백 년간 지속되던 왜계 전통무덤인 전방후원분이
갑자기 사라지게 되고 백제식 무덤인 앞트기식돌덧널등장합니다. 이유는
6세기부터는 백제계 정권이 왜를 장악했기 때문에 기존 왕조가 만들던
무덤(전방후원분)을 만들지 않았기 때문이겠죠.

"5세기 후반~6세기 전반 영산강 유역과 전남 남해안 일대에는 무덤의
한쪽은 사다리꼴이고, 다른 한쪽은 둥근 모양을 한 장고형 고분이 나타난
다. 이러한 무덤의 형태는 일본열도에 존재하는 전방후원분과 유사하며,
내부 돌방의 구조는 일본 구주(규슈) 지역의 무덤들과 흡사한 것으로 확인되
었다. 봉분의 주변에 원통 모양 토기가 세워졌으며, 청동거울, 스에키 등 왜
계 물품이 출토되었다. 이러한 무덤에 묻힌 주인공 및 배경에 대해서는 일
본 지역으로 갔던 이 지역 세력이 귀환했다고 보거나, 백제 계통의 왜인이
라고 보는 등 다양한 견해들이 있다. (국립나주박물관)"

5세기의 한반도와 일본 사이의 정치적 변동은 유물로도 증명이 되고
있습니다.

두 과거 중원을 다스리던 모용씨 왕조, 즉 연나라 왕실과 관련이 깊은 사람들로 판단된다.

전방후원분(닌토쿠천황릉)　　　　　　장고형 고분(국립광주박물관)

일본과 한국의 전방후원분. 왜(일본)에서 3세기~6세기까지 오랫동안 유행한 전방후원분은 한반도 남부에서 5세기 말 갑자기 등장하여 6세기 초에 사라진다. 이와 반대로 일본에서는 6세기 이후 이러한 고분이 사라지고 백제계 무덤이 등장하는데, 그 이유는 외부에서 유입된 지배세력(백제계 선비족)이 기존 왜의 지배세력을 대체했음을 의미한다. 한반도 남부에서 5세기 말에 전방후원분이 등장하는 이유는 5세기 말 왜를 장악한 백제계 세력이 고구려를 견제하기 위해 왜의 장군들을 한반도 남부에 파견했기 때문으로 추정된다.

"5세기 대에는 대가야지역에서 챙 달린 투구 등 일본계 금속제품, 합천 옥전무덤에서 서역과 관련된 유리잔, 고령 지산동유적에서 일본 오키나와산 야광조개로 만든 국자도 발견되었습니다. 일본에서도 가야토기, 덩이쇠 등 가야계 유물이 확인되며, 스에끼라는 일본식 도질토기와 이전에 없던 다양한 철제품을 유행시켰습니다. 5세기 대 이후 일본 규슈(구주)에서 긴키(근기, 기내) 지역까지 대가야계 금동관이나 금귀고리, 금은제 말갖춤이 발견되었습니다. (국립김해박물관)"

즉, 가야를 동원하여 일본을 점령한 백제계 세력은 과거 백제가 마한을 점령했을 때 그랬듯이 금동관 같은 고급 하사품을 왜 지배층에 나누어 주며 지배력을 공고히 했던 것입니다.

1. 국립광주박물관 2. 도쿄국립박물관 3. 도쿄국립박물관 4. 국립나주박물관

한반도 남부에서 발견되는 5, 6세기 왜(일본)계 갑옷.

한반도 남부에 왜(일본)계 무덤과 부장품들이 나타나는 이유는 5세기 말 왜를 정복한 백제계 선비세력(곤지 세력)이 고구려를 견제하기 위해 왜에서 한반도 남부로 왜군을 파견했기 때문으로 분석된다. 이 시기 고구려에 멸망한 한성백제(475)는 한반도 남부로 이주하여 왜의 도움으로 국가를 회복하고 중국 북위를 공격하는데, 백제가 고구려가 아닌 북위를 공격하는 이유는 백제계 선비족들(모용계 북연세력)이 자신들을 멸망시킨 탁발선비의 나라 북위에 대한 보복을 하는 동시에, 고구려를 한반도 남부 뿐 아니라 중국에서도 공격할 수 있도록 하기 위해서였을 것이다.

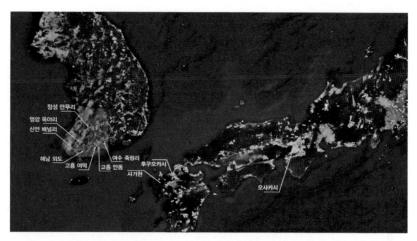

한반도와 일본열도의 대금식갑주(금속을 잘라 띠로 만든 갑옷) 출토지(국립나주박물관). 백제가 고구려에 멸망한 뒤(475) 왜(일본)는 한반도 남부에 대거 군사를 파견하여 백제를 지원하는 동시에 고구려를 견제한다.

4) 《남제서》 5세기 후반

한(漢)나라 말 이후로 여자를 왕으로 세웠다. 그 땅의 풍토와 풍습은 이전 역사서에 나와 있다. 건원 첫 해(479년)에 다시 '사지절, 도독왜신라임나가라진한모한 육국제군사, 안동대장군, 왜왕 무'의 직함을 '진동대장군'으로 바꿨다.

5) 《수서》* : 7세기

위(魏)나라 때 통역을 거쳐 교통하였는데, 30여 국이 모두 스스로 왕이라고 칭하였다. 이인[동쪽 사람]은 리수(리 단위 거리)를 알지 못하여, 다만 날수로 [거리를] 헤아린다. 그 나라의 경계는 동서로 5개월을 가고 남북으로는 3개월을 가면 각각 바다에 이른다. 지세는 동쪽이 높고 서쪽이 낮다. 야미퇴에 도읍하고 있는데, 곧 『삼국지』 『위지』에서 말하는 야마대이다. 예전

---

*   …   출처 : 동북아역사재단 동북아역사넷

에는 낙랑군 경계와 대방군으로부터 12,000리 떨어져 있으며, 회계의 동쪽에 있는데 담이와 서로 가깝다고 하였다.

한 광무[제](재위 25~57) 때 사신을 보내어 입조하였는데 대부(大夫)라고 자칭하였고, [후한] 안제(재위 106~125) 때 다시 사신을 보내 조공하였는데 왜노국이라고 하였다. [후한] 환[제](재위 147~167)와 영[제](재위 168~188) 때, 그 나라가 크게 어지러워져서 교대로 서로 공격하고 싸우니 여러 해 동안 군주(主)가 없었다. 비미호라는 이름의 여자가 있었는데, 능히 귀도(귀신의 도)로써 무리를 현혹시킬 수 있어서, 이때 국인(국민)이 공립(함께 세워)하여 왕으로 삼았다. 남동생이 있어서 비미[호]를 도와서 나라를 다스렸다. 그 왕은 시중드는 여자종을 1,000명을 두었으나, 그 얼굴을 본 자가 드물었다. 단지 남자 두 사람이 있어서 왕에게 음식을 바치고 말을 전달하였다. 그 왕은 궁실과 누관·성책을 가지고 있으며, 모두 무기를 가지고 지키며, 법을 집행하는 것이 아주 엄하였다. 위(魏)부터 제(齊)·양(梁)에 이르기까지 중국과 서로 통교하였다.

개황 20년(600)에 왜왕의 성은 아매, 자(字)는 다리사비고, 호(號)는 아배계미인데 사신을 보내어 궁궐에 찾아왔다. 황제는 담당 관사로 하여금 그 풍속을 묻게 하였다. 사신이 말하기를, 왜왕은 하늘을 형으로 여기고, 해를 아우로 여기며, 아직 밝기 전에 나와서 정사를 행하는데 정좌하고, 해가 뜨면 곧 정무 보는 것을 그만두고 말하기를 나의 아우에게 맡긴다고 한다고 하였다. 고조(수 문제)는 "그것은 크게 의리에 어긋나는 것이다."라고 하고, 가르쳐서 이를 고치게 하였다. 왕의 처는 계미라고 하며, 후궁에는 여자가 600~700인이 있고, 태자는 이름하여 이가미다불리라고 한다. 성곽은 없다.

내관은 12등급이 있다. 첫 번째를 대덕이라고 하고, 다음은 소덕, 다음은 대인, 다음은 소인, 다음은 대의, 다음은 소의, 다음은 대례, 다음은 소례, 다음은 대지, 다음은 소지, 다음은 대신, 다음은 소신이며, 인원은 정해진 수가 없다.

군니가 120인 있는데, 중국의 지방장관과 같은 것이다. 80호에 1이니익을 두는데, 지금의 이장과 같은 것이다. 10이니익은 1군니에 속한다.

대업 3년(607)에 그 왕 다리사비고가 사신을 보내어 조공하였는데, 그 사신이 말하기를 "바다 서쪽의 보살천자가 불법을 중흥하였다고 들었으므로 사신을 보내어 조배하고, 아울러 승려 수십 명을 보내어 중국에서 불법을 배우고자 한다."고 하였다. 그 국서에서 이르기를, "해 뜨는 곳의 천자가 해 지는 곳의 천자에게 글을 보내오. 잘 지내시오?" 운운이라고 하였다. 황제가 [이를] 보고 기꺼워하지 않고, 홍로경에게 이르기를, "오랑캐의 글이 무례한 바가 있으니, 다시 보고하지 않도록 하라."고 하였다. 다음해(608) 황제는 문림랑 배청을 왜국에 사신으로 보냈다.

백제로 건너가 죽도에 이르러, 남쪽으로 탐라국을 바라보면서, 도사마국을 거쳐 멀리 큰 바다로 들어갔다. 다시 동쪽으로 일지국에 이르고 다시 죽사국에 이르렀고, 다시 동쪽으로 진왕국에 이르렀다. 그곳의 주민은 중국과 같으며 이주(夷洲)라고 하는데, 의심스럽고 분명히 알 수 없다.

다시 10여 국을 거쳐 바닷가에 다다른다. 죽사국부터 동쪽 [나라들]은 모두 왜에 부용한다. 왜왕은 소덕 아배대를 보내어 수백 명을 데리고 와서 의장을 설치하고 북과 뿔피리를 울리며 맞이하였다. 열흘 후에 다시 대례 가다비를 보내어 200여 기병을 거느리고 교외에 나아가 위로하였다. 드디어 그 도읍에 이르렀는데, 그 왕은 배청과 만나 크게 기뻐하며 말하기를, "나는 바다 서쪽에 대수(수나라)라는 예의를 갖춘 나라가 있다고 들은 까닭에 사신을 보내어 조공하였다. 나는 오랑캐로서 바다 모퉁이에 치우쳐 살고 있어서 예의를 듣지 못했다. 그래서 내 땅 안에 머물러 있어서 쉽게 서로 만나지 못했다. 이제 새로이 길을 청소하고 숙소를 꾸며 대사를 기다렸다.

바라건대 대국이 새롭게 된 가르침을 듣고자 한다."고 하였다. [배]청이 대답하기를, "황제는 그 덕이 하늘과 땅에 버금가며, 은택은 온 세상에 미친다. 왕이 교화를 사모하는 까닭에, 사신을 이곳에 오게 하여 가르침을 베풀도록 한 것이다."라고 하였다.

그런 뒤에 [배]청을 이끌어 숙소에 머물게 하였다. 그 후 [배]청은 사람을 보내어 그 왕에게 말하기를, "조정의 명령이 이미 도달하였다. 청컨대 곧 길을 경계할 것을 부탁한다."고 하였다. 그래서 연향을 베풀고 [배]청을 보내었고, 또한 사자로 하여금 [배]청을 따라 와서 방물을 바쳤다. 그 후 마침내 [관계가] 끊어졌다.

6) 《구당서》: 7세기

정관 5년(631)에 사신을 보내어 방물을 바쳤다. 태종이 그 길이 먼 것을 불쌍히 여겨, 담당관사에 칙을 내려 해마다 공물을 바치지 않도록 하였다. 또한 신주(新州 : 현 중국 광동성 신흥현)자사 고표인을 보내어 부절을 가지고 가서 위무하게 하였다. [고]표인이 먼 곳을 편안히 하는 재주가 없어서(외국과 평안히 교류하는 능력이 없어서) 왕자와 예를 다투다가 조정의 명령을 알리지 않고 돌아왔다. [정관] 22년(648)에 이르러 다시 신라에 딸려 표를 올리고 기거(형편)를 통하였다.

흉노

16

가. 흉노의 의미

흉노(匈奴)라는 말의 한자를 해석하면 '불길한 노예'입니다. 다른 한반도 주변 국가들처럼 고대 중국사람들이 중국 북방에 살던 사람들의 나라를 한자로 표시한 것입니다. 그래서 정확한 발음이나 뜻을 알기는 어렵습니다. 다만, 추정해보면, 흉노의 흉(匈)은 중국 북방에 많이 등장했던 '훈', '한'같은 나라의 국호로서, 현재 우리나라 국호인 '한'처럼 '크다'의 의미를 갖는 것 같구요, '노(奴)'는 중국 사람들이 '노예'를 의미하는 한자로 표기했지만, 사실은 고대 한국어로 '나라'라는 뜻입니다.

고대 중국 사람들은 고구려의 5부(다섯 나라)를 지칭하면서 연노, 절노, 순노 등 노(奴. 노예)를 붙이고 있는데, 이에 비해 우리 조상들은 '노'가 아닌 '나(那)' 라고 표기했답니다. 《삼국사기》에는 고구려의 5부를 중국과 달리 연나부, 비류나부, 관나부 등 '노(奴)'가 아닌 '나(那)'로 부르고 있지요. 이를 통해 고조선 서부에 있던 '흉노' 역시 사실은 '훈나', 혹은 '한나'로 발음했던 사실을 알 수 있습니다.

나. 중국의 숙적 흉노

흉노 사람들은 아주 오래전부터 중국 북방에서 강한 세력을 가지고 살았던 사람들입니다. 그들은 시베리아의 넓은 초원지대를 자유롭게 이주하며 목축업에 종사했습니다. 중국 기록에는 하나라가 상나라(은나라)에 멸망하면서 그 후손들이 북쪽으로 이주하여 흉노족이 되었다고 하는데요, 하나라가 약 기원전 1,600년 멸망했으므로 흉노의 역사가 꽤 오래되었음을 알 수 있습니다.

흉노는 기원전 9세기 이전에 내몽고 고원에 분포하고 있었습니다. 이들은 유라시아 대륙을 자유롭게 왕래했으므로 백인계 외모를 하고 있는 사람들도 많았으며, 용을 숭배하는 등 동서양의 요소를 모두 갖추고 있었지요.

중국을 최초로 통일한 진시황은 강한 흉노를 견제하기 위해 기원전 215년 몽염이라는 장군을 시켜 10만 대군을 이끌고 흉노를 공격합니다. 흉노를 중국 서북쪽으로 몰아낸 진시황은 만리장성을 쌓아 방어합니다. 하지만 진나라가 망하고 한나라가 세워질 무렵인 기원전 209년부터 기원전 128년까지 흉노는 다시 중국 내륙(고비사막 남쪽)까지 진입하여 중국을 압박합니다.

특히 아버지를 죽이고 스스로 선우(흉노 왕)가 된 묵특(재위 BC209~BC174)은 흉노의 영토를 크게 넓혀 동쪽으로는 고조선(만주), 북쪽으로 바이칼 호수, 서쪽으로 우즈베키스탄, 남쪽으로 중국 북부와 티베트에 이르는 광대한 땅을 차지하게 됩니다.

이에 위협을 느낀 중국 한나라 고조(재위 BC206~BC195)는 30만 대군을 거느리고 베이징 서쪽에 있는의 다퉁(大同)에서 흉노와 일전을 벌입니다. 하지만 전쟁에 대패하여 이후 한나라는 흉노에 조공을 바치고 평화를 유지할 수밖에 없었습니다. 중국 역사상 가장 융성했던 왕조 중 하나인 한나라는 흉노와의 조약에 따라 흉노 왕에게 한나라 왕실의 공주를 보내야 했고, 매년 비단, 술, 곡식을 조공으로 바쳐야 했습니다. 한나라가 흉노에 조공을 바친 기간도 길어서 60~70년이라는 긴 세월동안 한나라는 흉노의 압박 속에 공주를 보내고 조공액을 늘려가야 했습니다.

이러한 불평등을 개선하기 위해 한나라 무제(武帝)는 기원전 133년부터 지속적으로 흉노와 전쟁을 했는데요, 결국 기원전 119년에는 곽거병이라는 장군이 흉노를 공격하여 바이칼 호수에까지 다다르기도 합니다.

그런데 이때 곽거병에게 항복한 흉노의 귀족 중에 흉노 왕의 태자인 일제라는 사람이 있었습니다. 그는 이후 뜻밖에도 한국 대표 성씨인 신라 김씨 왕조의 시조가 되는데요, 이렇게 흉노는 의외로 한국 역사와 관련이 깊습니다. 흉노가 살던 바이칼 호수 인근은 아직도 한국과 종교, 문화적 측면에서 공통점이 많습니다.

한나라와 계속 갈등하던 흉노는 기원전 33년 다시 남진하여 중국과 화친을 하는데요, 중국 황제는 화친의 댓가로 왕소군이라는 아름다운 궁녀를 흉노왕에게 보내기도 합니다. 당시 흉노는 만리장성 인근에 살았는데요, 서기 91년에는 다시 한나라의 공격에 의해 중심 세력이 중앙아시아로 밀려나게 됩니다. 그리고 남아 있던 5, 6십만의 흉노인은 이후 중국 동북지역에서 남하한 선비족에 융합되어, 5호 16국 시기(304~439)에 중국 북방에

5호16국 시대(304~439) 지도(중국 바이두 백과). 5호란 다섯 북방민족을 말하는데 흉노, 선비, 갈(흉노 일족), 강, 저 등이 대표적이다. 북연은 342년 모용선비에 포로가 된 고구려 귀족의 후예인 고운(모용운)이 건국하는데, 이로 인해 북연은 고구려와 가깝게 지냈고, 북연이 위기에 처했을 때 고구려에 투항하게 된다.

여러 나라를 세우게 됩니다.

다. 흉노왕자 김일제와 한국

한국은 흉노와 역사적으로 관계가 깊습니다. 흉노는 고조선과 국경을 접하고 있었기 때문에 서로 많은 교류가 있었음을 짐작할 수 있습니다.

기원전 2세기 경 중국 한나라가 흉노에 조공을 하며 약해졌을 때, 한나라 건국자인 고조(유방)의 고향친구이자 연나라 왕으로 봉해졌던 노관이 한나라를 배반하고 흉노로 망명합니다. 그러자 그 밑에 있던 위만이라는 사람도 한나라를 떠나 고조선으로 망명했는데요, 위만은 고조선 왕의 신임을 얻은 뒤, 결국 쿠데타로 고조선을 차지하게 됩니다(BC194). 위만은 그가 섬기던 왕이 흉노로 도망을 갔고, 자신은 한나라에서 도망 온 처지이기 때문에 어찌 보면 한나라의 배신자로서 한나라보다는 흉노와의 관계가 더 좋았을 수 있습니다.

중국 사서에는 한나라가 기원전 108년 한반도 북부에 있던 고조선을 공격하여 멸망시킨 이유가 흉노의 왼팔을 끊기 위함이었다고 밝히고 있습니다. 흉노의 왼팔이라 할 만큼 고조선은 흉노와 밀접한 관계가 있었던 것이지요.

한 무제가 동쪽으로 조선을 정벌해 현토와 낙랑을 일으키니 이로써 흉노의 왼쪽 팔을 끊게 된다.《한서》

실제로 흉노와 가까운 한반도 서북부 낙랑, 그리고 낙랑의 영향을 직접적으로 받은 신라의 유물을 보면 흉노와 유사한 유물들이 나오고 있습니다.

한국 최대 성씨이자 신라왕들의 성씨였던 '김씨' 역시 흉노와 관계가 깊다고 말씀드렸습니다. 김씨는 처음부터 신라를 장악한 것은 아니었습니다. 신라는 초기에 박씨, 석씨가 왕이었는데요, 김알지가 신라에 등장한 서기 65년 이후로 김씨가 신라의 주요 세력이 됩니다. 최근 일부 학자들은 신라의 시조가 된 '김알지'가 한나라 장군 곽거병에 의해 중국에 포로로 잡혀왔던 흉노 왕자 '김일제(BC134년~BC86)'와 관련이 깊다고 주장하고 있습니다. 한국과 중국의 옛날 비석에 신라 문무왕을 비롯한 귀족들이 이 '김일제'를 자신들의 시조로 여겼던 사실이 발견되었기 때문이지요. 그렇다면 이들 중앙아시아 흉노계 사람들(김일제 후손)이 어떻게 한반도 남단 신라까지 이주한 것일까요?

김일제는 원래 중국식 성씨가 없던 흉노족 왕자인데 어떻게 성을 '김(金)'이라 했을까요? 한나라 공격으로 포로가 되어 한나라 수도에 끌려온 흉노왕자 김일제는 처음에 말을 관리하는 천한 일을 했습니다. 이후 한나라 황제를 암살하려는 시도를 알아내고는 이를 고발하여 반란을 막는데 공을 세웁니다. 이에 한나라 황제는 '김일제'에게 상으로 김씨 성을 하사하게 됩니다. '김'은 한자로 금을 의미하는 '金(금)'인데, 이 '금'을 성씨로 정한 이유는 김일제의 아버지인 휴저왕이 금으로 만든 신상을 만들고 하느님을 숭배했기 때문이라고 합니다.

김일제는 이후 한나라 황제들을 측근에서 보필하다 그 공을 인정받아 중국 산동성의 투지역 제후(투후)로 임명이 됩니다. 김일제의 두 아들은 어릴 때 고조선을 멸망시킨 한무제(BC156~BC87)와 장난을 칠 정도로 가까운 사이였는데, 한번은 김일제의 아들이 한무제의 목을 잡고 장난을 치자 김일제가 화가난 얼굴로 노려보았습니다. 그러자 한무제는 오히려 김일제를 나무라기까지 합니다. 그렇게 황실과 가까이 지내던 김일제 가문은 7대에 걸쳐 한나라 황실의 관리가 되어 크게 세력을 키우게 됩니다. 그 세력이 얼마나 대단했던지 중국 정사 《한서》에는 다음과 같은 기록이 있습니다.

> 김일제는 이적(오랑캐)으로서 나라가 망하자 한나라 궁정에 끌려왔다. 하지만 주인을 충실히 섬겨 충성심과 신뢰심이 드러나 상장군이 되었다. 후대에 대대로 충효가 이름높아 7대에 걸쳐 중앙정부에서 황제를 보필하니 그 융성함이 어떠한가! 본래 휴저(김일제 부친)가 금으로 만든 사람을 하느님(천주)으로 삼아 제사했으니, 이로인해 (황제가) 김씨 성을 하사했다고 한다.
> 《한서》

이렇게 김씨 가문이 한나라 중앙에서 큰 세력을 이루고 있을 때 한나라에서 큰 사건이 일어납니다. 황제의 외척인 왕망이라는 사람이 황제의 자리를 빼앗는 사건이 발생한 것입니다. 황제가 된 왕망은 나라의 이름을 한나라에서 신나라(新, 8년~23년)로 바꾼 뒤 여러 가지 개혁을 실시하는데요, 이때 김씨 가문은 왕망 가문과 결혼관계를 맺는 등 대단한 가문으로 이름을 날렸습니다. 황제 왕망 역시 김일제의 손녀와 결혼하였으니, 당시 김일제 세력이 황실과 얼마나 가까웠는지 알 수 있습니다. 그러나 얼마 지나지 않아 왕망 가문이 유수(광무제)에 의해 멸망하게 되고 그 측근들이 화를 당하게 됩니다. 이때 왕망과 친인척 관계를 맺고 있던 김씨 가문 사람들 역시 그 피해가 자

신라 김씨 왕들의 시조 김일제(金日磾, BC134~BC86) 화상(바이두백과)

신들에게 올 것을 두려워하여 대규모로 피난을 가게 됩니다. 현재 중국에서는 당시 피난을 떠난 김씨 사람들 대부분이 중국 산동성과 가까운 한반도 북부의 낙랑군으로 이주했다고 주장하고 있습니다. 중국 산동성에서 가까운 낙랑군은 한나라의 군현이긴 했지만 한나라의 영향이 적은 자치국 성격의 나라였고(이로 인해 낙랑에 대한 기록이 중국에 거의 남아있지 않음), 사실 낙랑 이전 조선(고조선)이 흉노와 관계가 깊은 나라였기 때문에, 흉노를 뿌리로 둔 김씨 일가가 피난하기에 적당한 곳이었습니다.

낙랑으로 피난 온 김씨 일가는 그곳에서도 편안하지 못했습니다. 왜냐하면 북방의 고구려가 계속 낙랑을 침입하고 괴롭혔기 때문이지요. 북쪽의 고구려에 시달리던 낙랑인들은 결국 고구려를 피해 한반도 남쪽 신라 땅으로 대거 피난을 가는데요, 그 가운데 중국에서 큰 세력을 가졌던 김씨 일가들도 포함되어 있었습니다. 그런 낙랑 이주민 중 한 명이 바로 신

김씨 가문과 밀접한 관계를 맺던 왕망의 신나라(8~23)에서 주조한 동전인 화천(貨泉) (국립중앙박물관). 고대 낙랑지역인 평양 인근에서 발견된 이 동전은 신나라의 멸망과 함께 중국 김씨 가문이 한반도로 낙랑으로 이주했음을 추정케 하는 유물이다.

라 김씨의 시조인 김알지였고, 그는 선진문물을 보유했던 낙랑계 유민의 대표로서 신라의 주도권을 잡은 것입니다. 이러한 상황들을 감안하면 한국과 흉노와의 관계는 가볍게 넘길 수 없는 인연이 있다고 볼 수 있을 것입니다.

라. 어떻게 살았나요?

흉노는 동아시아에서 유럽에 이르는 광대한 초원에 퍼져 살았었습니다. 그들은 거친 자연환경에 적응하며 강한 정신력과 신체를 기를 수 있었습니다. 농경사회 입장에서 보면 가난하고 문명이 떨어지는 유목민족을 '야만인'으로 볼 수 있지만, 이들은 살아남기 위해 어쩔 수 없이 자신들의 열악한 환경에 맞게 '거칠게' 생활해야 했었습니다. 다음은 기원전 3세기에서 기원전 1세기 당시 흉노족이 어떻게 살았는지에 대한 기록입니다.

1) 《사기》* : 기원전 2세기~기원전 1세기

북쪽 이민족의 땅에 살면서 가축을 따라서 먹이며 옮겨 다니며 [살았다]. 기르는 짐승들은 대다수가 말, 소, 양이었는데, [그 중에서] 특이한 것은 낙타, 나귀, 노새, 버새, 도도(좋은 말), 탄해(얼룩무늬 말) [등]이었다. 물과 풀을 따라 옮겨 다니며 살아 성곽이나 일정하게 사는 곳, [그리고] 농사를 지어 먹고 사는 것이 없었으나, [각자가] 나누어 갖고 있는 땅은 있었다. 글이나 책이 없어 말로 [서로] 약속을 했다.

어린아이들도 양을 타고 돌아다닐 수 있으며 활을 당겨 새나 쥐를 쏘아

---

* ⋯ 출처 : 동북아역사재단 동북아역사넷

동북공정 이전 **중국이 쓴 한국사**

맞추고, 조금 크면 여우나 토끼를 쏘아 맞추어서 먹을 것으로 썼다. 남자들의 힘은 활을 잘 다룰 수 있어 모두 무장 기병이 되었다.

그 습속은 편하면 가축을 따라 다니면서 새나 짐승을 쏘아 잡는 [사냥을] 생업으로 삼았고, 급하면 사람들이 싸워 공격하는 것을 익혀 침공하는 것이 [그들의] 타고난 성품이었다. [그들이] 멀리 떨어져 있을 때 쓰는 무기는 활과 화살이고, 가까이 떨어져 있을 때 쓰는 무기는 칼과 창이었다. [싸움이] 유리하면 나아가고 불리하면 물러났는데, 달아나는 것을 수치로 여기지 않았다. 오로지 이익이 있는 곳에 있고자 할 뿐 예의를 알지 못하였다.

임금부터 그 아래의 [모든 사람들이] 모두 가축의 고기를 먹고 그 가죽과 [털]로 옷을 해 입고 [털을 다진] 모직물과 가죽을 덮었다. 젊은이가 기름지고 맛있는 음식을 먹고 늙은이들이 그 나머지를 먹었다. 건장한 사람을 중히 여기고, 노약자들은 경시하였다.

아비가 죽으면 [그를 잇는 아들이] 그 후처를 아내로 맞고, 형제가 죽으면 [남아 있는 형이나 아우가] 그 아내를 차지하였다.

그 풍속은 이름이 있어도 [높은 사람의 이름을] 부르는 것을 꺼리지 않았으며 성(姓)이나 자(字) 같은 것은 없었다.

매년 정월에는 여러 장들이 선우정에서 작은 모임[소회, 小會]을 갖고 제사를 지냈다. 오월에는 농성에서 큰 모임을 갖고 그들의 조상, 하늘과 땅 그리고 귀신에게 제사를 지냈다. 가을이 되어 말이 살찔 무렵에는 대림에서 큰 모임을 열어 백성과 가축의 숫자를 헤아렸다.

그의 법에 따르면, 칼을 한 자 이상 칼집에서 뽑는 자는 사형에 처하며, 도둑질한 자는 그 집안[의 재산]을 몰수했다. 가벼운 범죄자는 알형(수레로 지나게 하는 형벌)에 처하며 큰 죄를 지은 자는 사형에 처했다. 감옥에 갇혀 있는 기간은 길어도 열흘을 넘지 않으니 죄수는 전국을 통틀어도 몇 명이 되지 않았다.

그리고 선우는 아침 천막에서 나와 해가 뜨는 [동쪽을 보고] 절하고, 저녁에는 달을 보고 절했다. 좌석은 왼쪽을 중요하게 여겼고 북쪽을 향하였다. [열흘마다 돌아오는 십간 중에서 제5일째의] 무일과 [제6일째의] 기일을 길일로 쳤다.

장례를 치를 때 관, 곽에다 금은이나 옷가지와 갖옷 등을 부장품으로 넣

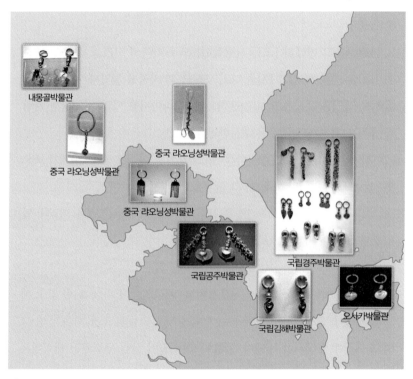

중앙아시아 흉노(선비)에서 전파된 한국 금귀고리. 한국의 고대 왕릉에서 발굴되는 청동제품이나 금제 장신구들은 중국이 아닌 북방 흉노(선비)와 관련이 있다. 고대 금귀고리는 흉노(선비)와 한반도에 주로 등장하는데, 그 중 한반도에서 발굴되는 금귀고리가 가장 많고 세련된 유형의 귀고리가 발견된다(일본 오사카박물관의 금귀고리는 한국제로 당시 한반도 귀족층이 일본으로 가져간 것임).

었으며, [무덤에] 봉분을 하거나 나무를 심지 않았고 상복도 입지 않았다. [군주가 죽으면] 측근 신하나 애첩이 따라 죽었는데, 많으면 수천, 수백 명에 이르렀다.

전쟁을 일으킬 때에는 항상 별과 달의 상태를 살폈다. 달이 차면 공격해 싸우고 달이 기울면 군대를 물렸다. 전투를 벌여 목을 베거나 [산 채로] 포로를 잡으면 상으로 한 잔의 술을 내렸고, 노획품은 그대로 본인이 갖도록 하였다.

포로로 잡힌 자는 노비가 되었다. 그러므로 전투 때에 사람들은 제 이익을 위해 달려 나갔는데, 군대를 유인하여 적을 덮치는 것을 잘하였다. 그 까닭에 적을 발견하면 이익을 좇는 것같이 새떼처럼 모여들었고 어려워 도망갈 때는 구름처럼 스러져 흩어졌다. 전쟁터에서 죽은 사람을 거두어 돌아오면, 그 죽은 사람의 집과 재물을 모두 갖게 했다.

선비(오환) **17**

가. 소개합니다.

　고대 중국 동북지역에는 크게 세 부류의 민족이 있었습니다. 동호, 예맥, 숙신(읍루)인데요, 그중 동호는 중국과 가장 가까이 있었고, 예맥은 만주와 한반도에 광범위하게 살았고, 숙신(읍루)은 한반도 동북쪽 연해주 일대에 살고 있었습니다. 그 가운데 선비와 오환은 중국과 가까이 있던 동호에 속한 민족으로 알려져 있습니다. 한 가지 유념할 부분은 중국 사서에 동호에 가까웠던 선비족이 고구려, 마한과 같은 예맥족(한국인의 근간)으로서, 현재 한국인과 가까웠던 민족으로 표현하고 있다는 사실입니다.

　우리 역사에는 잘 등장하지 않지만, 선비족은 우리나라를 포함하여 고대 동아시아 역사에서 매우 큰 영향을 미친 사람들입니다. 그들은 고조선 서쪽에 살면서 중국보다는 고조선과 같은 문화를 유지한 사람들이었습니다. 그런데 기원전 3세기 이후 중국 연나라와 흉노의 공격으로 동쪽으로 밀려나면서 만주 서부 대흥안령 산맥 인근으로 이주하게 됩니다. 이후 흉노 세력을 받아들이면서 중국의 위진남북조 시대(221~589)에 크게 세력을 길러 중국 북방을 점령하게 됩니다. 중원을 차지한 그들은 처음에는 자신들의 문화를 유지하기 위해 노력하지만 이후 중국을 통일하고 중국에 깊이 뿌리내리게 됩니다.

고구려를 원수처럼 집요하게 공격한 수나라(581~618), 당나라(618~907) 역시 우리와 같은 예맥족인 선비족을 이은 나라들이었던 사실은 이미 앞서 밝혔기 때문에 더 이상 언급하지 않겠습니다. 수나라, 당나라 지배계층인 선비족들은 자신들의 조상들이 살던 만주(현 중국 동북지역) 땅을 회복하려는 마음이 강했습니다. 그래서인지 이들은 당시 만주를 장악하고 있던 고구려를 끊임없이 침략하고, 고구려는 이들을 막아내기 위해 고군분투하게 됩니다.

선비족이 중국에 세운 나라 중 하나인 북연(407~436)은 나라가 위기에 처하자 고구려에 왕부터 백성까지 전체가 투항하게 됩니다(436). 고구려는 이로 인해 국력이 더욱 크게 신장이 됩니다. 필자는 이 고구려에 투항한 선비 세력들(북연 유민)이 바로 5세기 한국 역사를 소용돌이로 몰아넣는 주인공이라고 생각하고 있습니다. 그들은 자신들이 쫓겨난 땅인 중국을 되찾기 위해 우선 고구려 남쪽으로 진출하여 백제와 신라, 일본을 차례로 점령하며 실력을 기릅니다. 이들은 자신들을 받아줬던 고구려를 원망했습니다. 왜냐하면 고구려가 자신들을 받아들인 뒤 자신들의 왕을 죽이고 백성들을 핍박했기 때문입니다. 그래서 그들은 고구려와 싸우면서도, 한편으로는 자신들을 중국에서 몰아낸 중국(북위)을 공격하여 큰 위기에 빠뜨리기도 합니다.

이러한 과정 속에서 선비족이 장악한 백제가 왜(일본)를 점령하기도 하고(461), 백제가 고구려에 망하자(475) 왜(일본)로 진출해 있던 선비계 백제 지도층들이 동성왕, 무령왕을 백제로 보내 백제 부흥을 돕기도 합니다.

중국의 여러 고대 역사서에는 백제가 중국을 공격하여 점령했다고 기록하고 남아 있는데요, 이 기록들은 모두 5세기 연나라(선비족)가 한참 한반도와 일본에서 세력을 키웠을 때입니다. 백제가 중국을 공격한 이유에 대해 한국 역사계에서는 아직도 언급을 회피하고 있습니다. 왜냐하면 그 이유를 지금까지 잘 모르기 때문입니다. 백제가 중국을 공격한 직접적인 이유는 고구려에 대한 견제도 있지만, 백제의 북연(연나라) 선비계 사람들의 옛 땅 회복에 대한 갈망이 주요 원인이라고 볼 수 있습니다

나. 선비족 역사

선비족의 조상인 동호는 기원전 3세기 연나라의 공격에 의해 동쪽으로 쫓겨 간 뒤, 또다시 기원전 2세기 경 흉노에 패하면서 두 부류로 나뉘게 됩니다. 그 한 부류는 오환이고 다른 하나는 선비인데, 대개 만주 서부지역으로 부여, 고구려와 가까이 살았습니다.

선비족은 흉노와 함께 서기 45년 중국을 침략하면서부터 중국에 알려지기 시작하는데요, 그들은 흉노가 점차 중국의 압박으로 힘을 잃자 흉노를 대신해 중국 북방을 다스리게 됩니다. 2세기 중엽에 이르러 단석괴라는 사람이 나타나 선비족을 통일하며 과거 광대했던 흉노의 영토를 일시적으로 차지하기까지 합니다. 그러나 단석괴가 죽자 선비족은 다시 분열하게 됩니다.

선비족 중 만주의 모용부족은 3세기 말부터 부여와 고구려를 공격하여 제압한 뒤, 중국으로 내려가 4세기에 연나라, 서진, 남량, 대국 등 여러 국가를 세우며 중국 중심지역(중원)을 차지합니다. 이렇게 선비족이 중원을 차지하고 100여 년이 흐른 385년에는 또 다른 만주의 선비족 일파인 탁발 선비족이 북위를 세우고 중국 북방을 통일합니다(439년). 이렇게 혼란한 중국의 정치적 상황 속에서 북위에 의해 멸망한 모용씨 연나라가 고구려에 투항하면서(436) 한국사에도 깊은 영향을 미치게 됩니다.

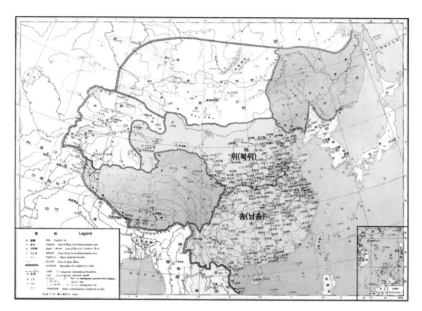

남북조시대 중국 북방을 차지한 탁발선비족 나라 북위(386~534) (중국 바이두 백과사전). 탁발선비는 모용선비를 몰아내고 새로운 중국의 주인이 되는데, 탁발선비의 숙적인 모용선비(북연)는 한반도 백제를 차지하고 자신들을 몰아낸 탁발선비의 북위를 집요하게 공격한다.

　모용선비를 대신해 북중국을 차지한 탁발선비족 나라 북위는 이후 534년에 서위, 동위로 나뉘기까지 100년 가까이 중국의 절반을 다스리며 크게 세력을 유지합니다. 557년에 서위는 다시 북주로 대체되는데, 이 북주가 바로 수나라의 모태가 되는 국가인데요, 이 나라는 중국과 다른 선비족 언어와 풍습을 유지하기 위해 노력했던 나라입니다. 선비족은 10여 개 국가를 중국에 세웠는데, 중국 내지 뿐 아니라 중국 서부 고원지역에도 진출하여 663년까지 세력을 유지할 만큼 중국 고대사의 주요 민족이었습니다.

다. 어떻게 살았나요?

《후한서》에는 동호의 후예인 오환과 선비를 묶어 열전으로 기술하고 있습니다. 이 기록은 선비가 중원을 점령하기 전 원 거주지인 만주 서부 지역에 있을 때 기록으로, 다음은 그들의 풍습에 관한 내용입니다.

1) 《후한서》 오환[*] : 기원전 2세기~기원후 2세기

오환은 본래 동호이다. 한(漢)나라 초기에 흉노의 묵특[선우]가 동호를 멸 망시키자 남은 무리들이 오환산[에 모여들어 그곳]을 지키며 [살았기 때문에] 산 이름을 [집단의] 명칭으로 삼았다. [오환] 사람들은 말을 타고 활을 쏘는 재주가 능하였으며, 새와 짐승 사냥을 주업으로 삼았다. 물과 풀을 따라 다니며 방목하였고, 일정한 장소에 살지 않았다. 궁려(이동식 천막)를 거처로 삼았는데, 모두 [궁려의] 동쪽에 [출입문을 만들어] 해를 향하도록 하였다.

고기를 먹고 낙(우유)을 마셨으며 짐승의 털과 가죽으로 옷을 만들었다. 젊은이를 귀하게 여기고 늙은이를 천하게 업신여겼는데, 그들의 성품은 급 하고 활달하지 않았다.

화가 나면 아버지와 형조차 죽이지만 결코 자기의 어머니는 해치지 않았 다. 이는 어머니에게는 외가[라는 배후세력이] 있기 때문에 [어머니를 해 치면 자신이 보복을 당하지만] 아버지와 형은 [같은 혈족 집단에 속하기 때문에] 서로 원수로서 보복할 수 없기 때문이다.

용감하고 건실하며 능히 다툼과 소송을 조정하고 판결할 수 있는 사람을 대인(大人)으로 추대하였다. [대인의 직책은] 가업으로서 대대로 이어받지 않았다.

---

* … 출처 : 동북아역사재단 동북아역사넷

읍락에는 각각 소수(작은 지배자)가 있었는데, 수백에서 수천 락(마을)이 하나의 부(部)를 이루었다.

대인이 불러서 말하는 것은 곧 나무에 새겨 증표로 삼았다. 비록 문자는 없었으나 부중(백성들)은 감히 법령을 어기고 죄를 범하지 못하였다. 씨(氏)와 성(姓)은 일정하지 않았으며 굳세고 용감한 대인의 이름을 성으로 삼았다. 대인 이하 [집단에 속하는 사람들은] 각자 목축하며 생업을 영위하였으며, 강제적으로 일을 시키며 부려먹지 않았다.

그들이 장가들고 시집가려면, 먼저 여자를 납치하여 정을 통하고 반 년이나 백일 동안 지낸 후에 [처가집에] 말·소·양 등의 가축을 보내 결혼예물로 삼았다. 사위는 아내를 따라 처가로 돌아가는데, 처가 사람들에게는 존비(귀함과 천함)의 구별이 없이 아침마다 절하였다. 그러나 그 부모에게 절하지는 않았다.

[사위는] 처가를 위해 노복처럼 일하였는데, [그 기간은] 1년 혹은 2년 사이였으며 처가에서는 후한 [재물을] 보내고 딸을 배웅하였는데, 거처와 재물은 모두 처가에서 마련해 주었다.

오환의 사람들은 후모(아버지의 둘째 이하 부인)를 아내로 삼으며 과부와 결혼하는데, [이렇게 재혼한] 여자가 죽으면 죽은 지아비[의 무덤에 묻히게 하였다.]

[오환의 남성들은] 모든 일에 대한 결정을 부인의 의견에 따르지만, 싸움과 전쟁에 관한 일만은 스스로 결정하였다.

아버지와 아들, 남자와 여자는 서로 대면할 때 무릎을 세운 채 웅크리고 앉았다. [남자들은] 머리를 깎는 것을 가볍고 편하게 여겼다. 여자[婦人]들은 결혼할 때에 이르러 기른 머리털을 기르고 머리카락을 나누어 위로 끌어올려 쪽을 지었고 머리치장을 붙였으며 금과 옥으로 장식하였는데, 이는 중국(中國)의 궤보요(머리장식)와 흡사했다.

여자들은 무두질한 가죽을 바느질하여 무늬를 그리거나 수놓을 수 있었고, 모직물을 짤 수 있었다. 남자들은 능히 활과 화살, 말안장, 굴레를 만들 수 있었고, 금(金)과 철(鐵)을 불에 달구이 두드려서 병기(무기)를 만들었다. 그 땅은 검은 메기장(찰지지 않은 기장)과 동장(東牆)을 심기에 적합하였다. 동장은 쑥과 흡사하지만, 열매는 검은 메기장의 씨앗과 같았는데, 10월이 되면 익었다.

[오환 사람들은] 새와 짐승이 새끼를 배거나 젖을 주는 것을 보고 네 계절을 분별하였다. [오환의] 사람들은 전쟁하다 죽는 것을 영광스럽게 생각하였다.

[죽은 자의 시체를] 관에 넣고 염하였다. [사람이 막 죽었을 때] 소리 내어 울면서 슬퍼하였지만, 장사지내면서 노래 부르고 춤을 추며 [사자(死者)를] 보냈다.

살찌게 기른 개 한 마리에게 [상여를] 색깔 있는 끈으로 묶어 끌게 하고, 죽은 사람이 타던 말과 옷가지들을 모두 태워서 장송(葬送)하는데, 개에게 의탁하여 죽은 이의 신령(神靈)을 적산(赤山)으로 호송하도록 하라고 말했다.

적산은 요동(遼東)의 서북쪽 수천 리(里) 밖에 있었는데, 중국에서 사람들이 죽으면 혼신(영혼)이 대산(태산)으로 돌아간[다고 믿는] 것과 같다.

귀신(鬼神)을 공경하며 하늘과 땅, 해와 달, 각종 별, 산과 하천, 용맹하다고 명성이 자자했던 죽은 대인을 제사지냈다. 제사에는 소와 양을 제물로 바쳤는데, 의식이 끝난 다음에 모두 희생제물을 불살랐다.

[오환 사람들이] 약속한 법[을 살펴보면 다음과 같다.] 대인의 말을 어기는 죄는 죽임에 이른다. 만약 어떤 이가 살해되면 [피살자] 부락[의 성원들에게] 스스로 [가해자에게] 보복하도록 하였고 [보복이] 그치지 않으면 대인을 방문하여 상황을 아뢴 후 말과 소, 양을 주어 죽음을 대속(代贖)케 하였다.

스스로 아버지와 형을 죽이면 죄를 묻지 않았다. 만약 도망치거나 배반했다가 대인에게 붙잡힌 자는 읍락에서 받아들이지 않았고, 모두 멀고먼 변방의 땅과 사막의 한 가운데로 내쫓아 버렸다. 오환의 땅은 살무사와 독사가 많았다.

2)《후한서》선비 : 기원전 2세기~2세기

선비(鮮卑)는 역시 동호의 일부인데, 따로 선비산(鮮卑山)에 의탁하여 [살았기 때문에] 선비라 불렸다. 선비의 언어와 습속은 오환과 같다. 다만 결혼하기 전에 먼저 머리를 깎았고, 삼월에 요락수(내몽고 실란물룬강) 가에서 큰 모임을 열어 잔치가 끝난 후에야 부부의 짝을 지었다.

중국과 다른 짐승에는 야마(야생 말), 원양(야생 양), 각단우(뿔 소)가 있었는데, [이 가운데 각단우의] 뿔로 활을 만들어서 세상 사람들은 이를 각단궁(角端弓)이라 불렀다. 또 초(족제비 일종), 날(원숭이 일종), 혼자(쥐 일종)가 있었는데, 가죽과 털이 부드럽고 연했기 때문에 천하(天下)에서는 품질 좋은 가죽옷이라 여겼다.

남북조시대(420~589) 사람들 모습(중국국가박물관). 남북조시대는 선비족을 포함한 북방 이민족이 중원을 다스리던 시기로, 당시 벽돌이나 조각에 새겨진 인물을 보면 머리를 깎고 바지를 입은 북방민의 특징이 잘 드러나 있다.

백제

18

가. 소개합니다.

　백제는 생각보다 건국 과정이 복잡하고 다양한 문화가 섞인 나라였습니다. 7세기에 기록된 중국 역사서를 보면 백제는 백제인 뿐 아니라 고구려, 신라, 왜(일본), 중국인들이 함께 사는 나라였다고 기록하고 있습니다. 그만큼 백제는 국제적이었고 역동적인 나라였습니다.

　백제의 역사를 분석해 보면 왕조가 바뀐 경우가 생각보다 많습니다. 고려나 조선처럼 한 성씨가 계속 왕을 한 것이 아니라, 서로 다른 성격의 세력들이 여러 번 왕위를 차지했던 것이죠.

　《삼국사기》에 의하면 처음에 고구려에서 내려온 온조가 한강 유역에 나라를 열었다고 하는데요(BC18), 이후 중국에서 기록된 역사서들에 의하면 구이(仇台)라는 사람이 AD3세기 경 현재 경기 북부, 황해도에 있던 대방에서 나라를 세웠다고 기록돼 있습니다. 한편 《일본서기》에는 백제의 시조가 온조나 구이가 아닌 도모(都慕)라고 기록되어 있기도 합니다.

　백제는 사실 처음부터 큰 나라가 아니라 초기에는 마한에 속한 여러 소국들 중 하나였습니다. 그러다보니 주변의 강한 세력에 의해 왕조가 교체되는 경우가 많았습니다. 서기 1세기에서 3세기 초 역사를 적은《후한서》에는 다음과 같은 기록이 있습니다.

한(韓)나라는 모두 72개의 나라가 있는데, 백제(伯濟)는 그 중 하나이다.
《후한서》

《후한서》에 백제에 대한 기록이 특별히 있는 것으로 보아 백제가 다른 마한의 소국들 중에서는 그래도 세력이 어느 정도 컸던 것을 알 수 있습니다. 필자가 연구한 바로는 백제에 총 6회의 왕권교체가 있었는데요, 연도별로 보면 다음과 같습니다.

[백제의 정권변동]

① BC18년(온조왕) : 압록강 유역에서 한강 유역으로 내려온 부여세력(졸본부여 세력)

② 234년(고이왕) : 한반도 서북부의 중국 세력인 대방세력(중국 세력)

③ 304년(비류왕) : 한반도 동북지역에서 남하한 동예세력(동부여 세력)

④ 346년(근초고왕) : 만주지역의 혼란을 피해 남하한 세력(북부여 세력)

⑤ 455년(개로왕) : 고구려에 투항한 선비족 정권인 연나라 유민세력(북연 세력)

⑥ 501년(무령왕) : 선비족 영향을 벗어나 북부여를 회복하려는 세력(남부여 세력)

나. 어디에 있었나요?

백제는 마한의 연방국 중 하나로 시작했는데요, 처음에는 마한의 북쪽인 한강 유역에 있었습니다. 당시 백제는 삼한(마한, 진한, 변한)에 속하여 삼한의 종주국인 마한의 지배를 받고 있었습니다. 백제는 비록 마한의 연방 국이었지만 후에 한반도 북쪽의 중국 군현(대방)과 협력하면서 마한 연맹 국 중에서도 가장 강력한 국가가 되었으며, 이후 마한을 몰아내고 한반도 서남부를 차지하게 됩니다(369).

1)《양서》: 4~6세기 초

이전에 동이 지역에는 세 개의 한국(韓國)이 있었다. 첫째나라는 마한, 둘째나라는 진한, 셋째나라는 변한이다. 변한과 진한은 각각 12개 나라로 이루어져 있었고, 마한은 54개 나라로 이루어져 있었다. 큰 나라는 만여 가구가 있었고, 작은 나라는 수천 가구가 있었는데, 다하여 총 십여만 가구가 있었다. 백제는 그중 하나인데, 이후 점차 강성해져서 작은 나라들을 병합하게 된다. 그 나라는 본래 구려(고구려)와 함께 요동의 동쪽에 있었는데, 진(晉, 265~420) 시기에 구려(고구려)가 요동을 차지하자 백제 역시 요서, 진평 두 군을 차지하고 스스로 백제군을 둔다.

백제가 만리장성 동쪽에서 요하(랴오허)에 이르는 땅(요서)을 차지했다는 이야기는 그 배경을 이해하기 어려워 현재 제대로 인정받지 못하고 있습니다. 백제의 요서 정복 배경을 간단히 말씀드리면 이렇습니다.

4세기 초 모용선비가 세운 전연은 서쪽에는 전진, 동쪽에는 고구려와 대립하고 있었습니다. 그런데 전연은 중원을 정복하기 전에 배후의 위험 세력인 고구려를 대대적으로 침공해 수도를 파괴하고 큰 피해를 입힙니다(342). 그리고 이어서 부여를 침공해 부여를 거의 멸망 상태로 만들어 버립니다(346년).

이렇게 전연이 부여를 침공해 무너뜨리던 해(346년) 공교롭게도 한반도 중부 백제에는 근초고왕이 정권을 잡게 되는데, 여러 정황상 그는 '북부여계' 사람으로 추정됩니다.* 근초고왕이 부여에서 내려와 백제를 어렵게 장악할 무렵, 전연의 붕괴로 혼란에 빠진 북부여에서 새로운 세력이 한반도로 이주합니다.

근초고왕은 이들과 함께 한반도 남부 마한을 정복합니다(369). 이어서 얼마 후 중국에서는 서쪽의 전진이 동쪽의 전연을 공격하여 결국 멸망시키자(370) 백제(부여 백제)는 기회를 틈타 요서 지역을 점령하게 됩니다. 결국 자신들이 떠나온 땅을 되찾은 것이지요.

2) 《주서》 : 6세기 말

백제는 원래 마한의 속국이었으며, 부여의 한 갈래이다. 구이(仇台. 고이왕. 재위 234~286)라는 사람이 처음 대방에서 나라를 열었다. 그 땅의 경계는 동쪽으로는 신라에 이르고, 북쪽으로는 고구려와 접해 있으며, 서쪽과 남쪽에는 큰 바다가 있다. 동서로 450리이고, 남북으로 900여 리이다.

수도는 고마성이다. 그 밖에 또 다섯 지방(五方)이 있는데, 가운데 지방(中方)을 고사성이라 부르고 동쪽 지방을 득안성이라 부르며, 남쪽 지방을 구지하성이라 부르고, 서쪽 지방을 도선성이라 부르고, 북쪽 지방을 웅진성이라 부른다.

---

* … 근초고왕이 북부여 출신이라는 사실은 중국 사료를 분석할 때 '백제'에서 '부여'를 왕의 성씨로 분명히 사용한 최초의 왕이 바로 근초고왕이라는 점, 그리고 근초고왕 바로 이전에 재위한 계왕(재위 344~346)이 왕이 된 지 불과 3년 만에 죽었던 점, 백제가 비류왕 대에 이미 점령했던 한반도 남부의 마한을 근초고왕이 다시 정복하고 가야에까지 세력을 넓힌 점, 백제(왜 백제)와 관련이 없던 요하 유역(요서)을 근초고왕이 점령한 점, 백제가 부여의 시조묘인 동명묘를 설치한 것이 4세기 중엽의 일인 점 등을 근거로 들 수 있다. 백제를 사실상의 고대국가로 발전시킨 그의 업적에 비해 현재 그에 관한 기록은 극히 부족하며, 《삼국사기》에는 그가 등극한 뒤로(346) 20년간 기록이 존재하지 않는다. 그로 인해 현재 그가 어떻게 임금이 되었는지 조차 밝히기 어려운 면이 있다. 이러한 사실들은 그가 북방 부여에서 이주해 와서 백제를 정복한 이주민 세력의 대표가 아닌가 하는 추측을 낳고 있는 것이다. 《동이한국사》 발췌.

3) 《북사》 : 5~6세기

그 나라는 동쪽으로는 신라에 닿고 북쪽으로는 고구려와 접한다. 서쪽과 남쪽으로는 모두 큰 바다로 경계 지어져 있고 작은 바다의 남쪽에 위치하는데, 동서의 거리는 450리이며 남북의 거리는 900여 리이다.

다. 어떻게 살았나요?

1) 《위서》 : 5~6세기

사람들은 토착민이고, 땅이 움푹 파이고 습한 곳이 많으며, 대부분 산에서 거주한다. 오곡이 있으며, 의복과 음식이 고구려와 같다.

2) 《양서》 : 4~6세기 초

백제 사람들은 수도를 '고마'라고 부르고, 고을을 '담로'라고 부르는데 중국에서 '군' 또는 '현'이라 부르는 것과 같다. 그 나라에는 스물 두 개의 담로가 있는데 모두 왕의 자제나 친척들이 나누어 다스린다.

그 나라 사람들은 키가 크고 옷이 깨끗하다. 왜(倭)나라와 가깝기 때문에 문신을 한 사람이 많다. 현재 백제의 언어와 의복, 제도는 대체로 고려(고구려)와 같다. 그러나 길을 갈 때 두 손을 벌리지 않고 모으며, 절을 할 때 발을 뻗지 않는 것이 고려와 다르다. 모자를 관이라 부르고, 웃옷을 복삼이라 부르며, 바지를 곤이라 부른다. 백제의 언어 중에는 여러 중원 나라들 말이 섞여 있는데, 이는 진한(秦韓)에서 전해진 풍습이라고 한다.

만주 지역과 한반도 북부지역에 살던 예맥 사람들은 고구려로 통합이됩니다. 한편 고구려와 적대관계에 있던 북부여 사람들 중 일부가 남쪽으로 이주하여 백제(남부여)를 세우고 고구려와 대치하게 되는데요, 백제가 점령한 지역은 원래 마한 사람들이 거주하던 지역으로서, 백제가 점령하기 이전 마한 사람의 언어와 의복, 제도가 북쪽의 예맥 사람들(고구려. 부여. 백제)과 같았는지는 알 수 없습니다. 다만 백제가 마한을 점령하면서 한반도 중부 문화가 한반도 남부에 전파되어 점차 한반도와 만주일대의 언어, 문화, 제도 등이 통일되어갔음을 알 수 있습니다.

위의 백제 언어에 중국어가 섞여 있다는 이유는 한반도 남동쪽 진한(秦韓)의 영향이라기보다는 백제의 유민 중 다수가 한(漢)나라 군이었던 대방 지역에 살던 사람들이기 때문일 수 있고, 또는 5세기 중반 백제를 장악한 것으로 보이는 중국 연나라계 선비족의 영향 때문일 수도 있습니다.

3) 《남사》 : 5세기 말~6세기 초

백제는 자신이 다스리는 성을 고마라 하고 읍을 담로라고 했는데, 이는 중국에서 군현을 일컫는 것과 같다.

백제에는 22담로가 있다. 모두 왕의 자제와 종실 종족에게 나누어 차지하게 하였다. 백제 사람은 키가 크고 의복이 청결하다. 그 나라는 왜에 가깝고 문신을 한 사람도 더러 있다. 언어와 의복은 고구려와 같지만 모자를 관이라 하고, 저고리를 복삼이라 하고, 바지를 혼이라고 하는 것은 다르다. 백제의 언어에는 중국의 말이 섞여 있고, 진한(秦韓)의 풍습도 남아 있다고 한다.

4) 《북사》 : 5세기 말~6세기 초

사람들은 신라·고구려·왜(倭) 등이 섞여 있고, 또 중국 사람도 있다.

그들의 음식과 의복은 고구려와 대략 같다. 조배(조정에 나아감)나 제사지낼 때에는 관(모자)의 양쪽곁(兩廂)에 [새의] 깃을 꽂았으나, 군사(군대관련 업무)

때는 그렇지 않았다. 절하고 뵙는 예는 양 손을 땅에 짚는 것으로 예의를 나타냈다.

부인들은 분을 바르거나 눈썹을 그리지 아니하며, 처녀 적에는 머리를 땋아 뒤로 드리웠다가 시집가면 두갈래로 나누어 머리 위로 틀어 올린다.[*] 옷은 도포와 비슷하면서 소매가 약간 컸다.

토지는 낮고 습하였으며, 기후가 따뜻하고 사람들이 모두 산에서 산다. 굵은 밤이 생산되며, 오곡·잡과·채소 및 술·안주 등은 대체로 중국과 같다. 다만 낙타·노새·당나귀·양·거위·오리 따위는 없다.

5) 《주서》: 6세기 말

입는 옷이 남자는 기본적으로 고려(고구려)와 같다. 높은 사람을 알현하거나 제사를 지낼 때에는 모자 양쪽에 날개를 다는데, (모자에 날개를 달고) 군사와 관련된 일은 하지 않는다. 높은 분을 알현할 때 예절은 두 손을 땅위에 붙이는 것을 공경함으로 여긴다.[**] 여자 옷은 두루마기처럼 보이지만 소매가 좀 크다. 집에 있을 때에는 머리카락을 땋아 쟁반처럼 머리에 올리고 뒤에 한 가닥을 늘어뜨려 장식으로 삼는다. 결혼한 여자는 두 가닥으로 나누어 늘어뜨린다. 무기로는 활, 화살, 칼, 창이 있다. 민간에서는 말을 타고 활을 쏘는 것을 중시하며, 또한 여러 전적들과 사서들을 아낀다. 그 중 뛰어난 사람은 글을 잘 해석하고 짓는다. 또 음양오행을 알고, 송나라 《원가력》[***]

---

[*] … 아내를 의미하는 한자 妻(아내 처)자의 기원이 되는 풍습이다. 妻(처)의 갑골문을 보면 여자가 머리를 손으로 잡고 위로 올리는 풍습을 묘사하고 있는데, 이는 결혼한 여자(아내)를 의미한다.

[**] … 부여의 풍습으로, 백제가 마한으로 내려온 뒤 마한과는 다른 북방 부여의 전통을 이은 것으로 보인다.

[***] … 443년 남송에서 만든 달력으로, 백제에서도 사용되었으며, 이후 백제의 승 관륵(觀

을 이용하여 건인월(음력 1월)을 첫 달로 삼는다. 또한 의학, 약학, 점복, 관상 등의 학술을 안다.

화살 던지기(투호), 주사위 놀이(저포) 등 여러 놀이가 있으며, 그 중 바둑을 더욱 좋아한다. 중과 비구니 절, 탑이 매우 많지만 (도교의) 도사는 없다. 베와 비단, 삼베와 쌀 등으로 세금을 부과하는데, 해마다 수확의 정도를 파악하여 차등적으로 걷는다.

형벌로는 반역자, 후퇴하는 군인, 살인자 등은 사형을 시키고, 도둑질 하

라오닝성박물관

국립중앙박물관

국립경주박물관

국립전주박물관

국립광주박물관

나라현고고학연구소

삼국시대의 왕들의 금동 신발. 중국에서는 볼 수 없는 화려한 금관이나 금동 신발은 왕들이 평소 사용하던 것이 아니라 제사를 지내는 특별한 의식 또는 장례 시 부장품으로 사용하던 의례도구였다.

勒)에 의해 602년 일본에 전해져 일본 최초의 달력이 된다.

여 훔친 물건을 유통시킨 사람은 두 배로 갚게 한다. 부인이 간음을 범하면 남편 집안의 계집종으로 삼는다. 결혼 예식은 중국의 풍습과 비슷하다. 부모나 남편이 죽으면 3년 동안 상복을 입고, 다른 친족들이 죽으면 시신을 안장한 뒤에는 상복을 입을 필요가 없다.

땅이 낮고 기후가 따뜻하다. 오곡과 갖가지 열매, 채소와 술, 단술, 술안주, 반찬, 약초 등이 중국과 비슷한 것이 많다. 다만 낙타, 당나귀, 노새, 양, 거위, 오리 등이 없다. 그 왕은 사중지월(四仲之月 : 봄, 여름, 가을, 겨울의 중간달인 음력 2월, 5월, 8월, 11월)에 하느님과 다섯 신(동서남북과 중앙의 신)에게 제사를 지낸다. 또 매년 네 차례 그 시조인 구이의 사당에서 제사를 지낸다.

전북 고창에서 출토된 백제계 금동장식신발(국립전주박물관). 백제의 왕은 중앙집권을 강화하기 위해 금동관이나 금동신발을 신발을 마한 지역 세력자에게 하사하였던 것으로 보이며, 6세기 일본에도 전해진다.

6) 《수서》: 6~7세기

사람들은 신라·고구려·왜(倭) 등이 섞여 있으며, 중국사람도 있다. 의복은 고구려와 대략 같다. 부인은 분을 바르거나 눈썹을 그리지 아니하고, 처녀는 머리를 땋아 뒤로 드리웠다가 시집을 가면 두 갈래로 나누어 머리 위로 틀어 올린다.

풍속이 말타기와 활쏘기를 숭상하며, 고서와 사서를 읽고, 관리의 일도 잘 본다. 또 의약·시구(거북점)·고상술(옛날 관상학)도 안다. 두 손을 땅에 닿게 하는 것으로 공경을 나타냈다. 승니(승려)가 있고, 사탑(절의 탑)이 많다.

고각(북과 뿔로 만든 피리)·공후(하프모양 악기)·쟁(거문고)·우(피리 일종)·호(피리 일종)·적(피리 일종)의 악기가 있고, 투호·위기(바둑)·저포(윷놀이와 비슷한 놀이)·악삭(쌍육놀이와 비슷한 놀이)·농주(구슬 놀이)의 놀이가 있다.

송의 원가력을 사용하여 일월을 세수로 삼는다. 나라 안에는 여덟 씨족의 대성이 있으니, 사(沙)씨·연(燕)씨*·리(刕)씨·해(解)씨·정(貞)씨·국(國)씨·목(木)씨·백(苩)씨이다.

결혼하는 예절은 대개 중국과 같고, 상제(喪制)는 고구려와 같다. 5곡과 소·돼지·닭이 있으며 대개 화식(음식을 불에 익혀먹음)을 하지 않는다.

토지는 낮고 습하여 사람들은 모두 산에서 산다. 굵은 밤(栗)이 난다. 해마다 매 계절의 중월에 왕은 하늘 및 오제의 신에게 제사한다. 그 시조 구이(구

---

* ··· 백제가 고구려에 망하고 웅진으로 천도한 시기(475년 경)에 새로 등장한 중국계(대방계) 귀족세력이다. 고구려에 투항한 후 백제로 망명한 북연의 세력으로 추정된다. 중국 〈바이두 백과〉에서는 연(燕)씨가 베이징(하북성 북부)에서 요서(랴오시) 사이의 지역에서 시작된 것으로 보는데, 이곳은 선비족이 처음 연나라를 세웠던 곳이다. 연나라는 이후 중원으로 진출하여 전연, 후연, 서연, 남연, 북연 등의 국가를 세우는데, 연나라가 망하면서 국호를 성씨로 삼게 된다.

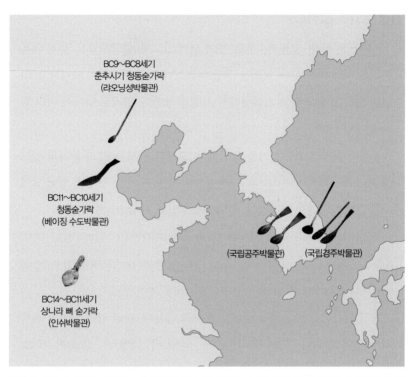

고대 숟가락. 숟가락의 기원은 고대 중원의 상나라(BC1600∼BC1046)로 알려져 있으며, 청동으로 된 숟가락은 삼국시대에 중국 북방에서 전해진다. 한국은 현재 동양 3국 중 유일하게 금속으로 만든 숟가락을 사용하고 있는데, 이는 삼국시대부터 전해진 오래된 풍습이다.

태)의 사당을 도성 안에 세워 놓고, 해마다 네 번 씩 제사한다. 나라의 서남쪽에 사람이 살고 있는 섬이 15군데 있는데, 모두 성읍이 있다.

7) 《구당서》 : 7세기

그 형법을 적용함에 반역한 자는 죽이고 그 가족을 적몰(호적에서 제거)한다. 살인한 자는 노비 세 명으로써 속죄케 한다. 관인으로서 뇌물을 받거나 도둑질을 한 자는 [그 물건의] 3배를 추징하고, 이어서 종신토록 금고에 처한다. 모든 부세 및 풍토의 물산은 대개 고구려와 같다.

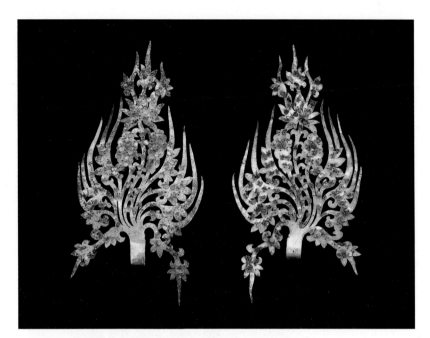

백제 왕이 오라관(검은색 모자)에 달던 금화(金花) 장식(국립중앙박물관)

그 나라의 왕은 소매가 큰 자주색 도포에 푸른 비단 바지를 입고, 오라관 (검은색 모자)에 금화(금으로 된 꽃)로 장식하며, 흰 가죽띠에 까만 가죽신을 신는다. 관인들은 다 비색(붉은색) 옷을 입고 은화(은으로 된 꽃)로 관을 장식한다. 서인들은 비색(붉은색)이나 자주색 계통의 옷을 입을 수 없다. 세시와 절기는 중국과 같다. 서적으로는 5경과 제자서 및 사서가 있으며, 또 표(表)·소(疏) 의 글도 중화의 법에 의거한다.

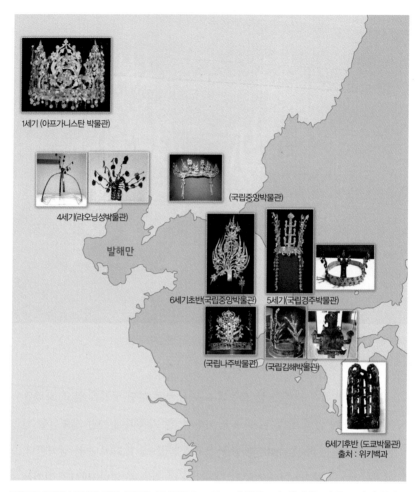

1세기 (아프가니스탄 박물관)

4세기(랴오닝성박물관)

(국립중앙박물관)

6세기초반(국립중앙박물관)   5세기(국립경주박물관)

발해만

(국립나주박물관) (국립김해박물관)

6세기후반 (도쿄박물관)
출처 : 위키백과

중앙아시아에서 전래된 금관. 금관은 세계적으로 드문 고대 유물로서, 대부분(14점 중 10점)이 한반도에서 발굴이 되고 있으며 고대 중국(중원)에서는 발굴이 되지 않고 있다. 가장 이른 시기의 금관은 현재 아프가니스탄 지역에서 서기 1세기 경에 만들어진다. 이후 선비족(모용선비족)이 활동하던 4세기에 발해만 북부 랴오시(요서) 지역에서 간단한 형태의 금관이 제작되다가 모용선비족왕조를 이은 북연이 멸망하면서(436) 그 유민이 대거 한반도에 유입된 5세기 이후에는 한반도 전역에서 다양하고 화려한 형태의 금관들이 만들어지게 된다. 모용운(고구려 유민)이 세운 북연은 서쪽 중앙아시아의 유연(柔然)국과 서로 혼인관계를 맺으며 친교를 쌓았는데, 이를 통해 서역의 금제 장식이 전해진 것으로 추정된다.

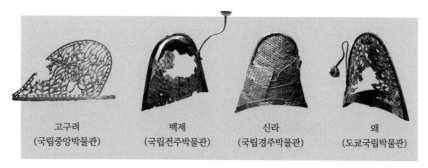

한반도와 일본의 금(금동)관모. 5·6세기 한반도와 왜(일본)의 지배층은 선비족(북연)의 영향을 받은 문화가 퍼지며 서로 통일된다.

8) 《신당서》 : 7세기

풍속은 고구려와 같다. 세 곳의 섬에서 황칠(黃漆 황색 옻칠)이 나는데, 6월에 나무에 구멍을 뚫어 진을 모으면 색이 금빛과 같다.

라. 정치는 어땠나요?

백제의 중국과의 교류는 4세기 말부터 시작됩니다. 필자의 연구에 따르면 이 당시 백제는 사실 기존 세력과 달리 만주에서 남하한 북부여 세력에 의해 장악된 시기로 분석됩니다. 원래 백제와 북부여는 사이가 좋지 않았습니다. 백제는 4세기 초 만주에 있던 북부여를 동쪽에서 공격하여 서쪽 선비족 영토(만주 서부)가까이로 몰아냅니다. 이때 선비족은 자신들 가까이 이주해 온 북부여를 공격하여 멸망시킵니다(346). 북부여는 이에 자신들을 곤경에 빠뜨린 백제로 남하하여 백제를 점령하며(346년 근초고왕 등극) 이후 마한까지 병합하게 됩니다(369). 이렇게 한반도 남부를 장악하고 세력을 키운 백제의 북부여 세력은 4세기 말부터 중국과 적극적인 관계를 유지하며 고구려를 견제합니다.

1) 《양서》: 4세기 말~6세기 초

진(晉)나라 태원 연간(376~396)에 백제의 왕 수(須. 근구수왕)와 의희 연간 (405~418)에 왕 여영(餘映. 전지왕), 그리고 송(宋)나라 원가 연간(424~453)에 왕 여비(비유왕)가 사신을 보내 제사용 동물을 바쳤다. 여비 임금이 죽자 아들 그의 아들 여경(개로왕)이 왕위를 잇는다. 여경 임금이 죽고 나서 그의 아들 모도(문주왕)가 왕이 되고 모도 임금이 죽고 나서 그의 아들 모태(동성왕)가 대를 잇는다. 제(齊)나라 영명 연간(483~493)에 모태 임금을 '도독백제제군사, 진동대장군, 백제왕'의 작위를 내린다. 천감 첫 해(502)에 '정동장군'의 칭호를 더한다.

그러나 오래지않아 고구려의 공격을 받게 되고 이로 인해 국력이 약해져 여러 해 동안 남쪽 한(韓) 지역으로 이주해 거하게 된다. 보통(普通) 2년(521)에 백제왕 여융(무령왕)은 다시 사신을 보내 표를 올리기 시작했는데, 표에는 "여러 차례 구려(고구려)를 공격하였으나 지금은 서로 우호관계를 맺고 있습니다."라고 적고 있다. 그 뒤에 백제는 다시 강국이 된다.

그 해에 고조(高祖)가 다음과 같이 조서를 내린다. "행도독백제제군사, 진동대장군 백제왕 여융은 바다 밖을 수호하고 또한 멀리에서 공물을 바치는 등 정성이 지극하므로 본인이 매우 기쁘게 생각합니다. 따라서 마땅히 전례에 따라 영광스런 직책을 수여하여야 하므로, '사지절, 도독백제제군사, 영동대장군, 백제왕'의 작위를 수여합니다."

보통 5년(524)에 여융 임금이 죽자 고조는 조서를 내려 다시 그의 아들 여명에게 '지절, 독백제제군사, 수동장군, 백제왕'의 작위를 내린다.

중대통 6년(534), 대동 7년(541)에 여러 차례 사신을 보내 토산물을 바치면서, 《열반경》 등 여러 경서의 해설서와, 《모시(毛詩)》박사를 요청하였고, 또한 공예가와 화가 등을 요청하였는데, 황제는 조서를 내려 모두 그들에게 주었다.

태청 3년(549)에 백제왕은 수도가 후경(侯景)의 반란군에게 점령당한 사실을 모르고 사신을 보내 공물을 바치려 했는데, 수도에 도착한 사신들이 궁궐이 파괴된 것을 보고는 통곡을 하며 눈물을 흘렸다. 후경은 이를 보고 노하여 그들을 감옥에 가둔다. 이후 후경의 반란군이 진압된 뒤에야 본국으로 돌아갈 수 있었다.

6세기 초 중국 남조 양나라에 방문한 백제 사신 모습(당염립본왕회도). 까만 가죽신에 붉은 색과 푸른색으로 재단한 옷을 입고 있다.

2) 《송서》 : 5세기

의희 12년(416)에 백제 왕 여영(전지왕)은 '사지절, 도독백제제군사, 진동장군, 백제왕'의 관명을 얻는다. 중국에서 고조가 황제에 등극한 뒤 '진동대장군'의 관직을 올려주었다. 소제 경평 2년(424)에, 여영 임금(전지왕)은 장사(관리 명) 장위를 조정에 보내 공물을 바쳤다. 원가 2년(425)에 태조가 다음과 같이 조서를 내린다. "황제는 '사지절, 도독백제제군사, 진동대장군, 백제왕'에게 문안인사 드립니다. 왕은 대대로 충성을 바쳤고, 바다를 넘어서 정성을 보였습니다. 멀리 서쪽 융 사람들까지 모아 다스리고(遠王纂戎), 마침내 조상의 업적을 완수하였으며, 대의를 위한 뜻이 이미 밝히 드러났습니다. 그 마음에 열정을 품고 작은 배로 바다를 건너 귀한 말과 보물을 보냈으며, 한 지역의 중요한 임무를 맡아 동쪽을 방어하고 안정시켰습니다. 이에 그 업적을 칭찬하니, 앞으로도 선대의 업적에 누가 없길 바랍니다. 지금 알현 드리는 신하 여구은자와 그 아래 정경자 등을 보내어 본인의 뜻을 전하고 위로하고자 합니다." 그 이후에도 백제는 매년 사신을 보내 표를 올리고 토산물을 바쳤다.

7년(430)에 백제 왕 여비(비유왕)가 다시 공물을 바치자, 이에 여영 임금(전지왕)의 작위를 그에게 수여했다. 27년(450), 여비(비유왕) 임금은 글을 올리고 토산물을 바쳤으며, 사사로이 풍야부를 서하 지역 태수로 임명한 뒤, 태조에게 표를 올려 그에게 주역에 관한 책《역림(易林)》과 점치는 방법을 소개한 책《식점(式占)》, 그리고 허리에 차고 한꺼번에 여러 번 활을 쏠 수 있는 쇠뇌를 하사할 것을 요청했으며, 태조는 이 모두를 그에게 주었다. 여비(비유왕) 임금이 세상을 뜬 뒤에 여경 임금(개로왕)이 그의 대를 잇는다. 세조 대명 첫 해에, 사신을 보내 작위를 내려 줄 것을 요청하며 다음과 같은 글을 보낸다. "우리나라는 대대로 조정으로부터 특별한 은혜를 입었고, 문신들과 무신들, 그리고 많은 보좌관들이 조정으로부터 작위를 받아 왔습니다. 행관군장군우현왕여기 등 열 한 사람은 충성과 부지런함으로 귀한 공물을 바쳤사오니, 엎드려 원하오니 가엽게 여기시어 봉직을 내려주시길 바랍니다."

이에 요청한대로 '행관군장군우현왕 여기'를 '관군장군'으로 삼았고, '행정로장군좌현왕 여곤'과 '행정로장군 여훈'을 함께 '정로장군(오랑캐를 정벌하는 장군)'으로 삼았다. '행보국장군 여도'와 '여예'를 함께 '보국장군(나라를 보좌하는 장군)'으로 삼았다. '행룡양장군 목금'과 '여작'을 함께 '용양장군'으로, '행령삭장군 여류'와 '미귀'를 함께 '녕삭장군'으로, '행건무장군 우서'와 '여루'를 함께 '건무장군'으로 삼았다. 태종 진시 7년에 다시 사신을 파견하여 공물을 바쳤다.

3) 《남제서》 : 5세기 후반

5세기 후반 개로왕(455~475) 시기 백제는 고구려의 공격에 크게 위협을 느끼고 있었습니다. 당시 중국 절반을 차지하고 있던 북위는 북연을 몰아내고 중국의 새로운 주인이 된 탁발선비 국가로, 백제를 장악한 북연(모용선비) 계열의 선비족들과 원수관계였을 것입니다. 그래서 그런지 백제는 북위에 사신을 보내지 않고 중국 남조와만 교류를 하면서 북위를 적대시합니다. 하지만 이 시기(472)에 들어 백제가 고구려에 의해 위기를 느끼자 백제는 북위를 이용해 고구려를 공격하게 함으로써 북위와 고구려 모두의 국력을 약화시키려 전략을 짜고 북위에 접근하게 됩니다.

그러나 북위는 백제의 속셈을 알았는지 개로왕의 요청을 거절하고 결국 백제는 475년 고구려에 멸망하여 수도를 남쪽으로 옮기게 됩니다. 이때부터 백제는 본격적으로 북위를 공격하는데요, 북위는 사실 선비계 왕으로 추정되는 당시 백제 왕들(문주왕. 동성왕)의 선조들의 나라인 북연의 원수이기도 하고, 강력한 고구려를 치기 위해서는 중국의 군사력을 확보할 필요가 있었기 때문에 북위를 공격한 것으로 보입니다. 백제 동성왕(재위 479~501. 본명 모대)은 북위를 공격하면서 한편으로 중국 남조(남제)와는 우호관계를 유지하는 정책을 펴는데요, 아래의 기록은 백제의 동성왕이 중국 남부의 제나라(남제)에 보낸 국서의 내용입니다.

공훈에 보답하고, 이름과 업적을 남겼습니다. 녕삭장군 저근 등 네 사람은 충성과 힘을 모두 바쳐 국가의 어려움을 해결하고, 의지와 용기가 굳센 위엄 있는 명장으로서, 국가를 지키고, 국가의 사직을 굳건히 하였으니, 마땅히 상을 수여할 대상으로서, 현재 국가의 전례대로 임시 직무를 맡고 있습니다. 엎드려 은혜를 구하오니, 현재 임시직으로 있는 직분을 정식으로 허락하여 주시기 바랍니다. '녕삭장군, 면중왕 저근'은 여러 해 동안 국가의 일을 하면서 무공이 현저한데, 현재 임시로 '행관군장군, 도장군, 도한왕'을 맡고 있습니다.

'건위 장군, 팔중후 여고'는 약관의 나이(20세 전후)부터 정사를 보좌하면서 충성심이 이미 현저한데, 현재 임시로 '녕삭장군, 아착왕'을 맡고 있습니다. '건위장군 여력'은 충성스럽게 근무하며, 문무 양 면에서 공적이 뛰어난데, 현재 잠시 '용양장군, 매로왕'을 맡고 있습니다. '광무장군 여고'는 성실하게 현재의 사무를 맡아 보면서 나라의 정책을 밝히 알리는 일을 하고 있는데, 현재 잠시 '건위장군, 불사후'를 맡고 있습니다."

모대 임금(백제 동성왕)은 또 표를 올려 말하였다. "신이 보낸 '건위장군, 광양태수, 겸 장사신 고달'과, '건위장군, 조선태수, 겸 사마신 양무', '선위장군, 겸 참군신 회매' 등 세 사람은 뜻과 품행이 깨끗하고 절개가 있으며, 충성심이 이미 뚜렷이 드러난 사람들입니다. 현재 신이 보낸 사자들은 풍파와 험난함을 무릅쓰고 국가의 일에 최선을 다하였으니, 마땅히 작위를 받아야 하기에, (중국의 허락 없이) 선대의 전례를 받들어 잠시 업무를 맡고 있습니다. (천자의) 은혜가 빛나고 아름다워 만 리 밖에서도 사모하고 있는데, 어찌 직접 천자의 조정에 나아가 은택을 받지 않겠습니까.

엎드려 원컨대, 천자께서 특별히 살피시어 이들에게 정식 관명을 수여하여 주시기 바랍니다. 고달은 변경에서 명을 받들어 수행함에 있어 이미 그 공적이 현저하여, 현재 잠시 '용양장군, 대방태수'를 맡고 있습니다. 양무는 뜻이 올곧고 품행이 깨끗하고 온전하여 공무를 수행함에 완벽을 기하여, 현재 '건위장군, 광릉태수'를 맡고 있습니다.

회매는 의지가 흔들림 없고, 여러 차례 부지런히 공을 세워 현재 '광무장군, 청하태수'를 맡고 있습니다." 이에 조서를 내려 모든 내용에 동의하고 장군과 태수의 직위를 수여하였으며, 모대 임금(백제 동성왕)에게는 '사지절, 도독백제제군사, 진동대장군'의 작위를 내렸다. 또한 신하 손부를 보내 모대 임금에게 돌아가신 조부 모도(문주왕)를 이어 백제왕으로 임명하면서 다음과 같이 말하였다.

"아, 당신은 대대로 성실과 충성을 다하였고 그 정성이 멀리까지 비쳤습니다. 힘든 바닷길을 넘어 공물을 끊이지 않고 바쳤습니다. 이제 전례를 따라 확실하게 임무를 잇도록 임명합니다. 아름다운 업적을 이어받았으니, 그 위업을 이어받은 분으로서 삼가 신중하십시오. 이제 조서를 내려 '도독백제제군사, 진동대장군, 백제왕 모대'의 임시직을 조부이신 모두 임금을 이어 '백제왕'으로 정식 임명합니다. 이제 도장과 도장을 묶는 끈, 옥과 동으로 만든 호랑이, 대나무 부절 네 가지를 하사하니, 왕은 정중히 받으시는 것이 또한 기쁨이 아니겠습니까?"

그 해에 위 오랑캐(북위)가 다시 기병 수십 만을 이끌고 백제를 공격하며 백제의 국경 안에 들어온다. 모대 임금(동성왕)은 장군 사법명, 찬수류, 해례곤, 목간나를 보내 군사를 이끌고 오랑캐 군(위나라 병사)을 습격하여 이를 크게 물리친다.

이 내용으로 볼 때 당시 중원의 패권을 잡고 있던 위나라(북위)에서 백제에 수십만 기병을 보낼 정도로 백제의 국력이 강했음을 알 수 있습니다. 백제의 영토가 한반도 뿐 아니라 고구려 서쪽 중국에도 있었다는 것이지요. 만일 백제가 한반도에만 있었다면 위나라에서 수십만 기병을 파병할 만큼 위나라에 위협적인 존재는 아니었을 것입니다. 왜냐하면 백제의 북쪽에는 고구려가 있었기 때문입니다. 고구려를 사이에 두고 한반도 백제와 북위가 '말을 타고' 전쟁을 한다는 것은 말이 되지 않습니다. 따라서 당시 백제는 한반도 뿐 아니라 중국에도 있었음을 알 수 있습니다.

이 기사와 관련하여 《삼국사기》에는 동성왕 10년(488년)에 위나라가 백제를 치러 왔으나 패하였다는 내용이 있습니다. 이를 두고 한국과 중국, 일본 등의 전문가들이 너무 갑작스럽고 앞뒤 인과관계를 따질 수 없어 당황하고 있습니다. 하지만 이러한 중요한 기록을 중국 남조 제나라에서 확인 없이 정사에 올렸을 리 없고, 백제 역시 그러한 '엄청난 거짓말'을 중국 남조(남제)에 고했을 리 없기 때문에 분명한 사실로 보아야 합니다. 백제가 북위를 공격한 이유는 필자가 여러 번 강조했듯 일본을 정복한 백제의 북연계 지배층(곤지왕. 동성왕)이 자신들의 고토인 연나라(북연)를 회복하고자 연나라(북연)의 원수인 북위를 정복하려 했기 때문이라고 분석됩니다. 백제가 북위를 공격할 당시(5세기 말)는 한반도 서남부에 갑자기 일본식 무덤인 전방후원분이 나타나게 되는데, 그 무덤에는 백제계, 가야계, 왜계 유품들이 같이 섞여있습니다. 이는 5세기 말 왜를 정복한 백제계 북연 선비족들이 위나라를 공격하기 위해 왜와 백제, 가야의 병력을 한반도 서남부에 집결시킨 결과라고 해석됩니다. 이 일본계 무덤들은 백제의 중국 공격이 끝난 뒤인 6세기 초에 사라지게 됩니다. 이렇게 한반도에 잠시 나타나는 이 무덤을 통해 당시 한국과 중국, 일본의 역사적 관계를 유추할 수 있는 것이지요.

건무2년(495년)에 모대 임금은 사신을 보내 표를 올렸다. "신은 앞 세대로부터 대대로 작위를 받고 조정의 영예를 입었으며, 부끄럽지만 절월(왕의 대리인을 상징하는 부절과 권위를 상징하는 도끼)을 얻어 영토를 개척했습니다. 지난

날 저근 등의 사람들이 명예로운 직무를 받아, 신과 백성들은 모두 평안히 잘 지내고 있습니다.

과거 경오년에 험윤(獫狁. 탁발선비족이 세운 북위를 비하한 표현)*이 죄를 뉘우치지 않고, 병사를 이끌고 깊이 쳐들어왔습니다. 이에 사법명 등이 군사를 이끌고 나아가 토벌하였는데, 한밤에 번개처럼 기습을 감행하여, 흉노의 선우(위나라 왕)가 당황하고 두려워하였으며, 그 군대는 마치 바닷물이 쓸려나가듯 붕괴되었습니다. 승기를 잡은 우리는 그들을 추격하여 죽였는데, 시체가 들판을 붉게 물들였고, 이로써 그들의 날카로운 기세를 꺾고, 잔악한 적들을 물리쳤습니다. 이제 국경 안은 평안하므로, 실로 사법명 등의 사람들의 지략과 공훈을 헤아려 마땅히 보상을 해야 할 것입니다. 현재 임시로 사법명을 '정노장군, 매라왕'으로, 찬수류를 '안국장군, 벽중왕'으로, 해례곤을 '무위장군, 불중후'로 임명하였습니다. 또 목간나는 앞서 공을 세웠고, 또 대방을 공격하여 빼앗았으므로, '광위장군, 면중후'로 임명하였습니다. 엎드려 원컨대 은혜와 긍휼을 내리시사 정식으로 임명을 해주시기 바랍니다." 또 표를 올려 말하였다.

"신이 파견한 '용양장군, 낙랑태수, 겸장사' 모유와, '건무장군, 성양태수, 겸사마' 왕무, 그리고 '겸참군, 진무장군, 조선태수' 장색, '양무장군' 진명 등

---

* … 험윤(獫狁) : 고대 중국 북서부에 살던 유목민으로서, 융(戎), 또는 견융(犬戎)으로도 불렸다. 이 사람들은 고대 하나라 시기에는 훈죽(葷粥)으로 불리다가, 상나라 시기에는 귀방(鬼方), 주나라 시기에는 험윤(獫狁), 훈죽(獯鬻)으로, 전국시기 후기에는 흉노(匈奴)로 불리게 된다. 흉노의 일부는 동쪽 동호(東胡)의 후예인 선비(鮮卑)인과 융합하는데, 이 선비인들이 세운 위나라를 백제와 남제에서는 북방 오랑캐의 의미로 위노, 험윤 또는 흉노라고 칭하고 있다.

은 공무를 함에 사심을 잊고 오직 공의로 일을 처리하였으며, 나라가 위급할 때 생명을 바쳐 어려움을 맞서 자신을 돌보지 않았습니다. 현재 관직을 임명하여 보낸 신하들은 높은 파도의 위험을 건너 그 정성을 다하였으니, 실로 자신이 임시로 부여받은 작위를 공식적으로 받기에 합당합니다. 엎드려 원컨대 성스러운 조정에서 특별한 은혜를 내리사 정식으로 임명해 주시기 바랍니다." 이에 조서를 내려 그렇게 하기로 하고, 모두에게 관직을 하사하였다.

4) 《위서》: 5~6세기

(북위) 연흥(延興) 2년(472)에 그 나라 국왕 여경(개로왕)이 처음 사신을 보내 다음과 같이 표를 올렸다.

"신은 동쪽 변경에서 나라를 세우다 보니, 승냥이 이리와 같은 적이 길을 막아서, 대대로 조정의 신령한 감화를 받기 원했으나 사신을 보내 제후국으로 봉함을 받지 못하였고, 다만 하늘가에서 조정을 바라보며 흠모하는 마음만 끝없이 달릴 뿐이었습니다. 마침 시원한 바람이 불어오는 시기에 황제 계하의 협조와 하느님의 덕에 대한 계속되는 흠모의 마음을 이기지 못하여, 삼가 개인적으로 위임한 관군장군, 부마도위 불사후와, 장사 여례, 용양장군 대방태수 사마 장무 등으로 하여금 배를 몰고 파도를 넘어 망망한 바다에서 자연의 운행에 목숨을 맡긴 채 길을 찾게 하여, 우리의 만분의 일 만큼의 정성을 바치고자 합니다.

다만 신(神)께서 감화를 내리시고 황제의 신령함이 널리 퍼져 그들이 어려움을 극복하고 하늘같은 조정에 이르러 신(臣)의 뜻을 전할 수 있다면, 비록 아침에 소식을 듣고 저녁에 죽는다 하더라도 영원히 여한이 없을 것입니다." 또한 다음과 같이 말하였다. "신(臣)과 고구려는 부여에서부터 나왔는데, 선조 대에서는 상호 존중하며 화목하게 지냈습니다. 그러나 그들의 선조 쇠(釗. 고국원왕)*가 쉽게 두 나라의 우호관계를 깨뜨리고 직접 병사들을 이끌고 우리를 우습게 여기면서 신의 국경에 쳐들어왔습니다. 이에 신의 조부이신 수(須. 근초고왕)**께서 군대를 정비하여 번개처럼 나아가 기회를 틈타 반격을 가했습니다. 활과 석궁으로 서로 교전한지 얼마 지나지 않아 쇠(釗. 고국원왕)의 목을 베었습니다.

그 뒤로 그들은 감히 다시 남쪽으로 침략을 하지 못하였습니다. 풍문통(고구려에 투항한 후연의 마지막 군주)의 나라가 망한 뒤 남은 자들이 고구려에 투항하여 온 뒤로 추악한 무리들이 점차 강성하여져서 결국 우리를 괴롭히게 되었으며, 둘 사이의 원망과 불화가 30여 년 동안 끊이지 않게 되었습니다. 그로인해 우리는 재산과 힘이 다하여 점차 쇠약해지게 되었습니다. 만일 천자의 자비와 불쌍히 여기시는 마음이 멀리 이곳까지 미치셔서 한 장수를 보내 신(臣)의 나라를 구원하신다면 신은 반드시 딸을 보내 비를 들고 후궁을 청소하도록 할 것이며, 또 자제들을 파견하여 천자의 말과 소를 치며 마구간을 돌보도록 하겠습니다. 신은 한 뼘의 땅이라도 마음대로 차지하지 않겠습니다." 그리고 또 다음과 같이 말하였다.

"오늘날 련(璉. 장수왕)은 나라를 함부로 유린하고, 중신들과 강한 부족 사람들을 끊임없이 살해하는 등 그 죄가 가득 쌓임으로 백성들이 흩어지고 떠나고 있습니다. 지금이 바로 그들이 멸망하는 시기이며, 우리가 손을 쓸 좋은 기회입니다.

---

* … 고구려 고국원왕(故國原王 재위 331~371). 백제의 근초고왕과 평양에서 전투 중에 전사함.

** … 백제 근초고왕(近肖古王 재위 346~375). 369년에 마한과 대방을 병합함. 고구려 평양성을 점령하고 고국원왕을 전사시킴. 왕인(王仁)을 일본에 보내 한문을 가르침.

게다가 풍문통 일족의 병사와 말들이 고향을 그리워하는 마음이 있으며, 낙랑의 각 군들이 옛날 자신들의 땅을 잊지 못하고 있습니다. 천자께서 일거에 그들을 치신다면 전쟁을 치르지 않으시고도 정벌하실 수 있을실 것입니다. 신은 비록 총명하지 못하나, 온 뜻과 힘을 다하여 신의 부하들을 이끌고 천자의 군을 도울 것입니다.

위 글 중 '풍문통 일족의 병사와 말들이 고향을 그리워하는 마음이 있으며'라는 내용은 중요한 의미를 담고 있습니다. 풍문통(430~436)은 북위에 멸망한 북연(北燕)의 왕 풍홍으로서, 고구려에 투항했지만 장수왕에게 죽임을 당한 비운의 왕입니다. 백제에서 북위에 472년에 보낸 국서에 '풍문통 일족과 병사'를 언급한 것은 북연 세력이 고구려에 유입된 이후 36년이 지나도록 자신들의 정체성을 유지하고 있었음을 알려주고 있습니다. 또한 그들이 '고향을 그리워하는 마음'이 있었다는 것은 자신들의 국가를 회복하려는 의지를 보여주고 있고, 백제 지배층이 그들을 동정하고 있다는 것은 당시 백제 정권이 북연계 세력과 관련이 있음을 유추하게 합니다.

고려(고구려)는 또한 의롭지 못하고, 반역과 사기를 친 것이 한두 번이 아닙니다. 그들은 겉으로 사모하는 마음과 번국으로서의 겸손한 말을 외치지만, 속으로는 흉한 마음을 품고 돼지처럼 돌출된 행동을 하려합니다. 때로는 남쪽으로 유씨(劉氏)*와 통교를 맺고, 때로는 북쪽으로 연연(蠕蠕)**과 맹

---

*　⋯　남송(南宋 420~479)왕조.

**　⋯　유연(柔然 4세기 말~6세기 중엽) 나라를 중국에서 얕잡아 부른 말로 '벌레'라는 뜻이다. 유연은 중국 북방에 있던 흉노와 선비 종족의 후예들이 세운 나라로 북연과 가까이 지

　동북공정 이전 **중국이 쓴 한국사**

약을 하는 등, 그들과 입술과 이빨의 관계를 맺고 왕조의 대업을 모반하려 하고 있습니다.

옛날에 당요(唐堯)*는 지극히 훌륭한 성인이셨으나 단수 지역의 적들을 징벌하였고, 맹상군**은 어진 사람이었지만 비웃는 자를 그대로 두지 않았습니다. 졸졸 새는 물은 마땅히 일찍 막는 것이 옳으며, 만일 오늘날 그들을 공격하여 취하지 않으면 앞으로 후회를 하게 될 것입니다.

경진(庚辰)년이 지난 뒤, 신의 서쪽 변경에 있는 소석산 북국 바다에서 10여 구의 시신을 발견하였는데, 의복과 생활도구, 말의 안장과 재갈 등도 함께 취하여 살펴보니 고려(고구려)의 것들이 아니었습니다. 이후 듣기로는 그들이 왕의 나라에서 본국으로 이주하려던 사람들이었는데, 커다란 뱀과 흉악한 짐승 같은 적들이 길을 막고 그들을 바다에 익사시켰다고 합니다. 비록 그 사건을 처리하도록 위임받은 적은 없으나 심히 분하게 생각하지 않을 수 없었습니다.

과거 초나라 장왕이 신하 신주***가 송나라에 의해 살해되자 갑자기 신

냈다.

* ⋯ 요(堯)임금. 약 4,000여 년 전에 살았던 중국 고대 전설상의 성왕.

** ⋯ 중국 전국시대 제나라의 재상(?~BC278)으로, 전국시대 사군자(四君子) 중 한 사람으로 불린다.

*** ⋯ BC595년, 초나라 장왕은 북쪽의 제나라와 진나라에 각각 사신을 보내게 된다. 그때 제나라 사신으로 파송된 신주(申舟)가 송나라를 지나게 되는데, 장왕의 명령대로 송나라 영토를 통과하는 것을 송나라에 미리 통보하지 않았고, 이로 인해 송나라에서는 신주의 무례를 구실로 그를 살해하게 된다. 이 일을 빌미로 초나라는 송나라를 공격하게 되고 결국 승리하여 중원의 패자로 군림하게 된다.

발을 벗고 맨발을 하였으며, 신릉군*은 매에게 쫓긴 비둘기를 가엽게 여겨 숨겨주고 잡아먹지 않았습니다.

자신의 적을 물리치고 공명을 쌓는 것은 그 아름다움이 지극하고 할 수 있습니다. 본인은 구석진 곳에 치우쳐 살고 있는 천한 사람이나 만대가 지나도 변하지 않는 신의를 사모하고 있습니다. 하물며 폐하께서 하늘과 땅의 기운을 합하시고, 권세가 산과 바다를 뒤엎을 만하신데, 어찌 작은 적으로 하여금 변경을 막아 조정에 이르는 길을 막도록 그냥 두실 수 있겠습니까. 오늘 저희가 얻은 안장을 하나 보내오니, 그것으로 사실 여부를 확인해 보시기 바랍니다."

현조(顯祖)는 그 나라가 먼데도 불구하고 어려움을 무릅쓰고 공물을 바쳤기 때문에 후한 예우로 그들을 맞아 주었으며, 사신 소안을 그들과 함께 동행시켜 본국으로 돌아가도록 하였다. 현조는 다음과 같이 조서를 내린다. "표를 올린 내용을 보고 당신의 나라에 근심이 없다면 얼마나 좋을까 생각하였습니다. 경은 우리와 멀리 떨어진 동쪽의 한 모퉁이에 있으면서, 높은 산과 넓은 바다를 멀다하지 않고 위(魏)의 궁정에 돌아오는 정성을 보였으므로, 그 뜻을 매우 기쁘게 생각하며 마음에 담아두고 있습니다. 짐은 만세

---

* … 신릉군(信陵君 ?~BC243)은 전국시대 위나라 왕자로 당시의 유명한 정치가이자 군사가로서, 성격이 온후하고 정이 많아 맹상군과 더불어 당시 사군자 중 하나로 불린다. 어느 날 신릉군이 아침식사 마쳤을 때 비둘기 한 마리가 매에 쫓기는 것을 발견하고는 그 비둘기를 숨겨두었다가 매가 사라진 뒤 다시 풀어주게 되는데, 비둘기를 풀어주자마자 교활한 매가 근처에 숨어 있다가 나타나 결국 그 비둘기를 잡아먹고 만다. 이에 신릉군은 자신의 부주의를 한탄하며 명을 내려 주변의 매를 모두 잡게 하였으며 잡아온 100여 마리 매 가운데 비둘기를 잡아먹은 그 매를 죽여 비둘기를 위해 제사를 지내고, 나머지는 모두 풀어준다. 사람들은 한낱 비둘기에게 이러한 베푼 신릉군을 신뢰하여 그에게로 모였다고 하며, 그렇게 모인 식객이 3,000명에 이르게 되었다고 한다.

의 대업을 이어받아 천하를 통치하고, 백성들을 다스리고 있습니다. 이제 나라 안을 통일하고 사방에서 귀의를 표하는 가운데 아이를 업고 오는 자 역시 셀 수 없습니다. 본국의 풍속이 화목하고 군사가 강성한 것을 여례 등의 사람들이 친히 보았을 것입니다. 경은 고려(高麗)와 화목하지 못하여 여러 차례 충돌이 발생하였는데, 대의를 따르고 그것을 인(仁)으로써 지킬 수 있다면 어찌 적들로 인해 걱정할 수 있겠습니까?

예전에 사신을 보내 바다를 건너 거친 땅을 안정시키려 했는데, 보낸 지 몇 년 동안 소식이 없어 생사에 관해 알려진 바 없으며, 아직 그에 관해 정확히 알 수 없습니다. 경이 보낸 안장은 이전에 쓰던 것과 비교해보니, 중국의 물건이 아니었습니다. 따라서 그러한 유사한 일이 발생했을 것이라고 의심하지만 꼭 그들의 죄라고 판단할 수는 없습니다. 다스리고 경영하는 구체적 계획과 방법에 대한 내용은 이미 별도의 교지로 보냅니다."

그리고 다음과 같이 조서를 내렸다. "고려가 국경을 막고, 경의 땅을 침범하여 선대로부터 오랜 원한을 만들어, 백성을 안정시켜야 하는 큰 덕을 버린 채 병사들을 수차례 끌고 황무한 땅에서 전쟁을 벌이고 있다는 사실을 알게 되었습니다. 보내온 사자가 신서(申胥)*의 성실함을 갖추었고, 그 나라에 초나라 월나라의 위급함이 있음을 볼 때, 대의의 기치를 들고 기회를 틈타 출병을 하여 위기를 구해주어야 함이 마땅하다고 여깁니다. 그러나 고려는 이전 왕조부터 계속 제후국이라 칭하며 봉직한지 이미 오래되었기 때문에, 비록 그대와 과거로부터 분쟁이 있어 왔지만 조정에는 아직 명령

---

* ⋯ 신서(申胥)는 오자서伍子胥, BC770~476)의 별명으로, 성품이 강직하고 문무를 겸비한 인물이었다 초나라 평왕에게 아버지와 형이 살해되자, 오나라로 피신해 재상이 되어 초나라를 공격하는데 앞장선다. 초나라를 함락시킨 공으로 신(申) 땅에 봉해져 신서(申胥)로 불렸다.

을 거역한 죄를 범하지 않고 있습니다.

경의 사신이 명을 받들고 이제 처음 이곳에 와서 바로 토벌을 요청을 하였는데, 그 사건의 상황을 고찰한 결과 이치에 맞는 부분이 완전치 않았습니다. 따라서 지난해에 당신의 사신 여례 등을 평양에 보내 그 일의 사유와 상황을 조사하고자 하였습니다. 그러나 고려에서 자주 상소를 올려 이치에 맞는 문장을 바쳤기 때문에, 그들의 요청을 막을 수 없었고, 사법부에서도 그들을 질책할만한 구실을 찾지 못했습니다. 그래서 그들이 상소를 올린대로 여례 등의 사람들을 다시 돌려보냅니다. 만일 이제 그들이 다시 짐의 뜻을 어긴다면 그들의 죄과가 더욱 드러나게 될 것이고, 그렇다면 그들이 스스로 자신을 변호한다 해도 자신들의 잘못을 면할 방법이 없을 것입니다. 그런 뒤에야 그들을 정벌할 것이고, 그래야만 도리에 부합한다 할 것입니다.

구이(九夷)의 나라는 대대로 바다 밖에 살면서, 왕도가 널리 퍼지면 신하를 자처하였고, 은혜가 그치면 국경을 지킬 뿐이었습니다. 그러한 견제 상황은 옛 문헌에도 드러나 있습니다. 때때로 화살과 조공을 소홀히 하고 바치지 않았던 적이 많았습니다.

경은 그 땅의 자세한 강약의 상황을 보고하였고, 구체적으로 과거의 사실을 열거했으나, 풍속이 다르고 사정이 서로 다르므로 보내온 자료가 사실과 부합하지 않는 면이 있습니다. 그러나 짐의 큰 계획과 그 대체적인 방향은 여전히 견지되고 있습니다.

오늘날 중원 땅이 평정되고 나라 안에 근심이 없으니, 늘 동쪽 끝에 위엄을 떨쳐 왕의 깃발을 그 땅에 건 뒤 황무한 땅의 사람들을 편벽한 곳으로부터 구하여, 황제의 권위를 널리 펴고 그들로 복종하게 하고자 합니다. 하지만 현재 고려(高麗)는 본 왕조에 순종하고 있고 아직 정벌할 만큼 잘못을 하고 있지 않습니다. 이제 만일 그들이 왕명을 거역한다면, 경이 보낸 계략이 짐의 마음과 부합되어 왕조의 군사들이 멀리 원정을 떠난다 해도 그렇게 멀지 않을 것입니다. 그렇다면 당신들이 먼저 우리와 함께 병사를 일으켜 거사를 치를 준비를 하도록 할 것이며, 그쪽에서 수시로 사신을 보내 보고하여 신속하게 상대방의 정보를 알 수 있을 것입니다. 짐의 군대가 대거 정벌할 때, 경이 그 땅의 인도자가 되어 정벌의 지름길을 제공한 뒤, 전쟁의 최고 공로자가 되어 상을 받게 된다면 그 또한 좋지 않겠습니까.

헌상한 비단과 해산물 등은 비록 아직 도착하지 않았지만 경의 지극한 정성은 잘 알고 있으니 오늘 특별히 당신에게 별도로 첨부한 목록대로 여러 가지 물건을 하사합니다."

그리고 다시 조서를 내려 련(璉, 장수왕)에게 소안 등의 일행을 호송할 것을 명령하였다.

소안 등의 일행이 고구려에 도착했을 때, 련은 여경(개로왕)이 과거 원한이 있었던 것을 이유로 동쪽으로 지나는 것을 허락하지 않았고, 소안 등은 다시 되돌아가게 된다. 이에 황제는 조서를 내려 련을 엄히 질책한다.

연흥(延興) 5년(475)에 소안 등 일행을 동래(東萊)에서 배를 타고 바다를 건너게 하여, 여경(개로왕)에게 국서를 전달하고 그들의 충절을 칭찬하려 했으나, 소안 등 일행이 해변에 도착했을 때 바람이 거칠게 불어와 결국 백제에 이르지 못하고 돌아올 수밖에 없었다.

5) 《남사》: 5~6세기

진나라 의희 연간(405~418)에는 여영(전지왕)을 사지절 도독 백제제군사 진동장군 백제왕으로 삼았다. 송무제가 왕위에 오르자 여영을 진동대장군으로 올려주었다.

소제 경평 2년(424)에 여영의 사신 장사 장위가 와서 궁궐에 나아가 조공하였다.

원가 2년(425)에 문제는 조서를 보내 겸알자 여구은자와 겸부알자 정경자 등을 보내 천자의 뜻으로 그들을 위로하였다. 그 후 해마다 사신이 와서 조공하였다.

7년에 백제왕 여비(비유왕)가 다시 조공하니 여영의 작위와 호를 그에게 주었다. 27년에 여비는 국서를 보내고 조공하였으며 개인적으로 대사 풍야부를 서하태수로 삼고 표문에 '역림'과 '식점' 두 책과 돌을 연달아서 쏠 수 있도록 만든 요노라고 하는 활을 달라고 청했다. 태조는 모두 들어주었다.

여비(비유왕)가 죽고 그의 아들 경(개로왕)이 대를 이어 즉위하였다.

효조 대명 원년(457)에 사자가 와서 벼슬을 내려주기를 청하였고 조서를 보내 이를 허락하였다.

2년에 여경은 표문에 행관군장군 우현왕 여기 등 충성스럽고 부지런한 11명을 현달한 벼슬로 진급시켜 주기를 청하였다. 조서를 보내 관작을 더해 주었다.

명제 태시 7년에 도 사신이 와서 조공하였다.

여경이 죽고 그의 손자 모도(문주왕)가 왕위에 올랐다.

모도가 죽고 그의 아들 모대(동성왕)가 왕위에 올랐다.

제나라 영명 연간(483~493)에 모대(동성왕)에게 도독백제제군사 진동대장군 백제왕을 제수하였다. 양천감 원년(502)에 모대는 호정동장군이 되엇다.

여러 해 동안 빈번히 고구려의 침공을 받은 백제는 점점 약해져 한(韓)나라의 서남쪽 지역으로 옮겨갔다.

보통 2년(521)에 백제왕 여융(무령왕)의 사신이 다시 와서 표문에 "여러 번 고구려를 파했더니 서로 왕래하는 우호관계가 시작되게 되었습니다."고

하였다. 백제는 더욱 강한 나라가 되었다. 그 해에 양무제는 조서를 보내 융을 사지절 도독백제제군사 영동대장군 백제왕으로 삼았다.

5년에 여융이 죽자 조서를 보내 다시 그의 아들 명을 지절독 백제제군사 수동장군 백제왕으로 삼았다.

중대통 6년(534)과 대동 7년(541)에 여러 번 사신이 와서 조공하였다. 백제는 '열반'등 경의와 '모시'와 박사와 물건 만드는 기술자와 호가 등을 청하였고 이를 모두 주었다.

태청 3년(549)에 사신이 조공하려고 왔다가 성과 궁궐이 크게 훼손된 것을 보고 슬퍼하였다. 반란을 꾀했던 후경이 이를 보고 노하여 사신을 잡아 가두었으나 후경의 반란이 평정되자 비로소 귀국할 수 있었다.

6)《북사》*: 5~6세기

그 도성(수도)은 거발성으로 고마성이라고도 부른다. 지방에는 또 5방(方)이 있다. 중방은 고사성, 동방은 득안성, 남방은 구지하성, 서방은 도선성, 북방은 웅진성이라 한다.

왕의 성은 여(餘)씨로서 어라하라고 부르며, 백성들은 건길지라고 부르는데, 이는 중국 말로 모두 왕이라는 뜻이다. 임금의 아내는 어륙이라고 부르는데, 중국 말로 왕비라는 뜻이다.

관직은 16품이 있다. 좌평은 5명으로 1품, 달솔은 30명으로 2품, 은솔은 3품, 덕솔은 4품, 우솔은 5품, 나솔은 6품인데, [6품] 이상은 관을 은화(은으로 된 꽃)로 장식하였다. 장덕은 7품으로 자대(보라색 허리띠)를, 시덕은 8품으로 조대(검은색 허리띠)를, 고덕은 9품으로 적대(붉은색 허리띠)를, 계덕은 10품으로 청대(파란색 허리띠)를 둘렀다. 11품인 대덕과 12품인 문독은 모두 황대(노

---

*   …   출처 : 국사편찬위원회 한국사데이터베이스

백제시대 유물들(국립중앙박물관)

동북공정 이전 **중국이 쓴 한국사**

란색 허리띠)를 둘렀다. 13품인 무독과 14품인 좌군·15품인 진무와 16품인
극우는 모두 백대(흰색 허리띠)를 둘렀다.

은솔 이하의 관직에는 일정한 정원이 없고, 각각 부사가 있어 여러 가지
사무를 나누어 관장한다.

내관(관청)으로는 전내부·곡내부·내략부·외략부·사구부·마부·도부·
공덕부·약부·목부·법부·후궁부가 있다. 외관으로는 사군부·사도부·사
공부·점구부·객부·외사부·주부·일관부·시부가 있다. 장사(長吏)는 3년
마다 한번씩 교체한다.

도성에는 1만호가 거주하고 5부로 나뉘었는데, 상부·전부·중부·하
부·후부가 있으며, 부에는 5항이 있어 귀족(士)과 평민(庶人)이 거주한다. 부
마다 병사 5백 명씩을 통솔한다.

5방에는 각각 방령 1명씩을 두었는데 달솔로 임명하며, 방좌가 그를 보
좌하였다. 방마다 10군이 있고, 군에는 장수(將) 3명씩을 두는데, 덕솔로 임
명하였다. [각군에서] 거느리는 군사는 1천 2백 명 이하 7백 명 이상이었
다. 도성 안팎에 사는 서인 및 기타 조그마한 성들이 모두 나뉘어 여기에 예
속되었다.

7) 《수서》* : 6~7세기

백제의 선대는 고려국에서 나왔다. 그 나라 왕의 한 시비(시녀)가 갑자기
임신을 하게 되어 왕은 그녀를 죽이려고 하였다.

시비가 말하기를, "달걀같이 생긴 물건이 나에게 내려와 닿으면서 임신
이 되었습니다."고 하자, 그냥 놓아 주었다. 뒤에 드디어 사내 아이 하나를

---

*   …   출처 : 국사편찬위원회 한국사데이터베이스

낳았는데, [죽으라고] 뒷간에 버렸으나 오래도록 죽지 않았다. [왕이] 신령스럽게 여겨 기르도록 명하고, 이름을 동명이라 하였다. 장성하자 고구려왕이 시기를 하므로, 동명은 두려워하여 도망가서 엄수에 이르렀는데, 부여 사람들이 그를 모두 받들었다.

동명의 후손에 구태(구이)라는 자가 있으니, 매우 어질고 신의가 두터웠다. [그가] 대방의 옛 땅에 처음 나라를 세웠다. 한(漢)의 요동태수 공손탁이 딸을 주어 아내로 삼게 하였으며, 나라가 점점 번창하여 동이 중에서 강국이 되었다. 당초에 백가가 바다를 건너 왔다(濟)고 해서 [나라 이름을] 백제라 불렀다. [이때부터] 십여대 동안 대대로 중국의 신하 노릇을 하였는데, 전사에 소상히 기록되어 있다.

개황(581~600)에 그 나라의 왕 여창(위덕왕)이 사신을 보내어 방물을 바치니, 창을 상개부 대방군공 백제왕으로 삼았다.

(중략)

진(陳)을 평정한 해(589)에 어떤 전선 한척이 표류하여 바다 동쪽의 담모라국에 닿았다. 그 배가 [본국으로] 돌아올 적에 백제를 경유하니, [여]창(위덕왕)이 필수품을 매우 후하게 주어 보냈다. 아울러 사신을 보내어 표문을 올려 진을 평정한 것을 축하하였다. 고조는 이를 갸륵하게 여겨 조서를 내려,

"백제왕이 진을 평정한 소식을 듣고 멀리서 표문을 올려 [축하하였으나] 왕래하기가 지극히 어려워서 만약 풍랑을 만난다면 인명이 손상될 것이오. 백제왕의 진실한 심정은 짐이 벌써 잘 알고 있소. 서로 거리는 멀다 하여도 [밀접한 관계는] 얼굴을 마주 대하고 이야기 하는 거나 마찬가지이니, 어찌 반드시 사신을 자주 보내와 서로 다 알아야 되겠소? 이제부터는 해마다 따로 조공을 바칠 것이 없소. 짐도 사신을 보내지 않으리니 왕은 알아서 하시오."

라고 하였다. 사자가 춤을 추며 돌아갔다.

　개황 18년(598)에 창(위덕왕)이 그의 장사 왕변나를 보내와 방물(토산물)을 바쳤다. 마침 요동정벌을 일으키자, 사신을 보내어 표문을 올려 [수나라 군대의] 선도(안내자)가 될 것을 청하였다. [문]제는 조서를 내려,

　"지난 해에 고구려가 직공을 닦지 않고 인신(신하)의 예의를 지키지 않았기 때문에 장수들에게 명하여 토벌하라고 하였소. 고원(영양왕 재위 : 590~618)의 군신이 두려워하여 죄를 스스로 인정하고 복종하므로, 짐은 벌써 죄를 용서하여 주어 토벌할 수가 없소."

라고 하고, 그 사신을 후대하여 보냈다. 고구려가 대략 이 사실을 알고, 병사를 내어 백제의 국경을 침략하였다.

　창(위덕왕)이 사하니, 아들 여선(법왕)이 왕위에 올랐다. [여선이] 사하니, 아들 여장(무왕)이 왕위에 올랐다.

　대업 3년(607)에 장(무왕)이 사자 연문진을 보내어 조공하였다. 그해에 또 사자 왕효린을 보내어 공물을 바치면서 고구려의 토벌을 청하였다. (수나라) 양제는 이를 허락하고, 고구려의 동정을 엿보게 하였다. 그러나 장(무왕)은 안으로는 고구려와 통화를 하면서 간사한 마음을 가지고 중국을 엿본 것이었다.

　[대업] 7년(611)에 [양]제가 몸소 고구려를 정벌하려 하자, 장(무왕)이 그의 신하 국지모를 보내와 출병의 시기를 물었다. [양]제가 크게 기뻐하여 상을 후하게 내리고, 상서기부랑 석율을 백제에 보내어 [시기를] 서로 알게 하였다.

　이듬 해에 6군이 요수를 건너니, 장(무왕)도 군사를 [고구려의] 국경에 엄중히 배치하고, [수]군을 돕는다고 공공연히 말만 하면서 실제로는 양단책(이중 정책)을 쓰고 있었다. 얼마 안되어 신라와 틈이 생겨 자주 전쟁을 하

였다.

　[대업] 10년(614)에 다시 사신을 보내어 조공을 바쳤고, 그 뒤로는 천하가
어지러워져 마침내 사명(신하의 왕래)이 끊겼다.

　그 나라의 남쪽에서 바다로 석달을 가면 담모라국(聃牟羅國)이 있는데, 남
북으로는 천여리이고 동서로는 수백 리이며, 토산물로는 노루와 사슴이 많
다. 백제에 부용(복속)되어 있다. 백제에서 서쪽으로 사흘을 가면 맥국(고구려)
에 이른다고 한다.

8) 《구당서》* : 7세기

　[그 나라에] 설치된 내관(중앙 관청 관리)으로 내신좌평은 왕명출납에 관한
일을 맡아 보고, 내두좌평은 고장(창고관리)에 관한 일을 맡아 보고, 내법좌평
은 예의(제사, 의례)에 관한 일을 맡아 보고, 위사좌평은 숙위군(왕 근위군)의 일
을 맡아 보고, 조정좌평은 형옥(형벌)에 관한 일을 맡아 보고, 병관좌평은 재
외(외부)의 병마(병사와 말)에 관한 일을 맡아 본다. 또 외관(지방 관리)으로는 6
대방을 두어 10군을 총관케 하였다.

　(당나라) 무덕 4년(621)에 그 나라의 왕 부여장(무왕)이 사신을 보내와 과하마
(키가 작은 말)를 바쳤다.

　[무덕] 7년(624)에 또 대신을 보내어 표문을 올리고 조공을 바쳤다. 고조
는 그 정성을 가상히 여겨, 사신을 보내어 대방군왕 백제왕으로 책봉하였
다. 이로부터 해마다 [사신을] 보내어 조공을 바치니, 고조는 수고로움을
위무하고 매우 후대하였다. 이어서 고구려가 길을 막고 중국과의 내왕을

---

* ···　출처 : 국사편찬위원회 한국사데이터베이스

허락하지 않는다고 호소하므로, 조서를 내려 주자사를 보내어 화해시켰다. 또 신라와는 대대로 서로 원수가 되어 자주 서로 침공하였다.

정관 원년(627)에 태종이 그 나라 왕에게,

"왕은 대를 이은 군장으로서 동번(동쪽의 번국들)을 무유(위로)하였소, 바다 한모퉁이 머나먼 곳에서 풍랑이 험난하게 가로 막는 데도 정성이 지극하여 직공을 **빼놓**지 않으니, 그 아름다운 뜻은 생각할수록 가상하오. 짐이 삼가 총명(총애하는 왕의 명령)을 받들어 천하에 군림하고부터 생각하는 것은 왕도를 넓히고 여원(백성)을 사랑하여 기르는 일이오. 주차(배와 수레)가 통하는 곳과 풍우(바람과 비)가 미치는 곳이라면 나의 본 뜻을 이루어 다같이 안녕을 누리게 하는 것이 목적이오. 신라왕 김진평(진평왕)은 짐의 번신이며, 왕의 인국(이웃 나라)이오. 매번 듣건대 군사를 보내어 쉬지 않고 정토(정벌)하며, 무력만 믿어 잔인한 행위를 예사로 한다 하니 너무나도 기대에 어긋나오. 짐은 이미 왕의 조카 신복(복신) 및 고구려·신라의 사인(사신)을 대하여 함께 통화(화해)할 것을 명하고, 함께 화목할 것을 허락하였오. 왕은 아무쪼록 그들과의 지난날의 원한을 잊고, 짐의 본 뜻을 알아서 함께 인정(이웃의 정)을 돈독히 하고 즉시 싸움을 멈추기 바라오."

라는 새서(왕의 도장이 찍힌 문서)를 내렸다. 이에 장(璋. 무왕)이 사신을 보내어 표문을 올려 사죄하였다. 비록 표면상으로는 명을 따른다고 하였지만, 실제에 있어서는 예나 마찬가지로 원수 사이였다.

[정관] 11년(637)에 사신을 보내와 조회하고 철갑과 조부(조각하여 꾸며 만든 도끼)를 바치니, 태종은 융숭하게 대접하고, 명주 3천단과 금포(비단 두루마기) 등을 내렸다.

[정관] 15년(641)에 장(무왕)이 졸(사망)하니, 그의 아들 의자가 사신을 보내어 표문을 올려 슬픔을 알렸다. 태종은 소복 차림으로 곡을 하고, 광록대부

백제 무왕(재위 600~641)이 세운 미륵사의 석탑에서 발견된 금동사리호 (국립미륵사지유물전시관)

를 추증하였으며, 부물 2백단을 내렸다. 사신을 보내어 의자를 주국(柱國. 관직명)으로 책명하고, 대방군왕 백제왕에 봉하였다.

[정관] 16년(642)에 의자(의자왕)가 군사를 일으켜 신라의 40여 성을 빼앗고 군대를 보내어 지키는 한편, 고구려와 화친을 맺어 통호(소통)하고, 당항성을 탈취하여 신라의 입조길을 끊고자 하였다. 이에 신라가 사신을 보내어 위급함을 알리고 구원을 청하니, 태종은 사농승 상 리현장에게 조서를 보내어 화복(징벌과 상)으로 양번(두 번국. 백제와 신라)을 설득하였다.

(당나라) 태종이 친히 고구려를 정벌하자, 백제는 두마음을 품고, 그 기회를 틈타 신라의 10성을 습격하여 빼앗았다.

[정관] 22년(648)에 또 십여 성을 빼앗고, 수년 동안 마침내 조공이 끊어지고 말았다.

고종이 제위를 이어 받자, 영휘 2년(651)에 비로소 또 사신을 보내어 조공을 바쳤다. 사신이 돌아갈 적에 의자에게 새서(왕의 도장이 찍힌 문서)를 내려 이르기를,

"해동의 세 나라는 개국한지 오래이며, 강계(경계)가 나란히 있어 실로 견아(개의 이빨)의 형세처럼 국경이 서로 들쭉날쭉 서로 닿아 있오. 근래에 와서 드디어 국경을 다투고 침공을 하여 조금도 편안할 해가 없었오. 마침내 삼한의 백성으로 하여금 목숨이 도마 위에 놓이게 하고, 창을 찾아 분풀이를 하는 것이 아침 저녁으로 거듭되니, 짐이 하늘을 대신하여 만물을 다스림에 있어 깊이 안타까와 하는 바이오.

지난 해 왕이 사신과 고구려·신라 등의 사신이 함께 입조하였을 적에 짐은 서로의 수원(원한)을 풀고 다시 우호를 돈독히 하도록 명하였오. 신라의 사신 김법민(이후 문무왕)은 주서하여 '고구려와 백제가 순치(입술과 이빨)의 관계로 서로 의지하고 있으면서 앞을 다투어 군사를 일으켜 번갈아 침략하므로, 큰 성과 요해처의 진들이 모두 백제에 병합되니, 강토는 날로 줄어 들고 위력 또한 잃고 있습니다. 바라옵건대 백제에게 조칙을 내려 침략한 성을 돌려 주게 하옵소서. 만약 조명을 받들지 않는다면 즉시 군사를 일으켜 싸움으로 되찾겠습니다. 다만 옛 땅만 찾으면 바로 교화를 하겠습니다'라고 하였소. 짐은 그 말이 조리에 맞으므로 불가불 윤허하였소.

옛날 제환공은 제후의 자리에 있었으나 오히려 망하는 나라를 보존시켰소. 하물며 짐은 만국의 군주인데 어찌 위태로운 번국을 도와주지 않을 수 있겠는가. 왕은 빼앗은 신라의 성을 모두 본국에 돌려 주시오. 신라도 사로잡아간 백제의 포로를 모두 왕에게 돌려 보내야 할 것이오. 그런 뒤에야 서로의 사이에 불화가 풀리고 전쟁이 멎으니, 백성들은 쉬고 싶은 소원을 이루고 삼번에는 전쟁의 수고로움이 없게 될 것이오. 이 어찌 변정(변두리 누각. 국경지대)에서 피를 흘리며 싸워 강토에 주검이 쌓이고, 농사와 길쌈이 모두 폐지되어 사녀(관리와 부녀자)가 살 길이 없게 되는 것과 비교가 되겠는가?

왕이 만약 나의 처분에 따르지 않는다면 짐은 이미 법민(문무왕)이 청하는 대로 왕과 싸우게 놓아 둘 것이오. 또한 고구려와 약속하여 멀리서 서로 돕지 못하게 할 것이오. 고구려가 만약 이 명을 받들지 않는다면 즉시 거란의 제번(여러 번국)을 시켜 요택(요하를 중심으로 한 늪지대)을 건너 쳐들어 가게 할 것이오. 왕은 짐의 말을 깊이 생각하여 스스로 많은 복을 구하고, 주도면밀하게 좋은 계획을 세워 후회를 남김이 없게 하오."

라고 하였다.

[영휘] 6년(655)에 신라왕 김춘추(태종무열왕)가 또 표문을 올려, 백제가 고

구려 및 말갈과 함께 북계(북쪽 경계)를 침공하여 벌써 30여 성이 함락되었다고 하였다.

현경 5년(660)에 좌위대장군 소정방에게 명하여 군사를 이끌고 가서 치게 하니, 그 나라를 크게 깨뜨렸다. 의자(의자왕) 및 태자 융·소왕 효연과 위장 58명 등을 사로잡아 경사에 보내왔다. 황제는 이들을 꾸짖기만 하고 용서하였다.

그 나라는 본래 5부로 나뉘어져 모두 37군, 2백 성에 호구는 76만이었다. 이때에 와서 그 땅에 웅진·마한·동명 등 5도독부를 두어 각각 주와 현을 통괄케 하고, 백제 출신 추거(우두머리)로 도독·자사 및 현령을 삼았다. 우위 랑장 왕문도를 웅진도독으로 삼아 군대를 거느리고 진무하게 하였다.

의자는 어버이를 섬김에 효행으로서 함이 널리 알려지고, 형제 사이에 우애가 돈독하여, 당시 사람들이 '해동의 증자·민자(공자의 제자로 효행이 뛰어났던 인물들)'라고 불렀다. 경사(수도)에 와서 며칠만에 죽었다. 금자광록대부 위위경으로 추증하고, 특별히 구신(옛 신하)의 부곡(애곡함)을 허락하였다. 손호(삼국시대 오나라 마지막 왕)·진숙보(남북조시대 남조 진의 마지막 왕)의 묘 옆에 장사하고 아울러 비도 세워 주었다. 문도(백제 웅진도독으로 발령받은 왕문도)가 바다를 건너가서 죽었다.

백제의 승 도침과 구장(옛 장수) 복신이 무리를 거느리고 주류성(충남 서천?)을 거점으로 하여 반란을 일으켰다. 그리고 왜국(일본)에 사신을 보내어 고(옛) 왕자 부여풍을 맞아다 왕으로 세웠다. 서부와 북부가 모두 성을 뒤집고 여기에 호응하였다. 이때에 랑장 유인원은 백제의 부성에 머물러 있었는데, 도침 등이 군사를 이끌고 포위하였다. 대방주자사 유인궤가 문도(웅진도독 왕문도)를 대신하여 무리를 거느리고, 지름길로 신라병을 출동시켜 합세하여 인원(유인원)을 구원하고 계속하여 싸워 나가니, 이르는 곳마다 모두 항복하였다.

　도침 등이 웅진강 어귀에 두 개의 책을 세워 관군에게 저항하자, 인궤는 신라병과 함께 사방에서 협공하였다. 적들은 후퇴하여 책 안으로 달아났지만, 물에 막히고 다리는 좁아 물에 빠지거나 전사한 사람이 1만여 명이나 되었다. 도침 등은 이에 인원(유인원)의 포위를 풀고 임존성으로 물러나 보전하였다. 신라병은 군량이 다하여 군사를 이끌고 돌아갔다. 이때는 용삭 원년(661) 3월이었다.

　이에 도침은 스스로 영군장군이라 일컫고, 복신은 스스로 상잠장군이라 일컬으며, 배반하고 도망간 무리들을 유인하여 모으니, 그 세력이 더욱 커졌다. 인궤에게 사자를 보내어,

　"대당이 신라와 서약하여 백제 사람은 노소를 가리지 않고 모조리 죽인 다음에 나라를 신라에 넘겨준다고 들었소. 죽음을 당할 바에야 어찌 싸우다 죽으려 하지 않겠소? [이것이] 무리를 모아 스스로 고수하는 이유이오."

라고 고했다. 인궤는 편지를 작성하여 화복(징벌과 상)을 상세히 설명하고, 사자를 보내어 설득하였다. 그러나 도침 등은 무리들이 많은 것만 믿고 교만이 생겨서, 인궤의 사자를 외관에 머무르게 하고, 전하는 말로,

　"사자(사신)는 관직이 낮다. 나는 곧 일국의 대장인데, 스스로 참견함은 합당하지 않다."

라고 하며, 답장을 써 주지 않고 사인(사신)을 돌려 보냈다. 얼마 아니되어 복신이 도침을 죽이고 그의 군사들을 합병하니, 부여풍(백제 왕자)은 다만 제사나 주관할 뿐이었다.

　[용삭] 2년(662) 7월에 인원·인궤 등이 거느리고 있던 군사를 이끌고, 웅진 동쪽에서 복신의 무리들을 크게 무찔러 지라성 및 윤성·대산·사정 등

의 책을 빼앗고, 많은 무리를 죽이거나 사로 잡았다. 이어서 군사를 나누어 지키게 하였다.

복신 등은 진현성이 강에 바짝 닿아 있는 데다 높고 험하며, 또 요충의 위치라 하여 군사를 증원시켜 지켰다. 인궤는 신라의 군사를 이끌고 야음을 타 성밑에 바짝 다가가서 사면에서 성첩(성 위의 낮은 담)을 더위잡고 기어 올라 갔다. 날이 밝을 무렵 그 성을 점거하여 8백 명의 머리를 베어 마침내 신라의 군량운송로를 텄다. 인원(유인원)이 이에 증병을 주청하니, 조서를 내려 치[주]·청[주]·래[주]·해[주]의 군사 7천 명을 징발하여 좌위위장군 손인사를 파견하여 무리를 거느리고 바다를 건너 웅진으로 가서 인원(유인원)의 무리를 도와주게 하였다.

이때 복신은 벌써 병권을 모두 장악하여 부여풍과 점점 서로 시기하여 사이가 나빠지고 있었다. 복신은 병을 핑계로 굴방에 누워서 부여풍이 문병오기를 기다려 덮쳐 죽일 것을 꾀하였다. 부여풍은 [그러한 낌새를] 알아차리고는 그의 심복들을 거느리고 가서 복신을 덮쳐 죽이고, 또 고구려와 왜국에 사자를 보내어 구원병을 청하여 관군을 막았다. 손인사가 중도에서 [부여풍의 군대를] 맞아 쳐 무너뜨리고 드디어 인원의 무리와 합세하니, 병세(군의 세력)가 크게 떨쳤다.

이에 인사·인원 및 신라왕 김법민은 육군을 이끌고 진군하고, 유인궤 및 별수 사상·부여융은 수군 및 군량선을 이끌고 웅진강에서 백강으로 가서 육군과 회합하여 함께 주류성으로 진군하였다. 인궤가 백강어귀에서 부여풍의 무리를 만나 네 번 싸워 모두 이기고 그들의 배 4백 척을 불사르니, 적들은 크게 붕괴되고, 부여풍은 몸만 빠져 달아났다.

위왕자(정식 왕자를 임시로 대체한 왕자) 부여충승·충지 등이 사녀(관리와 부녀자) 및 왜의 무리를 이끌고 함께 항복하니, 백제의 모든 성이 다시 귀순하였다. 손인사·유인원 등이 철군을 하여 돌아왔다. 조서를 내려 [유]인원 대신 유인궤에게 군사를 거느리고 진수(요충지를 방어함)하게 하였다. 이에 부여융(당나라에 끌려간 왕자)에게 웅진도독을 제수하여 본국으로 돌려 보내어, 신라와 화친을 맺고 남은 무리들을 불러 모으게 하였다.

인덕 2년(665) 8월에 [부여]융이 웅진성(현 충남 공주)에 이르러 신라왕 법민과 백마를 잡아 놓고 맹약하였다. 먼저 천신(하느님)·지기(국토의 신) 및 산천의 신에게 제사를 올리고 나서 피를 마셨다. 그 맹서문은 이러하다.

"지난날에 백제의 선왕이 역리(이치를 거슬림)와 순리(이치에 따름)에 혼미하여, 이웃과 우호가 돈독하지 못했으며, 친척과 화목하게 지내지 못하였다. 고구려와 결탁하고 왜국과 교통하여 그들과 함께 잔폭하였으며, 신라에 침략하여 읍을 깨뜨리고 성을 도륙하니, 잠시도 편안할 날이 없었다. 천자께서는 하나의 물건이라도 없어지는 것을 불쌍히 여기시고, 백성이 무고하게 [고통받는 것을] 가엾게 여기시어, 자주 사신을 보내어 우호를 닦으라고 명하였다. 그러나 [지세가] 험준하고 [도로가] 먼 것만 믿고 하늘의 도리를 업신여겨 태만히 하였다. 황제께서 이에 분노하시어 [죄인을] 치고 [백성을] 위로하는 일을 삼가 거행하시니, 정기(깃발)가 나가는 곳에 한 번의 싸움으로 모두가 평정되었다. 진실로 궁궐은 못을 파고 집은 웅덩이를 파서 뒷날의 경계를 삼고, 폐단의 근원을 뿌리째 뽑아 다음 사람에게 훈계를 남겨야 될 일이다. 그러나 약한 자를 감싸 주고 배반하는 자를 토벌하는 것이 전왕(앞의 왕들)의 아름다운 법도요, 망한 자를 일으켜 주고 끊어진 나라를 이어주는 것은 옛 철인(현명한 사람)의 통규(공통된 규칙)이다. 일은 반드시 옛 것을 본받아야 한다는 것이 여러 사책(사서)에 전하여 오고 있다. 그런 까닭에 전백제태자 사가정경 부여융을 세워 웅진도독으로 삼아서 제사를 받들고 그의 고장을 보존하게 하였다. 신라에 의존하여 영원한 동맹국으로서 각자 묵은 감정을 버리고 굳고 화친하라. 조명을 공손히 받들고 영원한 번국(번속국)이 되라. 그리하여 사신 좌위위장군 노성현공 유인원을 보내어 친림(직접 참가)하여 타이르고 깨우침과 아울러 짐의 뜻을 널리 펴게 하노니, 혼인으로 약속하고 맹서로 다짐한다. 희생을 잡아 피를 마시는 것은 우호를 처음부터 끝까지 돈독히 하기 위함이니, 재앙은 나누어 갖고 환난을 당하여서는 서로 구제하여 은의가 형제와 같이 지내도록 하라. 륜언(왕의 말)을 공손히 받들어 함부로 저버리지 말며, 맹서를 하고 나서는 다같이 [송백(소나무 잣나무)처럼] 언제고 변함이 없으라. 만약 [마음이 변하여] 신의를 저버리고 군사를 일으켜 국경을 침범하는 일이 있다면, 신명께서 이를 보고 온갖 재앙을 내려서 자손이 번창하지 않게 되어 사직을 지킬 사람이 없게 될 것이며, 제사는 끊기고 남아나는 유족은 없게 될 것이다. 그러므로 금서철계(철판에 글자를 새기어 금으로 칠한 것)를 만들어 종묘에 간직하는 것이니, 자손만대토록 행하여 범함이 없어야 한다. 신명이 듣고 있으니 이로서 누릴 복이 결정되리라."

[이것은] 유인궤의 글이다. 삽혈(맹세의 피)을 마치고 나서 단하(제단 아래) 깨끗한 곳에 폐백을 묻고, 맹서문은 신라의 종묘에 간직하였다.

인원·인궤 등이 돌아오자, 융(백제 왕자)은 신라를 두려워하여 곧 경사(수도 장안)로 돌아왔다.

의봉 2년(677)에 [융에게] 광록대부 태상원외경 겸웅진도독 대방군왕을 제수하여 본번(본국)에 돌아가 남은 무리들을 안집(모아 평안하게 하다)케 하였다. 이때 백제의 옛 땅이 황폐하여 점점 신라의 소유가 되어가고 있었으므로, 융은 끝내 고국에 돌아가지 못한 채 죽었다.

그의 손자 경(敬)이 측천[무후] 때에 대방군왕에 습봉(세습하여 봉해짐)되어 위위경을 제수받았다. 이로부터 그 땅은 신라 및 발해말갈이 나누어 차지하게 되었으며, 백제의 종족은 마침내 끊기고 말았다.

9) 《신당서》* : 7세기

현경 5년(660)에 이에 조서하여 좌위대장군 소정방을 신구도행군대총관으로 삼아 좌위장군 유백영·우무위장군 풍사귀·좌효위장군 방효태를 거느리게 하고, 신라병을 출동시켜 백제를 치게 하였다.

[정방의 군대는] 성산(중국 산동성 동쪽 끝)에서 바다를 건넜다. 백제는 웅진구(웅진성 입구)를 지키고 있었는데, 정방이 공격하자, 오랑캐가 대패하였다. 왕사(왕의 군대)는 다시 조수를 타고 배로 진도성(백제수도 사비)에 30리 가까이 진주하였다. 오랑캐가 모든 무리를 다 동원하여 방어를 하였으나, 또 쳐부수어 1만여급의 머리를 베고 그 성을 탈취하였다. 의자가 태자 융과 함께 북쪽 변방으로 도망치니, 정방은 이를 포위하였다.

둘째아들 태가 스스로 왕의 자리에 올라 무리를 거느리고 수비를 굳히자, 의자의 손자 문사는,

"아직 왕과 태자께서 건재하여 있는데 숙부께서 스스로 왕이 되었으니, 만약 당병이 포위를 풀고 물러간다면 우리 부자는 어찌될 것인가?"

하고, 측근들과 함께 밧줄을 타고 [성을] 나왔다. 백성들이 모두 따라나서자, 태는 제지하지 못하였다.

[소]정방이 군사에게 명하여 성첩에 뛰어 올라 깃발을 꽂게 하니, 태가 성문을 열고 항복하였다.

[소]정방은 의자·융과 소왕 효연및 추장 58명을 사로 잡아 경사(수도 장안)로 보내고, 그 나라 5부·37군·2백성76만호를 평정하였다. 이에 [땅을 다시] 나누어 웅진·마한·동명·금련·덕안의 5도독부를 설치하여 추장을 뽑아 다스리게 하였다. 낭장 유인원으로 하여금 백제성을 지키게 하고, 좌위랑장 왕문도를 웅진도독으로 삼았다.

---

*   ⋯   출처 : 국사편찬위원회 한국사데이터베이스

9월에 [소]정방이 모든 포로를 이끌고 알현하니, 조서를 내려 죽이지 말고 놓아주라고 명하였다. 의자가 병으로 죽자, 위위경을 추증하고 구신(옛 신하)들의 부곡(애곡함)을 허락하였다. 손호·진숙보의 묘 왼쪽에 장사하라고 명하고, 융에게는 사가경을 제수하였다.

한반도 중부 마한 54개 소국 중 하나였던 백제가 독자적으로 클 수 있었던 이유는 고대 동아시아 문명의 선구자인 고조선(단군조선, 예)과 중원 문명의 주인공인 상나라(기자조선, 맥)의 문화를 흡수했고, 중원의 중앙집권적인 정치 체제에 익숙했던 낙랑, 대방(한나라) 등지의 사람들이 유입되었으며, 그리고 중국을 지배하던 연나라 선비족의 유입으로 문화적, 정치적, 군사적으로 쇄신할 수 있었기 때문이었습니다.

백제를 이루었던 마한 사람들이나 한사군계 사람들(낙랑, 대방), 부여 사람들, 선비인들은 모두 예맥 계열에 속하는 사람들로서, 풍습에는 약간씩 차이가 있었으나 모두 혈연적, 문화적으로 가까운 사람들이었습니다. 한반도 중부에 있던 백제는 이들의 문화를 포용하고 확장시킬 만한 계기를 많이 받았다고 할 수 있습니다.

백제는 황해를 중심으로 한 동이문명권의 중심부에 있었으므로 중국적 요소와 한반도적 요소, 그리고 일본적 요소까지 모두 갖춘 국제적인 국가로 거듭날 수 있었던 것입니다.

대방

19

대방은 낙랑군 남쪽에 서기 204년 새로 설치된 중국 군현입니다. 대방이 있던 곳은 현재 북한의 황해도 지역이라는 설이 유력합니다. 대방은 비록 중국의 지배를 받았지만, 백제의 지배층이 대방에서 나왔고, 기층민역시 한반도 사람들이었다는 점, 이후 고구려에 복속되었다는 점에서 한국 역사의 일부로 보아야 할 것입니다.

대방이 설치되던 시기는 중국에서 한(漢)나라가 점점 힘을 잃고, 한반도동쪽의 동예와 남쪽의 삼한이 강성하던 때였습니다. 이때, 공손강이라는만주(요동)의 실력자가 한반도의 통제력장악을 위해 낙랑군 남쪽에 대방군을 설치하게 됩니다.

공손씨 가문은 대방군 남쪽에 있던 백제와 혼인관계를 맺는 등 백제를도와 백제가 성장하는데 큰 도움을 줍니다. 따라서 백제와 대방은 계속좋은 관계를 맺게 되는데요, 그 사이 중국에서 한나라가 망하고(220년) 위, 촉, 오 삼국이 분열되어 다투게 됩니다. 그 때 삼국 중 가장 강했던 위나라가 요동지역 실세인 공손연을 물리치면서(238년) 공손연 세력에 있던 낙랑과 대방 역시 위나라의 지배를 받습니다.

한반도 중부 지역에 있던 대방군은 동쪽의 예(동예), 남쪽의 한국(삼한) 사람들과 처음에는 큰 갈등이 없다가, 246년 중국 한나라를 대신해 들어선 위나라의 관리가 한국(삼한)의 왕(신지)을 격분시키는 일이 발생합니다. 위나라 관리는 이전부터 낙랑군이 한국(삼한)을 다스렸으므로 경상도 지역 진한을 낙랑의 관할 하에 두겠다고 한 것입니다. 이에 화가 난 한국은 대방을 공격하여 대방태수를 살해합니다.

위나라는 얼마 후 망하고 중국에 진(晉)나라가 건국됩니다(265년). 이로 인해 대방군은 낙랑군과 함께 진나라에 속하게 됩니다. 하지만 중국 북방의 선비족의 침입으로 진나라가 약화되고, 고구려가 중국과 낙랑 사이의 땅(서안평)을 점령하면서 낙랑과 대방은 중국과 육로로 단절이 되고 맙니

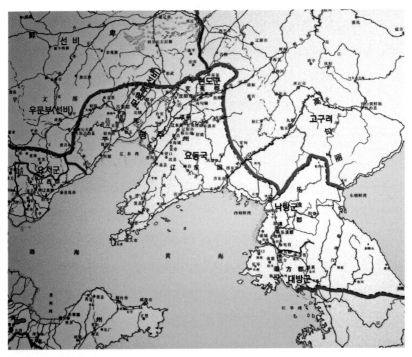

요동을 장악한 공손씨 세력 범위(라오닝성박물관). 동한 말기에(2세기 말) 요동태수 공손탁(?~204)은 중원의 혼란을 틈타 요동을 장악하고 낙랑 아래 대방군을 설치하며 백제와 화친한다. 공손씨 부자는 3대에 걸쳐 50년 동안 세력을 유지하다가 위나라에 238년 멸망한다.

황해도 봉산에서 발견된 대방태수 장무이 묘와 글씨가 새겨진 벽돌(일제강점기. 국립중앙박물관)

다. 고구려는 중국으로부터의 지원이 끊긴 낙랑과 대방을 결국 멸망시키는데요(313~314), 낙랑과 대방의 유민들 중 일부는 선비족 모용씨에 투항하여 다시 발해만 북부에 낙랑군과 대방군을 세우게 됩니다.

가라(가야) 20

가. 소개합니다.

가야(加耶, 伽倻, 伽耶), 구야(狗邪), 가라(加羅, 伽羅), 가락(駕洛) 등 여러 이름으로 불리던 가야는 기원 전후부터 562년까지 낙동강 하류지역 세력을 이루던 여러 도시국가를 말합니다.

일본에서는 이 가야의 일부인 '임나'라는 나라가 마치 자신들이 직접 다스렸던 속국처럼 주장하고 있습니다. 하지만 이 이야기는 거꾸로 해석해야 옳습니다. 임나(가야) 사람들이 왜(일본)로 진출한 것이지, 왜(일본)가 '임나'를 정복하여 지배한 것이 아니라는 이야기입니다. 일본 전체에 수백 년 간 유행하던 일본식 무덤인 전방후원분이 가야 지역에는 나타나지 않는데, 이는 가야에 일본계 귀족이 살지 않았다는 증거입니다. 거꾸로 5세기 이후 한반도 귀족의 왕관이나 귀고리, 가야계 토기(스에키 토기)가 일본 고분에서 다량 발굴되고 있는데요, 이러한 사실로 볼 때 가야가 일본열도에 진출한 것이지 일본이 가야를 점령한 것이 아님을 알 수 있습니다.

일본 긴키지역(교토, 오사카, 나라 등 고대 일본의 중심지)에서는 원통형 청동기,

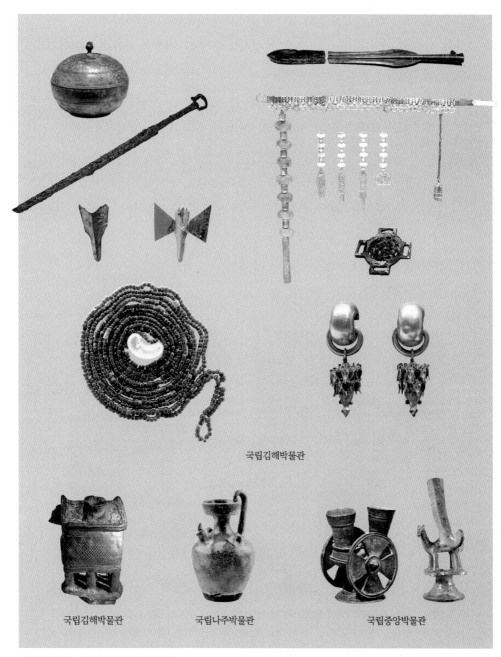

국립김해박물관

국립김해박물관   국립나주박물관   국립중앙박물관

선진적 문화를 꽃피웠던 가야의 유물들

덩이쇠, 철제 판갑옷 등의 가야 유물이 다량 출토된다. 4세기 후반부터 시작되어 5세기로 이어지는 일본 고분시대 중기에는 낙동강 서안 가야 지역의 도질토기를 본받아 만들어진 스에키 토기, 가야 계통의 철제 판갑과 마구 등과 같은 실용적이고 전투적인 여러 가지 새로운 문물이 등장하며 일본 고대 문화의 비약적인 발전이 시작되었다."《한국민족문화대백과사전》

　　기원전부터 신라를 괴롭힌 '왜'는 꼭 일본열도에만 있었다고 단정할 수 없습니다. 필자는 '왜'가 한반도 남부와 일본과 규슈일대에 걸쳐 있었던 나라라고 생각하고 있는데요, 고구려, 백제, 신라 등 북방에서 내려온 세력이 점차 강성해지면서 한반도에 있던 '왜'는 점점 일본열도로 위축이 되었다고 봅니다.

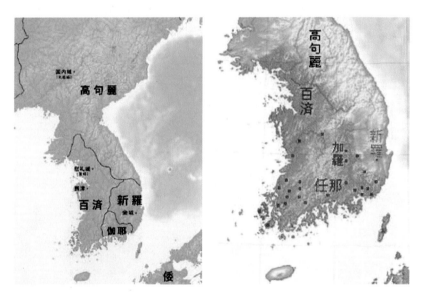

왼쪽은 한국의 교과서의 4세기 한반도 국가별 범위(375년 경). 오른쪽은 일본 교과서에 등장하는 국가별 범위(4~5세기 중반). 일본의 주장대로라면 가야는 북방 군현(낙랑, 대방) 세력이 주도한 백제와 신라가 확장되기 이전에 한반도 남부를 다스리던 마한, 변한 등의 한(韓)국이라고 볼 수 있다. 한(韓)의 고대 발음은 가라이다. (위키백과 가야 관련 일본주장)

동북공정 이전 **중국이 쓴 한국사**

한반도에 있던 '왜'가 위축이 되는 배경을 살펴보면, 고구려의 광개토왕(392~412)이 400년 신라에 5만 병력을 보내 대규모로 '왜'를 정벌하여 가야 지역의 왜를 축출하게 됩니다. 그리고 백제가 고구려에 망해 수도를 옮기기 전인 461년에, 백제는 고구려의 위협을 막기 위해 가야를 거쳐 일본으로 건너가 정복전쟁을 벌입니다. 결국 왜(일본)를 정복한 백제계 사람들은 중국에 한반도 남부 가야가 자신들 땅이라고 주장하는 외교문서를 보내기도 합니다.

아무튼 한국 역사에서 기록이 많이 남지 않은 '가야'는 479년에 처음이자 마지막으로 중국에 왕조로 승인을 받고 백제와 신라 사이에서 근근이 세력을 유지하다 592년에 결국 신라에 병합이 되고 맙니다.

나. 가야와 관련된 중국 기록

1) 《남제서》 : 5세기 말

건원 첫 해(479년)에, 그 나라 하지 임금이 와서 헌물을 바쳤다. 이에 다음과 같이 조서를 내린다. "황제로 등극하자마자 멀리 이(夷) 사람들까지 교화가 널리 퍼지게 되었다. 가라 나라 왕 하지는 바다 밖 멀리 동쪽에서 와서 첫 예물을 바쳤다. 가히 '보국장군, 본국왕'으로 임명할 만하다."

2) 《한원》 : 660년 경 편찬

제서(齊書)에 말하길 가라(加羅)나라는 삼한 사람들이라고 한다. 신라의 노인들이 말하길 가라, 임나는 과거 신라에 망하였으며, 그 옛 땅은 오늘날 나라 동남 700리에 있었다고 한다. 신라는 진한, 변진 24개 나라와, 임나, 가라, 모한(마한?)의 땅을 차지하고 있다.

신라

21

가. 소개합니다.

신라는 역사적 기록으로나 고고학적으로 볼 때 백제와 마찬가지로 북방의 선진문물을 가진 사람들이 점차 남하하여 세운 나라라는 것을 알 수 있습니다. 신라가 있던 진한은 백제가 있던 마한과 달리 말을 탈 줄 아는 등 북방 유목민의 특징을 많이 가지고 있었다고 합니다.

기록들을 보면 진한에는 기원전에 크게 두 번의 대규모 외부 세력의 유입이 있었던 것을 알 수 있습니다. 첫 번째는 고조선이 멸망하면서 그 유민들 중 일부가 현재 경상도 지역에 정착하게 됩니다. 경상도 지역에 이주한 이들 북방 조선 유민들은 6개 마을을 세우고 신라 원주민들과 함께 살아가게 됩니다.

둘째는 중국 서쪽 끝에 위치한 진(秦, BC221~BC206)나라 사람들을 포함한 중국 동북쪽에 살던 사람들의 이주입니다. 중국 역사서에는 신라(진한) 사람들이 진(秦)나라에서 망명한 사람들이라고 기록하고 있는데, 진(秦)나라는 중국 서쪽 섬서성이 기원지로, 신라에서 만리 가까이 떨어진 곳입니다.

이렇게 기원전에 현재 경상도 지역(진한)은 출신이 다른 여러 부류의 사람들이 섞여 살았는데요, 당시 경상도 지역에 살았던 사람들을 정리하면 진한, 변한, 낙랑, 왜(가야?) 등이 있었습니다.

그런데, 초기 백제가 한강 유역의 작은 나라였던 것과 마찬가지로 신라 역시 처음에는 현재 경주지역의 소국이었기 때문에 여러 번 정권이 바뀌게 됩니다. 필자가 분석한 바로는 크게 세 부류의 이주민 세력이 진한을 장악하면서 점점 고대국가 신라를 형성하게 되는데요, 바로 박씨, 석씨, 김씨 성을 가진 사람들입니다. 이들은 모두 외부의 선진 문물을 가져와 경상도지역을 장악하고 점차 세력을 길러 백제, 고구려를 물리치며 한반도의 주인이 됩니다.

[필자가 분석한 신라 정권교체]

① BC57년(박혁거세 거서간) : 만주의 진(조선)에서 남하한 고조선세력(박씨)

② 57년(석탈해 이사금) : 부여출신 석탈해를 시조로 삼은 동부여(동예)세력(석씨)

③ 65년(김알지 등장) : 동부여(동예)와 함께 연합하여 신라를 장악한 낙랑세력(김씨)

④ 184년(벌휴 이사금) : 한반도 동북지역에서 남하한 동부여(동예)세력(석씨)

⑤ 262년(미추 이사금) : 동부여(동예)세력의 약화와 위나라 낙랑의 강화로 정권교체(김씨)

⑥ 356년(내물 마립간) : 한반도를 장악한 동부여(석씨)를 신라에서 몰아낸 낙랑유민세력
  (김씨)

⑦ 514년(법흥왕) : 백제에서 도망와 신라를 장악하고 쇄신시킨 북연세력(모씨, 이후 김씨)

나. 어디에 있었나요?

신라는 초기에 경주 근처의 소국인 사로국에서 시작이 됩니다. 이후

외부세력이 이주해 오면서 영토가 넓어지게 되는데요, 대표적으로 말갈로 불리던 동예 세력과 한반도 최고 문명국이었던 평양지역 낙랑 세력이 이주해 옵니다. 그들은 고구려에 밀려 남하하면서 과거 자신들의 영토를 되찾기 위해 꾸준히 노력하여 이후 동예(동부여) 지역과 한강유역까지 회복하기에 이릅니다.

1) 《양서》: 5세기

사람들은 그 조상이 진한(辰韓) 사람들이다. 진한은 진한(秦韓)으로도 불리는데, 두 지역(辰韓과 秦)의 거리는 만 리에 이른다. 전해지는 말에 따르면 진(秦)나라 시기에 노역을 피하여 도망 온 사람들이 마한에 이르렀는데, 마한에서는 그들에게 동쪽 변경 지역으로 보내 살게 하였다.

신라는 백제 동남쪽으로 5천여 리 떨어져 있다. 그 나라의 동쪽 끝은 큰 바다이고, 북쪽과 남쪽은 구려(고구려), 백제와 접해있다.

신라가 백제 동남쪽 5천 리 떨어져 있다는 이야기는 백제의 수도가 한강 유역이었던 5세기(475년 이전) 당시로 볼 수 있습니다. 옛날에는 뱃길로 주로 이동했기 때문에 한반도를 뱃길로 돌아 도착하는 거리를 5천 리로 계산한 것 같습니다.

2) 《수서》: 6세기 말

신라국은 고구려의 동남쪽에 있는데, 한나라 시대 낙랑 땅으로 사로(斯羅)라고도 한다.

위나라 장수 무구검(관구검)이 고려(고구려)를 토벌하여 격파하니(244), (고구려가) 옥저로 쫓겨 갔다. 그 뒤 다시 고국으로 돌아갔는데, 남아 있던 자들이 마침내 신라를 세웠다. 그러므로 그 나라는 중국, 고려(고구려), 백제의 족속들이 뒤섞여 있으며 옥저, 불내(不耐), 한,[*] 예의 땅을 차지하고 있다. 그 나라의 왕은 본래 백제 사람이었는데, 바다로 도망쳐 신라로 들어가 마침내 그 나라의 왕이 되었다.

위 기록에서 '그 나라의 왕은 본래 백제 사람'이라는 기록은 법흥왕을 의미하는 것으로 보입니다. 신라는 법흥왕을 시작으로 왕의 칭호를 전통적인 '마립간'에서 중국식 '왕'으로 바꾸고(514년) 불교를 받아들이며, 대대적인 개혁을 하는데, 이는 외부에서 이주한 세력이 신라를 장악했음을 의미합니다. 법흥왕은 원래 성이 김씨가 아닌 모씨로, 백제를 장악한 모씨 왕들(문주왕, 동성왕)과 관계가 있을 것으로 추정됩니다.

3) 《구당서》 : 7세기 초

신라는 본래 변한(弁韓)의 후예이다. 그 나라는 한나라 시대 낙랑 땅에 있는데, 동쪽과 남쪽은 모두 큰 바다와 닿아 있고, 서쪽은 백제와 접하였으며, 북쪽은 고구려와 인접하였다. 동서로 1천 리, 남북으로 2천 리이다. 성읍과 촌락이 있다. 왕이 사는 곳은 금성으로, 둘레가 7, 8리이다. 호위병은 3천 명으로, 사자대(獅子隊)를 설치하였다. 문관과 무관은 모두 17등급이 있다.

4) 《신당서》 : 7세기 초

신라는 변한의 후예이다. 한나라시대 낙랑 땅인데, 횡으로는 1천 리, 종

---

[*] ··· 불내(不耐)는 중국 역사서인 《한서(漢書)》에 '동부도위가 다스린다(東部都尉治)'라고 기록되어 있다. 이는 한나라 군현인 평양지역 낙랑의 지배를 받는 현이라는 의미로, 강원도 동부 해안 지역으로 여겨지고 있다.

으로는 3천 리이다. 동쪽은 큰 사람들(長人)나라에 닿고,* 동남쪽은 일본, 서쪽은 백제, 남쪽은 바다, 북쪽은 고구려와 닿아 있다. 왕은 금성에 사는데 그 둘레는 8리이며 호위병은 3천 명이다. 성을 침모라(侵牟羅)라 부르며, 성 안에 있는 읍은 훼평(喙評)이라 하고, 성 밖에 있는 것은 읍륵(邑勒)이라 한다. 훼평(喙評)은 6곳, 읍륵은 52곳이 있다.

다. 어떻게 살았나요?

신라의 전신인 진한 사람들은 북방에서 이주한 사람들이 많았기 때문에 한반도에 먼저 정착한 마한과 차이가 있었습니다. 대체로 마한에 비해 예의범절이나 문화가 더 발달한 것으로 묘사되고 있습니다. 5세기 당시에는 이러한 차이가 많이 희석되어 고구려, 백제, 신라의 풍습, 의복, 언어가 어느정도 통일되게 됩니다.

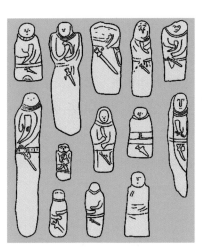

기원전 6세기~5세기 스키타이인들이 세운 석상을 스케치한 모습(위키백과). 대부분 석상의 인물들이 뿔잔을 들고 있다.

1)《양서》: 5세기

그들이 진(秦, BC221~BC206) 사람들이기 때문에 진한(秦韓)이라 불리게 된다. 그 언어와 사물을 일컫는 말이 중국 사람과 비슷한데, 나

---

*   …   전설로 내려오는 야만스런 사람들로 키가 3장에 이르며 사람을 잡아먹기까지 한다고 한다.

신라, 가야지역에서 발견되는 뿔로 만든 술잔 각배 (국립경주박물관). 진한(신라) 사람들은 술잔을 배(杯 잔 배)라 부르지 않고 상(觴 잔 상)이라고 불렀는데, 그 이유는 술잔을 뿔로 만들었던 풍습이 반영됐기 때문이다. 觴(잔 상)이라는 한자를 보면 왼쪽에 뿔(角)이 있고 오른쪽은 간이로 만든 건물(외양간)과 피가 묻은 칼(勿)이 합쳐진 모습을 하고 있는데, 전체적인 뜻은 외양간에서 동물의 뿔을 자르는 의미이다. 이 소뿔로 만든 잔은 신에게 제사를 지낼 때 썼던 신성한 기물로, 주로 북방 기마민족이 사용했다.

유럽에서 전해진 뿔잔(각배). 뿔잔의 기원은 스키타이가 활동하던 유럽 흑해 지역으로 알려져 있다. 기원전 6세기 페르시아의 공격을 받은 스키타이가 동쪽으로 진출하여 내몽골 오르도스 지역으로 이주한 뒤, 당시 고조선의 중심지로 추정되는 차오양(조양)에 깊이 영향을 주게 된다. 이렇게 유럽에서 시작된 뿔잔이 한반도 남부 특히 경상도 지역에서 발견되는 이유는 먼저 기원전 3세기 진(秦, BC221~BC206)나라 유민의 유입과 관련이 있을 수 있다. 진(秦)나라는 본래 중국 서쪽 끝의 융족(중국 서부 민족, 흉노의 조상) 땅에 세워진 나라이기 때문에 중원 국가들로부터 배척받는데, 그만큼 중국의 다른 지역에 비해 중앙아시아 스키타이 문화의 영향을 많이 받았던 나라였다. 그런 진(秦)나라 사람들이 고역을 피해 한반도 진한으로 이주해 옴으로써 진한에 중앙아시아 스키타이 풍습이 전해졌을 것이다. 하지만 한반도에 뿔잔이 전해진 더욱 직접적인 이유는 스키타이(흉노 전신)의 영향을 받은 부여족(4세기 남하), 선비족(5세기 남하)이 신라지역으로 유입되었기 때문으로 볼 수 있다. 두 부족(부여족, 선비족)은 모두 소를 신성시하던 민족이기 때문에 소뿔을 귀하게 여겼는데, 두 부족의 이주가 두드러진 가야와 신라에서는 뿔모양 잔으로 제사를 지냈다.

한국의 뿔잔

1. 만단무사 뿔잔(5세기)
   (국립경주박물관)

2. 가야 뿔잔
   (국립중앙박물관)

3. 고려청자 뿔잔
   (국립중앙박물관)

4. 삼국시대 청동 뿔잔
   (국립중앙박물관)

유럽의 뿔잔

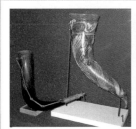

1. 6세기~8세기 스웨덴(위키백과) 2. 16세기 네덜란드(위키백과)
3. 1408년 룩셈부르크(위키백과)

라를 방(邦), 활을 호(弧), 도둑을 구(寇), 술을 권하는 것을 행상(行觴)이라 부르고, 서로 간에는 모두 도(徒)라 부르는데, 이는 마한과 다르다.

또 진한 왕은 자주 마한 사람이 맡아 대대로 승계를 했는데, 진한 사람들은 스스로 왕을 세울 수 없었다. 이는 분명히 그들이 이주해온 사람들이기 때문에 항상 마한의 지배를 받았기 때문일 것이다. 진한은 처음에는 여섯 나라로 시작했는데, 점차 열 두 나라로 나뉘었으며, 신라는 그 중 하나이다.

토지가 비옥하여 오곡이 자라기에 알맞다. 뽕나무와 삼(麻)을 많이 심어 비단과 삼베를 만든다. 소를 부리고 말을 탈줄 알며, 남자와 여자의 구별이 있다. 그 나라의 관직명으로는 자분한지, 제한지, 알한지, 일고지, 기패한지가 있다. 머리에 쓰는 관을 유자례라고 부르고, 웃옷을 위해라고 부르며, 바지를 가반, 신발을 세라고 부른다. 그 나라의 절하는 모습이나 행동이 고려(고구려)와 비슷하다.* 문자가 없으며 나무를 새겨 신표를 삼는다. 언어는 백제의 도움을 받아야 서로 통할 수 있다.

2) 《북사》** : 5~6세기

진한(辰韓)을 진한(秦韓)이라고도 한다. 대대로 전해오는 말에 의하면 진(秦, BC221~BC206)나라 때 유망인들이 역(군역)을 피하여 [마한으로] 가자, 마한에서는 그 동쪽 지경을 분할하여 그들을 살게 하고, 그들이 진(秦)나라 사람인 까닭에 그 나라 이름을 진한(秦韓)이라 하였다고한다.

그들의 언어와 물건 이름은 중국 사람이 쓰는 것과 비슷하니 나라(國)를 방(邦)이라 하고, 활(弓)을 호(弧), 도둑(賊)을 구(寇), 연회석에서 술잔을 돌리는

---

*　…　낙랑은 원래 평양 근처에 있었다. 신라는 낙랑인들이 이주한 곳이고, 고구려는 낙랑을 점령하고 그곳(평양)을 수도로 삼았기 때문에 둘 사이에는 유사점이 많다.

**　…　출처 : 국사편찬위원회 한국사데이터베이스

것(行酒)을 행상(行觴)이라 한다. 서로 부르는 데는 모두 도(徒)라고 하여 마한(馬韓)과 같지 아니하다.

그 나라는 중국·고[구]려·백제의 족속들이 뒤섞여 있으며, 옥저·불내·한(韓)·예(濊)의 땅을 차지하고 있다.

문자와 갑병(무장한 병사)은 중국과 같다. 건장한 남자는 선발하여 모두 군대에 편입시켜 봉수(봉화대)·변수(변방 수비)·순라(순찰)로 삼았으며, 둔영마다 부오(부대)가 조직되어 있다.

풍속·형정(형벌)·의복은 대략 고구려·백제와 같다. 매달 초하룻날에는 서로 하례하는데, 왕은 연회를 베풀어 뭇 관원의 노고를 치하한다. 이날에는 일신과 월신에게 제를 올린다. 8월 15일에는 풍악을 베풀고 관인들로 하여금 활을 쏘게 하여 말과 베를 상으로 준다. 국가에 큰 일이 있으면 뭇 관원들을 모아 자세히 의논한 다음에 결정한다.

복색(옷 색깔)은 흰 빛을 숭상한다. 부인들은 변발하여 머리 위로 감아 올려 갖가지 비단 및 구슬로 장식한다. 혼인 의식에는 술과 음식 뿐인데, 잘 차리고 못차리는 것은 빈부에 따라 다르다. 신혼날 저녁에 신부는 먼저 시부모에게 절을 올린 다음 대형(큰아들)과 남편에게 절한다.

사람이 죽으면 감습(염습)하여 관에 넣고, 시체를 땅에 묻고는 봉분을 세운다. 왕과 부모 및 처자의 상에는 1년간 복(상복)을 입는다.

땅이 매우 비옥하여 논곡식과 밭곡식을 모두 심을 수 있다. 오곡·과일·채소·새·짐승 등 물산은 대략 중국과 같다.

3) 《구당서》* : 7세기 초

풍속·형법·의복은 고구려·백제와 대략 같으나, 조복(관리들이 입는 옷)은 흰색을 숭상한다.** 산신에게 제사하기를 좋아한다. 식기(그릇)는 버드나무 그릇을 쓰는데, 구리그릇과 질그릇도 있다. 국인(국민)은 김(金)·박(朴) 두 성씨가 많으며, 다른 성씨와는 혼인하지 않는다. 원일(元日. 매월 첫 날)을 중히 여겨서 서로 [이 날을] 축하하고 연회를 베푸는데, 해마다 이 날에는 일월신에게 절을 한다. 또 8월 15일을 중히 여겨서 풍악을 울리고 연회를 베풀며, 군신(많은 신하)을 모아 궁정에서 활쏘기를 한다. 부인들은 머리를 틀어 올려서 비단 및 구슬로 치장하는데, 머리털이 매우 길고 아름답다.

6세기 초 중국 남조 양나라에 방문한 신라 사신 모습 (당염립본왕회도(唐閻立本王會圖)). 흰색을 숭상한 신라인 답게 조복(관복) 역시 흰색이었다. 다른 나라 사신들과 달리 당당하고 젊은 모습이 인상적이다.

4) 《신당서》*** : 7세기 초

그 나라의 관제는 [왕의] 친속(친척)으로 상관을 삼으며, 족명(씨족)은 제1골과 제2골로 자연히 구별된다. 형제의 딸이나 고모·이모·종자매를 다 아내로 맞아들일 수 있다. 왕족은 제1골이며, 아내도 역시 그 족으로, 아들을 낳으면 모두 제1골이 된다 [또 제1골은] 제2골의 여자에게 장가를 가지 않으며, 간다 하더라도 언제나 잉첩으로 삼는다.

---

* … 출처 : 국사편찬위원회 한국사데이터베이스

** … 태양의 빛인 흰색을 숭배한 신라의 풍습은 고대 상(은)나라 풍습과 같은데, 상나라를 이은 부여 역시 흰색을 숭상했다.

*** … 출처 : 국사편찬위원회 한국사데이터베이스

관리로는 재상·시중·사농경(농사관리)·태부령(재정관리) 등 모두 17등급이 있는데, 제2골이 이 관직을 맡는다. [국가에] 일이 있으면 반드시 여러 사람과 의논하여 결정하는데, 이를 '화백'이라 하며, 한사람의 이의만 있어도 중지하였다.

재상의 집에는 녹(녹봉)이 끊어지지 않으며, 노비가 3천 명이나 되고, 갑병(무장병사)과 우·마·돼지도 이에 맞먹는다. 가축은 해중(바다)의 산에 방목을 하였다가 필요할 때에 활을 쏘아서 잡는다. 곡식을 남에게 빌려 주어서 늘리는데, 기간 안에 다 갚지 못하면 노비로 삼아 일을 시킨다.

왕의 성은 김씨이고 귀인의 성은 박씨이며, 백성에게는 성은 없고 이름만 있다. 식기는 버드나무로 만든 배(잔 모양 그릇)를 사용하는데, 구리나 질그릇을 쓰기도 한다. 정월 초하룻날은 서로 축하하며, 이날에는 일월신에게 절을 올린다.

남자는 갈고(褐袴, 베로 만든 바지)를 입는다. 여자는 긴 유(襦, 저고리)를 입는데, 사람을 만나면 반드시 꿇어 앉아 손을 땅에 짚고 공손히 절한다. 분을 바르거나 눈썹을 그리지 않고, 모두 치렁치렁한 머리를 틀어 올려 구슬과 비단으로 꾸민다. 남자는 머리를 깎아 팔고 검은 모자를 쓴다.

시장에서 물건을 사고 파는 것은 모두 부녀들이 한다. 겨울에는 집 안에 부엌을 만들고, 여름에는 음식물을 얼음 위에 둔다. 가축 가운데 양은 없고, 나귀와 노새는 적으며, 말은 많다. 말의 몸집은 크지만 잘 달리지를 못한다.

장인(長人, 큰 사람)은 그 키가 거의 세길이나 되고, 톱니 이빨에 갈퀴 손톱에다 검은 털이 온 몸을 덮고 있다. 화식(익혀 먹음)을 하지 아니하여 새나 짐승을 날로 물어뜯으며, 간혹 사람을 잡아 먹기도 한다.

부인을 얻으면 의복이나 만들게 한다. 그 나라의 산은 수십 리씩 연결되어 있는데, 입구의 골짜기에 튼튼한 쇠문짝을 만들어 달고 관문이라 한다.

동북공정 이전 **중국이 쓴 한국사**

신라는 이 곳에 항상 노사(弩士, 쇠뇌를 쏘는 궁사) 수천 명을 주둔시켜 지킨다.

라. 정치는 어땠나요?

1)《양서》: 6세기 초

위(魏)나라 시기에는 신로(新盧)*라 불렸고, 송(宋)나라 시기에는 신라, 또는 사라(斯羅)라고 불렸다. 그 나라는 나라가 작기 때문에 스스로 사신을 파견할 수 없었는데, 보통 2년(521)에, 성이 모(募)이고 이름이 진(秦)인 신라의 왕(법흥왕)이 처음으로 사신을 백제 사신과 동행시켜 보내 토산물을 바쳤다.

신라 사람들은 왕성을 건모라라고 부르는데, 성읍 안에 있는 지역을 탁평, 성읍 밖에 있는 지역을 읍륵이라 부른다. 이는 중국에서 군이나 현으로 일컫는 것과 같다. 신라에는 탁평이 여섯 개 있고, 읍륵이 52개가 있다.

2)《북사》** 6~7세기 초

진한의 왕은 항상 마한 사람을 세워 대대로 이어가고, 진한 스스로 왕을 세울 수 없었으니, 그들이 분명히 흘러 들어와 산 사람이기 때문이다. [따라서 진한은] 항상 마한의 지배를 받았다.

진한은 처음 6국이었다가 차츰 나뉘어져 12국이 되었는데, 신라는 그 중

---

* … 신로의 로(盧)는 북위를 낮춰 부른 위로(魏虜, 위 오랑캐)의 虜(로, 포로)와 관련이 있다. 선비계(흉노계) 사람들에게 '라', '나', '로', '노'는 '나라'를 의미하는데, 국호 뒤에 이를 붙여 발음하여 '~나라'라는 국호를 만들었다. 신로(新盧) 역시 신(新)나라, 즉 '새 나라'의 의미로, 중국에서 유사한 뜻과 발음의 한자로 대체한 것이다. '라', '로', '나' 등 '나라'의 의미를 갖는 말의 원래 뜻은 몽골어 '나르(태양)'나 우리말 '날(日)'과 관련이 있어서, '태양의 땅'이라는 의미로 해석할 수 있다.

** … 출처 : 국사편찬위원회 한국사데이터베이스

의 한 나라이다.

일설에 의하면 위나라 장수 무구검이 고[구]려를 토벌하여 격파하니, [고구려인들은] 옥저로 쫓겨 갔다가 그 뒤 다시 고국으로 돌아갔는데, [이 때에 따라가지 않고] 남아 있던 자들이 마침내 신라를 세웠다고 한다. [신라는] 사로라고도 한다.

그 나라는 중국·고[구]려·백제의 족속들이 뒤섞여 있으며, 옥저·불내·한(韓)·예의 땅을 차지하고 있다. 그 나라의 왕은 본래 백제 사람이었는데, 바다로 도망쳐 신라로 들어가 마침내 그 나라의 왕이 되었다.

당초에는 백제에 부용하였는데, 백제가 고[구]려를 정벌하여 [고구려 사람들이] 군역을 견디지 못하고 무리를 지어와 신라에 귀화하니, [신라는] 마침내 강성하여졌다. 그리하여 백제를 습격하고, 가라국을 부용국으로 삼았다.

왕위가 대대로 전하여져 30세인 진평에 이르렀는데, 수나라 개황 14년(594)에 견사(사신을 파견)하여 방물을 바쳤다. 문제는 진평을 상개부 낙랑군공 신라왕에 배수하였다.

그 나라의 관직은 17등급이 있다. 1등급은 이벌간이니 존귀하기가[중국의] 상국과 같다. 다음은 이척간·영간·파미간·대아척간·아척간·을길간·사돌간·급복간·대나마간·나마·대사·소사·길사·대오·소오·조위의 차례이다. 지방에는 군과 현이 있다.

대업 연간(605~616) 이후로 해마다 [수나라에] 조공을 바쳤다. 신라는 지리상 산이 많고 길이 험하므로, 백제와 사이가 나빠도 백제 역시 그들을 어떻게 할 수가 없었다.

1. 4세기 지중해 동부
   (Honig Breethuis Zaandijk 박물관)
2. 5세기 신라 황남대총
   (국립중앙박물관)
3. 1~2세기 지중해 동부
   (Fitzwilliam Museum)
4. 4~5세기 중국 허베이
   (베이징 국가박물관)
5. 5~6세기 신라(경주)
   (국립경주박물관)

신라에 전해진 동로마제국(395~1453)의 로만글라스(Roman Glass).

신라 법흥왕은 왕이 되자 자신의 본명인 '모진' 대신 '김원종'으로 성과 이름을 모두 바꾸며, 마립간 대신 왕의 칭호를 사용한다. 여러 정황상 법흥왕은 고구려에 436년 투항한 북연 세력이 백제를 거쳐 신라를 장악하는 오랜 과정에서 왕이 되었을 것으로 파악된다. 법흥왕 시기는 신라가 새롭게 태어나는 시기로, 법을 제정하고 불교를 공인한다 신라 수도의 이름을 이 시기에 중국 북방 민족(선비족, 회족)의 지역 구분 호칭인 방(坊)으로 구분하는데, 이는 당시 '선비족' 후손이 신라의 서울(금성)에 진입하여 정권을 장악한 증거이다. 과거 중원을 다스리던 모용선비족 국가 북연은 서쪽 중앙아시아의 선비족 국가 유연국(柔然. 4세기 후반~6세기 중반)과 긴밀한 사이였다. 유연은 북연을 물리친 중국 탁발선비의 나라 북위와 대립하면서 과거 자신들의 연맹국이던 모용선비족과 가깝게 지냈다. 따라서 북연이 북위에 의해 고구려에 투항한 이후(436년)에도 그 후손들이 유연국과 가깝게 지냈을 가능성이 높다. 한반도에 유럽식 황금보검이나 동로마식 유리가 들어온 이유는 중앙아시아를 장악한 선비족 유연이 같은 선비족 국가인 북연 지배층에게 선물을 했기 때문에 북연의 한반도 유입(436)과 더불어 한반도에서 발견되는 것으로 추정된다.

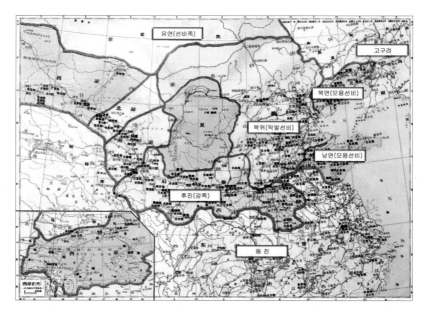

5세기 초 동북아 정세. 당시 중국 황하 이북과 몽골 등지는 선비족이 장악하고 있었다. 북연과 남연은 북위가 세력을 키우기 이전 중원을 다스리던 연나라(전연, 후연)를 이은 나라로, 탁발선비국 북위가 결국 이들을 몰아내면서 북쪽의 북연은 왕과 백성들이 모두 고구려에 투항한다. 당시 랴오닝 지역의 북연과 몽골지역의 유연은 모두 선비계 국가로, 중국을 차지한 탁발 선비(북위)와 대치중이었기 때문에 서로 동맹관계를 맺고 있었다.

동유럽에서 전래된 신라의 황금보검. 고대 흑해연안(현 불가리아, 그리스 지역) 제품으로 추정되며, 중앙아시아(카자흐스탄)에서도 유사한 제품이 발견되었다. 중앙아시아를 장악한 선비국 유연이 동맹국이자 같은 선비국인 북연에게 선물한 것으로 추정된다. 북연은 고구려에 투항한 이후 일부가 고구려를 배반하고 한반도 남부를 장악하는데(필자의 책《동이한국사》참고), 이로인해 동유럽의 황금보검이나 로만글라스 등이 5세기 이후 신라 지역에 유입된 것으로 볼 수 있다.

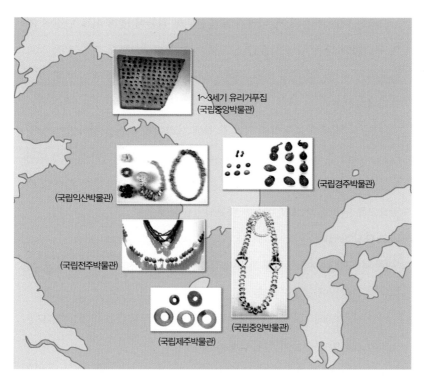

한반도의 고대 유리 제품들. 5세기 신라에 로마식 유리가 유입되기 이전에도 한반도에서는 유리가 제작되었다. 주로 장식용으로 제작되었는데, 가장 오래된 유리제품은 기원전 2세기 고대 마한지역(충남)에서 발견되었다.

3) 《구당서》* 7~9세기

그 나라의 왕 김진평(진평왕)은 수 문제 때에 상개부 낙랑군공 신라왕을 제수받았다. 무덕 4년(621))에 사신을 보내어 조공을 바쳤다. 고조는 친히 노고를 치하하고, 통직산기시랑 유문소를 사신으로 보내어 새서(왕의 도장이 찍힌 문서) 및 그림병풍과 비단 3백단을 하사하였다. 이로부터 조공이 끊이지 않았다.

---

*   …   출처 : 국사편찬위원회 한국사데이터베이스

고조는 이미 해동의 세 나라가 오래전부터 원한이 맺혀 서로 번갈아 가며 공격을 한다는 사실을 들었다. 그들은 같은 번국으로서 힘쓸 것은 서로 화목하게 지내는 것이라 하여, 이에 그 사신에게 원한을 맺게 된 까닭을 물으니, [사신은,]

"지난 날 백제가 고구려를 치러 갈 적에 신라에게 구원을 청하였는데, 신라는 군사를 동원하여 백제국을 쳐부수었습니다. 이로 인하여 원수가 되어 늘 서로 공벌(공격)을 하게 되었으며, [그후] 신라가 백제의 왕을 잡아다 죽였으므로 원한은 이로 말미암아 비롯되었습니다."

라고 대답하였다.

[무덕] 7년(624)에 사신을 보내어 김진평에게 주국(관직명)을 제수하고, 낙랑군왕 신라왕에 책봉하였다.

정관 5년(631)에 사신을 보내어 여악공(여자 악사) 두사람을 바쳤는데, 모두 머리가 새까만 미인들이었다. 태종이 시신에게,

"짐이 들으니 성색(음악과 여색)을 즐기는 것은 덕을 좋아함만 같지 못하다고 한다. 그리고 산천으로 가로 막혀 있으니, 고향을 그리워 할 것도 알 수 있다. 얼마 전에 임읍(林邑, 베트남)에서 바친 흰 앵무새도 오히려 고향을 그리워할 줄 알아 제 나라로 보내 줄 것을 하소연하였다. 새도 오히려 그러하거늘, 하물며 인정(사람의 정)에 있어서랴! 짐은 그들이 멀리 떠나 와서 반드시 친척을 그리워할 것을 불쌍히 여긴다. 마땅히 사자의 편에 보내어 제 집으로 돌려 보내도록 하라."

하였다. 이 해에 진평이 죽었는데, 아들이 없어서 그의 딸 선덕을 세워 왕으로 삼고, 종실로서 대신인 을제가 국정을 총괄하여 맡아 보았다. 조서를 내려 진평에게 좌광록대부를 추증하고, 부물(상을 당했을 때 주는 부의물) 2백단을 내려 주었다.

[정관] 9년(635)에 사신을 보내어 절을 가지고 가서 선덕을 주국(관직명)에

책봉하고 낙랑군왕 신라왕에 봉하였다.

　[정관] 17년(643)에 사신을 보내어,

　"고구려와 백제가 여러 차례 번갈아 공습을 하여 수십성을 잃었는데, 두 나라 군대가 연합하여 신의 사직을 없애려 합니다. 삼가 배신을 보내어 대국에 보고를 하오니, 약간의 군사로나마 구원해 주시기 바랍니다."

라고 상언하였다. 태종은 상리현장을 보내어 고구려에,

　"신라는 나의 명령에 따르는 나라로서 조헌(입조하여 헌물을 바침)을 빼놓지 않았소. 그대 나라와 백제는 함께 마땅히 무기를 거두어 들여야 할 것이오. 만약 다시 공격을 한다면 내년에 군사를 내어 그대 나라를 칠 것이오."

라는 새서(왕의 도장이 찍힌 문서)를 내렸다. 태종은 친히 고구려를 치려고 신라에 조서를 내려, 군사와 말을 모집하여 대군에 응접하라고 하였다. 신라는 대신을 파견하여 군사 5만 명을 이끌고 고구려의 남계로 들어가 수구성을 쳐서 항복받았다.

　[정관] 21년(647)에 선덕이 졸(사망)하였다. 광록대부를 추증하고, 나머지의 관작은 이전에 봉하여 준대로 하였다. 이어서 그의 여동생 진덕을 세워 왕으로 삼고, 주국(柱國. 관직명)을 가수(더해 주다)하고 낙랑군왕에 봉하였다.

　[정관] 22년(648)에 진덕이 그의 아우 국상 이찬간 김춘추 및 그의 아들 문왕을 보내와 조근하였다. 조서를 내려 춘추에게는 특진[관]을 제수하고, 문왕에게는 좌무위장군을 제수하였다. 춘추가 국학에 나아가 석전(공자에 지내는 제사) 및 강론하는 의식을 구경하겠다고 청하므로, 태종은 이로 말미암아 친히 지은 『온탕』·『진사비』 및 신찬한 『진서』를 내렸다. [그들이] 본국으로 돌아갈 무렵에는 3품이상의 관원을 시켜 전별연을 베풀어 주는 등 예우가 극진하였다.

　영휘 원년(650)에 진덕이 백제의 무리를 대파한 뒤 그의 아우 법민(이후 문

무왕)을 보내어 보고하였다. 이때 진덕이 5언의 태평송을 지어 비단에 짜서
올렸는데, 그 내용은 다음과 같다.

"대당이 큰 왕업을 연 것은

외외하신 황제의 훌륭한 지모.

간과(무기)를 멈추어 세상은 큰 평정을 이루고

문치를 일으켜 백왕을 계승하였어라.

천하를 거느림에는 은혜를 높이 숭상하고

만물을 다스림에는 공을 내세우지 않네.

깊은 인덕은 일월과 짝할만 하고

대운을 타고 일어남은 도당(전선의 성군 요임금)의 세를 초월하였네.

번기(깃발)가 혁혁하던 그 날

정고(징과 북)는 어이 그리 굉굉하였던가.

외이(바깥 오랑캐)로 명을 어긴 자는

천앙(하늘의 재앙)을 입어 복멸하였네.

순박한 풍속이 유명(이승과 저승)에 같이 엉기니

원근에서 앞다투어 정상(길조가 나타남)을 하네.

사시의 절기는 옥촉(옥으로 된 촛불, 해와 달이 환함을 비유)처럼 순조롭고

칠요(해, 달, 5별)의 빛이 만방에 고루 돈다.

오직 제후라야 재보(재상)를 천거하고

오직 황제만이 충량(충성스럽고 정직한 사람)을 등용하는 법.

오제삼왕의 덕을 하나로 하여

우리 당나라 밝게 빛내리."*

---

* … 6세기 초 중국 남조 양나라의 역사를 적은 《양서》에 "(진한은) 문자가 없으며 나무

동북공정 이전 **중국이 쓴 한국사**

고종은 이를 가상히 여겨, 법민에게 태부경을 배수하였다.

현경 5년(660)에 좌무위대장군 소정방을 웅진도대총관에 임명하여 수군과 육군 10만을 거느려 [출군시켰다.] 이어서 [김]춘추를 우이도행군총관에 임명하여 정방과 함께 백제를 토평하게 하니, 그 나라의 왕 부여의자를 사로 잡아다 궐하에 바쳤다. 이로부터 신라가 점차로 고구려·백제의 땅을 차지하게 되니, 그 땅은 더욱 넓어져 서쪽으로는 바다에까지 이르렀다.

용삭 원년(661)에 춘추가 졸하니, 조서를 내려 그의 아들 태부경 법민으로 뒤를 잇게 하여, 개부의동삼사 상주국 낙랑군왕 신라왕으로 삼았다.

[용삭] 3년(663)에 조서를 내려 그 나라를 계림주도독부로 삼고, 법민에게 계림주도독을 제수하였다.

법민이 개요 원년(681)에 졸하니, 그의 아들 정명이 위를 이어 받았다.

7세기 후반 신라인 모습
(국립경주박물관)

를 새겨 신표를 삼는다. 언어는 백제의 도움을 받아야 서로 통할 수 있다."라고 적혀 있다. 7세기 들어 갑자기 수준 높은 중국어를 구사하게 된 것은 중국과 관련된 세력(북연)이 신라의 중앙에 진출했기 때문으로 추정된다.

수공 2년(686)에 정명이 사신을 보내와 조근하며, 표문을 올려 『당례』 1부와 기타 문장을 보내줄 것을 청하였다. 측천은 해당 관사에 명하여 『길흉요례』와 『문관사림』 가운데 규계가 될만한 것을 골라 쓰게 하여, 모두 5십여 권의 책을 만들어 내려 주었다.

천수 3년(692)에 정명이 졸하니, 측천은 거애(애도식을 거행)를 하는 한편, 사신을 보내어 조제(조문)하고, 그의 아들 이홍(효소왕)을 세워 신라왕으로 삼았다. 그리고 아버지의 [작위인] 보국대장군 행표도위대장군 계림주도독을 승습케 하였다.

이홍이 장안 2년(702)에 졸하니, 측천은 거애(애도식을 거행)하고 이틀 동안 철조(조회를 멈춤)하였다. 그의 아우 흥광(성덕왕)을 보내어 신라왕으로 삼고, 형의 장군·도독의 호를 승습하게 하였다. 흥광은 본명이 태종과 같아서 선천 연간(712)에 측천이 고쳐 준 이름이다.

개원 16년(728; 신라 성덕왕에 사신을 보내와 방물을 바치고, 또 표문을 올려 [신라]인에게 중국의 학문과 경교를 배우게 해 달라고 요청하니, 현종은 윤허하였다.

[개원] 21년(733)에 발해말갈이 바다를 건너 등주(산동반도)로 침입하였다. 이때 흥광(성덕왕)의 친척 김사란이 입조하여 경사(수도 장안)에 와 머물러 있으면서 태복원외경의 벼슬을 하고 있었는데, 본국으로 돌려보내어 군사를 동원하여 말갈을 토벌케 하고, 이어서 흥광(성덕왕)에게 개부의동삼사 녕해군사를 가수(추가)하였다.

[개원] 25년(737)에 흥광이 졸하니, 조서를 내려 태자태보를 추증하고, 이어서 좌찬선대부 형숙을 홍려소경에 섭직(관직을 맡음)시켜 신라로 보내어 조제(조문)하게 하였다. 아울러 그의 아들 승경(효성왕)을 책립하여 아버지의

[작위인] 개부의동삼사 신라왕을 승습케 하였다. [형]숙이 길을 떠날 적에 현종이 송별시를 지어 그 서문을 쓰고, 태자 이하 모든 관원들로 하여금 시를 지어 전송하게 하였다. 현종이 숙에게,

"신라는 군자의 나라로 불리며, 자못 학문을 알아서 중화와 유사한 데가 있소. 경의 학술이 강론에 능하기 때문에 이번의 사신으로 선발하여 보내는 것이오. 그 나라에 가서 경전을 천양하여 대국의 유교가 성대함을 알게 하오."

하였다. 또 그 나라 사람들 중에 바둑을 잘 두는 사람이 많다는 말을 듣고, 바둑에 능한 솔부병조 양계응을 [형]숙의 부사로 삼아 보냈다. 숙 등은 그 나라에 이르러 번인(번국 백성)으로부터 대단한 존경을 받았다. 그 나라의 바둑 수준은 계응보다 낮았다. 그리하여 숙 등에게 금보(금은보화) 및 약물 등의 푸짐한 선물을 주어 보냈다.

천보 2년(743)에 승경(효성왕)이 졸하니, 조서를 내려 찬선대부 위요를 보내어 조제(조문)하게 하였다. 그의 아우 헌영(경덕왕)을 책립하여 신라왕으로 삼고, 아울러 형의 관작을 승습케 하였다. (이하 내용 생략)

4) 《신당서》* : 7~9세기

7세기 들어 백제에 의해 심한 타격을 입은 신라는 고구려와 왜의 지원으로 백제의 공격을 막으려 했으나 두 나라가 모두 거부하자 당나라에 도움을 구하게 됩니다. 이에 당 태종(太宗)은 신라의 제안이 고구려를 물리칠 절호의 기회인 것을 알고 김춘추(金春秋)와 648년 나당동맹을 맺게 됩니다. 당시 두 나라는 고구려와 백제가 멸망한 뒤에 대동강을 기준으로 북쪽은 당나라가 차지하고 남쪽은 신라가 차지하기로 합의합니다. 그러

---

*   ⋯   출처 : 국사편찬위원회 한국사데이터베이스

나 당나라는 백제를 물리친 뒤 웅진도독부를 설치하였고, 신라 땅에 계림도독부를 설치하는가 하면 고구려를 멸망시킨 뒤 고구려 땅에 안동도호부를 설치하여 직접 다스리려 합니다. 이에 신라는 당나라를 몰아내고자 670년에 옛 고구려와 백제 땅에 주둔하던 당나라 군대를 공격하며 나당전쟁을 일으킵니다. 이후 7년 간 지속된 전쟁에서 신라는 당나라의 10만 명 이상의 대군을 효과적으로 막아 한반도의 지배권을 차지하게 되고 당나라 군대는 본국으로 퇴각하게 됩니다.

용삭 원년(661)에 [춘추가] 죽으니, 법민(문무왕)으로 왕을 승습케 하였다. 그 나라를 계림주대도독부로 삼아 법민에게 도독을 제수하였다.

함형 5년(674)에 [신라에서] 고구려의 항거하는 무리들을 받아들여 [옛] 백제 땅을 점령하여 지키게 하였다. 고종이 노하여 조서를 내려 [법민의] 관작을 삭탈하고, 그의 아우 우효위원외대장군 임해군공 [김]인문(무열왕 김춘추의 아들로 당나라에서 황제를 숙위 함)을 신라왕으로 삼아 경사(수도 장안)에서 본국으로 돌려 보냈다. 조서를 내려 유인궤를 계림도대총관으로 삼고, 위위경 이필과 우영군대장군 이근행을 부총관으로 삼아, 군사를 이끌고 가서 힘을 다하여 치라고 하였다.

상원 2년(675) 2월에 [유]인궤가 칠중성에서 그들을 쳐부수고, 말갈병을 이끌고 바다를 건너서 남쪽 지역을 공략하니, 목을 베고 또 사로잡은 포로가 매우 많았다. 조서를 내려 이근행을 안동진무대사로 삼아 매초성에 주둔시키니, 세 번 싸워서 노(虜, 오랑캐 – 신라)가 모두 패배하였다. 법민(문무왕)이 사신을 보내 입조하여 사죄를 하는데, 공물의 짐바리가 줄을 이었다. 인문(무열왕 김춘추 아들) 또한 [신라에서] 돌아와 왕위를 내놓으므로, 조서를 내려 법민(문무왕)의 관작을 다시 회복시켜 주었다.

당나라에 간 신라 사신(오른쪽에서 두 번째). 당나라 고종과 측천무후의 아들인 장회태자(655~684)의 묘에 그려진 그림으로, 왼쪽에 당나라 관리들로 무엇인가 상의하는 모습이 있고, 오른쪽에서 세 번째 붉은 옷을 입은 사신은 동로마 사절로 추정되며, 오른쪽에서 두 번째가 신라 사신으로, 붉은 테두리를 한 흰 옷을 입었고, 고구려의 절풍과 같은 작은 고깔모자를 썼으며 관리의 상징인 깃을 꽂았다. 7세기 신라의 복장은 고구려, 백제와 대략 같았다. 오른쪽 첫 번째 모피를 입은 사신은 말갈사신으로 추정된다.

그러나 [신라는] 백제의 땅을 많이 차지하고, 드디어는 고려(고구려)의 남부까지 점령하였다. 상주·양주·강주·웅주·전주·무주·한주·삭주·명주의 9주를 설치하고, 주에는 도독을 두어 10군 내지 20군을 통솔하게 하였다. 군에는 태수를, 현에는 소수를 두었다.

개요 원년(681)에 [법민이] 죽고, 아들 정명(신문왕)이 왕위를 세습하였다. 사자를 보내어 조근하고, 『당례』및 기타의 문사(서적)를 요구하므로, [측천]무후는 『길흉례』와 함께 [이름난] 문장 50편을 내려 주었다. [정명이] 죽고, 아들 이홍(효소왕)이 왕위를 세습하였다. [이홍이] 죽고, 아우 흥광(성덕왕)

이 왕위를 세습하였다.

    현종 개원 연간(713~741)에 자주 입조를 하여 과하마(조랑말)·조하주(비단)·
어아주(명주)·해표피(바다표범가죽)를 바쳤다. 또 두 명의 여자를 바쳤는데, 현
종은,

    "여자들은 모두 왕의 고모요 자매이다. 생소한 풍속에 부모·친척과 떼
어 놓는 것이니, 짐은 차마 머물게 하지 못하겠노라."

하고, 많은 물품을 주어 돌려 보냈다. 또 자제들을 보내어 태학에 입학시켜
경술을 배우게 하였다. 현종이 이따금씩 흥광(성덕왕)에게 서문금·오색라·
자수문포·금은으로 정간한 기물을 내려주니, 흥광도 이구마·황금·미체
등의 여러 물품을 바쳤다.

    일찍이 발해말갈(발해국)이 등주(산동성)를 노략질하였을 적에 흥광이 그들
을 공격하여 물리치니, 현종은 흥광을 녕해군대사로 진수하여 말갈을 치게
하였다.

    [개원] 25년(737)에 [흥광이] 죽으니, 현종은 매우 슬퍼하며, 태자태보를
추증하였다. 형숙을 홍려소경에 임명하여 [신라에 가서] 조제하고, 아들
승경(효성왕)이 왕위를 세습토록 하였다. [형]숙에게,

    "신라는 군자의 나라로 불리며, 『시경』·『서경』을 안다. 경은 신실한 선
비이기 때문에 부절을 주어 보내는 것이니, 마땅히 경전의 뜻을 잘 펴서 대
국의 융성함을 알려 주도록 하라."

는 조명을 내렸다. 또 그 나라 사람들이 바둑을 잘 둔다 하여 조서를 내려
솔부병조참군 양계응을 부사로 삼아 보냈다. 그 나라의 바둑은 수가 높다
는 자도 계응보다는 한수 아래였다. 그리하여 사자에게 많은 금보를 주어
보냈다.

    얼마 안있어 그의 아내 박씨를 책봉하여 왕비로 삼았다. 승경이 죽으니,

조서를 내려 사자를 보내어 조제하고, 그의 아우 헌영(경덕왕)을 왕으로 삼았다. [이때에] 현종은 촉(사천 지역)에 가 있었는데, [양자]강을 건너 성도에 사신을 보내 하정례(윗사람에게 드리는 인사)에 참가하였다.

대력(766~779) 초에 헌영(경덕왕)이 죽었다. 아들 건운(혜공왕)이 왕위에 올랐으나, 아직 어리므로 김은거을 보내 입조하여 책명을 기다렸다. 조서를 내려 창부랑중 귀숭경을 보내어 조상(조문)을 하는 한편, 감찰어사 육정과 고음을 부사로 보내어 왕으로 책봉하여 주고, 아울러 어머니 김씨를 태비로 삼았다. 이 무렵 재상들 사이에 권력 다툼이 일어나 서로 공격하여 나라가 크게 어지러웠는데, 3년 만에 비로소 안정되었다. 이 해에 내조하여 공물을 바쳤다.

(중략)

[개성] 5년(840)에 홍려사에 적을 둔 질자(상대국에 억류하여 두던 왕자나 그 밖의 유력한 사람)와 유학을 온 학생으로서 연한이 찬 사람 1백 5명을 모두 돌려보냈다.

장보고와 정년(鄭年)이라는 사람이 있는데, 모두 싸움을 잘 하며 특히 창을 잘 쓴다. [정]년(鄭年)은 또 능히 바닷물 속에 잠겨서 50리를 헤엄쳐도 숨이 막히지 않으며, 용맹스럽고 굳건한 것은 보고도 따르지 못한다. 년(年)은 보고를 형이라 부르는데, 보고는 나이를 내세우고 년은 재주를 내세워 늘 서로 뒤지지 않으려 하였다. [두 사람이] 다 신라에서 (당나라에) 들어와 무녕군의 소장이 되었다. 나중에 보고는 신라로 돌아가서 그 나라 왕을 알현하여,

"온 중국이 신라 사람으로 노비를 삼고 있습니다. 바라옵건대 청해에 진을 설치하여 해적이 서방으로 사람을 사로 잡아가는 것을 막으십시오."

라고 아뢰었다. 청해는 해로의 요충지이다. 왕은 보고에게 군사 1만 명을 주어서 지키게 하였다. 그리하여 대화(827~835) 이후로는 해상에서 신라 사람을 사고 파는 자가 없어졌다.

[장]보고는 본국에서 부귀를 누리고 있었으나 [정]년은 연수(중국 장쑤성)에서 나그네로 궁색스럽게 살고 있었다. 하루는 수주(수비대장) 풍원규에게,

"나는 신라로 돌아가 장보고에게 걸식을 할까 하오."

하였다. 원규가,

"당신이 보고를 저버린 것은 어떻게 할 것인가? 어찌하여 그의 손에 죽으려 하는가?"

하자, 년(年)은,

"기한(배고픔과 추위)으로 죽는 것보다는 통쾌하게 싸우고 죽는 것이 낫다. 더구나 고향에 돌아가서 죽음에랴!"

하였다. 년은 드디어 길을 떠났다.

[정년이 청해에] 이르러 [장]보고를 만나자, 보고는 주연을 베풀고 극진히 환대하였다. 술자리를 채 마치기도 전에, 대신이 왕을 죽여서 나라는 어지럽고 왕은 없는 [상황이라는 소식이] 들려 왔다. 보고는 군사 5천 명을 년에게 나누어 주며, 년을 붙잡고 눈물을 흘리면서,

"자네가 아니고는 화난(재난)을 평정할 수 없을 것일세."

하고 말하였다. 년은 그 나라에 이르러 반란자를 죽이고, 왕을 세워 [은혜에] 보답하였다. 왕(신무왕)은 드디어 보고를 불러 들여 상(재상)으로 삼고, 년(年)에게 [보고를] 대신하여 청해[진]을 지키게 하였다. 회창 연간(841~846) 이후로 다시는 (신라의) 조공이 들어오지 않았다.

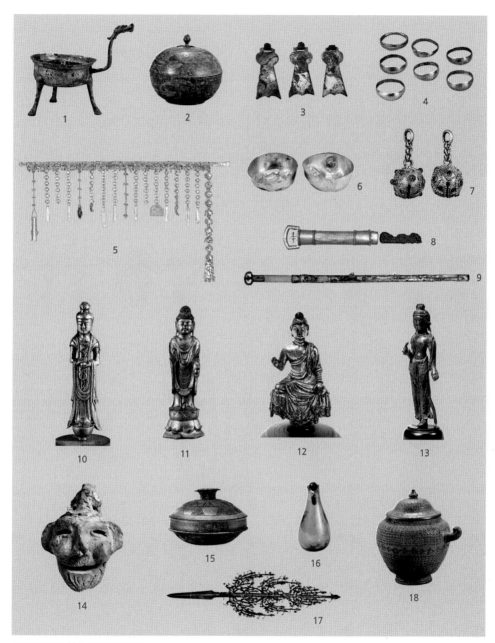

신라의 유물들(1) (국립중앙박물관)

1. 청동자루솥 2. 청동합 3. 금동 말띠 드리개 4. 금반지 5. 금제 허리띠장식 6. 금 바리 7. 금 방울 8. 환두대도
9. 금동제봉황두대도 10. 금동보살입상 11. 금동약사불입상 12. 금동여래좌상 13. 금동관세음보살입상 14. 토우(영감님)
15. 뚜껑접시 16. 사리 병 17. 관모 꾸미개 18. 항아리

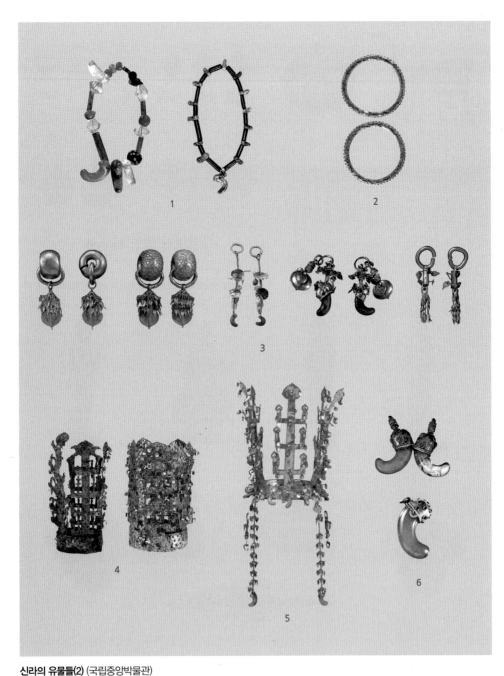

신라의 유물들(2) (국립중앙박물관)
1. 목걸이 2. 금팔지 3. 귀걸이 4. 금동관 5. 금관 6. 곡옥

신라와 관계가 깊었던 당나라는 기원이 과거 고구려 서쪽에 있던 선비족 우문씨로부터 시작됩니다. 우문씨 세력은 중원을 점령하고 북주(北周, 557~581)를 세우는데 당태종의 아버지인 당고조 이연(대야연)의 할아버지 이호(李虎)가 이들로부터 당국공(唐國公)으로 봉해집니다. 당나라의 흥성은 이로부터 시작되는데요, 따라서 당나라 황실은 수나라와 마찬가지로 우문 선비계 북주(北周)를 이었다고 볼 수 있습니다. 우문 선비의 기원은 4세기 요하(랴오허) 서쪽(요서)에서 모용 선비와 자웅을 겨루던 사람들이었다. 따라서 같은 선비의 후손인 우문계(당나라)와 모용계(신라 법흥왕계 김씨?) 사람들 사이에는 문화적으로, 언어적으로, 인종적으로 유사성이 많았을 것입니다.

더욱이 중국을 장악한 우문씨와 신라를 장악한 것으로 추정되는 모용씨(모씨 법흥왕 세력)는 모두 탁발 선비인 북위(386~534)에 의해 눌려 있다가 다시 일어선 사람들이기 때문에 더욱 동질감을 가질 수 있었을 것입니다. 당나라와 친분이 두터웠던 신라는 결국 당나라의 도움으로 삼국을 통일하게 되고, 비록 당나라가 고구려와 백제를 멸망시킨 뒤 신라까지 병합하려는 야욕을 보이긴 했지만 이후 두 나라는 줄곧 우애를 유지해 가게 됩니다.

물길(말갈, 여진)

22

가. 소개합니다.

물길은 한반도 동북부에서 만주(중국 동북부)에 폭넓게 살던 사람들입니다. 이 민족은 중국에서 시대별로 다르게 불렀는데요, 춘추전국시대에는 숙신(肅愼), 한(漢)나라 때에는 읍루, 남북조시대에는 물길, 그리고 수나라, 당나라 때는 말갈(靺鞨)이라고 불리다가 10세기 초 송나라 때 처음으로 여진(女眞, 중국어로 뉘즌)이라고 불립니다. 이후 명나라에서도 여진으로 불렸는데, 여진족이 중국을 점령하고 청나라를 세우고 난 뒤에는 만주족(滿洲族)이라고 불렀습니다.

이들은 비록 문명은 뒤떨어졌지만 주변의 부여, 고구려, 백제 등 예맥족 나라들의 문화를 흡수하면서 점점 동북아시아의 강자로 떠올라 중국을 두 번이나 점령하게 됩니다. 그런데《삼국사기》를 보면 이 말갈이 무척 많이 나오는데요, 백제, 신라를 자주 공격한 것으로 보아 한반도에도 있었던 것을 알 수 있습니다. 신라가 삼국통일을 이룬 뒤 7세기에 조직한 군대 제도인 9서당을 보면 신라인으로만 구성되지 않고 고구려인, 백제인 그리고 말갈인까지 포함되어 있습니다. 통일신라 경내에 말갈인이 살앉었던 것이죠.

이들이 중국을 점령하고 세운 금나라(1115년~1234년)와 청나라(1616~1912)는 비록 중국인과 다른 이민족 국가이지만 각각 100년(금나라), 300년(청나라)이라는 긴 세월동안 중국에서 정권을 유지하며 중국 문명 발전에 큰 역할을 하게 됩니다.

말갈의 후예인 청나라 황실에서 편찬한 《만주원류고》라는 역사책에는 이런 내용이 있습니다.

《금사》에 의하면 금나라 조상은 말갈에서 나왔으며 고대 숙신의 땅이다. 금나라 시조는 함보라는 사람으로, 고려에서 왔다. 《통고》와 《대금국지》 모두 원래 신라에서 왔다고 하며 성씨를 완안이라고 했다. 신라와 고려를 따져볼 때 옛 영토는 서로 다르나 요나라, 금나라 역사서에 자주 두 나라를 바꾸어 말하고 구분하지 않았다. 이러한 관습에 따라 신라왕의 성인 김씨 성이 10여 세대를 지났으니 (고려보다 이전에 있었던) 신라인이 분명하다. (금나라는) 나라 이름 (금. 金) 역시 이를 통해(신라 김씨 성을 통해) 지었을 것이다."

이처럼 물길(말갈. 여진)은 한국과 밀접한 관련이 있는 국가인 것은 분명한데, 이들이 거란과 송나라를 물리치고 세운 금나라(1115~1234)의 역사서 《금사》에는 다음과 같은 기록이 있습니다.

금나라 사람들은 고려에서 나왔다. (고려는) 처음에는 우호적이다가 적국이 되었고, 이후 신하라 칭했다. (金人出於高麗始通好爲敵國後稱臣)《금사》

금나라 사람들이 고려에 속한 사람들이었다는 것입니다. 사실 여기서 고려란 고구려의 국명 중 하나였기 때문에 고구려를 의미한다고 볼 수도

여진(女眞) 문자가 새겨진 거울(고려시대, 개성부근 발견, 국립중앙박물관)

있고, 금나라 당시(12세기)의 고려라고 볼 수도 있습니다. 고구려 시기에 금나라 조상인 말갈은 고구려에 속한 백성이었기 때문에 자신들이 고구려에서 나왔다고 한 것일 수도 있습니다. 또는 자신들의 시조인 김함보가 고려이전 왕조인 신라인이기 때문에 자신들이 고려에서 나왔다고 주장하고 있는 것 같습니다. 아무튼 이들은 자신들의 '모국'인 고려와 처음에 친하게 지냈는데 이후 갈등하였다가 금나라 세력이 커지자 고려에서는 스스로를 신하라 칭했다고 합니다. 금나라 사람들은 고려를 부모의 나라로 여겼기 때문에(고려사 권40) 고려에 대해서는 크게 강압적인 자세를 취하지 않았습니다. 반면 중국을 정복한 뒤에는 중국인들에게 자신들의 문화를 강요하며 자신들의 문자를 만들어 사용했습니다. 중원을 정복한 금나라 사람들의 의복을 보면 고구려처럼 말 타기 편한 바지(호복)를 입었고 중국 전통과 달리 윗 옷깃을 왼쪽으로 돌려 입는가 하면 신라처럼 흰옷을 즐겨 입었습니다. 중국보다는 한국과 가까운 문화를 유지한 사람들이었던 것이지요.

함북온성 출토
여진시대 석관(국립중앙박물관)

나. 어디에 있었나요?

기원전에 고대 중국 인근(베이징 동쪽)에 있었던 숙신의 후손인 말갈은 5세기에는 한반도 동북쪽 연해주 일대에 있었던 것으로 나옵니다.

1)《위서》: 5~6세기

물길(勿吉)나라는 고구려 북쪽에 있으며, 옛날 숙신(肅愼)나라이다. 낙양에서 오천 리에 있다. 화룡(조양, 차오양)에서 북쪽으로 2백여 리에 선옥산이 있는데, 거기에서 북쪽으로 30일을 가면 기려산에 이르게 되고, 다시 북쪽으로 7일을 가면 낙양수(Siramuren강)에 이르게 되는데, 강의 너비가 1리 쯤 된다. 또, 북쪽으로 15일을 가면 태로수에 이르게 되고, 다시 동북쪽으로 18일을 가면 그 나라가 나온다. 그 나라에는 큰 강이 있는데, 넓이가 3리에 이르며, 이름은 속말수(송화강)이다.

2)《북사》: 6~7세기

물길국은 고구려의 북쪽에 있는데, 말갈이라고도 한다.

3)《수서》* : 7세기 초

말갈은 고구려의 북쪽에 있다. 읍락마다 추장이 따로 있어 하나로 통일되어 있지 않다.

모두 7종이 있다. 그 첫째는 속말부로서 고구려와 인접하여 있는데, 정병이 수천 명으로 용감한 병사가 많아, 늘 고구려를 침입하였다.

둘째는 백돌부로서 속말[부]의 북쪽에 있으며, 정병이 7천이다.

---

* … 출처 : 국사편찬위원회 한국사데이터베이스(이하 구당서, 신당서 동일)

세째는 안차골부로서 백돌[부]의 동북쪽에 있다.

네째는 불녈부로서 백돌[부]의 동쪽에 있다.

다섯째는 호실부로서 불녈[부]의 동쪽에 있다.

여섯째는 흑수부로서 안차골[부]의 서북쪽에 있다.

일곱째는 백산부로서 속말[부]의 동남쪽에 있다. [이들은] 정병이 모두 3천에 불과한데, 흑수부가 가장 굳세고 건장하였다.

그들의 나라가 서북쪽으로 거란과 서로 닿아 있어서 늘 서로 침략하였다.

그 나라들은 수(隋)나라와 아주 멀리 떨어져 있고, 속말[부]와 백산[부]만이 가까왔다.

4) 《구당서》: 7세기 초

말갈은 곧 숙신의 땅이니, 후위(북위. 386~534) 때에는 이를 물길이라 하였다. 경사(수도 장안. 현 시안)에서 동북으로 6천여 리 밖에 있다. 동쪽은 바다에 이르고, 서쪽은 돌궐과 접하며, 남쪽은 고구려와 경계하고, 북쪽은 실위와 인접해 있다.

그 나라는 모두 수십 부나 되는데, 각각 추수(우두머리)가 있어 더러는 고구려에 부용 되어 있고, 더러는 돌궐에 신속되어 있다. 그런데 흑수말갈이 가장 북방에 있으면서 제일 강성하여 늘 그 용맹을 과시하므로 항상 이웃 부족의 걱정거리가 되었다.

5) 《신당서》: 7세기 말

흑수말갈은 숙신 땅에 있는데, 또한 읍루라고도 하며, 후위(북위. 386~534) 때에는 물길로도 불리었다. 경사(수도 장안)에서 동북으로 6천 리 밖에 있는데, 동쪽은 바다에 접하고, 서쪽은 돌궐에 닿으며, 남쪽은 고구려와, 북쪽은 실위와 접해 있다.

수십 부로 나뉘어져 추장들이 각기 자치를 한다. 그중 가장 두드러진 부는 속말부로서 가장 남쪽에 위치하여 태백산에 이른다. [그 산은] 도태산이라고도 하는데, 고구려와 서로 닿는다. 속말수의 연안에 의지하여 사는데, 이 물은 [태백]산 서쪽에서 흘러 나와서 북으로 타루하에 들어간다.

조금 동북쪽에 있는 것이 골돌부이고, 그 다음의 것이 안거골부이며, 더 동쪽은 불열부이다. [안]거골[부]의 서북쪽에 있는 것이 흑수부이고, 속말[부]의 동쪽에 있는 것이 백산부이다. 부와 부의 사이는 먼 것은 3~4백 리이고, 가까운 것은 2백 리이다.

백산[부]는 본래 고구려에 신속되어 있었는데, 왕사(왕의 군대)가 평양[성]을 공취(공격하여 점령)하자, 그 무리들이 대개 당(唐)으로 들어왔다. 골돌·안거골 등도 모두 분산되어 점차 미약하여져 [뒤에는 활동이] 알려지지 않았으며, 유민들은 뿔뿔이 발해로 들어갔다.

오직 흑수[부]만이 완강하여 [땅을] 16부락으로 나누고 남부와 북부로 일컬었으니, 이는 그 위치가 가장 북쪽이기 때문이었다. 사람들이 거세고 보전(보병전)을 잘하여, 늘 다른 부족의 걱정거리가 되었다.

(중략)

그 땅은 남으로는 발해에 이르고, 북과 동은 바다에 닿아 있으며, 서로는 실위에 이른다. 남북은 2천 리이고, 동서는 1천 리에 뻗쳐 있다. 불열·철리·우루·월희는 때때로 중국과 통하였으나, 군리·굴설·막예개는 스스로 통할 수가 없었다.

다. 어떻게 살았나요?

물길의 풍속 중에는 한반도 남부 마한의 주거풍습과 유사한 면이 있습니다. 3세기 경 마한에서는 구덩이를 파고 무덤처럼 집을 짓고 출입구를 지붕 위로 둔 것은 물길(말갈)과 동일한 형태의 구조입니다. 마한은 원래 말갈이 있던 고구려지역에서 남하했기 때문에 말갈과 마한은 기원이 동일한 나라가 아닌가 생각됩니다.

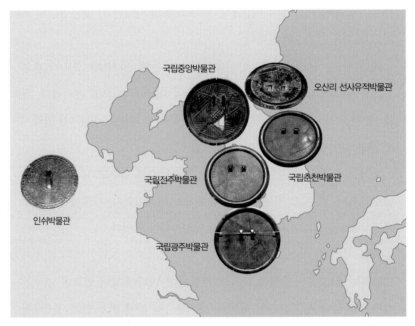

줄무늬만을 새긴 한국식 동경. 동물 등 다양한 문양을 새기는 중국식 동경과 달리 태양의 빛을 상징하는 줄무늬 동경은 빛(밝음)을 숭배하던 고대 예맥족의 철학이 반영된 제사용 거울이다. 처음 제작할 당시 거울은 밝고 빛나는 금빛으로, 고대인에게 태양의 빛을 받아 비추는 신성한 기물로 간주되었다. 발해만 북부(고조선 지역)에서 처음으로 노란색 옥으로 된 태양의 상징물이 만들어졌으며, 3천여년 전에는 중원으로 내려간 상나라에 의해 청동거울이 제작되었고, 상나라 멸망 이후 한반도 북부로 전파된 뒤 마지막으로 한반도 서남부로 이동한다. 마한이 있던 전라도 지역과 말갈이 있던 강원도 지역의 동경이 같은 것은 두 지역이 백제가 남하하기 이전에 원래 하나의 정치체였을 가능성을 보여준다.

동북공정 이전 **중국이 쓴 한국사**

1) 《위서》: 5~6세기

각 읍락마다 우두머리가 있고 서로 통일되어 있지 않다. 사람들은 굳세고 사나우며, 동이 사람들 중 가장 강하다. 언어는 다른 종족들과 유독 다르다. 자주 두막루 등의 나라를 업신여기며, 모든 나라가 그 나라를 두려워한다.

그 땅은 지세가 낮고 습하며, 성을 쌓고 구덩이를 파서 산다. 집은 마치 무덤 같아서, 입구가 위로 나 있으며, 계단을 이용해 출입한다. 그 나라에는 소가 없고, 말이 끄는 수레가 있으며, 밭을 갈 때는 말 두 필을 묶어 이용한다. 수레는 사람이 걸어가면서 끈다. 조와 보리, 기장이 있으며, 채소로 아욱이 있다. 물에는 소금기가 있는데, 소금은 나무에도 있으며, 또 소금 호수도 있다. 사람들이 기르는 가축으로는 돼지가 많고 양은 없다. 쌀을 씹어 술을 빚는데, 마시면 취할 수 있다. 여자들은 천으로 된 치마를 입으며, 남자들은 돼지와 개의 가죽으로 옷을 해 입는다. 결혼할 때에는 남자가 여자의 집에 가서 여자의 유방을 잡는데, 그것으로 정혼을 하게 되며, 곧 부부가 된다.

그곳 사람들의 풍습은 사람의 오줌으로 손과 얼굴을 씻으며 사람들은 머리에 호랑이나 표범의 꼬리를 꽂고 다닌다. 활로 사냥을 잘하며, 사용하는 활은 길이가 3자(약 1미터)이고, 화살의 길이는 1자2촌(약 40센티미터)이며, 돌로 화살촉을 만든다. 부모가 봄이나 여름에 죽으면 곧바로 매장하고, 무덤 위에 집을 지어 비와 습기를 막는다. 만일 가을이나 겨울에 죽으면 그 시체로 담비를 잡는데, 담비가 그 살을 먹을 때 많이 잡는다.

사람들은 자주 7, 8월에 독약을 만들고는 그것으로 화살촉에 발라 날짐승과 들짐승을 잡는데, 화살에 맞은 것은 곧 죽으며, 독약을 달여 나온 증기로도 사람을 살해할 수 있다.

그 나라 남쪽에는 도태산(徒太山, 백두산)이 있는데, 위나라 말로는 '대백(大

白, 크게 밝다)'이란 뜻으로, 그 산에는 호랑이, 표범, 곰, 이리가 있어 사람을
해치며, 사람들은 산에서 용변을 보거나 더럽히면 안 되고, 산을 가로질러
걸어가는 자는 모두 제물을 바친다.

2) 《구당서》: 7세기 초

풍속은 모두 머리를 땋는다. 성격이 사나워서 걱정하거나 두려워하는 것
이 없으며, 젊은 자는 귀하게 여기고 늙은 자는 천시한다. 집이 없고 모두
산간이나 물가에 의지하여 움을 파고 그 위에 나무를 걸쳐서 흙으로 덮는
데, 모양은 마치 중국의 무덤과 같으며, 한곳에 모여서 산다. 여름에는 수초
를 따라 나오고, 겨울에는 움 속으로 들어가 산다.

부자가 대를 이어 군장을 세습한다. 습속에 문자가 없다. 병기로는 각궁
및 호시(화살)가 있다. 가축은 돼지가 많아 부유한 집은 수백 마리가 되며, 그
고기는 먹고 가죽으로는 옷을 지어 입는다.

죽은 자는 땅을 파고 묻는데, 시신을 그대로 흙에 묻으므로 관렴(염습하
여 관에 넣음)의 도구가 없으며, 그가 타던 말을 잡아서 주검 앞에 놓고 제사
한다.

3) 《신당서》: 7세기 초

풍속은 머리를 땋아 멧돼지의 어금니를 매달고, 꿩의 꼬리깃으로 관을
꾸미며서 다른 여러 부와 구별을 짓는다. 성질이 잔인하고 사나우며, 사렵(활
로 사냥함)을 잘 한다. 걱정하고 두려워 하는 것이 없고, 젊은이를 귀하게 여
기고 늙은 자는 천시한다.

거처하는 집이 없고 산수에 의지하여 움을 파서 그 위에 나무를 걸치고
흙을 덮는데, 마치 무덤과 같다. 여름에는 수초를 따라 나오고, 겨울에만

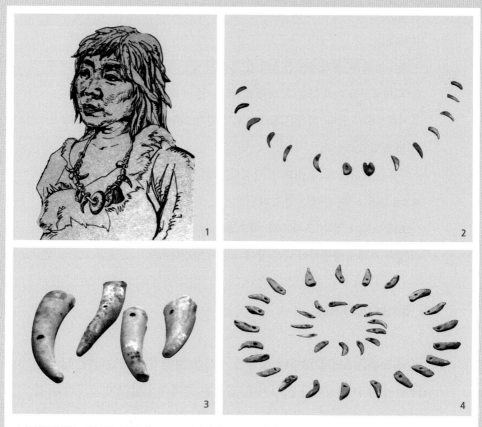

1. 산정동인 복원도(중국국가박물관) 2. 동물 이빨 장신구(중국국가박물관) 3. 동물 이빨 장신구(국립나주박물관)
4. 동물 이빨 장신구(국립김해박물관)

산정동인 복원도와 동물이빨 장신구.
베이징의 한 산의 정상에 있는 동굴(산정동, 山頂洞)에서 18,000년 전 몽골인의 특징을 가진 두개골 3개가 각종 장식품
과 함께 출토되었다. 뼈와 뿔로 만든 도구, 동물의 이빨에 구멍을 뚫은 장신구, 중국 최초의 매장 풍습(순장) 등을 볼 때,
18,000년 이전에 이미 문명이 시작되고 있었음을 알 수 있다. 특히 산정동인에서 볼 수 있는 동물 이빨에 구멍을 뚫어
매달고 다니는 풍습은 숙신(말갈) 사람들의 풍습으로, 신석기시대 한반도에서도 역시 그러한 풍습을 확인할 수 있다. 이
러한 사실로 미루어 볼 때 발해만 북부(베이징~요녕), 만주, 한반도 원주민이 원래는 숙신(말갈)계통이었음을 짐작할 수
있다.

움 안에 들어가 산다. 오줌으로 세수를 하니, 이적(오랑캐) 중에서 가장 지저분하다.

죽은 자를 묻을 적에는 관곽이 없고, 그가 타던 말을 잡아 제사한다. 추장은 '대막불만돌'이라 하는데, 대대로 [부자가] 세습하여 추장이 된다.

서계(문자)가 없다. 화살은 돌촉으로 길이가 2촌이니, 이는 호노(화살과 노)의 옛 방법일 것이다.

가축은 돼지가 많고, 소와 양은 없다. 수레와 말이 있고, 밭은 우경(둘이 함께 밭을 감)을 하며, 수레는 밀고 다닌다.

조와 보리가 있다. 초서(담비)·백토(흰 토끼)·백응(흰 매)이 많이 난다. 염천이 있어 기체로 증발하여 나무 끝에 소금이 엉긴다.

라. 정치는 어땠나요?

물길(말갈)은 5세기 말부터 중국에 사신을 보내기 시작합니다. 당시는 고구려가 매우 강성하던 시기인데, 말갈은 백제와 연합하여 고구려를 견제하기 위해 노력하는 한편 중국의 협조를 구하게 됩니다. 그러나 이후 고구려에 눌려 있으면서 중국이 고구려를 침략할 때 고구려를 돕기도 했는데, 고구려가 망하자 발해의 세력으로 흡수가 됩니다.

1) 《위서》: 5~6세기

과거 연흥 연간(471~475)에 사신 을력지를 보내 헌물을 바쳤다. 태화(477~499) 초기에 다시 말 오백 필을 바치며 을력지는 다음과 같이 말했다. "처음 물길을 출발하여 북쪽으로 배를 타고 난하 서쪽으로 거슬러 올라가 태려하에 이르러 배를 물속에 가라앉히고, 낙고수를 건너 거란 서쪽 변경의 화룡에 이르렀습니다." 을력지는 스스로 말하길 그들 일찍이 고구려의 열 개 읍락을 격파했으며, 몰래 백제와 함께 수로를 통해 고구려를 치기 위해 자신을 대국에 파견하여 그 거사를 일으켜도 되는지 여부를 묻고자 한다고 하였다. 황제는 다음과 같이 조서를 내린다. "삼국(고구려, 백제, 물길)은 모두 본 왕조의 제후국으로서, 마땅히 함께 화목하고 서로 침략을 하지 말아야 한다." 을력지는 이에 본국으로 돌아간다. 그들은 원래 왔던 길로 가서 강에서 물에 가라앉혔던 배를 건져 올려 띄우고 자신의 나라에 도착한다.

태화 9년(485)에 다시 사신 후니지를 보내 헌물을 바쳤다. 다음해 다시 조공을 한다.

그 나라의 이웃나라로는 대모로국, 복종국, 모다회국, 고루국, 소화국, 구불복국, 필려이국, 발대하국, 욱우릉국, 고복진국, 노루국, 우진후국이 있으며, 각자 별도로 조공을 보낸 적이 있다.

태화 12년(488) 물길에서 다시 사자를 수도에 파견하여 싸리나무 화살과 토산물을 바쳤다. 17년(493) 다시 사신 인파비 등 5백여 명이 와서 조공하였다. 경명 4년(503)에 다시 사자 후력귀 등을 보내 조공하였다. 이때부터 정광 시기(520~524)까지 조공과 사신이 끊이지 않았다. 이후에 중국이 혼란에 빠지자 오랫동안 사자가 오지 않았다. 흥화 26년(540)에 사신 석구운 등이 토산물을 조공하였고, 무정(543~549)에 이르기까지 끊이지 않았다.

2) 《수서》* : 7세기 초

개황(581~600) 초에 [여러 부족이] 서로 어울려서 사자를 보내어 공물을 바쳤다. 고조가 그 사자에게 조서하여,

---

*　···　출처 : 국사편찬위원회 한국사데이터베이스(이하 구당서, 신당서 동일)

"짐은 그곳의 사람들이 대체로 용감하고 민첩하다고 들었는데, 이제 만나 보니 실로 짐의 마음에 든다. 짐은 너희들을 아들과 같이 여기고 있으니, 너희들도 짐을 아버지처럼 공경하라."

고 말하니, [그 사자가]

"신들은 한 구석에 외지게 살고 있어서 길은 멀고 멀지만, 중국에 성인이 계시다는 소문을 들었기 때문에 와서 조배를 하는 것입니다. 위로를 받고 친히 성안(성스런 얼굴)을 뵈오니 하정(아랫사람의 마음)의 기쁨을 견딜 수 없습니다. 바라건대 길이 노복(종)이 되게 하여 주옵소서."

라고 대답하였다.

그들의 나라가 서북쪽으로 거란과 서로 닿아 있어서 늘 서로 침략하였다. 뒤에 그 사신이 왔을 적에, 고조가,

"내가 거란을 생각해 주는 것은 너희들과 다를 것이 없다. 의당 저마다의 국경이나 지키고 있다면 어찌 안락하지 않겠는가. 무엇 때문에 수시로 서로 공격을 하여 나의 뜻을 이다지도 저버리는가,"

라고 타이르니, 사자가 사죄를 하였다. 고조가 따뜻하게 위로하여 주고 어전에서 연회를 베풀어 술을 마시게 하였더니, 사자가 그의 무리들과 함께 일어나 춤을 추는데, 몸놀림이 대개 전투를 하는 자세였다. 고조는 시신(신하)을 돌아 보며,

"천지 사이에 이런 물건들이 있어 항상 전쟁할 뜻을 가지고 있음이 어찌 이리 심한가."

하였다. 그러나 그 나라들은 수(수나라)와 아주 멀리 떨어져 있고, 속말[부]와 백산[부]만이 가까웠다.

[수] 양제 초에 고구려와의 싸움에서 자주 그들을 물리치니, 그의 거수 도지계가 그 부의 무리를 거느리고 항복해 왔다. [양제는 그에게] 우광록대부를 제수하고, 유성(柳城, 조양)에 거주시켜 변방 사람과 내왕을 하게 하였

동북공정 이전 **중국이 쓴 한국사**

다. 중국의 풍속을 좋아하여 관대(관리의 옷)를 청하니, [양]제는 이를 가상히 여겨 금기(아름다운 옷)를 내려주고 총애하였다. 요동정벌 때에도 도지계가 그 무리들을 이끌고 종군하였는데, 전공을 세울 때마다 상을 매우 후하게 내렸다.

[대업] 13년(617)에 [양]제를 따라 강도(江都, 양주)에 갔다. 얼마 후 유성으로 돌아가는데, 중도에서 이밀의 난을 만나 밀이 군사를 보내어 요격하므로, 앞뒤 십여 차례의 싸움을 치르고 겨우 죽음을 면하였다. 고양(산동성 임치)에 이르러서 다시 왕수발에게 함락당하였다. 얼마 안되어 나예(수나라 유주총관)에게로 도망쳐 갔다.

3)《구당서》7~8세기

추수(추장)인 돌지계라는 자가 수 말에 그 부족 1천여명을 거느리고 내속해오니, 영주에 거주시키고 양제는 돌지계를 금자광록대부 요서태수로 삼았다.

무덕(618~626) 초에 밀사를 파견하여 조공을 바치니, 그 부락에 연주를 설치하고 돌지계로 총관을 삼았다. 유흑달의 반란에 돌지계가 그의 부족을 이끌고 정주에 와서 태종에게 사자를 보내와 절도 벼슬을 청하니, 전공의 보답으로 시국공에 봉하였다. 또 그 부락을 유주의 창평성으로 옮겼다. 마침 고개도가 돌궐[병]을 이끌고 와서 유주를 공격하므로, 돌지계가 군병을 거느리고 요격하여 크게 무찔렀다.

정관(627~649) 초에 우위장군을 제수하고 이씨의 성을 내렸다. 얼마 아니되어 [돌지계가] 죽었다. 아들 근행이 [뒤를 이어 받으니,] 위모(위엄있는 외모)와 무력이 남보다 뛰어났다.

인덕 연간(664~665)에 영주도독으로 옮겼다. 그 부락의 가동(노비)이 수천이나 되고 재력이 변방에서 가장 좋아 오랑캐들로부터 미움을 받았다. 여러번의 승진으로 우령군대장군에 배수되고, 적석도경략대사가 되었다. 토번의 논흠릉 등이 무리 십만 명을 거느리고 황중(황허 상류)에 침입하였을 적에는 근행의 병사는 땔나무를 모으고 있어 전혀 방비를 하지 않았으나, 갑자기 적이 쳐들어 온다는 소식을 듣고 마침내 깃발을 꽂고 북을 울리며 성문을 열어 놓고 기다렸다. 토번의 [군대는] 복병이 있을 것으로 의심을 하여 마침내 진입하지 못하였다.

상원 3년(676)에 또 토번의 수만무리를 청해에서 무찌르니, [고종은] 새서(조서)를 내려 격려해 주었다. 거듭해서 진군대장군 행우위대장군을 제수하여 연국공에 봉하였다.

영순 원년(682)에 죽으니, 유주도독을 추증하고 건릉에 배장하였다. 그 뒤로부터 더러는 추장이 직접 오고 더러는 사신을 보내와서 조공을 바쳤는데 해마다 끊이지 않았다.

그 가운데 백산부는 본래 고구려에 부용되었는데, 평양[성]이 함락된 뒤에 많은 무리들이 중국으로 들어 왔다. 골돌·안거골·호실 등의 부족도 고구려가 함락된 뒤로는 뿔뿔이 흩어지고 미약하여져 뒤에는 [활동이] 알려지지 않고, 더러는 [고구려의] 유민과 함께 발해에 편입되었다. 오직 흑수부만이 강성하여 [땅을] 16부로 나누고, 또 남부와 북부로 구분하여 일컬었다.

개원 13년(725)에 안동도호 설태가 흑수말갈 안에 흑수군을 두자고 청하였다. 이를 변경하여 가장 큰 부락으로 흑수부를 삼고 그 추장으로 도독을 삼아 다른 여러 부의 자사를 예속시켰다. 중국에서는 장사를 두어 그 부락

동북공정 이전 중국이 쓴 한국사

들을 감령(감독)케 하였다.

[개원] 16년(728)에 그 도독에게 이씨의 성과 헌성이라는 이름을 내리는 한편, 운휘장군 겸흑수경략사를 제수하고, 이어서 유주도독을 그의 압사(호송 담당 관리)로 삼았다. 이로부터 조공이 끊이지 않았다.

4)《신당서》7~9세기

무덕 5년(622)에 추장 아고랑이 처음으로 [당에] 왔다. 태종 정관 2년(628)에는 마침내 신부(신속)하여 항상 공물을 바쳐오므로, 그 땅을 연주(燕州)로 삼았다. 태종이 고구려를 토벌할 적에 그 북부가 반기를 들고 고구려와 합세하였다. 고혜진 등이 군사를 이끌고 안시[성]을 구원할 적에 싸움마다 늘 말갈병을 앞에 내세웠다. 태종은 안시[성]을 함락하고 혜진을 사로잡은 뒤, 말갈병 3천여명을 모두 묻어 죽였다.

개원 10년(722)에 그 추장 예속리계가 조근을 오니, 현종은 그를 발리주자사에 제수하였다. 이에 안동도호 설태가 흑수부를 두자고 청하므로, 부장으로 도독 또는 자사를 삼고, 조정에서 장사를 두어 감리케 하였다. 부도독에게 이씨로 사성하고 이름은 헌성으로 하여, 운휘장군령흑수경략사로 삼아 유주도독에 예속시켰다. 현종의 말년까지 15번 조헌(입조하고 조공을 바침)하였다. 대력 연간(766~779)에는 모두 7번, 정원 연간(785~804)에는 한번 왔으며, 원화 연간(806~820)에는 두 번 [내조하였다.]

지금에까지 남아 있어 경사에 조근(입조)을 온 것을 좌에 부기해 둔다.

불열은 대불열로도 일컬으며, 개원(713~741)·천보 연간(742~755)에 여덟 번 와서 경정(고래 눈)·초서(담비)·백토피(흰 토끼가죽)를 바쳤다.

철리는 개원 연간(713~741)에 여섯 번 왔다.

월희는 [개원 연간에] 일곱 번 오고, 정원 연간(785~804)에 한번 왔다.

우루는 정관 연간(627~649)에 두 번 오고, 정원 연간(785~804)에 한번 왔다.

뒤에 발해가 강성해지자, 말갈은 모두 그들에게 역속(소속)되어 다시는 왕과 만나지 못하였다.

마. 말갈(여진)과 한국과의 관계

다음은 중국의 한 네티즌이 정리한 '고려와 숙신계의 관계'라는 글입니다. 고려는 고구려로부터 시작해 조선까지 이어지는 한국을 말하고, 숙신계는 고대 숙신국으로부터 시작해 읍루, 물길, 말갈, 여진, 만주족까지 이어지는 여진족 계열의 나라(청나라)를 말합니다. 중국 일반인의 생각을 엿볼 수 있을 것 같아 소개합니다.

동북공정 이전 **중국이 쓴 한국사**

[고려와 숙신계의 관계]

(1) 말갈 7부 중 6개가 고려(고구려)에 속해 있었는데, 고려(고구려) 말갈 연합군이 자신들을 침략한 선비족 나라인 당나라를 물리친다.

(2) 신라 중앙군 9서당은 신라인(3서당), 고구려인(3서당), 백제인(2서당), 말갈인(1서당)이 섞인 군사제도였다.

(3) 발해가 망한 뒤 발해인이 모두 고려로 도망갔으며, 이로 인해 고려와 거란의 전쟁이 발발한다.

(4) 여진인은 흥기(중원을 점령)하기 전까지 고려와 종속관계에 있었으며, 금나라 시조는 고려인이다.

(5) "금나라는 원래 우리나라(고려) 평주(현 황해도 평산) 사람으로, 우리나라(고려)를 부모의 나라로 불러왔다."《고려사》

(6) 만주족은 처음에는 조선의 북부로 남하하여 정착하였는데, 이는 고려와 숙신계 사람들이 수천년간 밀접한 관계를 유지했기 때문에 자연스런 결과였다. 하지만 이후 (조선에서 밀려나) 명나라로 쫓겨 가게 된다.

(7) 조선인 이성량(李成梁, 임진왜란때 조선 도운 명나라 이여송 장군의 아버지)의 보호 아래 크게 발전한 누르하치(청 태조)는 이후 중국인의 주인이 된다.

두막루

23

가. 소개합니다.

두막루는 현재 중국 동북지역 끝에 위치한 하얼빈시 근처에 있던 나라입니다. 이 나라는 부여가 멸망하면서 유민들이 북쪽으로 이주하여 세운 나라로 알려져 있습니다. 풍습이나 정치가 부여, 고구려와 유사한 나라로, 예맥족 국가들 중 가장 북쪽에 있던 나라입니다. 두막루는 5세기부터 역사에 등장하는데요, 8세기(726년)에 발해에 흡수됩니다.

나. 어디에 있었나요?

1) 《위서》: 5~6세기

두막루국은 물길국 북쪽 천 리에 있으며, 낙양에서 육천 리 떨어져 있으며, 옛 북부여이다. 실위국 동쪽에 있으며, 동쪽으로는 바다에 이르고, 사방 2천 리이다.

다. 어떻게 살았나요?

1) 《위서》: 5~6세기

　　사람들은 토착민이며, 궁실과 창고가 있다. 산과 언덕, 큰 호수가 많으며, 동이의 땅 중 가장 평평하다. 땅은 오곡을 기르기에 알맞고, 다섯 가지 과일이 없다. 사람들은 체구가 크며, 성격이 강직하고 용감하며, 신중하고 후덕하여 노략질을 하지 않는다. 그곳 수령들은 모두 여섯 가축의 이름으로 관직명을 짓고, 읍락에는 귀족 지도자가 있다. 음식은 역시 제사용 그릇을 사용한다. 삼베옷이 있고, 옷을 짓는 법이 고려(고구려)와 비슷한데 폭은 더 넓다. 그 나라의 대인(大人)들은 금과 은으로 옷을 장식한다. 형벌이 엄해서 사람을 죽인 자는 사형에 처하고 그 집안 사람들을 노비로 만든다. 풍속은 사치스러우며, 특히 질투하는 여자를 싫어하여 질투하는 자는 살해하여 그 시체를 남쪽 산에 버리고 썩을 때까지 방치한다. 여자 측 집에서 시체를 가져가려하면 소와 말을 주어야 가져갈 수 있다. 어떤 사람은 이 나라가 본래 예맥의 땅이라고 한다.

발해(발해말갈) **24**

가. 소개합니다.

    고구려가 668년 당나라에 멸망한 뒤 그 유민들은 중국 내지로 이주를 당합니다. 하지만 그곳에서 중국 관리의 가혹한 지배를 받던 고구려 후손들은 거란족과 함께 당나라에 저항하여 반란을 일으킵니다(696년). 처음에 이 반란군 세력은 베이징까지 공격하며 큰 기세를 떨쳤지만 다음해에 당나라에 진압되면서 반란에 가입했던 대조영이라는 고구려 후손이 당나라를 떠나 옛 고구려 땅으로 피신을 하게 됩니다.

    고구려 땅으로 돌아온 대조영과 그를 따르던 사람들은 당나라가 집요하게 쫓아오며 공격하자 계속 동쪽으로 이주하여 과거 읍루, 말갈인들이 살던 현재의 중국 길림성 일대에 정착하게 됩니다.

    대조영은 그곳에서 나라 이름을 고대 한반도에 있던 진(辰)나라와 유사한 진(振)이라고 하고 착실히 세력을 길러 큰 나라가 됩니다.

    발해는 당나라, 신라와 대립하면서 일본, 돌궐, 거란과는 연합하여 세력을 유지하는데요, 한 때 당나라를 공격하기도 했지만 점차 당나라, 신라와도 국교를 정상화하면서 해동성국(바다 동쪽의 융성한 나라)이라는 명성을 얻게 됩니다.

　발해는 이후 거란에 의해 멸망하고(926) 그 유민들은 중국과 고려로 망명하는데, 특히 발해 세자 대광현은 수만 명의 무리를 이끌고 고려로 투항하여 발해 왕실의 제사를 이어가게 됩니다.

나. 어디에 있었나요?

1) 《구당서》* : 8세기

　그 땅은 영주(조양) 동쪽 2천 리 밖에 있으며, 남쪽은 신라와 서로 접하고 있다. 월희말갈에서 동북으로는 흑수말갈에 이르는데, 사방이 2천 리이며, 편호(편제된 호구수)는 십여만이고 승병(병사)은 수만 명이다.

2) 《신당서》 : 8세기

　발해는 본래 속말말갈로서 고구려에 부속되어 있었으며, 성은 대씨이다. 고구려가 멸망하자, 무리를 이끌고 읍루의 동모산(길림성 돈화현)을 차지하였다.

　그곳은 영주에서 동으로 2천 리 밖에 위치하며, 남쪽은 신라와 맞닿아, 니하로 경계를 삼았다. 동쪽은 바다에 닿고, 서쪽은 거란과 [접하고 있다.] 성곽을 쌓고 사니, 고구려의 망명자들이 점점 모여 들었다.

　땅은 사방 5천 리이며, 호구는 십여만이고, 승병은 수만이다. 서계(문자)를 제법 안다. 부여·옥저·변한·조선 등 바다 북쪽에 있던 여러 나라의 땅을 거의 다 차지하였다.

---

*　…　출처 : 국사편찬위원회 한국사데이터베이스(이하 신당서 동일)

국토는 5경·15부·62주이다.

숙신의 옛 땅으로 상경을 삼으니, [부명은] 용천부(길림성 녕안현)이며, 용[주]·호[주]·발[주]의 3주를 통치한다.

그 남부로 중경을 삼으니, [부명은] 현덕부이며, 노[주]·현[주]·철[주]·탕[주]·영[주]·흥[주]의 6주를 통치한다.

예맥의 옛 땅으로 동경을 삼으니, [부명은] 용원부로, 책성부라고도 한다. 경[주]·염[주]·목[주]·하[주]의 4주를 통치한다.

옥저의 옛 땅으로 남경을 삼으니, [부명은] 남해부이며 옥[주]·청[주]·초[주]의 3주를 통치한다.

고구려의 옛 땅으로 서경을 삼으니, [부명은] 압록부이며, 신[주]·환[주]·풍[주]·정[주]의 4주를 통치한다.

장령부는 하[주]·하[주]의 2주를 통치한다.

부여의 옛 땅에 둔 부여부에는 늘 강한 군대를 주둔시켜 거란을 방어하는데, 부[주]·선[주]의 2주를 통치한다.

막힐부는 막[주]·고[주]의 2주를 통치한다.

읍루의 옛 땅에 둔 정리부는 정[주]·반[주]의 2주를 통치한다.

(중략)

용원의 동남쪽 연해는 일본도이고, 남해는 신라도이다. 압록은 조공도이고, 장령은 영주도이며, 부여는 거란도이다.

유주절도부와 서로 빙문(방문)하였으나, 영·평에서 경사(수도 장안)까지는 8천 리나 되는 먼 거리이므로, 그 뒤에 조공이 있었는지의 여부는 사가들도 전하지 못하였다. 때문에 반부(배반과 순응)에 대하여도 상고할 길이 없다.

다. 어떻게 살았나요?

1) 《구당서》: 8세기

풍속은 고구려 및 거란과 같고, 문자 및 전적(서적)도 상당히 있다.

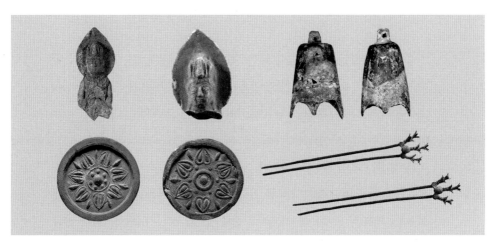

발해 유물(국립중앙박물관)

고구려, 발해와 풍습이 같았던 거란유물(랴오닝성박물관)

2) 《신당서》 : 8세기

그 나라가 귀중히 여기는 것은 태백산의 토끼·남해의 다시마·책성의 된장·부여의 사슴·막힐의 돼지·솔빈의 말·현주의 베·옥주의 솜·용주의 명주·위성의 철·노성의 벼·미타호의 가자미이다. 과일로는 구도의 오얏과 낙유의 배가 있다. 이밖의 풍속은 고구려나 거란과 대개 같다.

그 나라 사람들은 왕을 일컬어 「가독부」 또는 「성왕」 또는 「기하」라 한다. 명(명령)은 「교」라 한다. 왕의 아버지는 「노왕」·어머니는 「태비」·아내는 「귀비」·장자는 「부왕」·제자(모든 아들)는 「왕자」라 한다.

품계(관직 구분)는 질(秩)로 쓰는데, 3질 이상은 자복(보라색 옷)에 아홀(동물 이빨로 된 홀)과 금어(금 물고기 장식)를 찬다. 5질 이상은 비복(붉은색 옷)에 아홀(동물 이빨로 된 홀)과 은어(은 물고기 장식)를 찬다. 6질과 7질은 여린 비의(붉은 옷)를 입고, 8질은 녹의(녹색 옷)을 입는데, [홀은] 다같이 목홀(나무로 된 홀)이다.

처음에 그 나라의 왕이 자주 학생들을 경사(수도 장안)의 태학에 보내어 고금의 제도를 배우고 익혀 가더니, 이때에 이르러 드디어 해동성국이 되었다.

라. 정치는 어땠나요?

1) 《구당서》 : 8세기

발해말갈의 대조영은 본래 고구려의 별종이다. 고구려가 멸망하자 조영은 가속을 이끌고 영주(조양)로 옮겨와 살았다. 만세통천 연간(696)에 거란의 이진충이 반란을 일으키니, 조영은 말갈의 걸사비우와 함께 각각 [그들의 무리를] 거느리고 동쪽으로 망명하여 요해지를 차지하여 수비를 굳혔다. 진충이 죽자, 칙천[무후]가 우옥검위대장군 이해고에게 명하여 군대를 거느리고 가서 그 여당을 토벌케 하니, [해고는] 먼저 걸사비우를 무찔러 베고, 또 천문령을 넘어 조영을 바짝 뒤좇았다. 조영이 고구려·말갈의 무리를 연합하여 해고에게 항거하자, 왕사는 크게 패하고 해고만 탈출하여 돌아왔다. [이때] 마침 거란과 해(奚)가 모두 돌궐에게 항복을 하므로 길이 막혀서 칙천[무후]는 [그들을] 토벌할 수 없게 되었다. 조영은 마침내 그 무리를 거느리고 동으로 가서 계루[부]의 옛 땅을 차지하고, 동모산에 웅거하여 성을 쌓고 살았다.

조영이 굳세고 용맹스러우며 용병을 잘 하자, 말갈의 무리 및 고구려의 여당이 점점 모여 들었다. 성력 연간(698~699)에 스스로 진(振)국 왕에 올라 돌궐에 사신을 보내어 통교하였다.

중종이 즉위하여, 시어사 장행급을 보내어 초위(불러 위로하며 귀순시킴)하니, 조영이 아들을 보내어 입시(왕을 알현함) 시켰다. 이때 책립(황태자나 황후를 봉함)을 하려 하는데, 마침 거란과 돌궐이 해마다 변경을 침입하므로 사명이 전달되지 않았다.

예종 선천 2년(713)에 낭장 최흔을 보내어 조영을 책봉하여 좌효위원외대장군 발해군왕으로 삼고, 아울러 거느리고 있는 지역을 홀한주로 삼아서 홀한주도독의 직을 더 주었다. 이로부터 해마다 사신을 보내어 조공하였다.

개원 7년(719)에 조영이 죽으니, 현종이 사신을 보내어 조제(조문)하고 이어서 그의 적자 계루군왕 대무예를 책립하여 아버지의 뒤를 이어 좌효위대장군 발해군왕 홀한주도독으로 삼았다.

[개원] 14년(726)에 흑수말갈이 사신을 보내와 조공하므로 [현종은] 조칙으로 그 땅을 흑수주로 삼아 장사를 두고, 사신을 보내어 진압(감독)케 하였다. (발해왕) 무예가 부하들에게,

"흑수가 우리 국경을 거쳐서 처음으로 당과 서로 통하였다. 지난날 돌궐에게 토둔(돌궐 관직명)을 청할 적에도 모두 우리에게 먼저 알리고 함께 갔었다. 이제 뜻밖에 바로 당에게 벼슬을 청하였으니, 이는 반드시 당과 공모를 하여 앞뒤로 우리를 치려는 것이다."

라고 말하였다. 친아우 대문예 및 그의 구(외삼촌) 임아를 시켜 군대를 이끌고 가서 흑수를 치게 하였다. 문예는 일찍이 볼모로 경사(수도 장안)에 왔다가 개원(713~741) 초년에 본국에 돌아갔으므로, 이때 (아우 문예가 형) 무예에게,

"흑수가 당의 벼슬을 청하였다 하여 그를 바로 치고자 한다면 이는 당을 저버리는 것입니다. 당은 사람의 많음과 군사의 강함이 우리의 1만배가 되는데, 하루아침에 원수를 맺는다면 스스로 멸망을 부를 뿐입니다. 지난날 고구려가 전성할 적에 강병 30만으로 당과 맞서서 복종을 하지 않다가, 당병이 한번 덮치매 땅을 쓴 듯이 다 멸망하였습니다. 오늘날 발해의 인구가 고구려의 몇 분의 일도 못되는데, 그래도 당을 저버리려 하니, 이 일은 결단코 옳지 못합니다."

하였으나, 무예는 듣지 않았다.

문예의 군사가 국경에 이르렀을 적에 또 글을 올려 굳이 간하자, (발해 왕) 무예는 화를 내어 종형 대일하를 보내어 문예를 대신하여 군사를 통괄하게 하고, 문예는 불러다 죽이려 하였다. 문예가 마침내 그의 무리를 버리고 사잇길로 도망쳐 오니, [현종은] 조칙으로 좌효위장군을 제수하였다.

얼마후 무예가 사신을 보내어 조공을 바치고, 이어서 표문을 올려 문예의 죄상을 극력 말하고 죽여 주기를 청하였다. 현종은 몰래 문예를 안서로

보내고 무예에게는,

"문예가 먼 곳에서 귀순해 왔으므로 의리상 죽일 수가 없었소. 이제 영남으로 유배하였는데 벌써 길을 떠났오."

라고 회보하는데, 그의 사신 마문궤와 총물아는 머물러 있게 하고, 따로 사신을 파견하여 회보케 하였다. 그러나 이 일을 곧 누설한 자가 있어서 (발해왕) 무예는 또 글을 올려,

"대국은 남에게 신의를 보여야 하거늘 어찌 거짓을 일삼는단 말입니까? 이제 들으니, 문예가 영남으로 떠나지 않았다 합니다. 엎드려 청하건대 앞서 청한대로 죽여 주시기 바랍니다."

하고 말하였다. 이로 말미암아 홍려소경 이도수와 원복은 관속을 독찰(감독)하지 못하여 일을 누설시킨 죄로, 도수는 조주자사로 좌천되고 복은 택주자사로 좌천되었다. 그리고 문예를 잠시 영남으로 보내고서 [무예에게] 회보하였다.

[개원] 20년(732)에 (발해 왕) 무예가 그의 장수 장문휴를 보내어 해적을 거느리고 등주자사 위준을 공격하였다. [현종은] (발해왕의 아우) 문예를 파견하여 유주에 가서 군사를 징발하여 이를 토벌케 하는 동시에 태복원외경 김사란을 시켜 신라에 가서 병을 징발하여 발해의 남경을 치게 하였다. (신라는) 마침 산이 험하고 날씨가 추운 데다 눈이 한길이나 내려서 병사들이 태반이나 얼어 죽으니, 전공을 거두지 못한채 돌아왔다.

무예가 원한을 풀지 못하여 몰래 동도에 사자를 보내어 자객을 빌어 천진교 남쪽에서 문예를 저격케 하였으나, 문예는 자객들을 물리쳐서 죽지 않았다. [현종은] 하남부에 명하여 그 적들을 모두 잡아다 죽였다.

[개원] 25년(737)에 무예가 병으로 죽으니, 그의 아들 흠무가 왕위에 올랐다. [현종은] 내시 단수간을 보내어 흠무를 책봉하여 발해군왕으로 삼는 동시에 그의 아버지를 뒤이어 좌효위대장군 홀한주도독으로 삼았다. 흠무

는 조명을 받들고 경내에 사면영을 내리는 한편, 수간의 편에 사신을 보내어 입조하고 공헌(공물을 바침)하였다.

대력 2년(767)에서 10년(775)에 이르기까지 혹은 자주 사신을 보내와 조공하고, 혹은 해를 걸러 오기도 하였으며, 한해에 두 세번 오기도 하였다.

[대력] 12년(777) 1월에 사신을 보내어 일본국의 무녀 11명 및 방물을 바쳤다. 4월과 12월에 사신이 다시 왔다.

(중략)

[대화] 7년(833) 1월에 동중서우평장사 고보영을 보내와 책명을 사례하고, 이어서 학생 세사람을 보영의 편에 보내와 상도에 가서 공부시킬 것을 청하였다. [이때] 먼저 보내온 학생 세사람이 공부가 거의 이루어져서 본국으로 돌아갈 것을 청하므로 허락해 주었다. 2월에 왕자 대선성 등 여섯사람이 내조하였다.

개성(836~840) 이후에도 중단 없이 직공을 닦았다.

2) 《신당서》 : 8세기

만세통천 연간(696)에 거란의 [이]진충이 영주도독 조회를 죽이고 반란을 일으키자, 사리 걸걸중상이라는 자가 말갈의 추장 걸사비우 및 고구려의 남은 종족과 동쪽으로 달아나, 요수를 건너서 태백산의 동북을 거점으로 하여 오루하를 사이에 두고 성벽을 쌓고 수비를 굳혔다. 무후는 걸사비우를 허국공, 걸걸중상을 진국공으로 책봉하여 그 죄를 용서하였다. 비우가 그 명령을 받아들이지 않자, 무후는 옥검위대장군 이해고와 중랑장 색구에게 조서를 내려 그를 쳐 죽였다.

이때에 중상은 이미 죽고 그의 아들 [대]조영이 패잔병을 이끌고 도망쳐 달아났는데, 해고는 끝까지 추격하여 천문령을 넘었다. 조영이 고구려병과 말갈병을 거느리고 해고에게 저항하니, 해고는 패전하고 돌아왔다. 이에

동북공정 이전 **중국이 쓴 한국사**

거란이 돌궐에 붙으므로 왕사의 길이 끊겨서 그들을 치지 못하게 되었다. 조영은 곧 비우의 무리를 합병하여 지역이 [중국과] 먼 것을 믿고, 나라를 세워 스스로 진(震)국 왕이라 부르며, 돌궐에 사자를 보내어 통교하였다.

중종 때에 시어사 장행급을 보내어 초위하니, 조영이 아들을 보내어 입시케 하였다.

예종 선천 연간 (712~713)에 사신을 보내어 조영을 좌효위대장군발해군왕에 배수하고, 거느리고 있는 지역을 홀한주로 삼아서 홀한주도독을 겸임시켰다. 이로부터 비로소 말갈이라는 이름을 버리고, 오로지 발해로만 불렀다.

현종 개원 7년(719)에 조영이 죽으니, 그 나라에서 사시(스스로 정한 시호)로 고왕이라 하였다. 아들 무예가 왕위에 올라 영토를 크게 개척하니, 동북의 모든 오랑캐들이 겁을 먹고 그를 섬겼으며, 또 사사로이 연호를 인안으로 고쳤다. 현종이 전책을 내려 왕 및 도독을 세습시켰다.

정원(785~804) 때에 동남쪽 동경으로 [도읍을] 옮겼다. 흠무가 죽으니, 사시로 문왕이라 하였다. 아들 굉림은 일찍 죽고, 족제(친족 아우) 원의가 1년간 왕위에 올랐으나 의심이 많고 포학하여 나라 사람들이 그를 죽이고, 굉림의 아들 화여를 추대하여 왕으로 삼았는데, 다시 상경으로 환도하고 연호를 중흥으로 고쳤다. [화여가] 죽으니, 시호는 성왕이다.

관제(관청 제도)에는 선조성이 있는데, 좌상·좌평장사·시중·좌상시·간의가 소속되어 있다. 중대성에는 우상·우평장사·내사·조고사인이 소속되어 있다. 정당성에는 대내상 1명이 좌·우상의 위에 두어져 있고, 좌·우사정 각 1명이 좌·우평장사의 아래에 배치되어 있는데, 복사와 비슷하다. 좌·우윤은 [좌·우] 이승과 비슷하다.

좌6사에는 충부·인부·의부에 각각 1명의 경이 사정의 아래에 배치되어 있다. 지사인 작부·창부·선부에는 부마다 낭중과 원외가 있다. 우6사에는 지부·예부·신부와 지사인 융부·계부·수부가 있는데, 경과 낭은 좌 [6사]에 준한다. [이것은] 6관과 비슷하다.

중정대에는 대중정 1명이 있는데, 어사대부와 비슷하며, 직위는 사정의 밑이다. 그리고 소정1명이 있다.

또 전중사와 종속사를 두었는데, [사마다] 대령이 있다. 문적원은 감을 두는데, 영·감 밑에는 소령·소감이 각각 있다. 태상사·사빈사·대농사에는 사마다 경이 있다. 사장사·사선사에는 사마다 영과 승이 있다. 주자감에는 감장이 있다. 항백국에는 상시 등의 관원이 있다.

무관으로는 좌맹분[위]·우맹분[위]·태위·비위·남좌위·남우위·북좌위·북우위가 있어 각각 대장군 1명과 장군 1명씩을 둔다. 대개 이상과 같이 중국의 제도를 기준으로 하여 본받았다.

한·중·일 고대 왕조들을 보면 그 시작이 매우 작았습니다. 한국의 고구려, 백제, 신라도 그렇지만, 중국 역시 주변의 소수민족들이 중국 역사의 대부분을 이끌어왔다고 해도 과언이 아닙니다. 중국 최초의 문명국을 이룬 동이 국가들은 기원전에 서쪽의 작은 민족인 화족(주나라)에 의해 멸망하였고, 춘추전국시대 강국들은 자신들이 무시하던 서쪽의 작은 나라 진(秦)에 의해 통합되었으며, 기원 이후에는 자신들이 5호라고 일컫는 소수의 북방민족들에게 시달리다가, 선비족 국가 북주와 북주를 그대로 계승한 대제국 수나라 당나라에 의해 강제로 부역과 정벌에 동원되며 고통당하기도 했습니다. 그 뒤 역시 북방의 소수 유목민 국가인 거란의 400만에 의해 인구 1억의 당대 최강국 송나라가 두 번이나 패하였고, 결국 인구가 희소한 몽골 고원의 원나라에 의해 송나라 왕조가 사라지게 됩니다. 몽골의 후손들은 그 숫자적 열세에도 불구하고 중동, 동유럽, 터키, 러시아, 인도까지 차지하며 자신들의 지배를 공고히 했으며, 고구려, 발해의 후예라고 보아도 좋을 청나라는 불과 수백만 명으로 1억 5천만 명이나 되는 중국을 차지하며 다스리기도 했습니다. 17세기 중국을 정복한 청나라(후금)는 군사력이 겨우 6만이었는데도 불구하고 중국 명나라의 180만 대군을 압도한 것입니다. 이러한 역사적 사실은 하나의 국가를 인구수나 국력만으로 단순히 평가해서는 안된다는 교훈을 주고 있습니다.

현재 한국인이 배우는 한국 역사는 마치 새장에 갇혀 주변에 해를 주지 않고 노래만 부르는 새와 같이 느껴집니다. 주변국에서는 자신들의 역사를 조금이라도 되찾기 위해 노력하고 있는 것과 많이 비교됩니다. 일본 학생들은 5세기 말 영산강 유역(전라남도)이 자신들의 땅이라고 교과서에서 배우고 있고, 중국 학생들은 한국역사는 대부분 중국의 부속국(복속국) 역사라고 여기고 있는데도 한국 역사학계는 남의 일처럼 그저 바라만 보고 있습니다. 심지어 중국은 자신들의 역사서에 '고구려가 강성하여 중국의 제약을 받지 않았다.'라는 기록이 있음에도 불구하고 현재 고구려를 '중국의 지방정권'이라고 주장하고 있습니다.

　　동아시아 역사의 두 축인 동이와 화하 중 동이의 주요 계승자요, 동아시아 역사 창조의 중요한 역할을 했던 한국인들은 자신들의 역사에 대해 바른 평가를 내리려고 하기 보다는 스스로를 과거 작은 영토의 소극적 민족으로 평가하는 모습을 접하게 됩니다. 외교에 있어서도 한국은 당당하게 스스로의 목소리를 내기보다 '실리(實利)'라는 변명을 정당화하며 소극적인 모습을 가끔 보이고 있습니다. 국격을 갖춘 국가라면 주변국과의 이해관계를 떠나 과거와 현재의 사실을 객관적으로 정확히 밝히고 '국가로서의 정체성과 자부심'을 제대로 가르치고 주변국과 불필요한 오해를 줄여가야 할 것입니다. 고대 동아시아 문명을 이끌었던 한국인(한반도 원주민뿐만 아닌 고대 한반도로 이주한 동북아 제 민족)은 현재 문화적으로, 기술적으로 세계를 덮고 있습니다. 비록 한국인은 자신들의 잠재력 뿐 아니라 선조들의 업적을 공정하게 평가하고 있지 않지만, 자신들이 선조들로부터 부여받은 뛰어난 예술적 자질, 높은 지능지수, 탁월한 도전정신(초월적, 이상적 믿음의 구현 능력)은 스스로 부인할 수 없을 정도로 위대하게 세상에 밝게 빛나고 있습니다. 필자는 한국인이 앞으로 역사를 통해 '자아중심적 교만'이 아니라 '대내외적인 자신감'을 되찾고 세상을 더욱 밝게 비추는 등불이 될 것이라고 믿습니다. 주변국에 비해 국토는 작고 국민의 숫자는 적지만 한국인이 고대에 다른 작은 나라들이 그러했듯이 천명(天命)에 따라 세상을 밝게 변화시키는 주인공이 될 것으로 기대하고 있습니다.

2019년 이기훈

동북공정 이전 **중국이 쓴 한국사**
- 중국 24正史에 기록된 '솔직한' 한국사

지은이 이기훈

펴낸이 최병식

펴낸날 2019년 10월 1일
2023년 1월 3일 (재판)

펴낸곳 주류성출판사

서울특별시 서초구 강남대로 435 (서초동 1305-5)

TEL | 02-3481-1024 (대표전화) • FAX | 02-3482-0656

www.juluesung.co.kr | juluesung@daum.net

값 22,000원

잘못된 책은 교환해 드립니다.

ISBN 978-89-6246-402-3 03910

동북공정 이전 **중국이 쓴 한국사**